权威·前沿·原创

皮书系列为
"十二五"国家重点图书出版规划项目

中国社会科学院创新工程学术出版项目

陕西省社会科学院/编

陕西社会发展报告
（2015）

ANNUAL REPORT ON SOCIETY OF SHAANXI
(2015)

主 编/任宗哲 白宽犁 牛昉

社会科学文献出版社
SOCIAL SCIENCES ACADEMIC PRESS (CHINA)

图书在版编目(CIP)数据

陕西社会发展报告.2015/任宗哲,白宽犁,牛昉主编.—北京:社会科学文献出版社,2015.1
（陕西蓝皮书）
ISBN 978-7-5097-6932-4

Ⅰ.①陕… Ⅱ.①任… ②白… ③牛… Ⅲ.①社会发展-研究报告-陕西省-2015 Ⅳ.①D674.1

中国版本图书馆 CIP 数据核字（2014）第 297620 号

陕西蓝皮书
陕西社会发展报告（2015）

主　编／任宗哲　白宽犁　牛昉

出 版 人／谢寿光
项目统筹／邓泳红　高振华
责任编辑／高振华

出　　版／社会科学文献出版社·皮书出版分社（010）59367127
　　　　　地址：北京市北三环中路甲29号院华龙大厦　邮编：100029
　　　　　网址：www.ssap.com.cn
发　　行／市场营销中心（010）59367081　59367090
　　　　　读者服务中心（010）59367028
印　　装／北京季蜂印刷有限公司
规　　格／开本：787mm×1092mm　1/16
　　　　　印张：24　字数：367千字
版　　次／2015年1月第1版　2015年1月第1次印刷
书　　号／ISBN 978-7-5097-6932-4
定　　价／69.00元

皮书序列号／B-2009-114

本书如有破损、缺页、装订错误，请与本社读者服务中心联系更换

版权所有 翻印必究

陕西蓝皮书编委会

主　　　任　任宗哲

副 主 任　石　英　刘卫民　白宽犁　杨　辽

委　　　员　（按姓氏笔画排序）
　　　　　　　于宁锴　王长寿　王建康　牛　昉　刘　源
　　　　　　　李继武　吴敏霞　何炳武　谷孟宾　郭兴全
　　　　　　　裴成荣

主　　　编　任宗哲　白宽犁　牛　昉

本书执行主编　牛　昉

摘 要

2014年是贯彻落实党的十八届三中、四中全会精神，全面深化改革、建设法治中国的开局之年，也是陕西着力推进"三个陕西"建设的重要年份。陕西省社会科学院社会学研究所会同马克思主义研究所、政治与法律研究所组织院内外科研院所、高等院校和政府相关部门的研究人员共同撰写了《陕西社会发展报告（2015）》。报告以深化改革和建设"三个陕西"为主线，围绕陕西社会建设及其相关领域发展进程进行综合梳理和分析，力求客观反映陕西社会发展的基本面。

报告延续了上年的主题内容与分类，由"总报告"、"年度热点"、"民意调查"、"专题报告"、"区域报告"以及"附录"六大板块构成。全书紧扣十八届三中全会、四中全会关于社会建设的重大改革举措，以及依法治国的总体部署，围绕"三个陕西"建设中的热点难点议题，准确把握基本状况，深入分析存在问题和面临挑战及发展中的优势与特色，以系统性、前瞻性的眼光提出并阐述应对的策略和举措。其中"总报告"概括分析陕西社会发展的基本形势和面临的问题与挑战，提出2015年将全面建设法治陕西，人民群众亦享受到社会法治的更多实惠。"年度热点"对2014年陕西"丝绸之路经济带"建设、移民搬迁、党风廉政、计划生育新政、网络社会治理以及经济新常态下的陕西民生建设等多个领域进行了专题研究和深入探讨；"民意调查"报告聚焦2014年我国和陕西改革发展进程的社会热点焦点事件、网络舆情的变化发展动态，并透过公众对传统文化的认知状况，以及对宣传倡导传统文化的理解、评价与建议的调查，获取陕西公众对经济社会发展中诸多议题的看法和感知，从多个侧面反映社会公众对当前党和政府重大决策的态度与回应；"专题报告"主要围绕地方立法服务社会发展、农村公共服务供给、棚户区改造、社区居家养老、农民进城意愿等诸多话题，对陕西社会建设的多个领域进行系统梳理和分析，并为进一步改善相关状况提出对策建议；"区域报告"分别对西安城市凝聚力、残疾人服务管理、延安新区文化建设以及商洛社会救助的实践等进行了深入调查研究；"附录"通过对2014年高频率出现的热词进行梳理，以另一种视角来反映和呈现陕西社会建设与发展中的核心内容。这些调查和研究，既是对陕西改革与发展的梳理与总结，也为2015年陕西社会建设从政策措施、工作指向和推进策略等方面提供参考。

《陕西社会发展报告（2015）》透过对过往一年的回首，展示全省社会建设取得令人欣喜的成就，剖析面临的问题与困难，更为今后的发展探求有效有力的应对之策；同时，也试图将公众对国家政治、文化、社会、生态等方面建设的关注取向、意愿、需求等纳入到相关的决策议程中来。

Abstract

The year of 2014 is not only essential as the first year of social involvement implementing the plans of 3rd and 4th Plenary Session of 18th CPC Central Committee, but also in the agenda of realization of "Three-dimensional Shaanxi" Construction Plan. *Annual Report on Society of Shaanxi (2015)* is organized by Institute of Sociology, Institute of Marxism and Institute of Politic & Law Shaanxi Academy of Social Science (SXASS), which involved experts and scholars from SXASS, universities and other related institutes. Focusing on the Social Construction of Shaanxi, scholars analyze and research on focus events in different important fields of society, in order to supply an overview of society in Shaanxi comprehensively.

Report consists of six main sections: "General Report", "Annual Hotspots", and "Survey on Public Opinion", "Particular Reports", "Regional Report" and Keywords. Based on the influential reform arrangement and strategy policies from 3rd and 4th Plenary Session of 18th CPC Central Committee, focusing on the "Three-dimensional Shaanxi" Construction Plan from the status quo of Shaanxi social development, report provides systematical interpretation of social hotspot, local features and construction, current problems, challenges and countermeasures, and other relative issues respectively.

General Report analyses the problems and challenges in the social development of Shaanxi generally. Annual Hotspots focuses on several aspects in the livelihood construction under Silk-Road Economic Belt formation, such as migration settlement, Honest Administration of CPC, new policy of birth control, network social management, etc. Meanwhile, Survey on Public Opinion reflects the public opinion on social hotspots and focus Events, representing the public attitude and response to hotspots and policies from CPC and government in different perspectives, on the issues of reevaluation of traditions and so on.

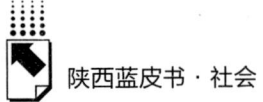

Particular Reports respectively provide research on the status quo of legislation in local administrative, public service in rural area, community-based long-term care and peasants issues in order to provide relevant countermeasures comprehensively. Regional Reports focus on different investigation fields, such as the social cohesion of Xi'an, management of disabled, cultural construction and social aid, while the part of Keywords systematically concludes the essential events occurred in social construction and development of Shaanxi, all of which provide developing forecast, policy orientation, and work strategy and blueprint of social development in 2015.

Annual Report on Society of Shaanxi (2015) provides a review and conclusion of the result in last year of social construction in Shaanxi, points the challenges and problems in different social fields, in order to provide sufficient countermeasures, as well as the transforming tendency from public interest on different fields of politic, economic, culture, society and eco-environment, enhancing the essential issues into the agenda of construction.

目 录

BⅠ 总报告

B.1 2014~2015年陕西社会发展报告 ………………… 杨红娟 / 001
　　一 2014年陕西社会发展形势分析……………………………… / 002
　　二 陕西社会发展面临的问题与挑战……………………………… / 007
　　三 2015年陕西社会发展建议……………………………………… / 009

BⅡ 年度热点

B.2 陕西建设"丝绸之路经济带"的现状、特点与对策研究
　　………………………………………………………………… 聂 翔 / 013
B.3 陕西移民搬迁调研报告………… 陕西省决策咨询委员会课题组 / 025
B.4 2014~2015年陕西廉政建设报告 …………………… 郭兴全 / 036
B.5 陕西民生建设现状、问题与对策研究 ……………… 张芙蓉 / 052
B.6 生育政策调整背景下陕西计划生育工作发展趋势与策略
　　………………………………………………………………… 李 巾 / 065
B.7 陕西网络社会治理的现状、问题及对策 …………… 田丽丽 / 075

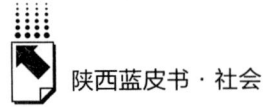
陕西蓝皮书·社会

BⅢ 民意调查

B.8 2014年社会热点、焦点事件：陕西公众问卷调查分析报告
  ………………………………………… 陕西省社会科学院课题组 / 087
B.9 陕西公众传统文化认知状况调查报告
  ………………………………………… 陕西省社会科学院课题组 / 103
B.10 陕西公众对宣传倡导传统文化的理解、评价与建议调查报告
  ………………………………………… 陕西省社会科学院课题组 / 122
B.11 陕西省网络舆情发展报告 ………………… 张春华 刘东鸿 / 139

BⅣ 专题报告

B.12 陕西地方立法服务社会发展研究报告 ………………… 韩 伟 / 152
B.13 陕西农村基层党组织建设现状及对策研究 …………… 何文兰 / 165
B.14 陕西省劳动关系现状与发展趋势研究报告 …………… 刘 源 / 181
B.15 陕西农村公共服务供给现状及其发展趋势分析
  …………………………………………………… 乔欣欣 贺 莉 / 197
B.16 陕西省"十三五"推进农村综合改革研究报告
  ………………………… 陕西省社会科学院农村发展研究所课题组 / 210
B.17 陕西省棚户区改造现状及其对策报告 ………………… 薛金慧 / 225
B.18 2014~2015年陕西旅游业发展状况与前景分析 ……… 鱼小辉 / 239
B.19 陕西省城市社区居家养老服务现状与发展建议 ……… 吴菲霞 / 253
B.20 户籍制改革背景下陕西农民进城意愿研究报告 ……… 王旭瑞 / 265

B V 区域报告

- B.21 西安城市凝聚力公众认知状况调查报告
  .... 西安市社会科学院课题组 / 276
- B.22 "宝鸡模式":由残疾人服务管理到残疾预防治理
  .... 残疾预防服务体系"宝鸡模式"研究课题组 / 298
- B.23 铜川市社会救助状况分析及发展对策
  .... 陕西省社会科学院课题组 / 313
- B.24 延安新区文化建设发展报告 .... 陈静义 高志奇 / 329
- B.25 商洛市社会救助实施现状与对策建议 .... 姚 萍 康喜平 / 345

B Ⅵ 附录

- B.26 2014~2015年陕西省社会发展九大热词 .... 史小筠 / 356

CONTENTS

B I General Report

B.1 Report on Shaanxi Social Development in 2014-2015
　　　　　　　　　　　　　　　　　　　　　　　　Yang Hongjuan / 001
　　1. Basic Analysis on Social Development of Shaanxi in 2014　　　／ 002
　　2. Challenges and Problems of Social Development in Shaanxi　　／ 007
　　3. Suggestions for Social Improvement of Shaanxi in 2015　　　　／ 009

B II Annual Hotspots

B.2 Research Report on Construction of Silk-Road Economic
　　Belt in Shaanxi　　　　　　　　　　　　　　　　*Nie Xiang* / 013
B.3 Research Report on Resettlement of Migration in Shaanxi
　　　　　　Project Group of Shaanxi Advisory and Consultative Committee / 025
B.4 Research Report on Construction of Honest Administration in
　　Shaanxi during 2014-2015　　　　　　　　　　*Guo Xingquan* / 036
B.5 Research on Current Situation and Countermeasures of
　　Construction of Livelihood System in Shaanxi　　*Zhang Furong* / 052
B.6 Tendency and Tactics of Birth Control Work in Shaanxi in the
　　Prospect of New Policy　　　　　　　　　　　　　　*Li Jin* / 065

CONTENTS

B.7 Research on Current Situation and Countermeasures of
Network Society in Shaanxi *Tian Lili* / 075

BⅢ Survey on Public Opinion

B.8 Analysis Report from Questionnaire on Hotspots and Focus Events
in 2014 from Public in Shaanxi
Project research group of Shaanxi Academy of Social Sciences / 087

B.9 Research Report of Public Cognation of Culture Tradition in
Shaanxi *Project research group of Shaanxi Academy of Social Sciences* / 103

B.10 Report on Development of Internet Public Sentiment of Shaanxi
Project research group of Shaanxi Academy of Social Sciences / 122

B.11 Research Report on Public Understanding, Evaluation of
Tradition-Revaluation Issues
Zhang Chunhua, Liu Donghong / 139

BⅣ Particular Reports

B.12 Research Report of Social-Based Legislation System of
Local Area in Shaanxi *Han Wei* / 152

B.13 Research on Current Situation and Countermeasures of
Local Party Administration in rural area in Shaanxi *He Wenlan* / 165

B.14 Research Report on Current Situation and Developing
Tendency of Labor Relation *Liu Yuan* / 181

B.15 Analysis on Supplement Current Situation and Developing
Tendency of Public Service in Rural Area in Shaanxi
Qiao Xinxin, He Li / 197

B.16 Research Report of Promotion of Systematical Reform in Rural
Area during 13th Fifth Plan in Shaanxi
Project Research Group of Institute of Rural Development, SASS / 210

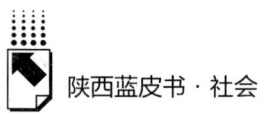

B.17 Research on Current Situation and Countermeasures of
Reconstruction of Squatter Settlement in Shaanxi　　*Xue Jinhui* / 225

B.18 Analysis of Current Situation and Prospect of Tourism in
Shaanxi in 2014-2015　　*Yu Xiaohui* / 239

B.19 Research on current situation and suggestion of
urban community —based long-term care in Shaanxi　　*Wu Feixia* / 253

B.20 Research Report on Inclination of Immigration to Urban Area
among Peasants within the Residential System Reform
　　Wang Xurui / 265

B V　Regional Reports

B.21 Investigation Report of Public Cognation of Cohesion in Xi'an
　　Project Research Group of Xi'an Academy of Social Sciences / 276

B.22 Type of Baoji: From Service Management for Disabled to
Preventive Management of Disease
　　Project Research Group of Type of Baoji / 298

B.23 Analysis of Situation and Countermeasures of Social Aids in
Tongchuan　　*Project Research Group of Xi'an Academy of Social Sciences* / 313

B.24 Report on Culture Construction of Yan'an New District
　　Chen Jingyi, Gao Zhiqi / 329

B.25 Research Report on Current Situation and Countermeasures of
Social Aid in Shang Luo　　*Yao Ping, Kang Xiping* / 345

B VI　Appendix

B.26 The nine hot words of Social Development
in Shaanxi　　*Shi Xiaojun* / 356

总报告
General Report

2014~2015年陕西社会发展报告

杨红娟*

摘　要： 2014年，在加强社会治理体系和能力现代化建设、全面深化改革的要求下，陕西以维护公平正义为根本，深化教育、医疗卫生、社会保障、社会组织等社会领域的体制机制改革，全面推进公共服务均等化、社会化，社会建设成就卓著，人民生活持续改善，社会政策和社会服务体系更加健全，社会保持持续稳定和谐。但要达到深化改革和社会的发展、依法治国的要求，还存在挑战和困难。需要通过法制社会建设、深化改革、推进公共服务社会化、建立多元共治的社会体制，改革社会治理体制，促进陕西社会健康有序的发展。

关键词： 深化社会改革　公共服务社会化　公众法制精神

---

* 杨红娟，陕西省社会科学院社会学研究所副研究员。

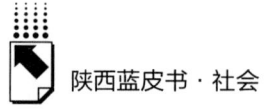

2014年,陕西全面贯彻党的十八届三中全会精神,将"三个陕西"作为引领和指导陕西今后相当长一个时期的战略部署,努力加强社会治理体系和能力现代化建设,以维护公平正义为根本,深化教育、医疗卫生、社会保障、社会组织等社会领域的体制机制改革,全面推进公共服务均等化、社会化,社会建设成就卓著,人民生活持续改善,社会政策和社会服务体系更加健全,社会发展形势良好。

一 2014年陕西社会发展形势分析

(一)城乡居民生活持续改善,贫困地区同步提高

2014年,陕西在经济保持加速发展的情况下,继续将"两个80%"投入民生,上半年民生支出占财政支出的80.2%。各级政府不断推出的利民、惠民政策,为城乡居民收入持续提高提供动力。国家统计局陕西调查总队发布的数据显示,2014年前三季度,陕西城乡居民人均可支配收入达到11895元,在全国31个省(自治区、直辖市)中居第20位,同比名义增长10.7%,增速快于全国平均水平0.2个百分点,位居全国第13位,其中,城镇常住居民人均可支配收入在全国31个省(自治区、直辖市)中居第16位,增速快于全国平均水平0.1个百分点,位居全国第9位;农村居民收入增速快于全国平均水平1个百分点,位居全国第6位,农村居民收入增速快于城镇居民收入增速,城乡居民收入差距进一步缩小。城乡居民收入的提高,首先得益于陕西对工资的调整,2014年陕西省最低工资标准提高到1280元/月,非全日制工资提高到12.8元/小时;企业工资指导基准线在全国很多省份下调的情况下,保持了上年水平,基准线为13%,上线为19%,下线为6%。其次,企业退休人员基本养老金"十连涨",养老金或离退休金收入年人均增长达到20.7%;60岁以上农村居民基础养老金由月均55元提高到月均60元。2014年上半年,各地惠民、利民政策的落实,使得政策性生活补贴和惠农补贴同比分别增长46.8%和

3%。居民收入的提高促进了消费水平的提高，陕西居民的消费重点开始从追求数量型向讲求质量型转变。

与此同时，深入推进避灾扶贫移民搬迁工程，并将搬迁工程与连片特困地区的扶贫攻坚统筹推进，加大公共配套设施建设和产业培育力度，促进搬迁移民的就业。贫困地区人民的收入也与城乡居民同步增长。统计显示，2014年上半年，陕西贫困地区农民人均可支配收入达到3920.50元，增长14.1%，增幅比同期全省农民人均可支配收入高0.8个百分点，贫困地区农民人均生活消费支出3413.18元，比上年同期增长11.5%。

（二）深化教育、医疗体制改革，促进资源配置的均衡化与可及性

2014年，陕西省各级政府以教育、医疗等社会关注的民生热点作为深化社会改革的重点，明确目标任务和职责，推动教育、医疗改革的深化。

在医疗卫生领域，以公立医院改革为重点，深入推进医疗、医保、医药三医联动。在完成试点的基础上，巩固成果，适时制定发布《深化县级公立医院综合改革实施意见》，突出县级医院的公益性和服务性，从管理体制、补偿机制、价格机制、药品采购上，全方位推进县级公立医院综合改革。在全省1市10县开展深化医药卫生体制综合改革试点，各市县先后出台了改革方案，提出了通过综合试点、加强基层力量，增强群众看病的可及性以及实现分类就医"小病不出镇、大病不出县、预防在基层、90%的病人在县域内救治"，明显减轻群众就医负担的总目标。并对综合试点加强进行督导考核，以提高改革效能。在宝鸡由市中心医院、县医院以及社区卫生服务机构联合成立了医疗联合体，探索建立基层首诊、双向转诊、分级医疗、上下联动的医疗服务新模式，从而完善分级诊疗模式，引导优质医疗资源向基层下沉，提升基层的医疗服务能力，方便群众就医，初见成效。

在教育领域，出台一系列政策文件，将义务教育均衡发展各项举措制度化。积极推广义务教育大学区制，特别是西安市总结了大学区管理体制改革

的经验，制定出台了《构建跨行政区域大学区的实施意见》，促进大学区的制度化建设，构建全市范围内跨区域立体式大学区，形成点面结合、市域一体化的管理格局，逐步实现教育资源由小区域均衡向大区域均衡跃升。陕西省教育厅向社会发布了《关于进一步做好义务教育免试就近入学工作的通知》，依法保障义务教育阶段适龄儿童少年在户籍所在地免试就近入学。出台了《关于深入推进义务教育学校教师校长交流轮岗工作促进义务教育均衡发展的意见》，在2014年9月份全面启动实施义务教育学校校长教师定期交流轮岗，标志陕西省的校长教师交流轮岗的制度化、常态化，有力地促进了教育的城乡之间、优质资源学校与普通学校之间的均衡化发展。将进城务工随迁子女义务教育纳入公共服务体系，进城务工人员子女享受"同城待遇"入学，保证每位适龄儿童、青少年"有学上"。

（三）完善社会保障体制机制，充分发挥兜底线、促发展的作用

2014年，陕西社会保障改革，以增进人民群众福祉、服务全省经济社会大局创新思路。第一，完善城乡居民养老保险制度，出台了《关于进一步完善城乡居民社会养老保险制度的实施意见》，从缴费档次、政府补贴、养老金调整机制等方面完善了城乡居民社会养老保险制度，建立起城乡居民丧葬费补助金制度，促进城乡居民基本养老保险制度与职工基本养老保险的有效衔接。第二，率先在全国将失业、工伤、生育三项社会保险费率下降一半，预计每年可减少企业社保缴费支出23.56亿元，有力地促进了就业局势的稳定，激发了市场活力。第三，完善了社会救助制度体系，加强社会救助精细化管理。建立陕西省社会救助联席会议制度，强化组织领导，促进部门协作；加强临时救助工作力度，将所有在陕西突陷困境、基本生活难以维持者纳入临时救助范围，并推进临时救助的"一门受理、协同办理"机制，在全省每一个县都实现了医疗救助"一站式"服务，有效解决了突遇"急难"群众的基本生活问题，充分发挥了社会救助的"托底"作用；全面开展最低生活保障绩效评价，提升低保政策实施的规范性、效率性和有效性，提高管理服务水平和资金使用效益，维护了困难群众的基本生活权益。第

四,进一步加强保障性住房管理,着力解决困难群体的住房难题。出台实施了《陕西省保障性安居工程项目规划选址及配套设施建设管理办法》,提升保障性住房的宜居宜业环境;加强保障性安居工程施工质量及安全生产督察,发现问题,及时通报纠正。截至2014年8月份,陕西省基本建成保障性住房26.74万套,完成目标任务的86.26%。

(四)多项措施促进大学生就业,就业形势基本平稳

2014年,高校毕业生就业工作难度进一步加大。一方面,普通高校毕业生总量增加,比上年增加了8.8%;另一方面,经济放缓、结构性矛盾突出影响就业。因此,政府和各职能部门出台了一系列有效举措,促进大学生就业。突出高校毕业生就业在就业工作中的首要地位,在安排省级就业专项资金时不断向高校毕业生就业工作倾斜;推进就业优质服务,建设一批省级和高校示范性就业指导服务中心,高校推进就业指导课程建设,为学生提供个性化辅导,提高就业指导的针对性和有效性;积极开拓就业渠道,扩展"陕西省农村基层人才队伍振兴计划"、"高校毕业生志愿服务西部计划"、"选聘高校毕业生到村任职计划"、"农村义务教育阶段教师特设岗位计划"等基层就业项目的数量与规模;引导毕业生到先进制造业、现代服务业等领域一线就业;对困难毕业生进行就业援助,完善对就业困难毕业生的"一对一"帮扶机制,有针对性地开展就业指导、岗位推荐、技能培训、经费补贴等;促进高校毕业生创业,为此,制订出台了《陕西省大学生创业引领计划实施方案(2014~2017)》,此方案从普及创业教育、加强创业培训、提供创业便利、提供多渠道资金支持、落实税费减免和补贴政策、提供创业孵化服务、提供创业项目支持、加强创业公共服务8个方面全面引导支持大学生自主创业。对高校毕业生放宽创业注册资本、经营场所等限制,并令其享受税费减免、小额担保贷款等各项优惠政策,为有条件的创业大学生办理知识产权质押贷款,并为创业大学生提供创业项目支持。这一系列举措,将有力地引领大学生创业的开展。高校毕业生初次就业率为88.48%,同比上升0.3个百分点。同时,加强就业失业信

息监测、技能培训和就业援助，严格劳动合同制管理，强化劳动保障执法和调解仲裁。全年新增城镇就业36万人，转移农村劳动力625万人，全省就业形势稳定。

（五）推进社会组织管理改革，促进公共服务社会化、标准化

社会组织建设是现代社会体制建设的重要内容，是培育能够承担社会参与力量的重要路径。2014年，陕西全面推动社会组织管理改革，确定对社会组织管理改革发展十项重点任务依法监管，提升组织管理能力，推进社会组织建设。对社会组织降低门槛，重点对行业协会商会类、科技类、公益慈善类、城乡社区服务类等四类社会组织进行直接登记；严格规范党政领导干部兼任职，全部清退887名党政领导干部兼任社会团体领导职务，并加强社会组织日常监管，进一步厘清政府职能部门与社会团体关系；出台《关于加强全省社会组织孵化基地建设的指导意见》，全面加快孵化基地建设。促进了陕西社会组织健康有序发展。

促进公共服务社会化、标准化建设。政府向社会组织购买服务可以促进公共服务社会化和社会组织发展。2014年，陕西公布了《陕西省人民政府关于政府向社会力量购买服务的实施意见（征求意见稿）》和《陕西省政府向社会力量购买服务指导目录》，全面规范和推进陕西省政府购买公共服务工作；出台了《陕西省社会管理和公共服务标准化工作行动纲要（2014~2020年）》，为陕西社会管理和公共服务标准体系建设提供了制度保障，促进社会管理和公共服务质量标准化、规范化和品牌化。这些举措促进高效合理的公共服务资源配置体系和供给体系建设，从而提高公共服务质量和效率；也为进一步转变政府职能，推进政府简政放权奠定了坚实基础。

同时，2014年，陕西启动实施一方是独生子女的夫妇可以生育二孩政策，并引导群众科学安排生育，促进优生优育。推进农民工进城常态化，初步建立起了农民工进城落户政策体系，保证了农民不仅进得了城，而且能在城中真正生活，融入城镇社会。

二 陕西社会发展面临的问题与挑战

党的十八届三中全会、四中全会对深化改革和社会的发展、依法治国提出新的要求,陕西社会建设与发展面临着诸多问题与挑战。

(一)全面深化改革的任务对政府治理能力提出更高的要求

党的十八届三中全会提出了全面深化改革的具体要求,陕西通过了全面深化改革领导小组《2014年工作要点》,确定了八大领域35项改革任务,并成立专项小组,全面推动。已发布了国有企业、文化、教育医疗等重点领域多项重大改革方案,为改革的深化提供了制度保障。但截至2014年8月份,仅完成改革任务56个子项,占37.6%,重点改革任务共23项,仅完成6项,占26.09%,要完成计划中全面深化改革的任务依然艰巨。全面深化改革任务的完成需要建设法治政府和服务型政府。但依然存在传统的全能型政府管理模式的体制惯性,用行政方法管理经济和一切社会事务的思维定式和政府主导型发展模式,阻碍了市场对资源配置决定性作用的发挥,市场活力难以获得有效释放。也反映出在政府治理能力上的更高要求,需要政府树立多元治理的理念和法治思维,简政放权,打破原有的利益格局,改善治理方式和治理手段,加快职能转变,强化政府社会治理和公共服务职能,促进政府主导的社会治理的体系现代化和能力现代化的形成。

(二)民生投入效能有待进一步提升

陕西民生工程是政府投入的社会系统工程,投入大、政策性强、内容丰富,近年来,陕西每年将新增财政的80%投入民生领域,陕西民生状况得到极大改善,人民福祉不断提升。但民生改善依然存在城乡、地域差距,有些民生项目的设立、建设规模与当地需求错位,民生投入瞄准地不够精准;资金拨付、配套等不够科学,设施建设与后期的配套建设还不够协调,如敬老院存在入住率不高等问题，影响了工程作用的正常发挥，影响了其社会效益的发挥。在社会建设进入新的阶段后，精细化的民生建设管理，如何将民生建设与地方实际需要、人民群众最为迫切的需求相结合，把有限的资金用在群众会得到更多更直接的实惠"急、难"事项上，民生工程的质量和可持续性等相关问题的解决，以提升投入效能的要求更为迫切。民生工程效能的提高也对民生工程的考核机制提出更加科学、民主、公正的要求。民生工程的考核不应该仅针对工程进程推进、结果的考核，应更加注重民生工程设计的合理性、科学性的考察，民生工程建设与服务能力协调发展考量考核，同时应将公众对民生工程的评价纳入民生改善的考核体系中。

（三）深化收入分配改革的政策措施亟待出台

近年来，虽然陕西城乡居民收入持续增长，城乡差距有所缩小，但居民收入差距扩大的趋势并未得到有效遏制，2012年统计调查数据显示，陕西城镇居民最高收入户和最低收入户人均可支配收入差距达到4.2倍，比2003年仅缩小0.3倍；农村居民高、低收入户人均纯收入差距达到6.6倍，比2003年扩大0.8倍，贫富分化成为社会突出问题，问题的原因主要是劳动者因为就业身份不同而造成的薪酬差距，产业、行业、企业的工薪水平尚不能充分显示出可比性和公平性，社会保险制度的碎片化，以及灰色收入的大量存在等，使收入分配格局明显不合理。这成为社会公众诟病的热点，是造成社会心态负面影响的重要方面。在中央政府出台《关于深化收入分配制度改革的若干意见》后，公众热切期待通过收入分配的改革缩小贫富差距，激发人们创富积极性，从而建构一个以中产阶层为主的橄榄型社会结构。陕西近年来为提高低收入行业（如纺织行业等）的收入出台一系列措施，社会保障对收入的贡献度不断提高，但在"限高"方面的举措依然乏力，明确的全面深化收入分配改革的方案依然难以出台。

（四）形成公共服务多元供给格局更加迫切

2014年颁布的《陕西省基本公共服务体系规划（2013~2020年）》

对公共基本服务提出了缩小公共服务差距、供给有效扩大、发展较为均衡、服务方便可及、群众比较满意的目标，只有提高公共服务效率与质量才能达到这一目标。但在陕西公共服务中，以养老服务为例，服务设施建设存在城乡、地域发展不平衡，服务内容缺乏，难以支撑老人基本需求，参与服务经营主体、服务对象、服务方式以及筹资渠道等社会化、专业化严重不足等，难以满足各类、各层次老人的需求，影响了养老服务的可持续性。公共服务社会化是世界各国在公共服务改革过程中较有共性的发展趋势，是提升公共服务水平的基本路径，也是国家治理体系和能力现代化的要求。公共服务社会化，是要根据不同公共服务项目的性质和特点，以社会需求为导向，激励各种社会组织和社会公众参与资金投入，提供社会服务，形成以政府为主导、各种社会主体共同参与的公共服务供给格局。这就要求不仅政府在公共服务中，其职能更多地转向为社会主体活力的持续释放提供制度保障，而且社会组织和公众作为参与主体，应平等地参与公共服务的设计和服务，从而促进更多的服务主体参与到公共服务中，形成多元供给的公共服务格局，提升公共服务效能，促进政府职能的转变，建立社会自治、共治的现代公共服务治理体系。在这一方面陕西需要不断提高对公共服务社会化的认知和态度，主动消除现存的体制机制障碍。

三 2015年陕西社会发展建议

2014年是全面深化改革的第一年，陕西出台了一系列的深化教育、医疗以及社会保障等社会事业和社会体制的改革方案，为社会建设注入新的时代内涵，但社会改革的关键在于以人为本、多元治理理念的转变和各项改革方案的落实；同时十八届四中全会决定全面推进依法治国，对法治社会建设进行了战略部署。展望2015年，陕西将会全面建设法治陕西，为社会治理现代化建设提供法治保障，社会将更加健康有序的发展，人民群众会享受到社会法治的更多实惠。

（一）培育全民法治精神，全面推动法制社会建设

社会是共同生活的人们通过各种各样社会关系联系在一起的集合体，是相互有机联系，互相合作形成的群体。社会共同价值基础是社会发展的基础，因此法治社会的基础在于社会公众对法律秩序所内含的伦理价值的认同，只有社会公众对法律信任和尊重，才能最终促成一个国家法治精神的形成。因此，建设法治社会，需要营造"全民信法、全民守法"的社会氛围。首先，要让公众参与法律实践，在实践过程中体验法律功能作用，发挥以及维护自我权益，培育对法律神圣性的认同。其次，要严格国家公职人员法律信仰的要求，法律的具体执行者和操作者，只有具有法律信仰才能自觉维护法律的尊严，严惩以权压法、权大于法的行为，如此，才能使民众信服法律，有助于民众法律信仰的培植。最后，培育公众正确的权利意识和观念。"权利"是法的核心概念和基本范畴，是指保护自己利益，但权利保障与权利限制共存，只有遵守法律，才能真正维护自己的权利。

（二）继续深化社会各领域改革，促进人民福祉提高

在建设法治社会、法治政府的同时，继续深化教育、医疗、社会保障等方面的改革，社会领域的改革涉及群众的直接利益，是老百姓最为关心，最直观体现公平正义的改革领域。2014年作为全面深化改革的元年，陕西出台了一系列的改革方案，需要加强政府的社会治理体系和能力现代化建设，将改革目标落实于整个过程，加强制度建设，健全体制机制，让人民群众参与改革，推进教育发展均衡化、医疗资源的可及性、社会保障的统筹性，有效解决人民群众上学、看病和养老等切身问题。抓紧出台收入分配改革的总体方案和配套方案，方案既要具有可操作性，又要敢于挑战既定利益格局。要通过收入分配制度改革，调节行业之间收入差距过大，确定个人所得税征收模式，增加中低收入人群收入，逐步破除城乡分割的二元分配机制等，并要通过立法程序赋予其充分的合法性。调整收入分配格局，促进收入分配的公平公正。

（三）吸纳社会力量平等参与公共服务，推进公共服务社会化

在公共服务中，以社会治理的思维，明确政府、社会、市场的职责，发挥好政府主导作用。政府的主导作用应主要体现在制定相关规划、加大投入并优化投入结构、完善相关政策以及理顺政府各职能部门的相关责任等方面。因此，政府主要制定关于公共服务均等化、社会化的相关政策及其支持性、配套性的文件措施，对相关公共服务实行补贴，出台公共服务的陕西标准；发挥政府托底作用。对特殊困难群体，由政府购买服务为其服务；同时要加大对公共服务的投入，优化投入结构和方向；建立机制体制，促使各部门形成合力。同时，要充分发挥市场在资源配置中的决定性作用，逐步使社会力量成为发展公共服务业的主体，通过政府政策支持和激励，激发了社会各界投资公共服务的热情，释放社会资本促进公共服务的活力；政府从"直接服务"的模式中后撤，坚持政府购买社会服务的原则，对专业化的公共服务资源进行细分，根据社区的具体特点，培育具有社区特色的重点人群服务模式，使社会组织作为直接的服务提供者可以提供更专业化的服务；要大力培育社会自我服务和社会服务组织，使政府公共服务由能够"接得住"的社会组织承担。

（四）建立多元共治的社会治理体制，激发社会发展活力

多元共治的社会治理体制首先体现在治理主体的多元化，要求发挥政府作为治理主体的主导作用，同时要动员社会力量包括社会组织、经济组织、文化组织、媒体以及公民等平等参与社会治理，使自治与共治有机结合，改变政府单打独斗的管理方式，使各治理主体能够共同承担治理责任，激发各主体的能动性，实现政府治理和社会自我调节、居民自治良性互动；其次，在于治理方式和手段的多元化，依法治理是最根本的要求，使社会治理具有完善的制度安排和规范的公共秩序，同时要根据不同的治理问题、治理客体采取相应的如行政的、经济的、社会的等各种方式方法，以最适合的方法实行有效的治理；再次，在于治理运行体系的多元性，既要有自上而下的全面

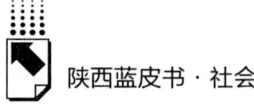

性、系统性、协调性考量的顶层设计,也需要自下而上的试验、试点,以积累经验,及时推动,使社会治理更加适合实际需求,从而着力解决人民群众最关心、最直接、最现实的利益问题,协调好各种社会群体的利益关系,同时也需要各种主体之间的横向互动,从而使社会治理能够形成高效顺畅的运行机制;最后,社会治理也要切实改善民生,建立健全有效预防和化解矛盾的机制,及时有效地发现社会问题与矛盾,同时及时预警和反应,有效解决社会问题和矛盾。

年度热点

Annual Hotspots

B.2
陕西建设"丝绸之路经济带"的现状、特点与对策研究

聂 翔*

摘　要： "丝绸之路经济带"的战略构想，为沿线省份经济社会发展提供了巨大的政策机遇，陕西作为"丝绸之路：长安—天山廊道的路网"世界文化遗产的起点，具有承东启西、连接南北的独特文化与区位优势，也是落实"丝绸之路经济带"国家战略部署的核心地带。本文详细回顾了一年多来陕西省建设"丝绸之路经济带"的情况，分析可能存在的问题和未来面临的挑战，为下一步更好地落实"一带一路"国家战略提供政策建议。

关键词： 陕西　丝绸之路经济带　"一带一路"　新起点　自贸区

---

* 聂翔，陕西省社会科学院社会学研究所助理研究员。

2013年9月，习近平主席首次出访哈萨克斯坦，在纳扎尔巴耶夫大学发表的演讲中，正式提出了"丝绸之路经济带"的国家发展战略构想，并在吉尔吉斯斯坦举行的上海合作组织成员国元首理事会第十三次会议上，再次倡议古丝绸之路沿线国家，倡导"有责任把丝绸之路精神传承下去，发扬光大"。"丝绸之路经济带"这一全新的国家战略构想，一经提出就引发了中外主流媒体和民众的广泛关注，也促使我国沿线省份积极行动起来。党的十八届三中全会通过的《中共中央关于全面深化改革若干重大问题的决定》中，正式写入了"推进丝绸之路经济带、海上丝绸之路建设，形成全方位开放新格局"的战略规划，标志着"丝绸之路经济带"国家发展战略正式形成。2013年12月，发改委和外交部联合举办了推进丝绸之路经济带与海上丝绸之路的座谈会，至此"一带一路"的"丝绸之路"国家发展战略框架开始推进。

作为古丝绸之路和"丝绸之路：长安—天山廊道的路网"世界文化遗产的起点，陕西省地处中国内陆腹地，是沟通中国内陆、亚欧大陆桥和海上丝绸之路交通枢纽的关键节点，拥有其他省份不具备的独特地理区位优势，将成为未来落实"丝绸之路经济带"国家战略部署的核心区域。本文详细回顾了一年来陕西省建设"丝绸之路经济带"的情况，分析存在的问题和未来面临的挑战，为下一步更好地落实"一带一路"的国家发展战略提供政策建议。

一 陕西省建设"丝绸之路经济带"的相关情况

根据陕西省经济社会发展情况，省委省政府高瞻远瞩、统筹谋划，明确了陕西省在建设"丝绸之路经济带"国家战略部署中的定位，就是要将陕西省打造成丝绸之路经济带新起点，成为内陆改革开放高地。2014年5月21日，省长娄勤俭向"中国媒体丝路行"记者采访团介绍了陕西省建设"丝绸之路经济带"新起点的内涵，要将陕西省打造成为承接东部乃至全球产业转移的首选之地、沟通内陆与亚欧大陆桥和海上丝绸之路的交通枢纽、丝绸之路经济带最大的物流中转中心、融汇亚欧丰富多元文化的重要平台。围绕这一重大决策部署，全省相关部门在政策沟通、道路联通、贸易畅通、货币流通、民心相通等方面群策群力，倾力为建设"丝绸之路经济带"的新起点贡献力量，其主要建设情况如下。

（一）做好舆论宣传，凝聚全省共识

建设"丝绸之路经济带"非一己之功、单个部门之力所能完成，需要全省各级相关部门和全社会的共同努力。舆论宣传是行动的先导，陕西省省委书记、省长分别在人民日报等中央主流媒体上发表《向西开放：西部大发展的新机遇——学习贯彻习近平同志共建丝绸之路经济带的战略构想》、《建设好丝绸之路经济带新起点》等署名文章，详细阐释了陕西省建设"丝绸之路经济带"的思路和实现路径。陕西省公务员局组织各职能部门公务员开办丝绸之路经济带专题讲座，使全省各级公务员深刻了解陕西省建设丝绸之路经济带的意义与实现途径，深刻学习领会中央和省委省政府共建丝绸之路经济带的一系列重大战略部署。副省长李金柱亲自为400余名来自西安、榆林的民营企业家，就新丝绸之路经济带背景召开当前经济形势报告会，让陕西省企业家对新丝绸之路经济带商机前景有更清楚的认识。同时，在公众舆论宣传方面，陕西省主流媒体如陕西日报等组织西安交通大学、西北大学、陕西省行政学院、陕西省社会科学院专家学者，分别就陕西省建设"丝绸之路经济带"等相关情况进行深入解读，并通过《丝绸之路经济带发展报告（2014）》等专题书籍出版，使国内外民众和专家学者更深入了解陕西省"丝绸之路经济带"建设状况。

（二）组建专门机构，做好方案规划

习近平主席提出"丝绸之路经济带"战略构想不久，陕西省发改委在省政府统一部署安排下，会同西安市、咸阳市、宝鸡市、渭南市、铜川市、杨凌示范区等部门以及西安高新区、西咸新区、西安阎良航空基地、西安渭北工业区、西安国际港务区、西安经开区、曲江新区、浐灞生态区等开发

区，召开了"丝绸之路经济带"规划思路座谈会，共同谋划"丝绸之路经济带"建设蓝图。在相关部门通力配合下，目前陕西省丝绸之路经济带陕西段的规划方案已经有了基本框架，具体规划部署正在逐渐完善当中。西安市作为陕西省经济、政治与文化中心，在落实陕西省战略部署方面已经先行一步，2014年5月29日，西安市成立了建设丝绸之路经济带工作办公室，与西安市发改委、西安市西部开发办公室，协调统筹推进西安市丝绸之路经济带建设。在规划决策部署上，立足自身特色结合在建设丝绸之路经济带中的定位，出台了《关于加快建设丝绸之路经济带新起点的实施方案》，并提出了"一高地六中心"的具体目标，通过建设金融商贸物流、机械制造、能源储运交易、文化旅游、科技研发、高端人才培养等六大中心，把西安建设成为丝绸之路经济带的开发开放高地，成为有发展活力、创新能力、辐射带动作用的丝绸之路经济带新起点。2014年6月，在原有规划的基础上，又启动了《西安建设丝绸之路经济带（新起点）战略规划》编制工作。同时，把国家刚批复不久的西咸新区纳入到"丝绸之路经济带"发展战略部署当中，并成为政策落实的重要支点，此外充分借鉴上海自贸区的先发优势，积极申请丝绸之路经济带（西安）自由贸易区。

（三）加强合作联系，强化政策沟通

陕西省抢先利用丝绸之路经济带概念开展国际合作，2013年9月，在第五届欧亚经济论坛上发起并召开了"丝绸之路沿线二十个城市圆桌会议"，共同签署了《丝绸之路经济带城市加强合作协议书》，发表了《共建丝绸之路经济带西安宣言》。为了积极推进与丝绸之路沿线国家城市建立友好交流合作关系，陕西省与土库曼斯坦马雷市、乌兹别克斯坦撒马尔罕市共同建立友好交流与合作关系。同时，为了加强丝路沿线国家的沟通联系，充分利用在西安浐灞生态区建设西安领事馆区的机会，与沿线丝路国家洽谈在西安设立领事馆。此外，还加强了国内各沿线城市的沟通，如与上海、乌鲁木齐等24个国内外丝路沿线城市签署了《乌鲁木齐共识》，与甘肃省兰州市签署了《建设丝绸之路经济带战略合作框架协议》。

（四）提速设施建设，完善道路联通

公路、铁路与航空方面互联互通为丝绸之路经济建设提供了可靠的保障。在铁路交通方面，2013年11月，从西安国际港务区出发的"长安号"国际货运班列，沿丝绸之路抵达了哈萨克斯坦，标志着陕西省向西开放迈出了实质性步伐。截至目前，"长安号"国际货运班列已实现了每周一班的常态化运营，大大缩短了丝绸之路沿线国家与地区的时空距离。被誉为"中欧快线"的西安至哈萨克斯坦热姆的整车货运班列也常态化运行，"长安号"与"中欧快线"为陕西及周边地区提供一条面向中亚、中东欧等地的物流大通道。在民航交通方面，西咸新区空港新城成为全国打造丝绸之路航空枢纽和内陆空港城市示范的重要载体，西咸空港保税物流中心成为唯一以服务国际航空物流枢纽为主的海关特殊监管区，这些对外窗口的建立促进陕西省丝绸之路经济带建设进入了由"走"到"飞"的快车道。在港口运输方面，全面启动将"西安港"纳入国际港口航运体系和争取国家港口代码的申报工作，以及港口体系规划、总体布局规划以及港口信息交换设计方案的编制研究工作，同时拟在西安咸阳国际机场与国际港务区之间建立"货运快速专线"，另外西安国际港务区与新疆霍尔果斯和阿拉山口签署了《港区共建互赢合作协议》，并与上海港、天津港、连云港、青岛港等国家重大港口签订战略合作框架协议，铁路、航空、港口等基础设施建设，打通了"丝绸之路经济带"的运输动脉，大大增强了人员、信息、物资的快速流通。

（五）搭建经贸平台，实现贸易联通

丝绸之路是一条繁荣的通商合作之路，陕西省以服务好中西贸易、东西部贸易平台为宗旨，全力办好传统三大经贸平台。欧亚经济论坛是经国务院批准的由20个国家部委及国际组织联合主办的国际性大型论坛，2014年以"与全社会、政府、企业、社会成员一起努力携手，持续不懈地奋斗"为主题，论坛在西安召开，以此助推中国西部在生态、环保、低碳科技创新与产业方面的发展。第18届西洽会暨丝绸之路国际博览会是陕西省规模最大的

经贸平台，本次经贸交流以"扩大开放合作，促进共同发展"为主题，邀请了 70 多个国家和地区以及 600 多个团组共 30 多万客商参展，同时还设置了丝绸之路国际博览会国际馆、丝绸之路经济带沿线国家和地区旅游文化展、丝绸之路经济带沿线国家和地区特色产业及精品展等展馆，其中有 16 个国家以国家名义设立国家馆，据不完全统计，本届西洽会暨丝博会，各省区市代表团共签订利用外资项目合同总投资额 50 多亿美元，签订国内联合项目合同总投资额近 9000 亿元。杨凌"农高会"也是陕西省经贸交流的重头戏，本次"农高会"是以"新起点新机遇新农业"为主题，积极融入国家丝绸之路经济带建设大战略，目前已有 70 多个国家和地区、2100 多万客商和观众参加了本届"农高会"。同时，陕西省企业也借助丝绸之路经贸平台成功"走出去"，如陕西煤业在吉尔吉斯斯坦已有个 80 万吨的炼油项目。丝绸之路经贸交流的不断深入，助推了陕西省对外贸易的增长步伐，据相关统计数据显示，陕西省 2014 年上半年进出口总额增长 64.3%，增速位居全国之首；外贸依存度达到 11.3%，同比提高 3.9 个百分点。

（六）文化旅游先行，促进民心相通

邀请"新丝绸之路"起点观察联合采访团，借此宣传丝绸之路文化魅力，举办"2013 新丝绸之路大型联合采访"活动，让民众领略陕西的历史文化，感受陕西近年来的社会经济快速发展成就。借助世界文化遗产"丝绸之路：长安—天山廊道的路网"的申办成功，加大对丝绸之路经济带的文化宣传。同时，通过举办"丝绸之路国际电影节"、"首届丝绸之路国际艺术节"、"纪念延安文艺座谈会讲话暨丝绸之路文化周"、"首届中国西安丝绸之路国际旅游博览会"等系列文化活动和"新丝绸之路：长安交响地图音乐会"、"2014 丝绸之路国际青少年风采大赛暨国际青少年丝路形象大使选拔赛"、"丝绸之路国际艺术节徽标奖杯设计征集评选"等群众文化参与活动，向民众展示丝绸之路文明成果，传承丝路精神，弘扬丝路文化，加深人文交往，促进民心相通，为"一带一路"建设创造良好的人文环境。在体制机制上，与西北其他省区签订了《丝绸之路经济带西北五省区文化

发展战略联盟框架协议》，与河南、山西等省签署了《山西、河南、陕西中原文化发展战略联盟框架协议》，促进各省之间在文艺创作、精品展演、公共文化服务体系建设、文化产业发展、人才培养等方面进行跨区域的交流与合作，实现区域内文化资源的整合、优势互补、信息交流和成果共享，形成区域文化发展合力。

二 陕西省建设"丝绸之路经济带"特点及面临挑战

陕西省建设"丝绸之路经济带"取得重大突破和成就，表现出鲜明的特色，同时也面临一些新的挑战。

（一）特点

梳理陕西省"丝绸之路经济带"建设情况，主要表现以下三个方面的特点。

1. 反应迅速，落实到位

"丝绸之路经济带"概念一经提出，陕西省委省政府敏锐地意识到，这将会成为继西部大开发国家发展战备之后，陕西省经济社会发展面临的又一个黄金时代，省发改委等职能部门在省委省政府的直接安排部署下，会同西安市、咸阳市、宝鸡市、渭南市、杨凌示范区等部门以及西安高新区、西咸新区、西安阎良航空基地、西安渭北工业区、西安国际港务区、西安经开区、曲江新区、浐灞生态区等开发区等政府部门积极行为起来，共同谋划丝绸之路经济带建设思路与落实举措。同时，设立了专门的落实部门与人员机构，加紧制定建设丝绸之路经济带陕西段的规划，借上海自贸区的有利时机积极申报西安自贸区，赢得更多有利于陕西省发展的政策机遇。

2. 定位清楚，思路清晰

梳理陕西省建设丝绸之路经济带提出的口号和省委省政府主要领导讲话、访谈和发表署名文章发现，陕西省自始至终对自身战略有清晰明确定位,就是要将陕西省打造成为丝绸之路经济带的"新起点",特别是河南省、重庆市等省份也提出类似的战略定位后,陕西省自身战略定位没有发生动摇,坚定的战略定位有力地凝聚了全省人民建设丝绸之路经济带的共识。在建设思路上,陕西省充分考虑到自身经济社会发展多方面的优势与劣势,充分考虑国内国外、东部西部两个大局,提出了要将陕西省打造成产业转移首选地、丝绸之路的交通枢纽、物流中转中心和多元文化交流平台等建设思路,通过与其他沿线省份的发展思路差异化战略谋划,陕西赢得了更多的政策机遇和政策红利。

3. 路径明确,抓手有劲

按照丝绸之路经济带的战略实现路径构想,旨在通过政策沟通、道路联通、贸易畅通、货币流通和民心相通的"五通丝路"达成最终目标,省委省政府充分调研并听取各方面意见,按照陕西省经济社会发展的优势对"五通丝路"进行排序,借助"丝绸之路:长安—天山廊道的路网"世界文化遗产成功申遗,首先把民心相通作为丝绸之路经济带建设的突破口,把陕西文化旅游建设作为丝绸之路建设的重点,通过建设新闻采访团、电影节、艺术节、文化周等活动促进多元文化的交流融合,同时依靠西洽会、农高会等陕西省成熟的经贸平台,大力促进与沿线国家的经济交往,也推进陕西省企业更好"走出去"。从总体上看,陕西省建设丝绸之路经济带是按照从易到难,从成熟的经贸文化交流到需要国际交通、金融互通的务实路径,在建设区域上以西安市为重点,以西咸新区等国家级开发区为重点建设区域,这些务实有效的建设路径为陕西省取得较为丰硕成效。

(二)面临挑战

陕西省在建设"丝绸之路经济带"取得重大成就的同时,也面临着一些瓶颈与挑战,主要表现在以下几个方面。

1. 沿线省份之间存在同质性竞争

在"新丝绸之路经济带"的战略构想提出后,沿线省份积极行动起来,纷纷提出自己的政策定位与计划措施,其中以新疆、青海、甘肃、陕西、宁夏西北五省和河南、重庆等省份反响最为热烈。分析其各自战略定位及建设任务后发现（见表1），这些省份战略定位与建设任务与陕西省有较多共通之处，如新疆主要建设任务与陕西省要建设的"一高地六中心"基本相似，都是按照国家丝绸之路经济带"五通丝路"的战略构想提出来的，甘肃与青海的战略规划中也特别突出了交通的区位优势等。此外，如陕西正在申请设立丝绸之路经济带（西安）自由贸易区，新疆也做准备设立中国—中亚自由贸易园区等等。由于各省份之间缺乏鲜明的差异性，陕西省未来丝绸之路建设同质性竞争压力较大，各地方政府竞相主张的丝绸之路经济带的区域战略，如果缺乏与其他省份的有效协调可能造成内部的竞争过度，使陕西省建设丝绸之路面临较大挑战。

表1 西北五省在建设丝绸之路经济带的战略定位与主要建设任务

省（区）	定位	主要建设任务
新疆	核心区	交通枢纽中心、商贸物流中心、金融中心、文化科技中心和医疗服务中心，以及国家能源资源"三基地一通道"
甘肃	黄金通道	推进道路互联互通、经贸技术交流、产业对接合作、经济新增长极、人文交流合作、战略平台建设等六大工程
青海	战略通道	高原特色循环经济体
宁夏	战略支点	建设中阿空中丝绸之路、中阿互联网经济试验区、中阿金融合作试验区和中阿博览会战略平台
陕西	新起点	"一高地六中心"

2. 拉动周边经济发展的动力仍有不足

从全国现有经济发展格局来看，西北五省经济总量普遍偏低，根据国家统计局2013年各省份国民生产总值统计数据来看，陕西经济总量约为1.6万亿元，新疆、甘肃、青海、宁夏经济总量分别为0.84万亿元、0.63万亿元、0.21万亿元、0.26万亿元，除陕西相对居于全国中等地位外，其余省份全国经济总量排名总体靠后，西北五省全部经济总量相加略高于河南省但低于东南沿海发达省份。此外，西北五省对外贸易依存度较低，且相互之间缺乏深层次合作协调机制，据中国人民大学重阳金融研究院"丝绸之路经济带"课题组统计，2013年陕西省外贸依存度只有7.79%，甘肃只有9.94%，宁夏仅为7.68%，而全国的平均水平是45.34%，这样经济发展规律中的"虹吸"作用不明显，如郑新欧、汉新欧、渝新欧、蓉新欧等货运专线对陕西省开通的货运专线形成竞争格局，不仅无法吸引周边省份相反会被发达省份吸引，从而成为中国向西开放的交通要道而非经济拉动引擎，弱化陕西省区位战略地位。

3. 突破现有政策与规则的障碍难度较大

当前在"五通丝路"的战略安排中，文化与经贸交流相对较为通畅，主要是由于这些领域都是在传统基础上的深化，且相互之间交流互通都能较有效地形成互利共赢。但是在交通互联、金融互通等方面，沿线省份与国家的经济和基础设施较弱，沿线交通设施标准不一，以铁路和管道为主的通道流通效率较低，加上通关复杂、线路长、省市多、国家之间的文化隔阂、管理部门的责权划分等，导致市场开发与管理难度较大，各国之间在短时间内有效合作较为困难，特别是在交通规则、金融领域等国家安全重要领域等方面，有些国家还有疑虑，这在短时期内还无法消除，因此还需要从国家层面进行突破，单一省份目前还没有足够的实力去改变现有困难局面。

4. 省内区域间参与建设的情况不平衡

从陕西省丝绸之路经济带目前建设情况来看，各项规划措施与实施先导都是以关中特别是西安为主，如有了明确专门负责丝绸之路经济带建设工作的机构，出台了《关于加快建设丝绸之路经济带新起点的实施方案》，拥有了国家刚批复不久的西咸新区的丝绸之路经济带重要支点，此外陕西省还将把西安市作为核心区域积极申请设立丝绸之路经济带（西安）自由贸易区。这些都将使西安市在丝绸之路经济带陕西段建设中拥有独特的优势，相比之下，陕西省陕南、陕北地区在整个丝绸之路经济带建设中作用表现不够明显，这将使丝绸之路经济带政策的红利无法在这些地区得以充分体验。

从总体上看，推出丝绸之路经济带战略构想一年来，陕西省各政府部门积极行动起来，充分发挥陕西省自身优势和特点，明确陕西省的发展定位，明晰发展路径，取得了明显成绩，但是由于丝绸之路经济带建设涉及面多面广，远非一日之功能够完成，还要面临着沿线省份与国家的经济发展不足、基础设施条件差、市场发育不够、国际合作较为复杂等因素，陕西省丝绸之路经济带建设还面临诸多挑战，这些挑战一方面是源于陕西省自身客观发展条件，另一方面，更需要依靠国家层面的突破与发展，相信通过各方积极努力能够使陕西省在今后发展中赢得更多的机遇和发展红利。

三 陕西省加强建设"丝绸之路经济带"对策建议

根据陕西省建设丝绸之路经济带的情况和未来将面临的挑战，下一步工作应该从以下几方面着力，充分发挥自身优势和特点形成政策合力，推动各项任务落到实处。

（一）加强政策的跟踪与阐释，建立政策敏感性

丝绸之路经济带是国家的战略部署，陕西省丝绸之路经济带建设与未来发展，要充分考虑到全局与局部两个大局，在全局的基础上根据陕西省发展状况提供更有针对性的措施。一方面，加强领导干部和专家学者对涉及丝绸之路经济带的新政策、新措施学习领会和深入解读，让各级部门人员都具备政策敏感性与主动性；另一方面，要加强企业主、文化工作者对相关政策的解读阐释，动员社会力量出谋献策，同时积极建立省份之间、与国外的经常性交流沟通渠道，加深对沿线国家政策、经济发展与文化等方面的了解，为丝绸之路经济带建设提供社会文化基础。

（二）充分发挥西安市现有平台优势，做实做强各项工作

要充分利用陕西省现有政治与经贸互动平台，如欧亚经济论坛、西洽会、农高会等经贸文化交流平台和西安综合保税区、国际港务区等优势，加强与沿线省份和国家的政策沟通、经贸互通和文化相通，抓好工作落实，注重工作实效，切忌把工作表面化、虚浮化。在建设过程中要突出陕西省丝绸之路经济带的建设特色和定位，发挥西安在丝绸之路经济带建设中的

重要作用，特别是西安市文化产业优势，将西安等城市与中亚城市的交流的广度、深度提升到更高层面，充分提升丝绸之路经济带的龙头带动作用。同时，积极争取国家政策支持，促进与丝绸之路沿线的甘肃、青海、宁夏、新疆等省份建立区域合作机制，形成互利共赢的地区发展格局。

（三）推动丝绸之路经济带建设项目落地和"走出去"工作

根据丝绸之路沿线省份和国家经济建设情况和实际需求，积极加强相互之间具体项目合作与沟通，推介陕西省文化产业、能源开发、金融合作等项目落地工作，通过具体项目落地促进陕西省企业"走出去"的步伐，同时陕西省各级政府部门和开发区应创造多种条件尽快落实相关项目。要充分利用现有丝绸之路经济带建设的政策机遇，搭建政府间和企业间等多种互动沟通平台，鼓励陕西省企业扩大经贸视野和范围，真正用企业家的新视野创造出陕西省建设丝绸之路经济带的新起点。

B.3
陕西移民搬迁调研报告

陕西省决策咨询委员会课题组*

摘　要： 陕南陕北移民搬迁是陕西省委省政府做出的一项重大民生和发展决定。实施以来，取得了良好的经济社会效益，得到社会各界的认同。同时，项目进展过程中出现了新的问题。为解决新矛盾，课题组对搬迁工程的现状、问题进行了深入的分析，并提出具有针对性的对策建议。

关键词： 移民搬迁　政策支持　资金土地

实施陕南陕北移民搬迁是省委省政府做出的一项重大民生和发展决定，工程之巨前所未有。为了使这一重大举措一年一年的落到实处，省委省政府主要领导同志要求，除了每年完成既定任务不断提高搬迁水平和效果，不断扩大受惠群众范围外，还要加强调查研究，不断发现新问题，不断整改提高，以实现搬迁的最大、最好、最佳效果。遵照以上精神，我们围绕如何进一步推进陕南陕北移民搬迁工程，和省发改委、财政厅、国土厅、扶贫办等11个厅（局）进行了座谈，同时，到延安、汉中、安康、商洛4个市8个县16个乡镇32个移民安置点进行调研，现将主要情况和建议报告如下。

---

* 课题组组长：冯家臻，陕西省决策咨询委员会。成员：赖作莲，陕西省社会科学院农村发展研究所副研究员；吴南，陕西省社会科学院社会学研究所副研究员；范满航，西安邮电大学硕士研究生。

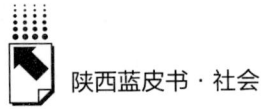

一 实施"移民搬迁工程"是功在当代、造福子孙的重大举措

陕西省实施陕南陕北移民搬迁工程已经三年了。三年来,全省累计完成投资441.03亿元,陕南搬迁20.07万户、75万人,陕北搬迁5.58万户、22.6万人,较好地完成了第一阶段任务。搬迁工作取得了良好的经济社会效益,得到了广大群众衷心的拥护。

(一)实施"移民搬迁工程",优化了搬迁户的生存条件和生活方式

陕南、陕北的秦巴山区、白于山区、黄河沿岸的土石山区地质条件差,山体稳定性脆弱,是陕西省自然灾害频繁发生的重灾区,群众的生存环境恶劣。在秦巴山区,分布于28个县、475个乡镇、6253个村的地质灾害户就有12.39万户、49.16万人,洪灾户9.37万户、32.02万人。每逢雨季,上述地区极易诱发山洪、滑坡、泥石流等次生灾害,给人民生命财产安全造成极大威胁。

实施陕南陕北移民搬迁工程以来,搬迁居民的生活生产条件发生根本改变。截至2013年底,秦巴山区共有7.26万户、23.79万人受地质洪涝灾害威胁的群众告别了自然灾害频发、发展条件差的山区,搬到了远离灾害、交通方便、网络信息畅通、适宜人居的新住地。在城镇楼房化安置的移民小区,住房的客厅、餐厅、厕所、淋浴、厨房结构设计合理,不少家庭添置了家用电器,孩子入托上学,居民看病购物都很方便。

(二)实施"移民搬迁工程",创造了移民就业增收的新机遇

居住在陕南、陕北山区的群众,交通不便,信息不灵,住所偏僻,种养业产品销售困难,就业门路少,收入不高,是陕西省扶贫攻坚的重点区域。实施移民搬迁工程以来,陕南、陕北各有关市县按照省委省政府坚持城镇化建设、移民搬迁、产业支撑"三位一体"的工作要求,积极加强产业配置和就业安置，为搬迁群众就业增收创造了有利条件。一些市县在产业培育方面进行积极探索，形成了几种有效的发展模式，如园区经济支撑型、第三产业带动型、现代农业依托型、龙头企业引领型等。

汉中市和商洛市在加强搬迁群众实用技术培训的同时，立足现代农业园、工业园和旅游精品景区，制订产业帮扶计划，落实项目资金，引导搬迁群众发展特色产业，培育新的收入来源。汉中市出台了创业扶持政策，通过企业安排、农业园区吸收、劳务输出等多种途径推进群众就业，近两年共安置移民就业6.2万人，确保了户均一人就业。商洛市山阳县为解决移民搬得出、能致富，重点发展工业园区、农业园区、旅游园区三大园区，解决了8902人的就业问题。

安康市围绕"产业进园区、居民进社区"，加快推进县域工业集中区、现代农业园区发展，吸纳搬迁群众到工业企业、农业园区、产业合作社务工，实现就近就业，形成的紫阳双安、宁陕皇冠、白河仓上等搬迁模式在全省推广。

延安市根据不同的安置点、搬迁户的不同特点，规划选择不同的配套产业，带动农民致富。一是农业产业带动。全市已有24个安置点周边配套建的农业产业园区，以大棚种植、养殖和经济林果为主，占搬迁安置点的32%。二是工业园区带动。围绕工业园区发展劳务输出，增加创收渠道。三是第三产业带动。县城、重点镇安置点，按照规划都有经营性门面房、交易市场、物流园区，鼓励引导扶持搬迁户发展第三产业。四是建设半小时经济圈。按照半小时经济圈要求扶持搬迁户在原村发展经济林果等有稳定收入的项目，力争达到户户有产业，人人有事干。

（三）实施"移民搬迁工程"，改善了移民迁出地的生态环境

居住在偏远山区的群众，对周边生态资源的过度开垦和乱砍滥伐，加剧了水土流失。农户使用的地膜、塑料袋和生活垃圾，也污染了生态环境。

移民搬迁对优化山区的生态环境起到积极作用。一是迁出地的人口减少后，人为破坏环境现象减少，保护了林地、草地及生态物种的多样性，为生态恢复留下了空间。安康市在规划建设移民安置小区时，坚持环境评估审核，对居住在自然保护区、风景名胜区、文物保护区和生态敏感区内、影响

环境保护的村组农户，广泛深入宣传动员，三年累计搬迁5.17万人，收到"人退林进"的工作效果。二是实施移民搬迁工程，集中扶持开发配套产业，拓展就业发展渠道，使搬迁户对原住地的生产依赖逐年减少，有利于巩固退耕还林成果。商洛市山阳县在实施移民搬迁工程的同时，着力打造以天竺山、漫川古镇、月亮洞、天篷山寨、金钱河等为重点的"五景一廊"旅游园区建设，大力发展乡村旅游、养老服务、物流配送等产业，促进了搬迁群众多渠道、多途径就业，对山地种养殖业的依赖性降低[①]。三是移民安置小区重视村容村貌建设，对生态村建设起到积极作用。

（四）实施"移民搬迁工程"，提高了城镇化水平

陕南、陕北山区的城镇化水平远远低于全省和全国水平。实施移民搬迁以前的2010年，安康市城镇化率为35%，汉中市为38.1%，商洛市为36%，分别低于全省10.7个、7.6个、9.7个百分点，低于全国14.68个、11.58个、13.58个百分点。

实施移民搬迁工程三年来，汉中、安康、商洛城镇化率分别提高了4.23个、5.73个、4.49个百分点。不少小区内的水、电、路、通信等基础设施建设已经基本到位，人口集中的移民安置点配套建设了社区服务中心，提供了计生卫生、警务司法调解、便民超市、文体活动等公共服务项目，有的还新建了幼儿园、健身广场、农贸市场和各种商店，为解决社区居民办事难、购物难、就医难、娱乐难等问题创造了条件。

二 进一步推进"移民搬迁工程"需要研究解决的新问题

按照省委省政府对移民搬迁工作提出的"搬得出、稳得住、能致富"的总体要求，这项工作在推进过程中还有一些需要研究解决的新问题。

---

① 刘钰譞：《山阳县移民搬迁绘就幸福梦》，陕西传媒网－三秦都市报，2013年12月30日。

（一）实施移民搬迁工程的资金压力仍然存在

1. 市场价格变化、建房标准提高导致建房成本增加

移民搬迁工程实施以来，用于建房的省级补助资金到位情况良好，市县配套资金虽有压力但也基本到位。但因原材料、劳动力价格上涨，建房标准人为提高等因素，造成建房成本上升（村镇移民搬迁建房单位成本由每平方米1200元增加到1400～1600元，安置点在县城的建房成本更高），建房投资增加。以陕北为例，三年建房资金计划投入57.6亿元，但实际投入70亿元，增加的投资，有些由当地政府兜底，有些由群众承担，地方政府和群众均感到压力很大。

2. 不少地方"小配套"资金被用于建房，影响"小配套"建设

按照资金筹措方案，每年整合中省各专项资金18.9亿元，一部分用于住房建设，另一部分用于移民安置区"小配套"建设。在移民搬迁工程实施中，不少县区因财政困难把"小配套"资金用于住房建设，造成"小配套"资金短缺、小区内配套设施缺失。

3. "大配套"资金到位不理想，对移民安置点基础设施和公共服务建设产生一定影响

据调查，陕南三市2011～2013年省级部门应投入"大配套"建设资金25.3亿元，目前已落实21亿元，尚有4亿多元正在落实过程中。从陕北情况看，2011～2013年，省级有关部门应投入的"大配套"建设资金30亿元，实际落实15亿元，其余的还正在筹措。

4. 应由县区解决的建设前期资金落实难度较大

陕政办发〔2012〕116号文件规定，项目前期费用由县（区）人民政府从推进移民搬迁的土地收益、配建商业和商品房收益中解决。在具体工作中，一些县（区）反映由安置点建设的前期费用，包括规划、地勘、设计、环评、灾害评估、检测、监理等，约占总工程费用的20%，全部由县（区）财政承担困难较大。

为了解决陕南移民资金短缺问题，省上已采取了一些新的措施，一是争取中央财政40亿元支持陕南移民搬迁。二是建房补助资金在原来每户1.5万元的基础上，再增加1.5万元，加上市县配套的1.5万元，每户共计4.5万元。三是明确"小配套"建设资金补助标准，每户2万元。四是危困户在每户4.5万元的基础上，再增加1万元。上述措施对缓解陕南移民搬迁资金短缺的问题能起到积极作用，但资金筹措和落实还有一个过程，仍然需要省上有关部门加大工作力度。

（二）移民搬迁工程的土地制约亟须解决

1. 实际下达土地指标不足

以陕南移民搬迁为例，2011～2013年，共搬迁20万户，如果全部按集中安置需要土地4万亩，而实际下达的土地指标只有1.2万亩，缺口2.8万亩。

2. 土地指标下达滞后

年度移民搬迁任务指标与用地指标未能同步下达，影响实际工作开展。土地指标下达滞后的主要原因是移民搬迁项目用地没有与土地利用规划相衔接。土地利用规划在前，移民搬迁工程规划在后，一些安置点项目用地不符合土地利用规划，所以，市县无法上报，上报也无法获批。

3. 移民集中安置选址难度越来越大

移民搬迁的县（区）大多自然条件差，一些县（区）山大沟深，可供集中安置的选择地非常有限。随着工程的不断推进，河边、川道条件比较好的选址越来越少。这一点，在陕南尤为突出。

为破解移民搬迁用地问题，陕西省已经争取到国土资源部的优惠支持政策。政策允许复垦腾退农村建设用地置换移民安置土地指标，同时，可将腾退节约的建设用地在市域内安排使用。另外，允许陕西省对现有土地利用总体规划进行微调。但不少搬迁户迁入新居后，原有宅基地不愿意腾退，缺乏具体的腾退办法和措施。

（三）配套产业发展处于起步阶段，移民就业增收渠道还不够宽

为了促进移民"搬得出、稳得住、能致富"，省上反复强调要努力发

配套产业。近三年来,陕南陕北在实施移民搬迁过程中,积极培育配套产业,但就整体而言,产业开发项目规模小、覆盖面不大,吸纳搬迁群众的就业能力不强。据省国土厅调查统计,目前移民搬迁户增加收入靠外出打工的占73.3%,靠原有山林土地的占14.4%,依托园区就业的仅占4.8%。搬迁户增收渠道不宽,门路不多。

(四)安置小区后续管理亟待加强

随着移民安置点建成数量的不断增加,解决后续管理问题迫在眉睫。在社区管理方面,人数多、规模大的移民安置点,是按城市社区还是农村社区管理?在构建和谐社区方面,如何更新移民观念,创新交往方式?在物业管理方面,在市场化不具备条件的情况下,管理体制、经费筹措、服务内容、方式方法如何确定?在确权发证方面,如何总结试点经验,进一步鼓励搬新拆旧和土地复垦与流转?在公共服务均等化方面,如何明确搬迁户的教育、医疗、就业等政策待遇?以上这些问题,都需要制定相关政策措施加以解决。

(五)移民搬迁工程规划还需要根据实际情况进一步调整

随着实践的不断发展,原来制订的移民搬迁十年规划难免出现不相适应的地方。一方面,有的地方反映原定的搬迁规划指标偏少,不能满足实际需要。2013年7月,延安遭遇持续强降雨自然灾害,致使全市范围69245户农民受灾,其中有46512户需要搬迁。目前,除已将16174窑倒塌户列入2014年扶贫移民搬迁计划外,还有30338户需要搬迁。汉台区河东店镇也有上千户尚未搬迁的群众,要求搬迁到河东店社区,不少群众到镇政府直接反映搬迁诉求。另一方面,也有地方反映原定的搬迁规划指标偏高,超过了实际需求。有的镇干部通过对该镇12个村的走访调查,向调研组反映,按照规划要求,该镇应有508户1602人需要搬迁,但实际情况是:有搬迁意愿的只有167户556人,无搬迁意愿的共计341户1046人。按照省上提出的自觉自愿的原则,该镇搬迁规划指标需要进一步调整。

陕西省"十二五"规划和各类专项规划制定后，大部分专项资金已在2013年5月以前陆续下拨。但由于陕西省2011～2013年移民搬迁安置点的基础设施和公共服务建设项目大部分没有被列入"十二五"专项规划，也就没有"十二五"规划资金的支撑。为此省政府2013年6月，主持召开陕南移民搬迁配套设施建设对接会，提出解决这一问题的具体要求。但在具体实施过程中，要把2011年和2012年国家有关部委和陕西省各厅局已经下拨的各种专项资金重新整合、补齐难度较大。

三 进一步推进移民搬迁工程的几点建议

总结陕西省三年来移民搬迁工程的经验，针对实践中出现的新情况、新问题，根据最近省政府主要领导同志关于"在保持良好局面的同时更加注重工作推进的计划性、在搞好住房建设的同时更加注重相关设施的配套、在改善群众生活环境的同时更加注重后续产业培育、在抓好资金配套的同时更加注重整合使用"的要求，我们提出以下建议。

（一）多渠道筹措资金，加大移民搬迁支持力度

1. 落实移民安置点配套建设资金

近三年，移民搬迁主要精力放在住房建设上，配套设施建设相对滞后，资金到位情况不理想。为此，省政府专题研究，提出要按照"保基本、按标准、分阶段、抓统筹"的思路，优先保证各集中安置点的基础设施和公共服务设施及时配套建设到位。因此，建议加大落实力度，加强督察督办，进一步研究配套资金没有落实到位的主要原因，制定具体解决办法，尽快下达移民搬迁配套资金。

2. 注重移民搬迁资金整合使用

省上对整合资金做了大量工作，明确提出"项目整合，资金捆绑，渠道不乱，用途不变"的资金整合思路，提出有关部门和县区要大胆整合农村危房改造、新型农村社区建设、基础设施建设、环境综合治理、产业发

展、农业社会事业发展等项目资金，集中用于移民搬迁。建议制定出台具体整合办法，明确整合资金的原则、范围、方法、要求，同时在资金整合中注意避免出现违规行为。

3. 完善移民搬迁资金支持政策

一是将移民安置点项目建设的前期费用列入财政预算。二是建立建房补贴随市场成本变化的调整机制。对2011～2013年因价格上涨、建筑成本增加、建筑方式变化造成的建房资金缺口，提出解决办法。

4. 多措并举，推进移民搬迁

一是打通移民安置房与保障房、商品房建设的通道。对于长期在城市工作生活且符合移民搬迁条件的，可按照移民分散安置标准给予补助，用已建成的商品房、保障房予以安置。二是广开渠道，筹措资金。略阳县徐家坪镇"五个一点"（引进企业投一点、捆绑项目要一点、商业开发赚一点、工程利润挤一点、集体利益让一点）的资金筹措模式，值得推广。三是引导企业和社会力量参与移民搬迁。

（二）多管齐下，破解土地制约

1. 用足用好国土资源部土地支持政策

一是对宅基地腾退的实施主体、腾退范围、腾退方式、腾退流程和激励机制作出具体规定，为置换用地指标创造条件。二是对陕西省土地利用综合规划进行微调，实现移民搬迁项目建设规划与土地利用总体规划有效对接，为移民搬迁提供规划支持。三是对立地条件差、选址难度大的县（区），允许腾退节约的农村建设用地在市域内安排使用，并将土地增值收益返还搬迁区，用于支持农业农村发展和改善农民生产生活条件，促进地灾防治和生态建设。

2. 充分利用各种存量土地资源

坚持科学规划，坚持节约集约用地。盘活闲置存量土地，挖掘低丘缓坡未利用地，开发利用河滩、沟道地，整理复垦移民迁出地。适度增加建设用地，实施城乡建设土地增减挂钩。

3. 改革审批制度，提高行政管理效能

一是对移民搬迁的建设用地实行计划单列，与其他建设用地相区别。二是下放审批权限，用地报批材料由市政府和国土资源部门把关审查。三是改革审批程序，将用地报件审查方式，由串联改为并联。缩短审查时间，一般不超过20个工作日，限时办结。做好台账，明确土地用途、位置、面积，由市统一调配、负责下达到县（区）。

（三）广开就业增收门路，实现搬迁户"稳得住、能致富、不反弹"

为促进移民增收，各市、县坚持"三靠"（靠城镇、靠工业园区、靠交通要道）原则，采取了一些行之有效的办法，努力创造更多的就业机会。在后续产业发展培育中，要从统筹产业发展和社会管理规划、加强技能培训、深化农村改革等方面出发，着力协调推进。结合调研情况，我们提出以下建议。

1. 推广典型经验

紫阳县通过"五个一批"（特色农业园区消化一批，工业企业吸收一批，商贸服务转化一批，劳务经济输出一批，公益岗位安置一批）的办法，促进群众就业增收。汉中市实施"四个一批"（产业园区、企业用工安置一批，城镇经商安置一批，劳务输出安置一批，社区服务岗位和公益性岗位安置一批）就业规划，在县域和城镇集中打造一批经济产业带和特色经济圈，在实践中都收到较好效果。

2. 设立省级移民搬迁后续产业发展基金

利用产业发展基金，对能带动搬迁户增收的项目进行补助和贴息。扶持各类企业、农民专业合作社按照"企业（合作社）＋基地＋搬迁户"的产业经营模式，发展标准化种植、养殖、农副产品加工等项目。支持搬迁群众发展商贸餐饮、乡村旅游业等项目，为搬迁户就近就业、增收，提供有力支持。

3. 推动土地流转，增加移民收入

以企业、合作社为龙头，以建立现代产业园区为基础，按照"农民出

山、产业进山、统一经营、统一流转"的发展思路,在保护生态环境的前提下,把农民分散的宅基地,耕作不便的承包地、空闲地、荒坡地、林地等流转给企业、合作社、家庭农场,实行统一经营,发展市场前景广阔、经济效益好的项目,吸纳就业。

(四)加强安置点后续管理,解决社区管理遇到的新问题

针对移民搬迁后出现的人户分离、人地分离的情况,移民安置小区可以按照"社区管理人和房,原籍管理林和地"的思路,采取社区管委会与村民委员会双轨运行的过渡管理模式。在移民集中安置小区,组建社区居民委员会,提供警务司法、计生卫生、社会保障、文化活动、科技培训、物业管理等服务。可成立由镇政府委派干部兼任党支部书记的社区党组织,加强党的领导。小区运行初期,物业管理可设置公益性岗位,由政府购买服务;条件成熟后,成立物业公司,实行社会化管理。同时,原村民委员会也正常运行,负责村务管理,主要包括对原村组的承包地、林地等集体资产的管理和村民选举活动的开展。从长远看,应由社区居民委员会逐步取代原村民委员会。

为解决移民搬迁产生的衍生问题,不少市县积极探索制定了一些配套政策,特别是汉中市,围绕着"两证"发放、政策衔接、就业培训等问题出台了相关文件,为陕西省制定配套政策提供了实践支持。建议省上组织力量,深入研究,制定出台系统的配套政策,为陕南陕北移民搬迁提供新的支持。

(五)根据实际需要,完善调整移民搬迁规划

建议将移民搬迁工程项目纳入中省相关专项规划。各相关厅局抓住"十三五"规划前期准备已经启动的契机,尽早谋划,将更多的移民搬迁工程项目,纳入"十三五"规划。根据不断变化的实际情况,调整不同地区的移民搬迁任务年度指标,对于需要增加搬迁指标的市、县,适当追加;对于规划指标偏高,不适应目前实际情况的,适当调减。

B.4 2014~2015年陕西廉政建设报告

郭兴全*

> **摘　要：** 2014年陕西的廉政建设，以贯彻落实"八项规定"精神为切入点，以"治标为治本赢得时间"为反腐败策略，以"三转"为体制机制保障，落实"两个责任"，从严监督干部的用权履职行为，重拳反腐，亮点纷呈，取得了阶段性廉政建设成效。与此同时，腐败黑数和腐败呆账还很大，治本不力不仅难以巩固治标成果，还可能会再添腐败新账，廉政建设依然任重道远。
>
> **关键词：** 八项规定　反腐败　标本协治战略　从严管理干部

2014年是全面深化改革的开局之年。在中央强力反腐的大环境下，陕西廉政建设向中央基准看齐，以反对"四风"为突破口，不断加大腐败惩治力度，不断深化纪检监察体制机制改革，不断加快从严管理干部的制度化进程，不断深入开展的群众路线教育实践活动密切了党和政府与群众的关系，党风廉政建设和反腐败斗争取得新成效，为实现"富裕陕西、和谐陕西、美丽陕西"的奋斗目标，打造了廉洁发展的政治生态环境。

---

* 郭兴全，陕西省社会科学院政治与法律研究所副研究员。

一 2014年陕西廉政建设的主要进展

（一）党风廉政建设成效显著

第一，以贯彻落实八项规定精神作为改进作风的突破口。改进工作作风、密切联系群众的八项规定虽然是规范中共中央政治局的专门规定，但是，八项规定的精神成为约束各级党员领导干部用权履职行为的新规范。陕西按照中央八项规定精神的要求，专门下发《关于构建纠正节日期间不正之风长效机制的通知》。依据《通知》要求，纪检监察机关抓住春节、中秋等重要节点，在全省范围开展监督检查、查处违规违纪问题，对检查中发现的不收手、不收敛干部，一经发现立即依纪依规予以处理。2014年上半年，全省共查处违反中央八项规定精神的典型问题199件，处理265人，给予党政纪处分151人，点名道姓通报了110起172人[①]。打铁还须自身硬。陕西省纪委、监察厅作为在全省党风廉政建设和反腐败斗争中负有监督责任的主体，制定下发了《陕西省纪检监察机关纪律规定》，明确要求全省各级纪检监察机关和纪检监察干部切实改进工作作风，加强自身建设，有效强化管理监督和纪律约束，有效防止监督者不受监督的"灯下黑"情况出现。省纪委、监察厅按照《规定》的要求从严要求执纪队伍，明确委厅领导班子成员不得出入娱乐场所等5项纪律约束要求，向委厅机关干部明确提出不得接受公款宴请等6条禁令；为强化执纪干部队伍的纪律意识和组织观念，在机关组织开展严明党的组织纪律主题教育活动，对委厅机关和派出纪检监察干部执行纪律情况进行了全面检查。在"秦风网"开通"曝光台"栏目，截至2014年9月底，全省各级纪检监察机关在"曝光台"栏目共通报了104条违反"八项规定"精神的案件，在全省广大干部中起到了有效的警示作用。

[①] 叱骁峰、冯晓荣：《坚守责任勇担当——陕西省纪检监察机关扎实履行监督责任纪实》，《陕西日报》2014年8月13日，第2版。

第二，惩治腐败的力度前所未有。党的十八大以来，新一届党中央针对当前腐败猖獗、易发多发的情况，弘扬法治精神，重拳反腐，明确提出并实施"以治标为主，为治本赢得时间"的反腐策略，有效遏制了腐败蔓延势头。陕西省纪委借此东风，不断加大惩治腐败力度，依据三中全会《决定》精神，探索实行"市、县纪委向省纪委报告案件线索处置和案件查办情况制度"，对各地各级反映领导干部问题的线索统一归口管理，进行了全面清理，引导市县乡各级纪检监察机关加大办案力度，做到有案必查、有腐必惩。2014年以来，省纪委机关初核25件、立案16件，同比分别上升60%、275%①。2014年上半年，全省立案2887件，同比增长40.83%；结案2609件，同比增长35.74%；给予党政纪处分2932人，同比增长36.63%，其中处分厅局级11人、县处级69人。与上年相比，全省市级纪检监察机关查办案件同比上升18.75%，县级纪检监察机关查办案件同比上升48.55%，乡镇纪委查办案件同比上升21.4%②。全省先后查处了陕西省高级人民法院审委会专职委员周建明受贿案、陕西省能源局副局长闫征受贿案、陕西省委党校副校长秦国刚严重违反社会主义道德案、陕西省煤田地质集团有限公司副总经理崔忠省受贿案、陕西工业技术研究院原常务副院长程宝军受贿案等一批大案要案。

第三，巡视的监督作用得到充分发挥。巡视是党章赋予纪检监察机关和组织部门的重要职责，是坚持党要管党、从严治党的重要手段，是党内监督的战略性制度安排。2014年，陕西不仅受到中央巡视组的监督，陕西省的巡视组也对部分市县展开巡视工作。中央第七巡视组于7月31日至9月28日在陕西开展为期2个月的巡视工作。中央巡视组围绕"四个着力"展开巡视工作，重点监督检查领导班子及其成员特别是主要负责人是否存在下列突出问题：在深入推进党风廉政建设和反腐败斗争方面，着力发现

---

① 《勇当"侦察兵"种好"实验田"——陕西省纪委积极推进查办腐败案件体制机制改革试点工作》，《中国纪检监察报》2014年9月11日，第3版。
② 李翔宇、刘洁、叱骁峰：《坚守责任勇担当——陕西省纪检监察机关扎实履行监督责任》，《中国纪检监察报》2014年8月2日，第1版。

领导干部是否存在违反党风廉政建设责任制和廉洁自律规定的问题，是否存在权钱交易、以权谋私、贪污贿赂、腐化堕落等违纪违法问题；在贯彻落实中央八项规定精神和改进作风方面，着力发现是否存在形式主义、官僚主义、享乐主义和奢靡之风等方面的突出问题，是否存在打折扣、搞变通等问题；在严明党的政治纪律方面，着力发现领导干部是否存在对涉及党的理论和路线方针政策等重大政治问题公开发表反对意见，对中央方针政策和重大决策部署阳奉阴违，有令不行、有禁不止等问题；在执行民主集中制和干部选拔任用方面，着力发现是否存在独断专行、严重不团结等问题，以及选人用人上的不正之风和腐败问题。中央巡视组剑指突出问题，特别是对党的十八大以后不收敛不收手、群众反映强烈、目前还在重要岗位但还有可能要提拔使用的领导干部问题线索，以形式主义反对形式主义，顶风违反八项规定精神的问题，以及买官卖官、带病提拔等问题，进行重点了解。

2014年4月起，陕西省委第一轮巡视工作分为6个巡视组完成了对西安市碑林区、临潼区、周至县，宝鸡市金台区、眉县、陇县，咸阳市秦都区、兴平市、乾县，延安市宝塔区、子长县、富县，汉中市南郑县、洋县、西乡县，商洛市丹凤县、商南县、山阳县等18个县（市、区）的巡视。巡视期间，巡视组主要受理对市、县、区领导班子及其成员特别是主要负责人，在执行党风廉政建设责任制和廉洁自律规定方面、落实中央八项规定精神和改进作风方面、执行党的政治纪律方面、执行民主集中制和干部选拔任用工作方面的反映和举报。8月8日，省委书记赵正永主持召开省委"五人小组"会议，听取了第一轮巡视工作汇报。巡视组按照省委要求，于8月底至9月初及时向被巡视地方做好反馈。2014年8月28日，省委第二巡视组分别向宝鸡市金台区、陇县、眉县反馈巡视情况；省委第一巡视组分别向西安市碑林区、临潼区、周至县反馈巡视情况；8月29日，省委第六巡视组分别向商洛市丹凤县、山阳县、商南县反馈巡视情况；省委第五巡视组分别向汉中市南郑县、洋县、西乡县反馈巡视情况；省委第三巡视组分别向咸阳市秦都区、兴平市、乾县反馈巡视情况；9月1日，省委第四巡视组分别向延安市宝塔区、富县、子长县反馈巡视情况。巡视组的及时反馈并加强分类处置，进一步明确责任，不断形成化解积弊顽疾的制度规范，动真格形成震动，使基层充分感受到巡视的积极效果。2014年10月，省委启动了第二轮巡视工作。第二轮巡视从10月中旬至12月上旬，巡视地区和单位分别为宝鸡市、安康市、杨凌示范区、西咸新区、省国土资源厅和西安美术学院。

第四，以"三转"为契机，不断深化纪检监察体制机制创新。转职能、转方式、转作风（简称"三转"）是新一届中央纪委在党风廉政建设和反腐败斗争实践中，基于纪检监察机关的使命、任务和职能在中纪委三次全会上正式提出的。"三转"的核心内涵，就是纪检监察机构集中精力履行好党章和行政监察法赋予的职责，更加科学有效地推进党风廉政建设和反腐败工作。2014年以来，陕西省纪检监察机关按照中央纪委"三转"要求的精神，切实把工作的着力点转到监督执纪问责这一主业上来。首先，清理议事协调机构。经过两轮调整，陕西省纪委、监察厅机关牵头、参与的议事协调机构由原来的69个减少到现在的10个。其次，积极调整纪检监察机关内设机构，加强一线执纪监督力量。按照中央纪委要求，省纪委对内设机构进行了两轮调整，调整后，内设机构名称和主要职责与中央纪委基本一致，共有16个内设室，案件检查室由3个增加到7个，省纪委、监察厅机关办案监督机构和办案人数均占60%以上。最后，加强对市、县"三转"工作的督促检查。4月，省纪委、监察厅派出由省纪委常委带队的10个检查组，深入全省各市县，就"各市（区）纪委是否从职能部门的业务工作中脱离出来、纪检监察机关内设机构调整是否到位、牵头和参与的议事协调机构是否清理精简到位"等进行全面检查。在省纪委、监察厅的推动下，全省各级纪检监察机关内设机构改革顺利进行，工作力量进一步向监督执纪问责主业倾斜。

第五，党委的主体责任和纪委的监督责任进一步强化。党风廉政建设主体责任是一个由主体、责任和主体责任、监督责任以及责任追究为基本责任构成要素，并在其基础上衍生出的各主体、各种责任相互作用组成的一个责任系统。党风廉政建设主体责任的主体主要是各级党委（党组）、党的纪检组织和广大人民群众。党风廉政建设主体责任的责任主要指党委的主体责任、纪委的监督责任以及由此衍生的其他相关责任。各级党委（党组）的主体责任是核心，纪检机关的监督责任是关键，责任追究是保障，人民群众是落实党委主体责任的力量源泉。

2014年8月，陕西省委制定出台了《关于落实党风廉政建设党委主体责任的意见》。《意见》确定了落实党委主体责任的重点任务。一是营造良好政治生态。要坚守正道、弘扬正气，坚持原则、恪守规矩，带头营造良好的从政环境。二是选好用好干部。要树立正确用人导向，按照好干部"五条标准"，公平公正选拔培养使用干部。三是坚决纠正损害群众利益行为。要加强纠风治乱，下大力气整治各种涉及民生的突出问题，坚决查处乱收费、乱罚款、乱摊派和"吃拿卡要"等群众身边的腐败问题。四是强化对权力运行的制约监督。要全面贯彻落实中央《建立健全惩治和预防腐败体系2013~2017年工作规划》和省委实施办法，严格落实省委关于市县党政领导干部在工作地安家的意见、新提拔领导干部申报个人重大事项和家庭财产等规定，切实把权力关进制度的笼子里。五是领导和支持执纪执法机关查处违纪违法问题。要扎实推进纪律检查体制改革，认真落实纪律检查工作双重领导体制，保证纪委监督权的相对独立性和权威性，保证派驻纪检机构集中精力履行监督职责。六是管好班子，带好队伍，做好表率，树立清正廉洁的良好形象。

8月，陕西省委还转发了《中共陕西省纪律检查委员会关于落实党风廉政建设纪委监督责任的意见》。《意见》明确了纪检监察机关协助党委加强党风廉政建设、维护党的纪律、坚决查办案件、推进作风转变、强化党内监督、加强巡视工作、严格责任追究等7个方面的重点任务和加强教育防范、定期约谈函询、强化督促检查、实行工作报告、开展述廉述责评议、实行"一案三查"、严格办案考核等7个方面的工作措施。《意见》要求各级纪委（纪检组）加强组织协调，整合监督信息，注重制度创新，深化纪律检查体制改革，狠抓自身建设，强化落实纪委监督责任的组织保障。2014年9月，陕西省纪委在通报曝光18起违反公车使用规定问题时，不仅当事人受到处

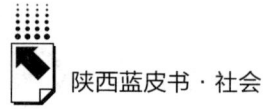

分,也追究了主管领导的主体责任,使主体责任从文件落实到惩处的实践中,起到了很好的警示作用。

(二)群众路线教育实践活动取得重要成果

党的群众路线教育实践活动实质上是对各级各类党员干部进行的一次廉政教育实践活动。党的群众路线教育实践活动的主题是为民、务实、清廉,总要求是"照镜子、正衣冠、洗洗澡、治治病",聚焦点放在解决党员领导干部中存在的形式主义、官僚主义、享乐主义和奢靡之风突出问题上。陕西省从2013年6月起至2014年10月,分两批在全省11.97万个党组织、254.6万名党员中开展了群众路线教育实践活动。2014年1月,陕西按照中央部署及时总结第一批全省党的群众路线教育实践活动经验并召开第二批实践活动部署会议。第一批教育实践活动以县处级以上领导机关、领导班子和领导干部为重点,以贯彻落实八项规定精神为切入点,通过整治"四风"问题狠抓作风建设。在第一批活动中,陕西省委将全省"四风"问题归纳为16种表现形式;在第二批活动中,省委列举了"四风"问题的22种具体表现。针对"四风"突出问题进行专项治理,自2013年7月至2014年7月,全省共查处涉农等方面侵害群众利益的突出问题4291起、1735人。查处乱收费、乱罚款、乱摊派问题865个、329人。查处"吃拿卡要"、"慵懒散拖"问题588个、716人。查处城乡低保错保漏保人员33824名。查处违规购买商业预付卡案件127件,涉及122名人员、385万元。这一阶段,先后查处在各类公务活动和节日期间相互赠送、接受礼品、礼金及各种有价证券、支付凭证问题107件、188人。同时,查处参与公款吃喝和高消费问题78件、86人①。

第二批参加教育实践活动的单位在市县,是在群众"家门口"搞教育、在群众身边开展活动。市县各级党政机关充分认识"四风"问题在不同地区、不同层级、不同行业中的各种表现,结合实际,对准焦距,找准

---

① 杜朋举:《从数字看我省教育实践活动成效》,《陕西日报》2014年10月15日,第3版。

穴位，认真查摆问题，开展反对"四风"的教育，扎实搞好学习教育，听取意见查摆问题，撰写对照检查材料，开好专题民主生活会，制订和落实好整改方案等重点工作，努力使活动不空、不虚、不偏。在第二批群众路线教育实践活动中，为了落实省委加强农村基层服务型党组织建设的要求，省委把整顿软弱涣散基层党组织作为重要内容。省委组织部于2013年11月召开了包括基层党组织整顿的"四合一"会议，下发了《关于集中搞好后进村党组织整顿工作深化"升级晋档、科学发展"活动的安排意见》。2014年初又下发了《关于在第二批党的群众路线教育实践活动中深化软弱涣散基层党组织整顿工作的通知》。全省列入整顿的村级党组织2409个，占农村党组织总数的9.59%。根据省群众路线教育实践活动网站的通报，截至2014年8月15日，全省列入整顿的村级党组织2409个，已经完成整顿任务的村2133个，占总数的88.54%，其中，西安市、汉中市、安康市全面完成了任务。但其他市仍有276个村没有完成任务，约占整顿村总数的11.46%[①]。

在第二批群众路线教育实践活动中，全省后进社区党组织整顿工作情况也是的重要内容之一。从2013年11月开始，全省各地结合开展党的群众路线教育实践活动，集中时间、集中力量，深入开展了后进社区党组织整顿工作。根据省群众路线教育实践活动网站的通报，截至8月下旬，全省267个后进社区党组织整顿对象，已经完成整顿任务的有236个，占总数的88.4%。西安、宝鸡、汉中、延安、安康、韩城等6市已经全部完成了集中整顿任务。未完成任务的市，按占比从多到少排序，依次是：杨凌区2个，占50%；商洛市6个，占46.1%；榆林市10个，占41.6%；咸阳市6个，占23.1%；铜川市1个，占16.6%；渭南市6个，占15.7%。全省未完成集中整顿任务的31个社区中，有23个办公活动场所及便民服务设施不达标，占74.2%；有5个社区工作人员薪酬待遇偏低，占16.1%；有3个党

---

① 中共陕西省委党的群众路线教育实践活动领导小组办公室：《农村软弱涣散基层党组织整顿建设工作情况通报》，《党的群众路线教育实践活动简报》，第138期，2014年8月25日。

组织服务能力差，群众满意度不高，占9.7%①。

2014年10月，省委召开全省党的群众路线教育实践活动总结大会，宣告活动告一段落，但明确改进作风并没有结束。经过一年多的群众路线教育实践活动，全省党员干部在履职用权方面的正本清源意识明显增强，"四风"积弊得到有效整治，党员干部服务人民的意识不断强化，全省政治生态和社会风气得到有效净化，干部队伍的整体形象进一步改善，群众路线教育实践活动取得了"四风扫除、一心为民、低调务实、清正廉洁"的重要成果，全省党员干部贯彻群众路线、改进工作作风的长效机制和刚性约束初步形成，党群干群关系不断改善，各级党组织的创造力、凝聚力、战斗力不断增强，为陕西经济社会持续稳定健康发展凝聚了强大合力。

（三）从严管理干部制度不断创新

党的十八大以来，以习近平为总书记的新一届党中央领导集体坚持党要管党、从严治党的执政理念，把从严管党治党作为治国理政和党的建设的突破口。陕西省委站在地方坚决向中央基准看齐，着力提升地方党委执政能力和领导水平，在从严干部管理制度建设上勇于探索实践。2014年，陕西省委直面干部管理和作风建设顽疾，先后出台五项从严管理干部的新制度。这些制度是《关于加强基层干部管理做好服务群众工作的意见》、《关于对新提拔领导干部实行个人重大事项和家庭财产申报备案的意见》、《关于选派省直部门优秀年轻干部到县乡工作的意见》、《省直机关公务员年度考核末位查究办法》和《关于市县党政领导干部在工作地安家的意见》。五项制度的出台和实施，既贯彻落实了中共中央政治局的八项规定精神，改善了地方政治生态环境，又为"三个陕西"建设目标的实现提供了有效的组织保障。

《关于加强基层干部管理做好服务群众工作的意见》针对县（市、区）、乡镇（街道）干部队伍存在的任职年龄层层递减和"干部走读"问题，提

---

① 中共陕西省委党的群众路线教育实践活动领导小组办公室：《全省后进社区党组织整顿工作情况通报》，《党的群众路线教育实践活动简报》，第140期，2014年8月26日。

出12条具体规定,对乡镇党政领导班子成员的年龄梯次和各县党政领导班子中本地干部与交流干部的适当比例做出具体安排,对落实乡镇干部岗位津贴和县乡干部定期体检制度做出明确要求,充分调动基层党政领导干部的工作积极性,为做好服务群众工作打下了良好的制度基础。《关于对新提拔领导干部实行个人重大事项和家庭财产申报备案的意见》,进一步明确了申报对象,拓宽了申报内容,严格了申报程序和纪律要求,对于严把干部选任关口,促进领导干部廉洁从政具有重要的现实意义。《关于选派省直部门优秀年轻干部到县乡工作的意见》,从选派条件、选派方式、干部管理等方面做出具体规定,重在解决省直部门年轻干部缺乏基层经历和群众工作经验的问题。《省直机关公务员年度考核末位查究办法》通过14条规定,重在加强省直机关公务员队伍建设,加大治庸、治懒、治散工作力度,强化宗旨意识,切实提高履职能力和服务效能。《关于市县党政领导干部在工作地安家的意见》,对党政领导干部心随职在、家随岗走做出9条具体规定,对于进一步解决干部的后顾之忧、密切与群众的联系、加强市县工作意义重大。

二 陕西廉政建设的亮点和经验

(一)查办腐败案件体制机制改革试点工作顺利推进

党的十八届三中全会结合反腐败形势的需要,对纪检监察体制创新作了规划部署。三中全会《决定》提出,查办腐败案件要由过去以同级党委领导为主改变为以上级纪委领导为主,对于腐败案件线索处置和案件查办也要改变过去仅向同级党委报告而不向上级纪委报告的情况,要实行"双报告",这是新一届党中央领导集体推动党的纪律检查双重领导体制创新,实现反腐败新体制的具体化、程序化和制度化的重要内容,也是查办腐败案件领导体制机制的重大改革和创新。

2014年,中央纪委选定五省三单位作为查办案件体制机制改革试点,陕西省纪委成为试点单位之一。为了使试点工作具有引领性和带动性,陕西省纪委查办腐败案件体制机制专项改革领导小组反复讨论,最终确定了经济社会发展水平不尽相同、近年来查办案件工作整体情况各有差异的西安、榆林、商洛3个市纪委作为市级试点单位。根据部门不同特点选择了陕西省政府国资委纪委、省公安厅纪委、驻省国土资源厅纪检组作为省直部门的试点单位。在推进试点工作中,陕西省纪委紧紧抓住线索处置和案件查办必须"同时报告"这个关键环节,设计了"两个同时报告"的报送流程图,设计印制了专报的制式文书,线索处置和查办案件情况向同级党委和上级纪委"同时报告"做到了同一文号、同一文书、同一时间,从制度上保障了"同时报告"的落实。试点以来,按照中央纪委确定的报送范围和时间节点,陕西省纪委及时向省委、中央纪委报告了线索处置和案件查办情况。

2014年6月初,陕西省纪委接到群众反映陕西有色金属控股集团有限责任公司总经理、党委副书记汪汉臣有关问题的举报信。该集团是陕西省政府投资的国有独资企业,资产总额超千亿元,主要经济指标稳居全国有色行业企业10强、中国企业500强,在业界知名度很高。经陕西省委主要领导批准,省纪委在审计、检察、公安等机关的配合下,对汪汉臣有关问题进行初步核查,发现其涉嫌收受他人贿赂、失职渎职等严重违纪问题:汪汉臣任宝钛集团总经理期间,宝钛集团存在不按规定公开招标、不按中标价签订合同、工程不按规定结算等问题,涉及项目合同金额近28亿元。2014年8月7日,中共陕西省纪委常委会议研究决定,对汪汉臣涉嫌受贿问题立案调查。

加强"同时报告"的监督指导,确保线索处置和案件查办科学规范。陕西省纪委加大对试点单位工作指导力度,对上报的线索处置和案件查办情况进行分析、回复、监督指导,由各案件室负责进行审查,经室务会讨论,由室主任签字并报分管领导审批后,在规定时限内书面回复下级纪委,并做好后续跟踪督办工作。在书面回复时,对下级纪委上报有不同意见的,提出明确的监督指导意见;对下级纪委上报没有异议的,明确同意意见并提出指导性意见。目前,省纪委各案件室对下级纪委上报的情况,分别以书面、电话询问、当面听取汇报等方式进行了监督指导,对重大疑难复杂案件派员指导。其中,省纪委对西安市纪委上报的11件线索处置情况,逐一提出了书面审核指导意见。2014年以来,全省初核7309件,立案4106件,同比分别上升50.6%、37.2%;党纪政纪处分4280人,其中厅局级20人、县处级127人,同比分别上升122.2%、138%[①]。

(二)任前廉政法规考试制度成为加强廉政教育的创新之举

陕西省推行领导干部任前廉政法规考试制度,从2008年初开始试点,到2009年在全省市县(区)管理的领导干部中推行,再到2010年9月扩大到拟任副厅级领导干部,逐渐实现了任前廉政法规考试在全省范围内的全覆盖。陕西省领导干部任前廉政法规考试的内容覆盖面广,囊括了重要的党纪条规、政纪条规和国家廉政法规三个大类,涵盖了现行党的各项纪律约束规定和党内监督制度、干部选拔任用制度、党风廉政建设主体责任和监督责任制度以及领导干部廉洁自律等方面的主要规定。为了便于参考人员学习,陕西省推出了《陕西省领导干部任前廉政法规考试学习读本》及配套习题并年年更新。

任前廉政法规考试不走形式,而是作为新任职的一个新条件。根据该项制度的规定,凡是任前廉政法规考试成绩不合格者,将被暂缓任用,在半年内仅提供补考机会一次;如果补考仍不合格的,组织部门就不予对其任用。陕西省曾经有一位领导干部已经完成被提拔为某局局长的考察程序,而且该岗位属于实职,但由于任前廉政法规考试没有一次性通过,尽管该干部后来补考通过了,最终还是由于廉政法规考试成绩的问题没有被委任在实职岗位。

任前廉政法规考试制度的落实由各级纪委和组织部等密切配合共同实施。陕西省纪委、省委组织部联合下发了《陕西省领导干部任前廉政法规考试的规定(试行)》,明确了实行领导干部任前廉政法规考试的指导思想、

---

① 《勇当"侦察兵"种好"实验田"——陕西省纪委积极推进查办腐败案件体制机制改革试点工作》,《中国纪检监察报》2014年9月11日,第3版。

根本目的、主要内容和基本要求。随后又针对考试对象、内容、时间、办法、程序和题库的设置、管理、使用等具体问题作出明确规定，制定下发了《陕西省领导干部任前廉政考试实施细则》、《市县管领导干部任前廉政法规考试的规定（试行）》、《关于进一步推行领导干部任前廉政法规考试制度的通知》、《陕西省省管拟任副厅级领导干部任前廉政法规考试实施办法》等一系列文件。这些相互配套的制度设计从基本原则到实施细则进行了系统规定、统一部署。

为切实落实任前廉政法规考试制度，陕西省、市、县三级都建立起了由纪委、组织、人事、党校等部门组成的领导干部任前廉政法规考试领导机构和工作机构，明确了任前廉政法规考试的责任主体和办公费用，有效保障了制度的实施。省纪委、省委组织部主要领导直接督办、现场视察指导，确保了任前廉政法规考试的顺利进行。同时，分层举办培训班，开展业务培训。陕西省纪委通过举办培训班，对全省各市、县（区）纪委书记、有关负责人和具体工作人员进行了专题培训。截至 2014 年 6 月底，陕西省先后已经有 55224 人（次）参加了各个层级的任前廉政法规考试，在这些考试中，共有 345 人因考试成绩不合格被暂缓提拔，其中副厅级干部 3 人，处级干部 44 人，科级干部 265 人，科级以下干部 33 人①。

任前廉政法规考试使廉政教育由"虚"转"实"，由"软"变"硬"。为了提高廉政教育实效，陕西省纪委曾经从印发教材到发放答卷再到举办培训班，各种方式都采取过，但效果差强人意，甚至很多答卷是秘书"代笔"的，领导干部自己都没有看过。自从实施了任前廉政法规考试这一新的廉政教育制度以后，领导们必须亲自参加考试，并且任前廉政法规考试成为领导干部提拔任用的必经程序，使廉政教育成了硬约束。

（三）具有陕西特色的从严管理干部制度创新

陕西出台的从严管理干部五项制度，落实了中央"党要管党、从严治

---

① 《加强廉政教育的创新之举——陕西推行任前廉政法规考试制度》，中央纪委监察部网站，2014 年 9 月 3 日。

党"的新要求，突出了干部管理从重"入口"到重过程的新转变，强化了执行党的纪律的新约束。一些制度的制定和实施在国内具有示范作用，引起了社会各界的广泛关注。

一是提出并实施了有效解决基层党员领导干部"走读"问题的新举措。近年来，随着干部人事制度的不断改革创新，特别是在基层干部异地任职、挂职、交流的情况不断增多，一个被称为"走读"干部的新群体成为基层党委政府的中坚力量，这些"走读"干部的生活圈子还在城市，而工作圈子在县乡基层，导致这些干部觉得工作很辛苦、不方便，而当地群众难以见上干部的面，一些便民措施难以及时落实。对此，陕西出台的《关于市县党政领导干部在工作地安家的意见》明确规定，从制度执行之日起，所有新提拔任职的市、县党政领导干部，特别是地方党政主要领导干部必须在工作地安家，要求干部配偶必须随调随迁，并把这项规定作为提拔使用新任职干部的必要条件。这一项在工作地安家的制度规定有助于地方党政主要领导干部能够在工作地安心、安神、安业，全心全意谋求地方经济社会发展，为当地群众造福。同时，对于有效解决长期困扰基层干部"走读"的突出问题也是一个很好的探索创新。

二是扩大了基层干部任用的民主化进程。陕西出台的从严管理干部制度，有效改善了长期以来选拔基层领导干部过程中过于教条的年龄和地域等不合理要求。由于过去多年以来，对干部年轻化的要求过于机械刻板，基层党员领导干部队伍存在任职年龄层层递减问题长期得不到解决，这种状况严重影响了长期扎根基层的干部的工作积极性。陕西出台的《关于加强基层干部管理做好服务群众工作的意见》，针对基层干部任职的现状，提出了纠正长期以来在基层干部使用中把年轻化过于片面理解为低龄化的突出问题。该《意见》同时还作出规定，即同一县党政领导班子中本地干部应多于1/3，县委副书记或常务副县长中一般应有1名本地干部。这一项新规定，不仅强调了干部任职的民主化，继续加强干部交流、回避等制度，而且对于激发当地人在本地干事创业的积极性也是有益的鼓励和尝试。

三是把领导干部个人重大事项申报核实制度落到了实处。从全国范围来看，领导干部申报家庭财产和个人重大事项报告制度并不是一项新创制度，但是由于此前的申报信息被专职机关抽样核查的概率太小，加之一些领导干部存在侥幸心理，申报家庭财产和个人重大事项时有可能瞒报或者避重就轻，虽经多年实施，并没有发挥应有的制度效力。陕西出台的新规定明确要求，对于干部的申报材料组织人事部门要对重要岗位和组织认为有必要的拟提拔对象的情况进行必不可少的认真核实；同时，对于干部申报备案情况实行动态管理，随机抽查核实。这些规定就使干部个人重大事项申报这项老规定焕发出新生机，在国内廉政制度建设上具有重要的示范作用。

三 2015年陕西廉政建设的建议

（一）坚持标本协治的反腐败战略

反腐败标本协治战略，以标本兼治战略作为理论和实践基础，充分体现了新一届党中央领导集体"治标为治本赢得时间"的反腐败策略。反腐败标本协治战略的内涵就是，反腐败主体基于对某一阶段腐败特点、反腐败形势与任务的认真分析、科学评估、正确判断，确定一个阶段反腐败的具体目标，运用战略思维和法治思维协同治标和治本两大反腐要素，抓住主要矛盾，科学处理治标降低腐败存量与治本遏制腐败增量的关系，在腐败像脱缰野马难以控制之时，优先以治标降低腐败存量作为一个时期的反腐策略，把腐败带来的危害控制在人们可以承受的范围之内；当腐败存量大幅下降后，专门机关就应转向治本遏制腐败增量，编织好廉政制度这个专门约束权力滥用的笼子，最终建成不敢腐的惩戒机制、不能腐的防范机制、不易腐的保障机制。

（二）不断强化法治反腐的力度

十八届四中全会以依法治国为主题，廉政建设作为国家治理体系和治理能力现代化的重要体现，也需要在法律法规的框架下，以法治思维和法治方式进行。陕西的廉政建设虽有其地域特性，但更多的还是共性，因此，法治反腐是今后一个时期的廉政建设重点。

（三）落实五项从严管理干部新制度，重在提高制度执行力

认真落实五项从严管理干部新制度，是陕西坚持"党要管党、从严治党"的一大举措。落实五项新制度，首先要从各级党员领导干部的思想认识上入手。应该说，组织从严管理干部，不仅是对广大党员领导干部的爱护，同时也是全面深化改革发展的现实需要，而且更是实现"两个百年"中国梦目标的根本保证。只有各级党员领导干部转变思想认识，从内心遵纪守法，才能将省委对干部的新要求化为个人的自觉行动。其次要以落实各项制度执行的主体责任作为突破口。当前，只有建立健全落实各项从严管理干部制度的责任体系，明确责任主体，创新问责方式，坚持失责必问、问责必严，才能有效发挥从严管理干部各项制度的积极作用。最后，要强化对制度落实的公开监督。任何一项好的制度，只有公开才能得到有效监督。从严管理干部五项制度的公开，不仅有助于提高领导干部的自律意识，而且有助于接受广大干部群众监督各级干部用权履职行为，把权力关进制度的笼子。因此，建议充分利用各类媒体在更大范围，进一步公开各项制度的内容以及制度的实施过程，接受全社会的全程监督。

B.5 陕西民生建设现状、问题与对策研究

张芙蓉[*]

> **摘 要:** 2014年,陕西经济快速平稳发展,城乡居民收入稳步提升,各项民生改革深入推进,社会保障体系不断完善,保障标准不断提高,陕南陕北避灾移民搬迁工程有序推进,公共文化建设成绩显著。但受各种主客观因素制约,陕西民生建设仍然存在很多问题:如公共服务水平不高、民生建设监督管理滞后、生态环境建设资金投入不足与基层队伍建设滞后等问题,需要今后进一步调整政策,加强管理,强化执行力度,凝聚力量,推动陕西民生建设向纵深发展。
>
> **关键词:** 民生建设 公共服务 体制改革

2014年,陕西以保基本、可持续为原则,继续推进民生建设。民生建设成绩显著。经济快速平稳发展,城乡居民收入稳步提升;各项民生改革全面深入推进;社会保障体系不断完善,保障标准不断提高;陕南陕北避灾移民搬迁工程有序推进;公共文化建设成绩显著。

---

[*] 张芙蓉,陕西省社会科学院助理研究员。

一 2014年陕西省民生工程实施现状

（一）经济快速平稳发展，城乡居民收入稳步提升

2014年，陕西经济平稳快速发展，经济增速稳居全国第一方阵。截至2014年上半年，陕西省共实现生产总值7422.65亿元，与2013年同期相比，增长9.7%，高于全国7.5%的平均水平，增速位居全国第七位、西部第六位。经济总量全国排第十五位，西部排第二位，人均GDP突破4000美元的国际中等发达水平标准，经济发展迈入中等发达省份行列。城乡居民收入稳步提高。截至2014年上半年，陕西城镇居民人均可支配收入达到12165元，与2013年同期相比，增长9.8%；农村居民人均收入达到3959元，同比增长13.3%。城乡人均收入分列全国第十七位和第二十三位，并列西部第五位。收入增速分列全国第八位和第五位，并列西部第五位。陕西经济的快速发展与陕西经济发展中推行的"稳增长，调结构"方略，城乡居民收入的稳步提升与陕西收入倍增工程和惠民富民政策紧密相关。这些政策主要体现为：最低工资标准提高，退休工资、养老保险标准提升，农民工工价逐年提高，如2014年民工工价同比增幅超过10%，普通企业职工工资也显著提升。各项惠民政策、惠民补贴力度不断加强，效果逐渐显现。城镇居民的固定资产收入，主要是房屋租赁收入增长较快。农村居民的分红收入，土地经营权转让收入都呈现快速增长态势。同时，政府出台的各项创业扶持优惠政策，极大地调动了城乡居民及大学生的创业热情，推动小微企业较快增长，带动了就业率提高，增加了城乡居民的经营性收入和工资性收入。

陕西经济的快速增长和城乡居民收入的不断提高带动了城乡居民生活水平的进一步提升。2014年上半年，陕西省城乡居民收入增速快于GDP增速，居民收入占GDP的比重达到39.9%，高于2013年同期5个百分点，表明经济社会分配结构逐步优化，富民效果显现。社会消费品总额是居民消费能力的体现，2014年上半年，陕西城乡居民消费支出增长比例扣除价格因

素均高于2013年同期水平，表明城乡居民消费能力增强，生活水平进一步提升。在社会消费品结构中，用类消费品的增长速度高于吃类和穿类消费品增长速度，说明陕西城乡居民的消费结构正在由基本需求向更高需求转变。在城乡收入增速比较中，农村居民收入增速高于城镇居民，农村社会消费品总额增速高于城市，说明城乡居民收入差距、消费差距正在逐步缩小。

（二）各项民生改革深入推进

2014年是深入贯彻党的十八届三中全会精神、全面深化改革的开局之年，陕西省积极响应党中央号召，贯彻落实十大届三中全会精神，在民生各领域推进深化改革。

行政体制改革全面推开。行政体制改革是推动政府职能转变、提高政府工作效率的重要方式，是简政放权、服务群众的必由之路。2014年，陕西重点在省级层面推开行政体制改革，并取得了较大成绩。截至2014年8月，陕西省总计减少行政审批事项335个，精简比例高达31.73%。组建合并厅局级部门两个（省卫生和计划生育委员会、省新闻出版广电局），在省级部门中重新核定"三定"规定，总计调整职能327项，精简机构57个、各类编制632名。启动除省委组织部和省政协外的省级党群机关改革，对相关机构的"三定"规定重新拟定。同时印发《陕西省分类推进事业单位改革的实施意见》、《陕西省事业单位分类工作方案》和《关于省属事业单位分类工作有关事项的通知》，为事业单位改革明确了思路和原则。

深化医疗卫生体制改革。截至8月，陕西医疗卫生体制改革主要完成了以下四项工作。一是在1市（宝鸡市）10县开展为期3年的医疗卫生体制综合改革试点。此次改革从村、镇、县、市四个层级同步推进，试图建立起全面覆盖医疗卫生事业的六大体系（卫生治理、公共卫生、医疗服务、医疗保障、药品供应、支撑保障），为陕西探索适合可复制的医疗改革发展新模式。二是以国家医疗卫生改革意见为指导出台《陕西省人民政府关于深化县级公立医院综合改革的实施意见》，继续深化县级公立医院综合改革。三是基本完成了宝鸡、延安和延长县医疗集团组建工作，促成分级诊疗格局的形成。四是对172所县级公立医院和367所乡镇卫生院实行了一体化,部分县镇探索县镇村三级一体化新模式。通过县镇一体化模式,加强基层医疗卫生工作,提升基层医疗服务能力,使农村居民能够就近享受到优质的医疗服务。

教育体制改革有序开展。2014年,陕西先后出台了《关于深入推进义务教育学校教师校长交流轮岗工作促进义务教育均衡发展的意见》和《关于进一步做好义务教育免试就近入学工作的通知》,力图通过3~5年时间解决"择校热"问题,促进九年义务教育均衡发展。并逐步将校长教师轮岗交流工作纳入考核体系,将进城务工人员子女的义务教育纳入公共服务范围,对学前残疾儿童实行保教优待,制定高考招生制度改革办法,增加农村户籍考生的高考录取比例。

(三)社会保障体系不断完善,保障标准不断提高

2014年,陕西社会保障体系不断完善。为适应新的情况和更好地服务于民,让利于民,陕西出台了一系列意见规定,完善社保制度。2014年7月出台了《关于进一步完善城乡居民社会养老保险制度的实施意见》,为城镇居民基本养老保险的参保者建立起了丧葬补助制度,不仅有效减轻了城乡居民的丧葬负担,而且规避了养老保险金被冒领的风险。8月,出台了《陕西省省级机关事业单位职工医疗保险门诊特殊疾病申报鉴定委托管理规定》,极大地缩短了相关事业单位职工特殊疾病的申报鉴定时间,受到了参保职工的肯定和欢迎。率先在全国将失业、生育、工伤三项社会保险费率下调一半,减少了三项保费的结余,服务了经济社会大局,增进了民生福祉。

社会保障标准不断提高。陕西省继续以保障民生为重点,提高社会保障标准,将城乡居民基本养老保险缴费标准调整为12档,调整后的标准为每年100元、200元、300元、400元、500元、600元、700元、800元、900元、1000元、1500元、2000元,满足不同群体的养老需求和承受能力。对不同的养老保险设置了不同的补贴标准,年缴费100~200元的补贴30元,

300元的补贴40元,400元补45元,500元补60元,600~900元的每提高一档增加5元,1000元补100元,1500补150元,2000元的补200元。多缴多补,补贴资金由省和市县分别按50%的比例承担。同时,对重度残疾人由省级财政承担最低标准的养老保险缴纳。新型农村合作医疗保险筹资标准再次提高。从2014年开始,新农合筹资标准由2013年的人均365元提高至430元,其中政府补助提高50元,个人缴费提高5元。城镇居民基本医疗保险补助标准由2013年的人均不低于300元提高至2014年的人均不低于350元。

(四)避灾扶贫移民搬迁工程有序推进

避灾扶贫移民搬迁是陕西实施的一项具有长远战略意义的民生工程。该工程不仅能避免自然灾害易发地区群众生命财产免遭危害,而且通过移民搬迁,将助推城镇化进程,转变群众生活生产方式,缩小城乡差距。根据省委省政府的决定,陕西省将从2011年开始利用10年时间,对陕北、陕南的279万群众实施移民搬迁,经过3年努力,避灾扶贫移民搬迁工程取得了较大成绩。2014年,陕西在总结既往经验教训的基础上继续深入推进移民搬迁工程。搬迁计划安排更加科学谨慎,2014年陕西计划完成5.43万户19.33万人的搬迁任务,其中陕北计划搬迁1.6万户6万余人;秦岭北麓和渭北旱塬计划搬迁8300户3.3万余人;同时开启延安避灾搬迁项目,预计搬迁4万户14万余人。在搬迁举措上,陕西以"搬得出、稳得住、能致富"为根本原则,分轻重缓急,有序实施梯次搬迁。首先,加大对危困群众的扶持力度,对受灾严重而经济相对贫困的群众加大支持力度。陕南对危困群众在同类补助的基础上每户增加2万元,延安近两年将搬迁资金重点用于危困户补助。其次,进一步加强配套基础设施建设,严格基础设施计划安排、落实管理、合理规划建设标准与建设规模。最后,有效落实资金来源渠道。资金保障是移民搬迁的基础。2014年,陕西不仅合理划分了省市县三级主体在移民搬迁中的责任,并且具体落实了资金来源渠道,以保障资金的有效供应,如对保障资金缺口筹集渠道与资金调配管理的详细安排。

（五）公共文化服务建设成绩明显

2014年，陕西继续加强公共文化服务建设，公共文化服务体系建设成绩明显。一是继续推进国家级文化服务体系示范区创建工作，为陕西探索解决公共文化服务体系建设困难的方式方法以及公共文化可持续发展的长效机制。不断扩大试点范围，积累经验。二是持续加强文化基础设施建设，不断加强各级公共体育馆，数字影院以及乡、镇文化站建设，完善文化设施配备、农家书屋后续管理，使文化惠民工程真正落在实处。推动陕西大剧院、陕西文化艺术中心等一系列标志性文化工程开工建设。三是举办各类文化艺术活动，推动文化交流，展示陕西文化风采，推动文化发展。2014年10月在宝鸡市成功举办第27届世界佛教徒联谊会，第7届省艺术节，开展第15届省运会。

二　陕西民生建设存在的问题分析

2014年，陕西民生建设取得了一系列成绩，人民收入水平和生活水平不断提高，但民生建设中仍存在一些问题，如公共服务水平不高、生态环境建设不足等，在一定程度上制约了民生建设效率的发挥。

（一）公共服务效率不高

"十二五"以来，陕西以保障民生为目标，逐步增加对社会公共事业的投入，社会事业发展和社会公共服务建设均取得了一定成绩。但是，由于陕西地处西北，经济欠发达，经济基础薄弱，基础设施欠账多，公共服务仍然存在诸多不足和薄弱之处。

首先，优良的公共资源较为欠缺。虽然从2008年开始，陕西持续6年在各地普遍推进民生工程，并取得了较大成绩。但符合群众要求的公共优质资源仍然比较欠缺。陕西已经连续启动了两轮学前三年教育行动计划，新增扩建了大量幼儿园，但满足群众需求的高质量幼儿园依然不足。尤其是广大农村，问题更加突出，幼儿园量少且缺乏监管，幼儿健康安全存在隐患。满足多元化需求的养老服务体系依然没有形成。一方面，陕西机构养老床位明显不足，截至2014年上半年，陕西千人拥有床位数27张，无法充分满足机构养老服务需求。同时又由于养老机构服务层次与老人需求不匹配，养老院入住率不高，省老年学会开展的养老服务现状调查显示，陕西养老院入住率平均不足一半。另一方面，较高质量的居家养老服务资源明显短缺，农村贫困地区更为严重。保障性住房供应量不足。陕西每年开工建设大量保障性住房，但供需矛盾仍然十分突出，特别是优质住房（交通便利，基础设施健全，生活方便的住房）供需矛盾更加突出。医疗卫生资源分布不均，主要表现为基层医疗卫生机构高素质人才、全科人才短缺，医疗服务水平有限。

其次，公共服务制度建设不足。第一，制度建设滞后。随着陕西城镇化水平的不断提高以及新型城镇化对人的城镇化的要求，陕西社会公共服务政策以及福利政策应逐步取消城乡差别，实现一体化。但当下，陕西社会建设滞后于经济发展，大量公共政策缺乏城乡一体化设计。如多数市县的保障性住房政策缺乏对非城镇常住人口的制度安排，即使有也仅限于较少项目。第二，制度建设缺乏公平性。不同群体之间社会保障制度存在差异性。教育资源城乡之间、不同类型学校之间分配不公。虽然省上出台了相关政策缓解上述矛盾，但效果尚不明显。第三，制度缺乏整合性。社保制度碎片化严重，不同人群、不同地区，甚至同一省的不同市、不同开发区之间社会保障制度都存在不同，制度整合效率不高。医保制度的续接转换不畅问题给人口流动、非体制内人口保险转移造成麻烦。同时，还存在部分社会保障制度、社会福利制度保障水平不高、手续烦琐等问题。

（二）生态环境保护力度不足

陕西省高度重视生态环境保护工作，生态环境保护取得了较大成绩，但依然存在一些不足之处。首先，财政投入总量仍然不足。虽然陕西每年都在追加环境保护治理费用，但由于生态环境脆弱，前期注重经济发展，环境破坏严重且修复能力差,所以当下的财政投入水平对环境治理保护投资仍显不足。其次,基层环保队伍建设不足,编制欠缺,人员整体素质不高,硬件设施配建不足,工作难以有效开展。再次,执法理念存在偏差。执法力度不强是各地存在的普遍情况,部分地区还存在地方保护主义,表现为"环境行政不作为",如对环境违法严重企业不作为或查处力度不足。执法不规范,"重处罚,轻监管"的问题依然存在。形成这些问题的原因很多,既有法律法规不健全的因素,也有地方政府对环境保护缺乏重视的因素。同时,相关部门也存在配合不畅问题。环境保护治理与整顿需要各个部门的通力合作,当前部门配合不畅给环保执法带来了问题。

(三)民生建设管理服务不完善

陕西民生工程的实施,虽然大幅提高了城乡居民的生活水平,改善了基础设施状况,但民生监管仍然存在诸多不足。第一,后续管理监督不到位,造成了大量工程建设与服务能力之间不协调问题。各市县普遍存在:村村通工程竣工后,养护管理工作不到位,有些地区路面已出现破损情况。农村书屋建成后利用率不高,书本更新慢,部分书籍与农民需求不匹配,流于形式。机构养老入住率不高。学前三年行动缺乏对幼儿园的监管建设,造成近年陕西频现伤害幼儿事件。第二,民生工程建设监督不力。一些工程存在质量隐患,工程草率推进,应付检查,重量而忽视质,与工程质量要求存在差距。第三,对新出现的问题,政策缺乏有效应对性。随着经济的快速发展,各类与人民生活密切相关的新问题层出不穷,如食品安全、社会安全、空气质量、交通堵塞等问题,现有的政策多以短期行为为主,缺乏解决问题的长远思路。

三 陕西民生建设的对策建议

党的十八届三中全会对加强社会建设做出了重大部署和战略要求,是今后一个时期陕西省推进社会建设的指南针。陕西省应以党的十八大精神为契机,深化改革,开拓思维,不断创新各领域工作,完善各项社会制度,推动陕西民生建设取得新成绩。

(一)民生建设的新形势与新要求

1. 经济发展趋缓形势下民生保障政策实施的新要求

从2011年开始,全国宏观经济发展趋缓,经济下行压力长期存在。陕西作为区域经济实体,受国际国内宏观经济环境以及经济发展规律的作用,经济下行趋势明显。2011年,陕西省GDP总量同比增长13.9%,2012年为12.9%,2013年为11%,2014年上半年为9.7%;省级财政收入2011年增长43.1%,2012年为18.59%,2013年为11.4%,2014年上半年为10.2%。这两组数据逐年递减的趋势反映了陕西省经济发展逐年减缓的现状。经济发展速度减缓,财政收入增速减慢,必然加大政府在各项领域投资的压力,民生保障首当其冲。根据我国目前的宏观战略,民生保障将是今后长期建设的重点,并且投入力度将继续加大,这一趋势在每年的政府工作报告和中央文件中都有明显体现。如何既能保障民生建设取得新实效,又不因民生建设的压力使政府投资偏颇一隅,就需要在新形势下对民生保障建设策略做出新的调整和改善。

突出民生基础性、重点性工程,在惠民的同时带动经济增长,实现民生建设与经济发展的双赢。在当前社会经济环境下,陕西民生建设首先要做好中央政府的规定动作。在自选动作中突出对经济具有较大带动作用的固定资产投资项目:如基础设施建设、保障房建设、棚户区改造等。

增强民生建设的有效性和针对性。民生建设的有效性即民生工程的实用性和效能性。民生建设要摒弃硬件设施完成目标而服务流于形式的态度,要使建成的民生工程产生实效。依据陕西经济实力和省情合理确定民生建设规划和项目设计。民生工程的针对性要求民生工程建设与民众的实际需要挂钩,避免政府工程与群众需求两层皮现象。

整合资源,发挥集聚效应。积极探索各类民生项目要素的整合,将资源的效应发挥到最大。如楼堂馆所的多功能利用、培训资源的整合、资金的整合、基础设施建养护的整合等。

2. 社会治理体系和治理能力现代化背景下的要求

社会治理体系和治理能力现代化是习近平同志适应我国社会发展转型期实际提出的治国安邦理念，也将是今后长期指导我们进行社会建设的重要原则。民生建设作为社会建设的重要组成部分，要以社会治理体系和治理能力现代化为原则展开设计思路和谋划布局。社会治理体系和治理能力现代化要求在深化改革中正确定位政府职能，提高政府效能，积极引导社会组织发挥作用，正确处理政府与市场的关系，正确理解不同政策安排之间的关系。以此要求为思路，启发陕西"十三五"期间民生建设应从以下几个方面展开。第一，对民生建设进行市场化改革。政府与市场在民生建设中各有分工，将市场机制引入民生建设是减轻公共财政负担、提高公共服务供给效率的重要手段。明确划分政府与市场在民生建设中的责任，强化政府在民生建设中的管理职能。发展政府与市场的合作关系，妥善处理政府与市场关系，为民生建设的市场化改革提供良好的制度基础。第二，积极发挥社会组织作用。加强和改善民生建设，应更加注重培育和发展社会组织，引导社会组织在推进民生建设中的积极作用。第三，提高政府工作效率。这包含两层含义，一方面指提高各级政府职能部门工作人员的思想政治素养、工作能力、科学文化素养，推动民生建设有效运转。另一方面指推进政府职能部门改革向纵深发展，精简下放审批权限、合并调整机构、整合资源，使民生建设效率更高、更顺畅。第四，民生建设进行顶层设计。民生建设要有战略思路，明确民生建设的长远目标和近期目标，确定战略实施步骤。政策设计应依据陕西三大板块不同的经济社会发展情况有所差异。政策设计要从孤立和分割地考虑向全面统筹和规划转变。

3. 新型城镇化与公共服务均等化背景下的民生建设

党的十八大提出建设新型城镇化。新型城镇化的本质是人的城镇化，既要实现人城乡空间的转移，也要实现人城乡身份和权利的同步转变，即与身份相匹配的同等权利。在新型城镇化建设进程中，不仅要确保进城农民获得与城市居民平等的市民身份，而且相应地在基本公共服务、社会保障、生存发展与社会参与等方面与城市居民具有均等权益。新型城镇化是当前以及未来一个时期我国进行民生建设的重要背景，也是陕西"十三五"期间规划民生建设不可忽略的因素。在新型城镇化背景下，陕西省的民生建设要统筹城乡发展，实现城乡公共服务的均等化。在制度设计与制度实施过程中，逐渐消除原有歧视性和非均衡性制度，逐渐探索制定和实施具有包容性取向的社会政策和制度体系。但同时也要考虑到陕西经济社会发展的现状，有重点、分步骤地逐渐推进农民市民化进程。具体而言可分为两个原则：一是加快推进重点领域民生工程的均等化建设。二是根据陕西经济发展现状有步骤地推进人的城镇化，在经济发展不能完全承受公共服务均等化的情况下，对不同的进城农民群体享受发展性社会福利设置一定门槛，如失地农民应该完全享受各项城市公共服务，在城市居住时间不等的务工人员逐渐完全享受均等化的发展性福利。

（二）推进民生建设的几点建议

1. 对关中、陕北和陕南实施差别化财政配套政策

根据陕西三大板块不同经济发展水平，应实施差异化财政配套政策。陕南经济发展相对落后，多地属于生态涵养限制开发区，财政收入总量较小。除此之外，陕南较为贫瘠的生态环境也令其比其他两大板块的社会负担重。如陕南的老龄人口比例、五保户比例均高出关中和陕北很多，陕南移民搬迁规模也是最大的，陕南贫困县也是最多的。在当下的财政体制下，民生建设的推进都需要陕南配套大量资金，而陕南本身财力有限，使陕南很多民生建设项目陷入困境。所以，陕西应针对三大板块不同的经济和社会发展状况实施差异化财政配套政策。对陕南实施减免性财政配套政策，降低市级财政配套比例，免除贫困县县级配套资金。对关中和陕北也要区别对待。陕北属于陕西经济跨越式发展的典型，财政实力雄厚，可以适当提高民生建设市县财政配套比例，关中次之。

2. 对民生建设项目形成第三方评估机制

陕西从2008年开始实施推进以民生工程为载体的民生建设，经过6、7

年的建设试点，与群众生活生产密切相关的民生建设基本设计建设都具有了一定的思路，形成了基本制度框架，但对民生工程运行现状缺乏科学的第三方评估，对民生工程运行的实际现状、项目政策的适配性缺乏了解。部分项目在实际运转中不适应现实要求，劳民伤财，效果不佳。如各地普遍推广的老年人日间照料中心，在实际调研中发现其形式大于内容，实际效果不佳，究其原因，主要是运营模式与社会需求的不匹配。同时，许多民生工程已建设完成或已常规化，应建立这些项目的退出机制。

3. 出台社会力量参与民生建设的可操作性方案，引导和鼓励民间力量参与民生建设

鼓励社会力量参与民生建设，在民生建设中厘清政府与市场的关系已得到各方共识。但这一模式迟迟不能有效运转，其原因在于缺乏可操作的具体方案。各级政府都出台了有关社会力量参与民生建设的指导性文件和政策，但操作性不强，阻碍了民间力量参与社会建设的积极性。陕西可以在经济社会发展条件较好的关中地区选择一市一县进行民生建设的社会化试点，归纳经验和总结教训，形成好的模式逐渐推广。

4. 提高民生建设的实效性

随着经济发展速度的放缓，民生投入幅度必将逐步趋缓，同时民生建设框架也已基本搭建起来，民生建设应该从量的扩张向质的提升转变。在推进项目建设的同时，对"十二五"期间的民生建设进行梳理总结，剔除不实用的项目，重点补齐配套设施建设，探索已建成工程的后续管养制度。

5. 优化设置，增强民生项目的科学性

应综合考虑各地不同情况和群众意见，积极面向社会开展民生工程项目公开征集活动，因地制宜、科学合理地设置民众期盼度高、覆盖面大、资金渠道明确的民生工程项目。鼓励部分市、县（市、区）实施区域性特色民生工程项目，并给予必要的资金和政策支持。按照"统筹兼顾、先急后缓、量力而行"的原则，有进有退、有保有压滚动实施，实现民生工程可持续发展。

6. 以民生兜底为原则，正确区分民生建设性质

要正确区分基本与非基本民生，注重保障基本民生，对农村低保、五保供养、贫困重度残疾人救助、新农合、城镇居民医保、城乡养老保险、学前教育等基本民生，积极而为，逐步提高保障水平，逐步形成制度化发展模式。对非基本民生部分，如保障房建设、养老服务建设，积极探索市场化解决方式，鼓励引导社会资本投入民生建设领域。

7. 明确社保制度建设原则，为国家社保制度改革做准备

陕西应加强社会保障制度建设的主动性。陕西以往的社保制度建设多表现为对中央精神要求的回应和政策的落实，较为被动，缺乏自主推进的主动性。十八届三中全会以后，中央政府出台了社会保障制度改革的基本原则，陕西当下具体社保制度建设和改革方向应有目的地向该原则靠拢，为以后的制度衔接改革做准备。

国家已经确定了社会保障制度改革全国统筹整合的方向和原则，陕西应在"十三五"规划中有意识地逐渐实现省内社保统筹层次的省级提升、衔接，完善省内社保转移续接手续，测算探索社保待遇正常调整制度，试点城乡医疗保险制度整合，为国家医保改革做准备，这是"十三五"期间陕西社保转型升级的方向和目标。

8. 民生建设统筹城乡一体化发展

在新城镇化背景和经济社会转型换档期，陕西城乡一体化应朝两个方向推进。一是将民生建设重点相对侧重农村和贫困偏远地区，尽快提升农村和偏远地区的基本公共服务水平，缩小城乡差距和区域差距；二是在城市为流动人口设置一定的门槛，主要以居住时间为标准，逐步实现各项社会政策的城乡一体化，将人的城镇化落到实处。如居住达到多长时间可以申请保障，可以申请城市低保等。以居住时间为标准，淡化户籍标准，推进城乡一体化。

B.6
生育政策调整背景下陕西计划生育工作发展趋势与策略

李 巾*

摘 要： 在人口和计划生育工作转轨变型的今天，计划生育工作由管理型向服务型转变，由控制人口数量到优化人口结构，促进人口长期均衡发展，服务对象由以妇女为主扩展到覆盖全人口。面临工作的转型和国家生育政策的调整，本文重点思考未来陕西计划生育工作的走向问题。

关键词： 陕西 生育政策 计划生育工作 发展趋势

计划生育政策作为中国长期坚持的一项基本国策，已经深入人心。但是任何社会政策都不是一劳永逸的，有其使用寿命。计划生育是我国特定历史时期的产物，是应对人口过快增长而实施的社会政策，伴随着低生育率时代的到来和人口形势的根本性变化，生育政策也应适时调整。

一 生育政策调整的社会背景

我国长期以来一直执行生育政策的主要内容是"国家干部和职工、城镇职工，除特殊情况经批准者外，一对夫妇只生育一个孩子；农村普遍提倡

---

* 李巾，陕西省社会科学院社会学研究所助理研究员。

一对夫妇只生育一个孩子，某些群众确有困难要求生二胎的，经过审批可以有计划地安排，不论哪一种情况都不能生三胎；对于少数民族，也要提倡计划生育，在要求上可适当放宽"。① 现行的人口政策的核心内容是限制人口增长的生育政策，通过计划生育和提倡晚婚、晚育等措施，有计划地限制人口增长。计划生育政策实际上是我国现行人口政策的核心。

现行生育政策使中国在20世纪末21世纪初迎来了人口年龄结构的"黄金时期"。在控制人口过快增长、促进劳动力就业、优化资源配置等方面发挥了积极的作用。"陕西省实行计划生育30多年来，全省人口出生率由80年代初的20‰以上，下降到现在的10‰左右，妇女总和生育率由5.1下降到了1.6，全省累计少生人口约1200万，进入了稳定低生育水平的新时期，为社会经济发展营造了良好的人口环境。"② 但是，现行生育政策下的低生育水平，也导致了出生性别比偏高、人口老龄化、家庭养老、代际分配等一系列问题，一旦这些后果过于严重，不但不利于现实人口问题的解决，甚至可能给未来社会发展带来一定的困扰。

人口计划必须根据人口现象的长期、持续的发展来判定。计划生育控制人口增长，减少出生人口数量，所带来的巨大社会效益与现行制度下的环境密切相关。实行计划生育的初衷是控制我国人口过快增长，完善人口结构。其控制作用，终将要在经济发展，物质、文化条件大大改善的情况下，趋于稳定。伴随着人口形势的变化，低年龄组人口和适龄劳动人口比例下降，老年人口比例大幅提高，"人口红利"结束，人口形势的发展现状，已经不能满足现代社会发展的要求，逐步调整生育政策势在必行。2013年11月15日，十八届三中全会上正式提出"坚持计划生育的基本国策，启动实施一方是独生子女的夫妇可生育两个孩子的政策"，这是"单独二孩"政策得以推行的政策依据。为适当增加劳动年龄人口数量，降低老龄化比例，陕西省政府经过深入调研、测算，确定陕西放开"单独二孩"政策，人口增长给

---

① 中共中央、国务院：《关于进一步做好计划生育关注的指示》，1982。
② 陕西省政府：《关于启动实施单独家庭生育两孩政策的议案》，2013年12月。

公共资源带来的压力在可控范围之内。于是最终决定从2014年3月1日起，陕西不分地区、不限年龄、不设间隔，实施一方是独生子女的夫妇可以生育二孩政策。据陕西省计生部门统计，目前陕西省一孩家庭425.8万个；全省单独夫妇43.3万对，已生育一孩的11.4万对，其中处在20~40岁的10.6万对，未来10年内平均每年将新增约5万对单独夫妇。预计政策调整后一个时期，全省平均每年多出生人口4万左右，提升人口出生率约1个千分点，陕西仍处在低生育水平。[①]

30多年的计划生育工作以控制人口增长为主要任务，已经在人口和计划生育系统中形成普遍共识。但是在30年后的今天，人口结构发生了大的变化，生育政策顺应时代需要进行了调整，单独二孩政策的实施，要求我们必须跟上经济、社会发展的脚步，以发展的眼光认识人口发展问题。随着低生育水平的逐步稳定和中央机构改革的推进，人口计生工作也需要转型。基于此，我们需要重新认识新形势下计划生育工作的转型变化，并在新的时代背景下给予陕西计划生育工作新的发展定位。

二 新形势下计划生育工作的发展转型

经济迅速增长、生育率惯性下降的新的社会形势下，计划生育工作顺应社会发展大势，与时俱进，在工作思路、内容、模式等方面呈现如下变化。

（一）实现人口计划生育由管理到服务的适时转型

传统的计划生育以行政手段强制管理，"处罚多生"，"奖励少生"，依靠行政命令严格控制人口数量增长。新时期计划生育的控制作用，在经济发展，物质、文化条件大大改善的情况下，趋于稳定。从2013年下半年开始，国家决定放开单独二孩，2014年3月1日，陕西省内正式实施单独二孩政策。人口计划生育的基本工作思路和管理方法适应时代发展和国家社会政策

---

① 陕西省政府：《关于启动实施单独家庭生育两孩政策的议案》，2013年12月。

发展需要，由管理型向服务型转变，并且从内容到形式都要发生新的质的变化。

首先，在人口政策调整、宣传与实施各个环节都要坚持以人为本。执法人员转变工作理念，文明执法，尊重群众的主体地位，把服务意识强化于执法实践。坚持管理与服务相结合，利益引导、服务关怀与宣传教育并重的原则，实行人性化执法。其次，人口计划生育管理部门的主要工作任务应由严格控制人口数量增长，向服务管理人口转移。人口管理的内容涉及一个人从出生到死亡整个生命过程方方面面的人口信息管理，其准确性对政府制定政策有关键性影响；重点研究现阶段人口的状况特点，为计生服务机构的服务、管理提供依据等。计划生育是公共服务的重要组成部分，相关服务机构在做好人口管理工作的同时，还需要向群众提供良好的技术服务，关注群众健康，构筑覆盖全人口生命全过程的公共服务体系，以推进计划生育、生殖健康、家庭保健三位一体的服务为主要工作定位。

（二）从控制人口数量到优化结构，均衡发展

党的十八大报告中提出要"逐步完善政策，促进人口长期均衡发展"，这个信息表明在控制人口数量的基础上，国家重点关注人口素质提升和人口的可持续发展问题。在执行30多年计划生育政策之后，人口数量的减少，为经济的发展创造了有利的"人口红利"。但随着老年人口的增加，社会抚养比不断下降，"人口红利"终结。未来，陕西以至全国劳动力人口数量都将呈现下降趋势。当前人口发展中人口数量的影响已经减小，取而代之的是人口素质、人口结构和人口分布等领域的长期均衡发展问题。陕西借助国家调整完善生育政策、开发第二次"人口红利"的契机，着眼于提高人口素质和人口结构，重点解决好劳动力人口比重和实现人口资源向人力资本转变的重要问题，增强生产要素的效率，为实现社会均衡协调发展奠定基础。

（三）从育龄女性计划生育服务扩大到推进群体生殖健康服务

长期以来，计划生育对生殖健康关注的重点更多地在女性，尤其是育龄

妇女的计生服务方面。计生相关机构，在为育龄女性妊娠、分娩过程中进行优孕优生优育知识教育，提供孕产期保健服务，降低意外妊娠及流产率，提高出生人口素质，同时促进女性生殖健康水平提升。在人口和计划生育工作转轨发展的今天，仅仅对母婴的生殖保健服务，已远远不能适应广大人民群众的健康需求，迫切需要以家庭为单位，推进全体成员的参与。家庭在人口计生发展过程中承担着重要角色，我们需要面向家庭及其成员，探索更宽广的服务空间。将服务对象从原来单纯对育龄妇女的计划生育管理与服务转变到面向全人群的健康宣传与健康检查，实现生殖健康服务大人口下的全人口覆盖。生殖健康服务在原有育龄夫妇、新生儿保健的基础上，扩大到青少年青春期保健、婚前保健，引导男性主动参与计划生育和关注男性的生殖健康服务，非孕期保健，老龄人口和流动人口等群体的生殖健康服务，在各群体生活的各个阶段，解决他们遇到的各种生殖健康问题，提升群众生殖健康水平和生活质量，促进家庭整体的幸福健康。

三 陕西人口计划生育工作的发展趋势与对策

根据人口发展变化，适时调整生育政策，是社会管理创新和国家治理能力现代化的重要内容之一。计生部门对生育政策调整要有清醒的认识。明确生育政策调整不是完全放弃计划生育，而是在更平等的前提下实行统一的计划生育政策和社会政策。同时，围绕人口问题和发展趋势进行前瞻性整合，明确界定卫生、计生部门合并后的工作定位。

（一）卫生和计划部门合并后，整合资源对人口计生工作进行独立的定位

国家人口计生机构改革后，成立了卫生和计划生育委员会。陕西省卫计委根据国家卫生发展战略和人口健康需求状况科学整合、优化配置相关的卫生、计生服务资源，并从个体生命周期的全过程综合考量，对人口计生工作进行相对独立的定位，以更好地满足群众的计生服务需求。

1. 落实三级干预工程，降低出生缺陷

计划生育工作在提高人口素质的保健初期发挥了非常重要的作用，应充分发挥这一阶段的作用，"以优孕、优生、优育、优教"为主要内容，开展咨询、教育、检查、治疗全方位服务，为育龄妇女提供婚孕前指导、孕期检查和产后预访服务线，实现计划生育全程化，最大限度地做好优生促进工作，减少出生婴儿缺陷率，提高出生人口素质。

2. 整合卫生部门的资源，可以更为有效地推进计划生育工作

整合了医疗卫生资源，提升公共卫生服务能力，将个体从出生到幼儿到青年以至老年的整个生命过程都纳入计划生育服务系统。应更好地执行以人为本的服务理念，更多地承担公共服务责任，建立"寓管理于服务之中"的常规工作机制，逐步消解30年来计划生育积累的矛盾。

3. 实现机构整合下服务系统的整合

目前，乡镇、农村卫生资源总体资源短缺，分布不均，相较于城市大医院，优质资源比较缺乏。但由于种种原因存在县（区）、乡（镇）计划生育技术服务站与妇幼保健院、乡镇卫生院，机构重叠，很大程度上造成了资源浪费。将乡镇计生服务机构和乡镇卫生院等服务系统合并，使基层计生服务与医疗卫生服务融为一体，既可以全面提升乡镇卫生院的服务能力，又可以大大提高医疗卫生资源的使用效率。同时，随着计划生育工作的发展转型，人口计划生育工作开始从健康指数、智力指数、结构优化等方面关注人口质量的提升，这就需要更强有力的技术支撑。两部门合并之后，卫生与计生工作能优势互补、资源共享。

4. 把建立完善计划生育社会保障制度作为工作重点

单独二孩政策实施后，计划生育的利益导向机制最初通过物质奖励的方式，引导人们自觉减少生育数量。国家放开单独二孩政策之后，如何更有效地补偿和保障之前为计划生育做出贡献的家庭，是今后的一个工作重点。现阶段在尊重家庭权利和个体基本生育权前提下，以公民的生殖健康权保障为核心，尊重保护公民的基本生育权，引导公民自由而负责任地进行生育；生育政策调整后，为实现人口计划生育工作的持续发展，应建立政府主导的计划生育社会保障制度,通过保险、救助、社会福利等方式,针对计划生育家庭的情况差异,分类别、分程度地设置不同层次的保障项目。政府要勇于承担社会责任和历史责任,为当年响应国家号召,为国家发展做出巨大贡献的独生子女家庭、独女户和双女户家庭、失独家庭等建立福利保障的民生关怀体系和养老体系。

(二)拓展"人口服务"理念,把养老服务作为今后的重点工作领域之一

老龄化是党委、政府高度重视的问题,也是计划生育工作延续的结果,但现在老龄服务资源比较分散,养老保障相关服务严重缺失。目前,行政系统内专门为老年人口服务的机构主要有老龄委和民政部门,但是老龄委自身拥有的资源较少,且资源动员的能力有限;民政部门的服务主要以经济补偿为主,而且涉及救灾、救助、社会福利多领域,目前专门的、系统地为老龄化服务的专业机构还比较少。卫生系统与计生部门机构合并后,在老年人口疾病预防保健、精神慰藉、生活照料等居家养老服务等方面具有人力、资源等多方面的服务优势,卫计委部门可以在此领域主动有所作为。

据陕西民政部门统计数据,预计2040年,西安60岁以上老年人在总人口中的比重将由2000年的10%增至30%,西安将成为全国进入人口老龄化阶段较早的城市之一。2013年末,陕西省老年人口总数355万人,是"三普"的2.6倍。出生率不断下降,陕西省人口结构"六普"时期已呈现向老年型转变的态势。任何社会对老龄人口的照顾都必须有一定的安排,以使老有所养,传统的靠自我储蓄和"养儿防老"的方式已不能满足社会的需要。现代社会人口就业流动性大,家庭规模变小,以家庭为单位来解决养老的需要,经常会出现有些人得不到最起码的照顾的问题。就西安市而言,在2010年的时候,空巢家庭已经占老年家庭总数的57.2%,高于全国56.1%的水平。老年家庭空巢化现象已成为当前人口发展中非常突出的问题。

快速老龄化对陕西省养老保障提出了的挑战。陕西卫计委针对陕西省快速老龄化的现状,考虑将高龄老人的疾病预防保健、精神关怀、老年日

常护理保障等方面作为今后重要发展方向；着手建立专门针对老年人的服务机构，设立老年病医院，支持有条件的养老机构设置医疗机构；等等。陕西目前的养老格局绝大部分以家庭养老为主，少部分群体享受社区居家养老服务和机构养老服务。在人口和计划生育工作转型的今天，养老服务在政府服务之外迫切需要社会群众组织特别是民间组织的参与和推动。政府可以采用购买公共服务的模式，将一些直接创办的养老机构，交给有资质的民间组织。同时，政府以此为服务平台，为计划生育特殊困难家庭，失独、残疾、生活贫困家庭购买服务，逐步解决计划生育家庭养老基本需求。引进和培养适应社会建设和社会服务的人才队伍，也是发展的当务之急。卫计委应充分认识计划生育工作面临的新形势和新任务，发挥计划生育组织网络和人员队伍的特点与优势，加大专业人才引进和人员培训力度，培养和发展老年医学、康复、护理、营养、心理和社会工作等方面的专门工作人员。

（三）以家庭服务为主，把改善家庭福利作为民生建设的切入点

家庭计划是计划生育的重要组成部分。以家庭为单位推进人口生育，保障家庭健康，是顺应计划生育工作服务型工作方式的有效途径。家庭是生育的中介，与人口问题密切相关。家庭在社会发展中发挥着生育、消费、教育、养老等不可替代的作用。家庭的和谐健康，对人口数量、素质、结构及人口长期均衡发展有积极影响。拓展家庭服务，不仅有助于促进家庭的自身发展，还有利于改善家庭福利，保障民生建设。

把家庭服务作为民生建设的切入点，通过政策扶持稳定家庭发展。把家庭发展纳入政策规划体系，增强家庭在优生优教、生殖健康、防范风险以及老人照护等方面的功能和作用，提高家庭健康水平。以家庭为单位继续贯彻农村部分计划生育家庭奖励扶助政策，提高独生子女保健费用；关注计划生育贫困家庭、残疾家庭、失独家庭等特殊家庭的生活保障；推进流动人口家庭与城市家庭均等地享受公共服务。

拓展家庭发展职能，提高家庭服务能力。计划生育家庭养老问题是社会

普遍关心的问题。从时间上推算最早实行计划生育的父母已经逐渐在步入老年期。2010年的时候，西安市80岁以上的老人已经占老年总人口11.38%，农村高龄老人在农村老年总人口中的比重更高一些，达到12.3%，比城镇的10.15%高出2个多百分点，形势更为严峻。生育政策的调整，对这部分群体已经不能发挥作用。要解决这部分群体养老问题，在社会保障的基础上，增强自我保障能力也是一个非常重要的途径。而家庭就是自我保障的一个有效载体，探索计生家庭居家养老新模式，将计划生育家庭的养老融入社会养老之中，提高家庭服务能力，也是计生部门未来可以重点发挥作用的领域。多方面发挥家庭功能，建立以家庭为平台的人口和计划生育公共服务体系，开展幼儿保健、儿童早期教育、青少年教育指导和生殖健康、心理卫生教育以及更年期保健服务。这不仅有利于系统地开展工作，也拓展了家庭的服务空间，满足了家庭成员多方面的需求。

（四）整合人口信息，加强人口预测

准确可靠的基础数据不仅为制定生育政策提供重要支撑，也是人口管理和科学决策的关键。针对当前人口数据"数出多门，出入较大"的现实情况，有必要建立陕西全省人口信息的收集、整理、传输、存储、共享的工作机制，整合人口计生、民政、卫生、统计等部门的人口信息，逐步建立并完善人口计生、民政、卫生、统计等相关部门的数据共享制度；把人口婚育登记、妇女儿童保健、人口健康教育、家庭养老服务等与人口计生系统整合，形成婚姻、家庭、生育、人口、家庭养老服务一体化的服务管理体系，实现服务统筹；健全各个部门之间联动的工作机制，实现对出生人口和育龄妇女生育状况全方位的动态监测和评估，以充分反映生育变动的过程和趋势，并及时将重要信息通报政府有关部门，为科学决策和制定政策提供权威的人口信息数据库支持。在人口信息系统整合的基础上，切实加强人口信息的深入挖掘体系建设，实现人口发展指标实时预测、评估和预警。"调整和完善生育政策是动态的，'单独二孩'政策是以往生育政策调整的延续，但不是生育政策调整的终点，它只是最终走向全面二孩生育政策的过渡。普遍二孩生

育政策调整的时间点取决于单独二孩生育政策的执行效果。"① 这也要求我们根据监测生育率的变化情况，进一步跟踪评估、分析预测，为政府制定有关人口发展和管理的决策提供准确信息。

参考文献

《中共中央、国务院关于进一步做好计划生育关注的指示》，1982。

陕西省政府：《关于启动实施单独家庭生育两孩政策的议案》，2013年12月。

原新：《人口转型后的计划生育政策走向》，《探索与争鸣》2014年第4期。

曾毅、顾宝昌、梁建章、郭志刚：《生育政策调整与中国发展》，社会科学文献出版社，2013。

王广州、胡耀岭、张丽萍：《中国生育政策调整》，社会科学文献出版社，2013。

汤梦君、蔚志新：《人口计生部门在家庭发展中的作用空间》，《人口与发展》2012年第2期。

金易：《现行生育政策调整的依据及路径》，《学术交流》2014年1月号。

何亚福：《人口危局——反思中国计划生育政策》，中国发展出版社，2013。

---

① 原新：《人口转型后的计划生育政策走向》，《探索与争鸣》2014年第4期。

B.7
陕西网络社会治理的现状、问题及对策

田丽丽*

摘　要： 互联网是一柄"双刃剑",它一方面为人们带来便捷的生活和海量的信息,另一方面也产生了网络谣言、网络暴力、网络犯罪等问题。在互联网的治理上,陕西初步形成了规范化的工作制度和网民意见收集反馈机制,但是在治理过程中也存在诸多问题和难点,本文提出,加强互联网治理,要树立"以疏通代替封堵"的治理理念,建立"依法治网"的治理手段,形成"共同治理"的治理模式。

关键词： 网络治理　舆论引导　协同共治

随着互联网的普及及深入发展,网络已经从"虚拟社会"演变为人们的一种生活方式。但网络空间的各种问题也随即暴露,网络失序、网络犯罪、网络谣言等问题亟须得到有效治理。党的十八大指出,要"加强网络社会管理,推进网络依法规范有序运行"。十八届三中全会后,中央网络安全和信息化领导小组正式成立,习近平主席提出了建设网络强国的理念。这表明在移动技术与新媒体快速发展的今天,中国网络社会治理的思路更加清晰,网络社会治理成为中国网络社会发展的新课题。

---

* 田丽丽,陕西省社会科学院社会学研究所助理研究员。

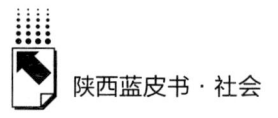

一 陕西网络社会治理现状

作为社会治理的主要内容之一，网络治理受到陕西省委省政府极大的重视。从2010年开始实施的网络问政，到现今网民留言办理、反馈机制的形成，从设置政务公开与媒体联络办公室到成立陕西网信领导小组，从打击网络谣言到"净网2014"专项整治运动，治理力度不断加大，治理方式不断创新，网络舆论得到积极引导，网络环境得到净化，治理框架已经基本形成。

（一）成立陕西网信领导小组，网络治理制度化初步形成

陕西省一直重视网络治理的制度化建设，从网络机构设置到财政投入，从舆情分析到舆论引导，从网络互动到网民意见回复，从领导批示到查处落实情况都建立了规范化的工作制度。在机构设置上，设置政务公开与媒体联络办公室，与各级网站建立联系，并与陕西省社会科学院联合成立陕西省舆情研究中心，对陕西省舆情进行分析研判及引导。中央网信领导小组成立后，陕西省委积极响应，于2014年5月成立陕西网信领导小组，围绕网络舆论、网络安全和信息化建设三个方面开展工作。

（二）重视网络问政与互动，基本建成网民意见收集—办理—反馈机制

陕西网络问政始于2010年，通过网友"线上"留言、政府"线下"解决的方式，既拓宽了公众正常诉求的渠道，又创新了政府开展群众工作的方法，使很多现实社会问题得到了有效解决，凝聚了民心民意，受到网友认同。2010年10月，省政府制定出台了《关于人民网网民致省政府主要领导同志留言处理暂行办法》，成为陕西网络问政的制度依据。为了更有力地提高网络问政的有效性，省政府于2013年下发了《关于进一步加强网民留言办理工作的通知》，要求相关单位务必重视网友留言，用官方微博直接回复网民在"陕西发布"政务微博上的留言，对于人民网留言要做到在7个工

作日内办结并上报，以此来提高微博互动和留言办理效率，网络留言办理标志着陕西省互动化网络治理方式的形成。经过四年的发展，网络问政方式如今在陕西已经被建立为长效机制平台，一整套网民意见收集、办理、反馈机制基本建成，受到网民的普遍肯定。2013年，省政府着手办理重点反馈舆情达到26条，全省11个市区和40多个部门、单位参与办理网友所反映的问题，解决了一批涉及交通、住房、医疗、饮水等与民众生活密切相关的问题。"陕西发布"每天都在持续发布即时信息，其粉丝现今已经超过136万人，成为政府与群众沟通渠道的重要环节。人民网"地方领导留言板"数据显示，截至2014年10月，陕西省留言总量达到29617条，回复总量为16776条，回复率达到57%。

（三）多措并举，形成自查自纠—责令查处—群众举报的网络监管常态

陕西省自2013年起加大打击新闻敲诈和假新闻的力度，2013年全年共查处违规网站173家，关闭网站4家，打击处理了彬县8·15新闻敲诈案和6起假记者敲诈勒索案。2014年4月，陕西省再次做出全面部署，配合中共中央宣传部在全省范围内开展打击新闻敲诈和假新闻专项行动，网络新闻秩序得到有效维护。

2014年1月，陕西省展开"净网2014"专项整治活动，召开全省"扫黄打非"工作会议，建立起省、市、县、镇四级"扫黄打非"工作网络。在整治活动中，腾讯、新浪、网易等互联网商业媒体进行自我查处，关闭问题账号，省网信办专门组织力量对互联网企业关闭的账号进行再次核查，此外，还鼓励社会公众进行举报，举报信息经核实后督促相关网站查处。自查自纠、责令查处、群众举报，形成了陕西省网络监管的常态模式。

2014年6月，陕西省互联网信息办公室、版权局、通信管理局和公安厅联合打击网络侵权盗版，开展版权法宣传，鼓励群众举报，查处盗版案件，并建立了快速处理机制。在行动期间，通过约谈网站负责人、督促问题网站进行整改等方式，努力构建网络版权执法工作的长效机制。

（四）引导和打击相结合，网络舆论得到积极引导

2013年6月以来，陕西公安机关开展打击整治网络有组织造谣炒作专项行动，严厉打击网络谣言。为配合打击网络谣言专项行动，陕西省宣传部组织召开全省互联网行业坚守"七条底线"座谈会，其中22家参会的省内主要网站负责人签署了坚守"七条底线"倡议书，网络大V、普通网友纷纷表态坚守网络文明，制止网络谣言成为社会共识。此外，省政府还重视对舆情实施实时监测，及时进行舆情分析和研判，对重要议题进行适当引导，有效避免了突发事件的发生，社会舆论生态环境得到净化。为传播网上正能量，陕西宣传部持续开展"百姓心声"活动，受到人们广泛关注与参与。活动期间，网站点击量达到350万人次，近80万网友参与论坛讨论，肯定了家乡建设成就，充分展示了每个人身边的好人好事，使正能量在网上释放、扩大、传播，形成了良好的舆论氛围。

二 陕西网络治理中存在的问题

虽然陕西省在网络治理工作中取得了显著的进展，但由于网络治理是社会治理领域的新课题，并没有充足的经验可以借鉴，目前的治理举措也正处于探索期，加之相关的法律法规还不够完善细化，一些地方政府对网络治理的认识和重视程度不够，因此在网络治理工作中还存在一些问题。

（一）关于网络治理的法律法规还有待进一步完善

互联网推动了电子商务的快速发展，改变了人们的生活，但是也因为难于监管而引发了网络诈骗、国家安全信息泄露等一系列社会问题。对此，最高人民法院于2012年制定了《关于审理侵害信息网络传播权民事纠纷案件适用法律若干问题的规定》，2013年制定了《关于办理利用信息网络实施诽谤等刑事案件适用法律若干问题的解释》。到2014年10月10日，《关于审理利用信息网络侵害人身权益民事纠纷案件适用法律若干问题的规定》正

式施行，它明确规定了个人信息保护的范围，涵盖网络平台规避责任、有偿删帖、网络水军等多个方面。以上三个司法解释共同构成了目前我国关于互联网法律问题的法律规则体系，标志着我国网络法治化的重大进步，是我们在网络治理中迈出的重要一步。但是，我国目前关于互联网的法律和立法程序，与国外相比还并不完善。首先，关于互联网安全性的基础性研发能力和创新能力不足，这导致立法和执法过程中的操作性欠缺。其次，关于互联网具体执法过程中所需的人才储备不足，阻碍了互联网依法监管的进程。再次，现有的规章立法层次不高，相互之间的互通性和协调性不足，各项规定较为笼统，操作难度较大。最后，关于公民在网络环境中的人身权利、财产权利的界定，还需要进一步明确，公民在网络环境中维护自身权利的意识还要进一步培养并加强。

（二）省内原有官民互动沟通渠道没有得到充分利用

通过网上留言向政府、领导反映问题，是新时期民众诉求表达的新渠道，也是政府社会治理的新方式。人民网自开辟地方领导留言板以来，受到网友热切关注与积极参与，而这种网络互动方式也确实解决了很多难点问题，让人们看到了政府的办事效率与执行力度。但是，同是人们反映问题的渠道，陕西省传统的留言渠道，如省政府的网民信箱、省长专线电话、各个媒体的读者信箱等，受到的关注却远不如人民网。这一方面说明了人们对省市地方留言渠道的信任度不够，认为向地方渠道反映问题不如向人民网地方领导留言板反映问题得到回复的速度快，另一方面也说明一些基层职能部门对网络留言还不够重视，没有做到恪尽职守，对网友留言存在不看、不管或者是用官话、套话来应付的现象，没有解决好人们所反映的问题，以至于人们都趋向于向人民网、向省领导反映问题，使得领导收到的留言和地方基层部门收到的留言数量严重不均衡，固有的沟通渠道没有得到充分的利用。

（三）未能发动多元社会主体共同参与网络治理

近年来，政府在国家、社会事务的处理上更多的是强调"治理"，从

"管理"到"治理"的转变,标志着政府对多元社会主体的尊重和治国理念的重要转变。"网络治理"亦是如此,网络是一个由个体参与者、网络运营商、网络媒体以及网络管理部门共同构成的生态系统,它的匿名性、自由性、开放性、信息传播的快捷性以及信息数量的庞大性决定了互联网秩序的维护是一项十分复杂艰难的工作,这项工作既是政府的责任,也是互联网各个主体共同的责任。从目前的情况来看,对互联网秩序的维护主要停留在政府管制的层面,形成了多个部门对互联网进行联合管理、对网站进行监督的机制。但是从实际效果来看,政府对一些热点事件的封堵并不能降低网民的活跃性,官方舆论场与民间舆论场仍然经常处于对抗状态,甚至在二者的博弈中处于弱势地位。这说明在网络治理过程中,"治理"的真实意义没有体现出来。所谓网络"治理",强调的是多元社会主体之间的互动,而不是政府"独挑大梁"的管理,只有当政府、网络中的多方主体共同参与到网络治理中来,网络才能够更加健康有序。

三 陕西网络治理中面临的挑战

当前,社会改革已经进入深水区,社会矛盾不断凸显,这些现实问题不断与网络社会相互交织并相互影响,这在很大程度上加深了网络治理的难度。而且互联网空间本身存在特殊性与复杂性,政府在治理过程中要综合考虑多种因素,如谣言、假新闻的监管、政府在信息传播过程中的公信力、民间话语的过度膨胀等,这些都为网络治理带来了不同于社会治理的新挑战。

(一)"把关人"作用弱化,网络监管难度加大

美国社会心理学家库尔特·卢因于1947年曾经提出过"守门人理论",他认为信息在传播过程中会遭遇一些人的审视,只有符合审查人标准或群体规范的信息才能顺利传播。在传统的新闻报道中,"把关人"角色由媒体编

辑担当，他们负责对各式新闻进行筛选，决定哪些题材能够进入公众视野。我国施行党管媒体的原则，所以可以说记者、编辑、总编是初级把关人，而党和政府是高层级把关人。但是当网络迅速发展、新兴媒体发展壮大后，这种传统的管理模式对新闻的管控作用已经弱化，移动通信技术使得信息的流通性大大提高，新闻的发起和传播都很难受到控制，网络媒体把关人作用缺失导致网络舆论常常处于失控局面。加之网络中个人身份的隐匿，虚假信息不断被制造并传播，非理性言论一度压制主流观点，"群体极化"现象一再出现，甚至几乎所有的商业网站都在违规采编、转载新闻，这些因素都使网络舆论的不可控制性增加，对网络文明造成了负面影响，同时也给政府的治理工作带来极大的难度与挑战。

（二）政府形象受到损害，"老不信"心态在社会上扩大蔓延

改革开放以来，中国经历了深刻的经济体制变革和社会结构变动，人们的价值观念受到强烈冲击。曾经的"集体化"社会受到诸如私有化、自由化、市场化、拜金主义等各种思潮的冲击，"集体主义价值观"逐渐式微或被认为"过时"，"个体化社会"悄然兴起。伴随而来的就是公众个体权利意识的增强，人们对政府权威不再无条件认同与服从，民间舆论常常与政府发生冲突。在这种摩擦中，政府的形象受到损害，公众对政府的信任度逐渐减低，以至于社会上出现了一种"老不信"心态和"政府有错推断"，即部分公众对政府的官方话语和举措总是持有不信任的心态，在社会问题的分析过程中总是将过错推给政府，如果这种现象不能得到有效改善和遏制，就会陷入"塔西佗陷阱"的舆论怪圈，即政府公权力遭遇公信力危机时，无论说真话还是说假话，无论做好事还是做坏事，都会被认为是说假话、做坏事[①]。这无疑会为网络治理增加阻力，会给政府的舆论引导工作带来很大的困难。

---

① 张音、张新苗：《网络语境与创新社会管理：破解"塔西佗陷阱"的舆论怪圈》，《人民日报》2012年6月26日。

（三）涉陕舆情被延伸和放大，增加了舆论引导的难度

陕西的热点事件在很大程度上受到了省外，甚至是国外媒体和舆论的密切关注。政治因素在涉陕舆情中被借用并发酵的现象在近两年较为突出。自2013年开始，涉及"领导人家乡"的舆论就明显增多、增强，这其中既与事件本身有关，更与"被政治化"的陕西相关联。将朴槿惠的西安之行视为"政治故乡"之旅、"富平拐卖婴儿案"、"表哥"事件、"兴教寺事件"等都在一定意义上被政治化和标签化。陕西的政治区位成为省内外舆论新的敏感点，一些看似小的事件，一旦同陕西相联系，极易引发媒体的不断炒作、延伸和放大，引发裂变为众多的舆情热点。这在很大程度上加大了陕西政府在舆论引导工作上的难度，也为陕西的网络治理提出了挑战。

（四）民间话语膨胀、壮大，不可控性增强

民间话语力量崛起，一方面反映了社会的进步，另一方面也导致舆论的不可控性增强，为政府的舆论引导工作带来了新的挑战。这是因为在网络平台中，由于个人身份的隐匿，人们敢于发表自己的意见，特别是在自媒体条件下，人们更是将在微博中表达自己的意见和情绪当作一种生活方式。但是，互联网在为人们带来更加丰富的生活的同时，也存在诸多风险。一是虚假信息不断被制造，例如2013年神木县网友通过微信、QQ等渠道看到这样一条信息，"神木经济一落千丈，神木人民人人要账，三角债务你拖我拖，现任领导要跑，神木不得解放，定于15日上午10时在广场集会"，部分公众信以为真，按照信息提示时间来到县政府聚集，形成群体事件，而神木县负责人称这条信息上所编辑的内容完全是无中生有。二是非理性言论压制主流观点。一些网络媒体为了点击率，往往会用夸张的报道来吸引人们的注意力，使得民众极易出现郁闷、焦躁、"仇官"等负面情绪，再加上网络舆论所存在的"激化"偏向，网络舆论表达常常会偏离理性轨道，压制不同意见领袖或主流观点，从而为社会的和谐稳定带来潜在风险。三是"群体极化"现象时有出现。这主要是指在新媒体环境下，某个事件引起了舆论关

注，人们对此事件的看法"一开始即有某些偏向，在商议后，人们朝偏向的方向继续移动，最后形成极端的观点"[①]。也就是说，"在网络和新的传播技术的领域里，志同道合的团体会彼此进行沟通讨论，到最后他们的想法和原先一样，只是形式上变得更极端了"。所以说，传播技术的巨大进步使得舆论格局中的不可控制因素增加，管理者在进行舆论引导的工作中需要更多的时间和精力。

四 对策建议

目前，关于网络社会的治理体系还未形成共识，网络治理的方法也需要不断的探索、实践和完善。本文认为，要加强互联网治理，形成良好的网络秩序，树立健康的网络文化，引导积极的网络舆论，必须要从"治理"的本义出发，树立"以疏导代替封堵"的治理理念，建立"依法治网"的治理手段，形成"共同治理"的治理模式。

（一）树立"以疏导代替封堵"的治理理念

在过去，一些地方政府常常持有"家丑不可外扬"的面子心态，以封堵、不回应的方式来应对突发事件和敏感话题的出现，并要求主流媒体"保持常态"。这种处理手法的后果就是，被封堵的事件不仅没有平息，反而滋生各种谣言，激发民间舆论非理性话语的泛滥，为社会安定带来不稳定因素，而政府也在整个事件中受到公众指责，地位尴尬。因此，在现代网络治理工作中，首先要确立的就是"以疏导代替封堵"的治理理念。移动通信技术的兴起、微博的广泛使用，已经使任何新闻、信息都不存在封闭的可能性，只有及时公开，澄清事实，以平等、坦诚、公正的态度对待公众，以理性的言论来引领舆论，才能避免有心人士对舆论的误导，才能在新闻报道中处于主动地位，才更能有效维护网络秩序。

[①] 《危机事件中网络舆论的"群体极化"现象及应对》，人民网，2010年12月17日。

（二）建立"依法治网"的治理手段

互联网为人们的生活提供了便利，但与之相关的犯罪行为也不断增加。维护国家信息安全，有效保护著作权、公民隐私权，为人们营造健康清新的网络环境，是网络治理的应有之义。党的十八大报告提出，要"推进网络依法规范有序运行"，这也可以说是依法治国的必然要求。在立法过程中，要善于借鉴国外最佳实践经验，以此与我国的实际情况相比较，衡量其可用性，甄别可以借鉴的内容。要完善、补充、修订目前已有的相关法律法规，同时要明确监管部门的法律责任，确保法律监管体系的健全和有效运行，保证其在监管过程中运行顺畅，依法作为，彰显法律尊严。要加强公众的法律意识，强化人们利用法律保护自己的能力，从而促进网络立法和执法的有效性。进而，将网络行为的治理确实纳入有法可依、有法可循的法制轨道，保障人们在网络生活中的各项权益。

（三）确立"共同治理"的治理模式

互联网的多样性、复杂性决定了其治理方式的多元化，只有建立起国家—网络媒体—个人"三位一体"的治理模式，才能既实现网络社会的有序化，又能保持网络的活跃性。政府层面，要形成互联网治理的联动机制，能够有效应对突发事件和负面舆论，各级政府做到对网友留言充分重视、及时处理，使网络问政能够充分发挥实效；对网站媒体的运作、社会舆论进行有效引导，主动与主要商业网站建立协作关系，向网络媒体提供官方资讯，让国家的政策方针能够得到最广泛的宣传。网络媒体层面，要树立正确的新闻观，网络编辑要担当起新闻把关人的角色，对信息的报道、转载主动求证真实性，不能人云亦云；要服从国家整体利益，多与政府沟通，配合政府工作，主动宣传国家的方针政策，加大力度关闭不法账号。个人层面，要树立健康的价值观，每一位网友都应该对自己的言论负责，不制造谣言，不传播谣言，以理性、文明的态度对待互联网。

(四)传递正能量,建设健康的网络文化

在社会转型期所积累的各种矛盾和西方思潮的影响下,中国社会主流价值体系受到削弱,人们的价值观呈现多元趋势,诋毁社会主义、影响社会和谐稳定的舆论论调时常在网上出现。从网络治理角度出发,我们急需做的,就是要以社会主义核心价值观为基础整合各种思想文化,引领网络文化建设。首先,要树立正确的舆论导向,以社会公德、职业道德、个人美德为核心进行宣传教育,以身边的点滴小事、好人好事作为切入点,通过正面宣传来激励人、鼓舞人,形成积极向上的主流舆论氛围。其次,要充分利用网络的包容性,把中国优秀传统文化作为网络文化建设的基础,赋予网络文化更加丰富的中国元素,用健康积极的文化产品充实网络文化内容。最后,广大文化工作者与媒体单位要做好各种社会思潮形成和流传的社会基础的分析工作,以此来加强社会成员对各种社会思潮的政治敏感度和研判能力,对历史虚无主义、反社会主义、新自由主义等落后思想进行自觉抵制。同时也要认识到社会主义核心价值观不是一个封闭的概念,我们要采取尊重差异、兼容并包的态度,尊重并吸收其他民族的优秀文化成果,不断创新社会主义文化体系,形成开放、稳定、和谐的社会文化氛围。

(五)不断提高官方话语的舆论主导力,形成良好的舆论引导效果

要以"真实"作为官方话语的主要特征,即通过官方主流媒体报道的新闻,在任何细节上都要与被报道事件本身相符合。在全媒体时代,任何一个普通的网民都能够"围观"并介入政府所发布的信息,如果官方对所报道的事件细节有隐瞒、有压制,就会造成公众的无端猜测和不信任心态,只有及时公开真实信息、坦然应对、积极回应,才能在消除流言的同时提升公众对政府和主流媒体的认同度,从而提升政府形象。

要树立官方话语的公信力。重视对社会热点事件进行及时、全面、详尽的跟踪报道,同时与事发方建立起协作关系,从而保证官方报道在社会上的

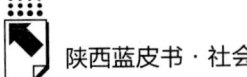

权威性、集成性,增强信息的可信度,从根本上消除外媒及有心人士的歪曲解说,最终确立官方话语对信息的解释权,增强官方话语在舆论博弈中的平衡能力,实现其从监督管理者到社会对话组织者的转变。

要充分发挥主流媒体的作用。一方面要重视传统媒体的应用,以传统媒体的权威性加强对国家相关政策的理论阐释、对热点事件的深度分析。另一方面要全面扶持主流媒体的网站建设,形成和传统媒体互补的局面,通过更加具有时效性的信息、更具沟通性的平台来建立民意疏通的有效途径,以正面舆论压倒负面舆论。

参考文献

孟建、卞清:《我国舆论引导的新视域——关于官方话语和民间话语互动、博弈的理论思考》,《新闻传播》2011年2月号。

周廷勇:《从"威权舆论"到"权威舆论"》,《重庆工商大学学报》2012年12月号。

张音、张新苗:《网络语境与创新社会管理:破解"塔西佗陷阱"的舆论怪圈》,《人民日报》2012年6月26日。

李普曼:《舆论学》,华夏出版社,1989。

哈贝马斯:《公共领域的结构转型》,曹卫东等译,上海学林出版社,1999。

李河:《得乐园失乐园》,中国人民大学出版社,1997。

民意调查

Survey on Public Opinion

2014年社会热点、焦点事件：
陕西公众问卷调查分析报告

陕西省社会科学院课题组*

摘　要： 本报告分析了陕西公众对2014年省内外社会热点、焦点事件的认知与评价，汇总整理了本年度的社会"流行词"，展示了公众对社会发展的感知和对未来的期望。调查结果表明，公众对涉及公共安全的"暴力恐怖事件"、"云南地震"和"十八届四中全会"等影响社会秩序、决定社会发展的重要事件给予高度关注。在社会"流行词"中，"雾霾"和"高压反腐"排在前两位。在陕西热点事件中，"推进丝绸

---

* 课题组成员：江波，陕西省社会科学院社会学所研究员；谢雨锋，陕西省社会科学院社会学所副研究员；吴南，陕西省社会科学院社会学所副研究员；杨晖，西安市社会科学院社会学研究所研究员。

之路经济带新起点建设"的影响力居于首位。调查反映出陕西公众对不同社会事件、现象多角度的关注，深入的理解和思考。

关键词： 陕西　社会热点、焦点事件　流行词　期望

2014年，是全面深化改革的一年。新一届政府以深化改革为强大动力，以调整结构为主攻方向，以改善民生为根本目的，推进国家治理体系和治理能力现代化。在此背景下，哪些社会事件/活动、社会现象会成为陕西公众关注和讨论的热点、焦点？陕西公众对这些社会热点、焦点议题又进行了怎样的解读？为了解他们对2014年省内外社会热点、焦点事件的认知与评价，揭示哪些话语能成为年度社会"流行词"，透过这些热点、焦点事件公众对未来社会发展又有怎样的期待？我们采用问卷调查的方式，对公众进行了专项调查。

一　对社会事件的关注度

2014年，国内发生了诸多重要事件，既引起了社会公众的关注，提升了公众的信心与热情，也给公众留下了深层的震撼与思考。在这不平凡的一年，究竟哪些事件对公众产生了重要影响，这是我们首先需要了解的。因此，我们选取了2014年11月前国内较有影响的11项社会热点事件展开调查，对每个事件的测量均采用5级量表方法获取公众的评价结果，即"非常关注"为5分，"较关注"为4分，"一般"为3分，"不太关注"为2分，"不关注"为1分。具体统计结果如表1和表2所示。整体上看，观察标准差的值，公众对涉及公共安全的"暴力恐怖事件"、"云南地震"和国家政治大事件"十八届四中全会"等影响社会秩序、决定社会发展的重大、重要事件给予了高度关注（见表1和表2）。

2014年社会热点、焦点事件：陕西公众问卷调查分析报告

表1 公众对2014年主要社会事件、社会现象的关注度（均值）

社会热点事件/活动	样本量	均值	标准差	排序
暴力恐怖事件	491	4.00	0.928	1
云南地震	490	3.80	0.864	2
马航失联	491	3.80	1.017	3
"周永康案"	491	3.76	1.045	4
十八届四中全会	491	3.64	1.083	5
香港"占中"	491	3.57	1.148	6
中日甲午战争120周年	491	3.37	1.159	7
邓小平诞辰110周年	491	3.17	1.173	8
无锡化工厂爆炸	491	3.14	1.140	9
台湾"反服贸"	491	3.05	1.137	10
文艺座谈会	491	2.96	1.188	11

表2 公众对2014年主要社会事件、社会现象的关注度

单位：%

社会热点事件/活动	非常关注	比较关注	一般	不太关注	不关注
十八届四中全会	23.8	34.8	27.5	9.2	4.7
云南地震	20.0	47.6	26.1	4.9	1.4
暴力恐怖事件	33.2	42.4	17.7	5.1	1.6
马航失联	26.9	39.7	23.2	6.9	3.3
"周永康案"	28.1	34.4	26.3	8.1	3.1
香港"占中"	24.2	33.0	24.0	13.4	5.3
台湾"反服贸"	11.0	23.0	36.7	18.3	11.0
无锡化工厂爆炸	13.0	24.2	36.0	17.1	9.6
文艺座谈会	10.4	22.6	33.3	18.9	14.5
邓小平诞辰110周年	12.4	30.3	30.5	15.5	11.2
中日甲午战争120周年	18.3	30.3	28.1	16.3	6.9

（一）安全议题引发高度关注，"反暴恐"成为重中之重

2014年，云南昆明火车站，新疆莎车县、轮台县、叶城县，乌鲁木齐火车南站等地连续发生暴力恐怖犯罪案件，严重危害人民群众的生命财产安

全,破坏社会秩序,影响社会稳定。对此,人们在高度关注的同时,期望动员一切力量,形成对暴力恐怖犯罪活动的严打高压态势,切实遏制暴力恐怖案件频发势头,增强社会安全。正因此,在11个社会热点、焦点事件中,"暴力恐怖事件"以4.00分(标准差:0.928)的平均分值被列在首位,近八成(75.6%)的受访者表示"非常关注"(33.2%)和"比较关注"(42.4%)。此外,有近七成的受访者对"云南地震"(67.6%)、"马航失联"(66.6%)、"无锡化工厂爆炸"(37.2%)等安全事件也给予了较高关注。这些事件使得人们的社会风险观不断遭遇挑战,对安全的关注与期待感不断上升,也再次促使人们重新理解与思考维护社会安全、国家安全和社会稳定,以及社会和谐发展的意义和价值。

(二)"十八届四中全会"引人瞩目,对"依法治国"充满期待

党的十八大以来,新一代中央领导集体高度重视法治建设,以从严管党、从严治党为依法执政的重要内容,开展"拍苍蝇"、"打老虎"系列反腐行动,取得瞩目成效,得到全社会的广泛好评,深受人民群众的拥护。2014年10月20日召开的十八届四中全会首次以全会的形式全面推进依法治国,强调"依法治国,是坚持和发展中国特色社会主义的本质要求和重要保障,是实现国家治理体系和治理能力现代化的必然要求,事关我们党执政兴国、事关人民幸福安康、事关党和国家长治久安"。对此,近六成的受访者("非常关注"23.8%,"比较关注"34.8%)表示高度关注,尤其对"依法治国"执政话语的提出广泛认同。被访者认为,"依法治国"及其话语实践将大大增强人们对构建法治国家、法治政府与法治社会的信心,实现"中国梦"的信心。同时,在公众的热议中也能感受到强烈的期待。

(三)"周永康案"持续关注,对打"大老虎"尤其称赞

近年来,"反腐败"一直位居公众关注热点议题的前列。新一届政府将反腐败作为整顿作风之弊的重要举措,作为保持党的先进性和纯洁性、巩固

党的执政基础和执政地位、解决群众反映强烈的突出问题的突破口。习近平总书记多次强调反腐的重要性，强调要坚决打击贪污腐败，既要打"老虎"，也要打"苍蝇"。一年来，打击贪腐的力度不断加大，给公众增添了极大的信心。正因此，当问及"对周永康案的关注程度"时，逾六成（62.5%）的受访者表示"非常关注"（28.1%）和"比较关注"（34.4%），只有8.1%的受访者表示"不太关注"，3.1%的被访者表示"不关注"。用5级量表赋值方法进行测量，公众对这一事件关注度的总体得分为3.76分，处于"一般"和"比较关注"偏向"比较关注"的范围。这一结果再次表明，公众对反腐议题和反腐行动高度关注，充满期待。多数受访者认为，对周永康案的审理是"破纪录"的反腐行动，将震慑一些官员，高度赞扬这一举措体现了自我净化和自我革新的政治勇气，该事件成为全面推进依法治国、进一步迈向国家治理能力和治理体系现代化的重要标志。

（四）对香港"占中"、台湾"反服贸"有所关注，期待香港稳定繁荣、两岸关系和谐发展

香港回归祖国，在"一国两制"、"港人治港"、高度自治方针下，香港与祖国休戚相关、荣辱与共，任何否认"一国两制"方针政策、破坏香港社会安宁与稳定的行为都会引发人们的警觉、抵制和坚决反对。调查结果显示，当问及您"对香港发生占中事件的关注程度"时，5级量表测量结果显示，受访者给予该事件关注度的平均分值为3.57分，近六成（57.2%）的被访者表示"非常关注"（24.2%）和"比较关注"（33.0%）事件的相关报道和进展情况，仅有5.3%的少数受访者表示"不关注"，甚至不知道这一事件。多数受访者认为，香港发生的"占中"非法集会说到底是一场由反华势力及其支持者导演的一场试图通过香港街头运动撼动中国的政治阴谋。有更多受访者认为，香港"占中"危及公众安全，破坏社会秩序，扰乱民主进程，严重阻碍了香港的社会良性运行。与对香港"占中"持较高关注不同，受访者对台湾地区发生"反服贸"事

件的关注度则较低，5级量表测量结果显示，受访者给予该事件关注度的平均分值为3.05分（标准差：1.137），处于"一般"范畴，三成多的受访者表示"非常关注"（11.0%）和"比较关注"（23.0%），有近三成（29.3%）的受访者表示"不太关注"（18.3%）和"不关注"（11.0%）。总之，公众对香港"占中"和台湾"反服贸"等事件之所以保持一定的敏感和关注，对其发生的原因和造成的影响进行追问和讨论，是因为它涉及国家安全和祖国统一，涉及要坚决遏制和反击西方势力消解中国力量的政治图谋。

（五）纪念邓小平诞辰110周年，凝聚巨大改革动力

2014年是改革开放总设计师邓小平诞辰110周年，各地开展了多种形式的纪念活动。纪念活动不仅是为了缅怀邓小平的丰功伟绩，更是为了沿着他开辟的中国特色社会主义道路、改革开放的道路继续前进。正因此，逾四成（42.7%）的受访者认定"非常关注"（12.4%）和"比较关注"（30.3%）邓小平诞辰110周年纪念活动。被访者一致认为，邓小平对党、国家和人民的贡献是历史性的，也是世界性的。正是邓小平的领导，大力倡导和全力推进改革开放，中国特色社会主义才得以发展，中国人民才过上小康生活，中华民族才以新的姿态屹立于世界。纪念邓小平更是在激励人们有所发明、有所创造、有所担当，自觉肩负起深化改革、实现中华民族伟大复兴"中国梦"的历史使命。

（六）"文艺座谈会"讲话受到特别关注，对文艺工作的要求引发强烈共鸣

习近平总书记10月15日在北京主持召开文艺工作座谈会并发表重要讲话。他强调实现"两个一百年"奋斗目标、实现中华民族伟大复兴的"中国梦"，文艺的作用不可替代。广大文艺工作者应坚持以人民为中心的导向，弘扬中国精神，凝聚中国力量，鼓舞全国各族人民朝气蓬勃迈向未来。"文艺工作座谈会上的讲话"在全社会引起强烈共鸣。由于调查

时逢"文艺座谈会"刚刚结束,故从调查数据观察,公众对"文艺座谈会"的关注度处于"一般"水平,平均分值为2.96分。三成多的受访者表示"非常关注"(10.4%)和"比较关注"(22.6%)。不少受访者还是表达了对"文艺座谈会"的感受,高度赞扬"文艺座谈会讲话"对新形势下文艺创作导向、文艺发展方向、文艺作品的效益、文艺的地位和作用、文艺工作者的历史使命和责任的定位。同时也指出,要防止一些文艺作品不能坚持为人民抒写、为人民抒情、为人民抒怀,而是庸俗化、低俗化、娱乐化的倾向。

需要说明的是,在问卷设计和调查访问过程中,我们还以"除上述事件外,您还关注哪些事件"为题,对公众进行了进一步的追问,经整理、归纳公众还关注了如下一些社会事件、社会现象或社会议题。

- ◆ 西安商贸城着火
- ◆ "徐才厚案"
- ◆ 社区安全
- ◆ 中日关系
- ◆ 幼儿安全
- ◆ 高考制度改革
- ◆ 社会保障改革
- ◆ 阿里巴巴上市
- ◆ 苹果6发售
- ◆ APEC会议
- ◆ 克里米亚公投
- ◆ 俄乌之争
- ◆ 中国反腐
- ◆ 中国国防
- ◆ 小学生遭砍杀
- ◆ 食品安全
- ◆ 非洲埃博拉病毒
- ◆ 中国装备
- ◆ 小苹果现象
- ◆ 舌尖上的中国第二季

二 对社会"流行词"的认定

社会"流行词",作为一种浓缩社会记忆、记录时代发展和感知公众情绪的呈现形式,既反映了不同公众的民意和情绪,表达了人们对一些事件和日常生活的态度,也折射出社会生活和社会文化的变化。因此,梳理这些社会"流行词",让我们进一步感知公众的集体情绪,解读流行词与社会现状、社会心态和社会价值取向之间的关系,能让我们了解我国政治、经济、社会的发展状况。为了解公众对2014年社会"流行词"的关注度和思考，我们在问卷设计中选取了在社会上传播面较广、影响力较大的16个流行词，请受访者给出判断，调查结果如表3所示。

表3 公众对2014年社会"流行词"的认定

社会流行词	样本量(个)	百分比(%)	排序(位)
雾霾	296	60.3	1
高压反腐	293	59.7	2
依法治国	249	50.7	3
四中全会	200	40.7	4
失联	192	39.1	5
二胎	180	36.7	6
阿里巴巴	135	27.5	7
高铁	113	23.0	8
国学	109	22.2	9
安全	95	19.3	10
限购松绑	78	15.9	11
中国制造	76	15.5	12
灾害	64	13.0	13
反垄断	58	11.8	14
ISIS	53	10.8	15
新常态	39	7.9	16
合计	2230	454.1	

注：由于本题为多项选择设置，故百分比之和大于100%。

从表3可以看出，在所列出的16个2014年度社会"流行词"中，"雾霾"和"高压反腐"被排在前两位，受访者比例分别高达60.3%和59.7%，远高于第三位10个百分点左右，显示出公众对这两类社会现象的高度关注。"雾霾"再次被公众列为重要社会"流行词"，这一结果提醒我们，"雾霾污染"不只是局部的问题，已经有可能是延伸到全国的严重"准环境灾害"。如果再不引起高度警惕，真正下大决心、出大力去治理，其造成对人们心理和身体的伤害，将使社会发展成果遭受损失和付出代价。"雾霾"现象的扩散,也折射出一些地方政府和部门对雾霾污染的严重性还缺乏认识,并不认为治理空气污染是非常迫切的任务。"高压反腐"受到人们较高的点赞和追捧,被访者对中央这一举措予以高度认同和坚决支持。中央对腐败"加大打击力度、提高查处速度、对不正之风保持零容忍度"的"三度"实践,表明中央对惩治腐败、"党内决不允许腐败分子有藏身之地"的坚定决心。2014年,苏荣、徐才厚、周永康、杨金山等"大老虎"相继被揪出,让公众看到了中央惩治腐败的力度和广度,对转变工作作风、加速良好政治生态的形成充满信心。

"依法治国"被受访者排在第三位,提及率达五成多(50.7%)。党的十八届四中全会审议通过了《中共中央关于全面推进依法治国若干重大问题的决定》。《决定》立足社会主义法治建设实际,直面法治建设领域的突出问题,明确提出了全面推进依法治国的指导思想、总体目标、基本原则,提出了关于依法治国的一系列新观点、新举措,回应了人民的呼声和社会发展需要关切的重要议题。因此,公众将"依法治国"列为社会流行词,反映出人们对促进社会公平与正义的需求和对依法治国理念及其实践的拥护。

排在第四位的是"四中全会",提及率为40.7%。在中共党史上,历次"四中全会"的主题多聚焦于党风建设,而十八届四中全会将主题落在"依法治国",这在中共党史上尚属首次。"四中全会"明确了全面推进依法治国的重大任务、完善以宪法为核心的中国特色社会主义法律体系、深入推进依法行政、加快建设法治政府,以及加强和改进党对全面推进依法治国的领导等。因此,"依法治国"话题在全社会不断发酵,人们在对"依法治国"内涵广泛认同的同时,对建设法治社会、法治国家充满希望。

此外,创下世界航空史上最扑朔迷离失联纪录的马航"失联"(39.1%),无论对中国创业市场、投资领域、证券市场抑或电商行业都带来巨大影响的"阿里巴巴"上市(27.5%),让中国人看到了重夺陆权时代的"高铁"(23.0%)经济,传承美德、健全人格的"国学"热(22.2%),以及"不拘常例、不违常情"的"新常态"(7.9%)也榜上有名。这些社会流行词的产生,都从不同层面、不同角度呈现了当前中国的社会生态。

三 对主要国内社会事件/活动影响力的评价

2014年发生的社会事件，无论是政治领域的事件，还是经济、文化领域的事件，也无论是重大社会政治性事件，抑或自然灾害性事件，均对公众产生了不同程度的影响。对这些事件和活动进行评价，可以透视公众在"依法治国"、"实现中国梦"的背景下，对政治建设、经济建设、社会建设与文化建设等议题的感受和思考。在对2014年主要社会事件/活动的社会影响分别进行评价时，我们列出了具有代表性的九类社会事件/活动，分别以"影响很大"、"较有影响"、"影响不大"和"没有影响"四类评价加以表示。在统计分析中，将"影响很大"赋值为4分，"较有影响"赋值为3分，"影响不大"赋值为2分，"没有影响"赋值为1分，从而获得2014年主要社会事件/活动的综合影响比例，具体如表4所示。

表4 公众对2014年主要社会事件/活动影响力的评价

单位：%

社会事件/活动	影响很大	较有影响	影响不大	没有影响	综合影响	排序
召开十八届四中全会	45.4	41.1	10.0	3.5	32.8	1
打击暴恐,整顿社会治安	42.2	42.4	13.4	2.0	32.5	2
习近平关于传统文化的系列讲话	37.1	40.5	19.1	3.3	31.1	3
国家新型城镇化规划	29.3	42.4	24.4	3.9	29.7	4
取消房屋限购令	30.3	39.1	25.9	4.7	29.5	5
群众路线教育实践活动总结大会	25.1	40.7	28.3	5.9	28.5	6
国家领导人频繁出访	23.0	43.2	28.3	5.5	28.4	7
召开文艺座谈会	17.7	39.3	35.6	7.3	26.7	8
纪念邓小平诞辰110周年	15.3	42.0	34.8	7.9	26.5	9

由表4可以看出，在所列出的9项主要社会事件/活动中，社会综合影响力位居前三位的分别是：在中共党史上具有里程碑意义的"召开十八届四中全会"（32.8%）、关注社会安全的"打击暴恐，整顿社会治安"（32.5%）和在全社会具有广泛影响的"习近平关于传统文化的系列讲话"（31.1%）。

1. "召开十八届四中全会"，回应全社会的期待

调查结果显示，对"召开十八届四中全会"这一具有历史意义的政治事件社会影响力的评价，近九成的受访者认为"影响很大"（45.4%）和"较有影响"（41.1%）。被访者认为，十八届四中全会站在历史、今天、未来3个维度，从国际国内面临的重大机遇和挑战出发，阐明了全面推进依法治国战略的重大意义并做出实际部署。它吹响了全面推进依法治国的号角，向全党提出了从严治党、依规治党的明确要求，为党的建设和反腐倡廉工作指明了方向，为建设中国特色社会主义法治体系、沿着法治道路、建设法治中国、走向中华民族的伟大复兴提供了制度保障。

2. "打击暴恐，整顿社会治安"，民生议题延伸到社会安全

梳理2014年的社会事件，系列暴恐事件无疑是值得关注的。它们不仅影响了社会秩序和社会稳定，也给社会公众的精神和心理带来震撼和伤害。调查数据表明，逾八成（84.6%）的受访者认为，"打击暴恐，整顿社会治安"无论对全社会，还是对社会个体都"影响很大"（42.2%）和"较有影响"（42.4%），认为"没有影响"的受访者比例仅占2.0%。因此，人们期待进一步增强政治意识、大局意识、责任意识，严密防范和坚决打击各类暴恐活动，坚决防范暴力恐怖事件的发生。同时，人们也期待，要做好社会矛盾排查化解工作，加强和改进新形势下的群众工作，加强社会治安综合治理，对影响社会稳定的突出问题和苗头隐患，依法严厉打击。

3. "习近平关于传统文化的系列讲话"，传统文化价值得到凸显

党的十八大以来，习近平同志围绕弘扬传统文化、推动文化发展繁荣提出了一系列新思想、新观点、新论断，为建设社会主义文化强国指明了方向。"文化兴盛是中华民族伟大复兴的支撑，中华民族伟大复兴需要以中华文化发展繁荣为条件"。在全球化背景下，加强对中华优秀传统文化的挖掘和阐发，必须把体现中华文化精气神的文化创新成果推广出去。调查结果显示，近八成（77.6%）受访者认为"习近平关于传统文化的系列讲话""影响很大"（37.1%）和"较有影响"（40.5%）。许多受访者认为，习总书记的讲话提醒我们，在西方文化的冲击面前，要重新审视中华优秀传统文化

的现代意义和价值，充分发掘中华传统文化的优势，全面认识祖国的传统文化，使其与时代特征相适应，与现代文明相融合，自觉实现民族文化现代化的转换，从而凝聚实现"中国梦"的强大内生力量。

4. "国家新型城镇化规划"，全新发展理念贯彻落实

与以土地融资为核心的旧城镇化方式不同，新型城镇化坚持以人的城镇化为核心，以城市群为主体形态，以综合承载力为支撑，以体制机制创新为保障，通过制度安排，破除阻碍农业转移人口市民化的体制机制壁垒，探索建立统一、规范的市场体系，推进城市公共服务均等化，提高城市可持续发展能力，推动城乡发展一体化，缩小城乡差距、地域差距。可见，新型城镇化是现代化建设的必由之路。调查结果显示，认为"国家新型城镇化规划"对国家、社会和个人发展具有"影响很大"（29.3%）和"较有影响"（42.4%）的受访者比例超过七成（71.7%），仅有3.9%的受访者认为"没有影响"。可见，"国家新型城镇化规划"备受社会和公众的关注、认同和期待。

5. 召开"群众路线教育实践活动总结大会"，推动工作作风根本转变

10月8日召开的"党的群众路线教育实践活动总结大会"在社会上产生广泛影响。大会充分肯定了党的群众路线教育实践活动取得的重大成果，总结了教育实践活动的经验，对新形势下坚持从严治党做出全面部署。公众认为，教育实践活动再次表明了党中央的鲜明态度，体现了党适应时代发展要求、保持党的先进性和纯洁性的高度自觉。调查结果显示，超过六成（65.8%）的受访者认为"群众路线教育实践活动总结大会""影响很大"（25.1%）和"较有影响"（40.7%），表明我党正认真落实管党治党主体责任，推动一心一意谋发展、全心全意为人民的新局面。真正做到"制度面前人人平等、执行制度没有例外，不留'暗门'、不开'天窗'，使制度成为硬约束"。

6. "取消房屋限购令"，体现市场主导地位

2014年，取消房屋限购政策正在成为越来越多城市的选择。限购政策，本是为了抑制投机需求，达到降低房价上涨的目的。但是，以户籍作为识别标识的限购最终模糊了市场信息，引发了各种扭曲现象。"取消房屋限购令",其最大意义是对市场中不公平竞争因素的消除,还市场主体更多的选择空间,让每个个体以自己的选择来承担市场风险。被访者正是在还市场以主导地位的背景下重新认识这项政策,认为"影响很大"(30.3%)和"较有影响"(39.1%)的受访者比例占到了近七成(69.4%),只有4.7%的受访者认为"没有影响"。

7. "国家领导人频繁出访",展现中国力量和中国形象

2014年,国家领导人出访频率较高。公众认为,国家领导人的出访抓住了中国公共外交的最好时机,以此表达中国立场,扩大中国影响,无论是构建新型大国关系,介绍改革发展,还是向世界阐释"中国梦",讲述中国的故事,都是在直接对话和交流中,提升中国公共外交的形象,展现中国形象和中国力量。调查结果显示,逾六成(66.2%)的受访者认为国家领导人频繁出访无论在国内还是在国际上都"影响很大"(23.0%)和"较有影响"(43.2%)。认为领导人的出访,不仅是国家正常交往和参与国际会议的客观需求,更体现了新一届中央领导集体的战略思维,体现了中国独立自主和平外交的本质特征,体现了国内国际两个大局的充分结合。

四 对陕西热点事件/活动影响程度的评价

为更好地反映2014年陕西主要社会事件/活动的社会影响,我们列出了2014年对陕西社会经济发展和对外形象有代表性的9项社会事件/活动,请公众进行评价。具体调查结果如表5所示。对于2014年陕西发生的主要社会事件/活动造成的社会影响评价,若将"影响很大"、"较有影响"、"影响不大"和"没有影响"四类评价分别赋值4分、3分、2分和1分,则可获得公众对2014年陕西发生的主要社会事件/活动的社会综合影响评价。其结果依次为:"推进丝绸之路经济带新起点建设"、"'大西高铁'开通"、"多名领导干部受审查、处分"、"丝绸之路获准列入世界遗产名录"、"西安全面放开房屋限购"、"省委进驻各地区和单位巡视"、"陕西实施二胎生育新政策"、"首届丝绸之路电影节"和"世界佛教徒联谊会(宝鸡)"。

表5 公众对陕西热点事件/活动影响程度的评价

单位：%

社会事件/活动	影响很大	较有影响	影响不大	没有影响	综合影响	排序
推进丝绸之路经济带新起点建设	41.5	43.6	13.4	1.4	32.5	1
"大西高铁"开通	37.1	44.4	15.5	3.1	31.5	2
多名领导干部受审查、处分	35.0	38.9	20.0	6.1	30.3	3
丝绸之路获准列入世界遗产名录	33.6	36.7	25.3	4.5	29.9	4
西安全面放开房屋限购	26.1	42.0	27.9	4.1	29.0	5
省委进驻各地区和单位巡视	20.8	46.4	26.3	6.5	28.1	6
陕西实施二胎生育新政策	20.8	41.8	31.6	5.9	27.7	7
首届丝绸之路电影节	17.7	39.1	34.8	8.4	26.6	8
世界佛教徒联谊会（宝鸡）	18.1	38.7	32.2	11.0	26.4	9

调查结果显示，"推进丝绸之路经济带新起点建设"被受访者排在首位，社会综合影响力比例为32.5%，近九成的被访者认为，该事件对陕西经济社会发展"影响很大"（41.5%）和"较有影响"（43.6%）。陕西作为丝绸之路经济带的桥头堡，可以充分利用地缘优势和科技资源优势，大力开展文化交流、教育合作和对外经贸，以此推动陕西发展，释放改革红利，激发社会活力。"大西高铁"正式开通运营，作为陕西2014年另一个社会经济影响重大的重要事件，被公众排在第二位，社会综合影响力比例为31.5%，逾八成（81.5%）的受访者认为，该事件对陕西乃至西部区域经济社会发展"影响很大"（37.1%）和"较有影响"（44.4%）。"大西高铁"的开通，将为加快西部大开发、提升陕西省区域经济协调能力、改善民生状况、促进可持续发展提供强大支撑。

此外，公众认为2014年对陕西社会经济发展具有较大影响的社会事件/活动分别有："多名领导干部受审查、处分"（30.3%）、"丝绸之路获准列入世界遗产名录"（29.9%）、"西安全面放开房屋限购"（29.0%）和"世界佛教徒联谊会（宝鸡）"（26.4%）。其中，逾七成（70.3%）的受访者认为，"丝绸之路获准列入世界遗产名录"建设对陕西发展"影响很大"（33.6%）和"较有影响"（36.7%）。许多受访者认为，"丝绸之路"成功列入世界遗产名录,对陕西的发展具有重要意义。它为陕西经济发展带来新的发展机遇和空间,大大提振陕西融入该区域经济合作的同时,也彰显了陕西在人类文明史上的重要地位,有利于促进遗产地城市品质和文化产业发展。第27届世界佛教徒联谊会大会10月16日在陕西宝鸡开幕,来自30多个国家和地区的4000余人云集法门寺。逾六成(56.8%)的受访者认为,这次大会对陕西文化"走出去"战略"影响很大"(18.1%)和"较有影响"(38.7%)。受访者认为,以"佛教与公益慈善"为主题的大会,体现了佛教的慈悲精神与现实关怀,凝聚了各国佛教徒对增进人类福祉的共同关注,具有十分重要的意义。从弘扬传统文化的视角解读,认为,中国传统文化因佛教的本土的而更显深沉厚重、多元丰富,佛教同儒家、道家文化一起丰富了中国传统文化,为人类文明宝库增添了瑰宝。这一盛会也显示出中国文化、陕西文化"走出去"战略正在大步实施。

五 对2014年社会发展的解读及对未来的期待

为实现"十八届四中全会"提出的全面推进依法治国总目标,陕西省也将全面推进依法治国的重大举措,着力抓好民生,实现"陕西梦"。回顾2014年,展望2015年,陕西公众对2014年社会发展有怎样的认识,对未来发展又有怎样的期待?在问卷的最后,我们设计了开放题,结果归纳如下。

1. 对社会发展予以积极评价,社会心态向上

- ◆ 总体态度积极向上
- ◆ 领导人实干兴邦
- ◆ 增强了软实力
- ◆ 中国影响力在不断增强
- ◆ 中国整体形象正在提高
- ◆ 中国发展起来了
- ◆ 中国强大了
- ◆ 习大大给力
- ◆ 社会正向稳定,去功利化发展
- ◆ 工作作风改进了,推进了
- ◆ 政府是人们的主心骨
- ◆ 社会风气好转
- ◆ 改革、反腐都在深入
- ◆ 依法治国

- ◆建设法治中国
- ◆国事大好，国家更加富强
- ◆反腐作风强硬，果断
- ◆反暴恐及时

2. 正视问题与挑战，期待更多的改变

- ◆治安状况较差
- ◆对各种声音要有更多的包容
- ◆社会矛盾突出
- ◆传统文化发扬继承欠缺
- ◆食品安全问题突出
- ◆对自然灾害的预防不利
- ◆环境差，雾霾很大
- ◆社会风气差
- ◆工作作风有待提高
- ◆社会秩序有不稳定的倾向
- ◆社会信任感降低
- ◆差别化关心民生
- ◆正面宣传薄弱
- ◆社会还不够和谐
- ◆社会担当力下降
- ◆不安全

3. 积极进言献策，乐观看待发展

- ◆打击恐暴势力，维护社会治安
- ◆能让百姓生活更美好
- ◆落实社会正义、公平
- ◆期待国家长治久安，国富民强
- ◆强化爱国主义教育
- ◆加强法律监督
- ◆引导传统文化的发展
- ◆希望政府加大社会治理
- ◆提高人的素质
- ◆更加关注民生
- ◆加强监管力度
- ◆加强环保、反腐力度
- ◆净化社会环境
- ◆推进民族关系与社会融合

2014年是不平凡的一年，是全面深化改革的一年。随着依法治国基本方略的确立和全面实施，围绕实践"中国梦"、全面建成小康社会还会有更多、更重的任务和责任需要去实践和担当，有更多、更难的挑战和障碍需要去应对和克服。我们期待坚持走社会主义道路，在社会成员的共同努力下，凝聚社会力量，释放社会活力，在创新社会治理体系、改善民生等领域取得更大更多的成绩。

B.9 陕西公众传统文化认知状况调查报告

陕西省社会科学院课题组*

> **摘　要：** 本报告展现了陕西公众对传统文化的理解、接触传统文化的渠道、对传统文化主要类型的喜爱度，以及对传统文化社会影响力的评价等。调查结果显示，"传统文化"实际上是由被访者根据自己的理解建构的。在认知途径方面，近六成的被访者表示是通过传统媒体"书籍"了解和学习传统文化，"家庭"仍然是传统文化教育传播的主要场所。公众对传统文化的认知与生活相关度较高，"民风民俗"和"古典文学"的关注度被排在前两位。调查还显示，大部分公众对传统文化认知现状的评价并不容乐观，对传统文化在现代社会中的影响力整体评价偏弱。因此，全面提升传统文化的社会影响力是亟待关注的重要议题。
>
> **关键词：** 传统文化　认知状况　影响力

在全球化背景下，不同地区和国家的人们都在努力寻找本土文化资源，在适应现代化趋势的过程中，利用传统文化的社会内在力量传递文化认同，凝聚社会力量，实现社会发展。面对改革领域不断深化、利益结构不断分化、社会价值多元化，优秀传统文化在社会治理中需要扮演更为重要的角色。基

---

* 课题组成员：吴南，陕西省社会科学院社会学研究所副研究员；谢雨锋，陕西省社会科学院社会学研究所副研究员；江波，陕西省社会科学院社会学研究所研究员；杨红娟，陕西省社会科学院社会学研究所副研究员。

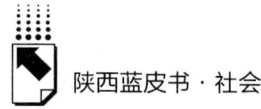

于此，我们以公众对传统文化的认知为主题对陕西公众开展了专项调研。其目的在于发现、描述和阐释作为文化大省的陕西公众对传统文化的理解、认识，及其在当下作用的认定。透过这样一份报告，期望揭示传统文化得以弘扬的社会基础和深化改革、构建社会主义核心价值观的文化动力，从而达到凝聚社会动力，激发社会活力，构建和谐社会，实现"中国梦"的目的。

一 公众理解的"传统文化"

在构建社会主义核心价值观过程中，传统文化具有重要的位置和作用。那么，作为建构社会主义核心价值的重要实践力量是如何理解"传统文化"的？"传统文化"在公众心目中最先感知到的又是什么？为解开这一疑问，我们首先选择了开放性问题，以"提到传统文化您会想到什么"为题请受访者回答，调查结果经分类、归纳结果如下。

外在表现

◆历史遗存：兵马俑、长城、大雁塔、古建筑、园林、钟楼、城墙、故宫、青铜器、民居

◆日常生活：习俗、节日、服饰、饮食、礼仪、神话、故事、传说、民间艺术、中医、方言、文字、武术、太极、家、图腾、庙会、民谣、家族、家风、家庭

◆文化艺术：琴棋书画、对联、唐诗宋词、四大名著、史记、孙子兵法、围棋、象棋、明清小说、戏曲、戏剧、古典乐器、茶道、手工艺、曲艺、刺绣、剪纸、捏面人、皮影、陕北说书、社火、赛龙舟、瓷器

内在精神

◆思想类型：老子、孔子、韩非子、墨子、庄子、儒、释、道、诸子百家

◆价值观：传统道德、诚实守信、孝文化、仁义礼智信、中庸、爱国

历史脉络

◆历史朝代：汉唐历史、十三朝古都、帝王将相、历史博物馆、历史知识

负面联想

◆ 负面：封建社会、腐朽、男尊女卑、落后、封闭

上述结果表明，"传统文化"实际上是由被访者根据自己的理解而建构的，其表达必然影响到传统文化的价值结构。尽管我们在访问结果中并未见到学理的概念、哲学的话语，更多的是对传统文化的生活层面和社会价值进行表述，但是，仍能体会到公众对传统文化的理解层次。首先，是传统文化的表象和载体，它满足人们的生活需求，使人们的生活丰富多彩；其次，是历久弥新的内在思想，协调人与自然、人与人之间关系的哲学；最后，传统文化绝不是单一的，而是丰富多彩的，其精神价值在于鼓舞人、激励人、感化人、升华人。当然，在对传统文化的联想中，也存在一些负面评价。无论是继承传统文化还是改造传统文化，都要以传统文化的价值特性为主要依据，都要首先尊重传统文化。

在此之后，我们还以"为什么这样认为"提问，继续寻求产生以上观点的原因，结果如下。

创造性

◆ 中国独有　　　◆ 文化符号　　　　　　　◆ 五千年传承

◆ 文明象征　　　◆ 仁德、义理、规范的组合　◆ 代表中国

◆ 印象深刻　　　◆ 彰显文明智慧　　　　　◆ 人类精华

◆ 崇高信仰　　　◆ 内容丰富　　　　　　　◆ 历史底蕴

习得途径

◆ 平时学习　　　◆ 长期教育　　　　　　　◆ 书籍

◆ 电视宣传　　　◆ 政策导向　　　　　　　◆ 戏班子

◆ 网络　　　　　◆ 传统民俗　　　　　　　◆ 宣传画

◆ 交流　　　　　◆ 耳濡目染　　　　　　　◆ 日常接触

本土性、大众化、生活化

◆ 根在中国　　　◆ 耳熟能详　　　　　　　◆ 代表性

- ◆自然反应
- ◆贴近老百姓
- ◆农村手艺人中体现
- ◆生活的积累
- ◆经历了解
- ◆熟悉认识
- ◆贴近生活
- ◆在民间有市场
- ◆喜欢

制度性、情感性、民族性

- ◆民族的
- ◆传承意义
- ◆影响现代人
- ◆融入生活
- ◆陶冶情操
- ◆民族精髓
- ◆传承礼仪
- ◆流传千年
- ◆学校教育
- ◆传统节日
- ◆民族情感
- ◆思想传承
- ◆发展见证
- ◆传统假期
- ◆国家宣传
- ◆民族风味

问题与挑战

- ◆不能与时俱进
- ◆认知度不够
- ◆不重视
- ◆比较老的国学
- ◆缺少接触渠道
- ◆严重缺失
- ◆教育缺失
- ◆西方文化影响

对策与建议

- ◆凝聚精神，能国富民强
- ◆重视保护
- ◆中国文化传承五千年不能丢
- ◆从孩子开始加强传统教育
- ◆加强正面引导
- ◆影视作品宣传
- ◆学校要重视
- ◆利用多种媒体
- ◆提倡全民学习传统文化
- ◆应该发扬光大传统美德
- ◆提高民族素质
- ◆新闻媒体多报道
- ◆利用网络、电视、宣传画等传播
- ◆国家政策引导
- ◆要走出去

从以上原因的呈现我们可以看到，传统文化作为文化基因，对公众的日常生活和精神世界影响深刻。优秀传统文化是中国特色社会主义价值体系中的重要组成部分，传承、推动优秀传统文化对社会的进步与发展具有重大意义。

二 公众接触"传统文化"的渠道

公众对传统文化的认知实际上经历了由灌输到自选的传统文化社会化过程。尽管人们对传统文化社会化这一概念感到新鲜,但是,它无疑是已经经历和正在进行中的一个过程。传统文化社会化是指社会公众获取传统文化的过程,是传统文化学习、感悟、认同和实践的过程。那么,在传统文化社会化的过程中,作为普通公众接触传统文化的渠道呈现怎样的格局?在本项调研中我们就人们接受传统文化的渠道和场所进行了访问,结果如下。

(一)传统文化社会化的渠道

信息化社会,各类媒体在经济和社会发展中的主导作用日趋增强。影响传统文化社会化的重要因素莫过于迅速发展、广泛普及的大众传媒。那么,在传播媒介多元的时代,哪种类型的媒体对人们获得传统文化知识的影响最大?调查结果显示,在传统文化社会化过程中,传统媒体仍居于突出地位,有六成多(65.8%)的被访者表示,他们是通过相关"书籍"了解和学习传统文化知识,足见"书籍"对传统文化社会化仍起着至关重要的作用。位居第二的是"电视、电台、广播"等传统媒体,其比例也超过五成(53.6%)。这一结果显然同近年广播电视部门投入大量人力物力,组织专家学者讲解传统文化,并在黄金时段定时播放有关。可见,各类主流媒体依然主要承担着传播优秀传统文化的重要责任。被受访者排在第三位的传播媒介是"报纸杂志",提及率为24.4%。尽管在电子传媒日渐发达的背景下,纸质传媒的生存空间遭受挤压,但在传统文化社会化进程中,以"报纸杂志"为代表的纸质传媒依旧是一支生力军。调查进一步发现,在其他领域影响强大的新媒体在传统文化传播中居于相对劣势的地位,回答通过"网络"接触传统文化的受访者比例不足二成(17.3%)。同样,在传统文化社会化进程中,作为中华文化"走出去"的重要载体和提升中华文化国际影响力重要手段的"影视作品",其影响也较低(8.4%)。这就暴露出网络媒体和影视创作在弘扬传统文化、再现中国文化中还存在严重的不足。需要特别指出的是，在传统文化社会化过程中，作为行政动员力量"报告会"的作用微乎其微（1.0%），这不能不说是一种遗憾。在新媒体环境下，如何利用好现代传媒和传统行政力量加大对传统文化的宣传迫在眉睫。具体如表1所示。

表1 公众平常接触传统文化的媒介统计

接触媒介	样本数（个）	百分比（%）	排序（位）
书籍	323	65.8	1
电视、电台、广播	263	53.6	2
报纸杂志	120	24.4	3
网络	85	17.3	4
同伴	74	15.1	5
影视作品	41	8.4	6
报告会	5	1.0	7
合计	911	185.6	

注：由于本题为多项选择设置，故百分比之和大于100%。

（二）传统文化社会化的场所

在传统文化传播中，各类主流媒体承担了传播优秀传统文化的重要责任，它们采取多种方式，加大对优秀传统文化的宣传力度，使更多的人了解和喜爱优秀传统文化。那么，在人际互动的现实社会中，不同传统文化社会化场所又发挥着怎样的作用？调查结果如表2所示。

表2 公众平常接触传统文化的场所统计

接触场所	样本数（个）	百分比（%）	排序（位）
家庭	250	51.8	1
学校	190	39.3	2
单位/组织	144	29.8	3
社区	143	29.6	4
宗教文化场所	70	14.5	5
其他	14	2.9	6
合计	811	167.9	

注：由于本题为多项选择设置，故百分比之和大于100%。

从表2可以看出，当问及"您平常接触传统文化的场所"这一问题时，"家庭"被受访者排在首位，提及率达51.8%，高出第二选项近13个百分点。可见，"家庭"仍然是传统文化教育传播的主要场所。这也启示我们，在传播传统文化的过程中，需要重视家庭对传统文化社会化的独特地位和功能。被受访者排在第二位的是"学校"，近四成（39.3%）受访者认为，"学校"在传统文化传播中也扮演着重要的角色。他们认为，应进一步发挥国民教育在文化传承与创新中的基础性作用，在大中小学及学前教育中开设传统文化课程，把中华民族优秀的传统文化嵌入大中小学的课程教学中，真正做到进教材、进课堂、进头脑。接下来，"单位/组织"（29.8%）和"社区"（29.6%）占到近三成。近些年，为营造弘扬传统文化的社会氛围，各级政府和有关部门都在大力推动传统文化进企业、机关、社区，有组织地传播传统文化，增强了传统文化宣传的实效性、教育性和针对性，深受公众好评。此外，在部分被访者看来，作为与社会发展相适应的"宗教文化场所"（14.5%）对传播传统文化的作用也不容忽视。

三 公众对传统文化主要类型的喜爱程度

"中华优秀传统文化是中华民族最深厚的文化软实力。一个国家的文化软实力，主要表现为其话语体系、价值理念、思维方式、人文科学、生活方式、社会制度等方面，是否为本国人民所认同、所遵循、所自豪。"在全球化语境下，要让国家综合竞争力得到提升，必须在丰厚传统文化资源的基础上，增强公众对传统文化的喜爱与认同，增强文化软实力。基于此，了解公众对传统文化类型的喜爱与偏好成为本项研究的重要内容，调查结果如表3所示。

调查结果显示，当问及"您平时关注或喜爱哪些传统文化类型"时，"民风民俗"和"古典文学"被受访者排在前两位，提及率分别高达48.9%和47.9%。这表明，作为各民族长期实践中创造、享用、传承的生活

表3 公众平时关注或喜爱的传统文化类型

传统文化类型	样本数(个)	百分比(%)	排序(位)
民风民俗	240	48.9	1
古典文学	235	47.9	2
传统美食	200	40.7	3
民间工艺	182	37.1	4
传统中医	169	34.4	5
传统礼仪	145	29.5	6
琴棋书画	121	24.6	7
中国武术	116	23.6	8
传统戏曲	102	20.8	9
中国建筑	96	19.6	10
传说神话	90	18.3	11
其他	4	0.8	12
合计	1700	346.2	

注：由于本题为多项选择设置，故百分比之和大于100%。

文化，更容易让人感知其形式和内容。"古典文学"，尤其以四大名著为代表，借助现代传媒以生动的形式向人们呈现了传统文化的多样性、丰富性和可及性。"传统美食"体现了食物带给国人的生活仪式、伦理、趣味等方面的文化特质，是各种文化要素的集合，更是一种文化体验。因此，40.7%的受访者表示平时关注或喜爱"传统美食"，喜欢传统美食带来的享受。接下来，受访者表示关注或喜爱的传统文化类型依次为："民间工艺"（37.1%）、"传统中医"（34.4%）、"传统礼仪"（29.5%）和"琴棋书画"（24.6%）。对这些传统文化类型，尽管公众的提及率相比前三项略低，但它们都与公众的日常生活密切相关，根据不同的需求为公众日常生活所消费。值得注意的是，"中国武术"（23.6%）、"传统戏曲"（20.8%）、"中国建筑"（19.6%）和"传说神话"（18.3%）等四类传统文化类型被受访者排在后四位。如何在全球化、市场化和商品化的大趋势下，保持和强化传统文化的特性和魅力成为这个时代不得不面对的议题。

四 公众对传统文化思想的认知

随着社会的发展，人们"弘扬传统文化"的意识变得越来越强烈。同时，全球化发展进程加快，外来文化纷纷涌入，传统文化也在遭遇不同的考验。作为具有悠久历史和丰富文化传统的大国，优秀的传统文化最能反映民族的精神，而对传统文化的继承和弘扬则体现出民族的自信和强大。因此，认知传统文化是振兴民族文化的基础和必要条件。为了解公众对传统文化思想的认知状况，我们从主要领域和主要思想的知晓度展开调查，调查结果如表4和表5所示。

表4 公众对传统文化主要体系的知晓度（均值）

传统文化体系	样本数(个)	最小值	最大值	均值	标准差
儒家文化	491	1	5	3.20	0.883
佛教文化	491	1	5	2.93	0.904
道家文化	491	1	5	2.71	0.979
民间文化	490	1	5	3.14	0.837

表5 公众对传统文化主要体系的知晓度

单位：%

传统文化体系	非常了解	比较了解	一般	不太了解	不了解
儒家文化	5.7	29.5	47.7	13.0	4.1
佛教文化	3.5	20.8	47.3	22.2	6.3
道家文化	3.1	16.1	41.5	27.1	12.2
民间文化	4.3	27.3	50.0	15.3	3.1

（一）对传统文化主要体系的知晓度

调查结果显示，被访者对"儒家文化"了解程度最高，持"非常了解"（5.7%）和"比较了解"（29.5%）的合计比例占到35.2%，持"一般"评价的也达到近五成（47.7%）。如果将这些数据相加，不难发现，在被访者中有八成多的公众对儒家文化有或多或少的了解。可见，以"仁"为核心的儒家思想体系，其维护行为规范的"礼"，提倡内省的"德"和重视道德化的"人"在公众中认知度较高，影响也较大。

"民间文化"主要包括"传统工艺"、"文学艺术"和"民风民俗"等。在访问中，"民间文化"的公众认知度被列在第二位。"非常了解"（4.3%）和"比较了解"（27.3%）"民间文化"的公众占到三成多（31.6%），持"一般"认知的也达到了50.0%，整体了解程度达到八成。民间文化不仅承载了传统文化的基本内容，而且以其大众性、通俗性得到广泛传播。在弘扬传统文化的过程中，民间文化的作用需进一步强化。

"佛教文化"与"道家文化"的均值较为接近，处于"中间"偏向"了解"的位置。经历了本土化的佛教文化，以其"众生平等"的人间性、重视日常关系的生活性、乐善好施的利他性、离苦得乐的喜乐性和慈悲为怀的普济性得到了被访者的认同。结果显示，持"了解"评价的被访者占到24.3%，"一般"的占到47.3%。作为传统的本土宗教，被访者对"道家文化"持"了解"评价的占到了19.2%，"一般"的占到41.5%，"不太了解"（27.1%）和"不了解"（12.2%）的接近四成。说明对本土宗教文化的宣传还需要做更多的工作。

（二）对传统文化核心思想的知晓度

中华民族五千多年的悠久历程，融合了众多民族的文化、思想和智慧，汇集成博大精深、底蕴深厚的中华文化传统。在实现"中国梦"、建设美丽中国的背景下，需要在继承中国传统文化的基础上，立足现实生活提高公众的社会主义道德精神，重新确立新型的具有现代思想特征的理想人格。因此，我们在问卷设计中就公众对传统文化核心思想/内容的了解程度也进行了测量，调查结果如表6所示。

调查结果显示，"伦理道德"被受访者排在首位，综合了解度比例最高，达30.4%，逾八成（81.3%）的受访者表示"很了解"（25.2%）和"比较了解"（56.1%）。相反，对传统文化中的"伦理道德"，持"不太了解"和

表6 公众对传统文化核心思想/内容的了解程度

单位：%，位

传统文化核心思想	很了解	比较了解	不太了解	不了解	综合了解度	排序
伦理道德	25.2	56.1	16.0	2.7	30.4	1
礼义廉耻、孝悌忠信、仁爱和平	24.0	56.8	17.2	2.0	30.3	2
自强不息、坚忍顽强	22.7	57.9	17.0	2.5	30.1	3
仁、义、礼、智、信	24.8	52.3	20.7	2.3	30.0	4
厚德载物、兼容并蓄	12.3	54.1	29.1	4.5	27.4	5
中庸和谐	13.9	47.5	33.0	5.5	27.0	6
天人合一、道法自然	9.7	43.1	38.8	8.4	25.4	7

"不了解"的受访者比例分别只占16.0%和2.7%。可见，传统伦理道德文化作为构成一个民族特有的文化心理结构的重要因素，在新的历史条件下仍得到传承和延续并发挥着作用和影响。紧随其后的是"礼义廉耻，孝悌忠信，仁爱和平"，其综合了解度为30.3%，表示"很了解"（24.0%）和"比较了解"（56.8%）的受访者比例高达80.8%，而表示"不了解"的受访者比例仅占2.0%。中华传统文化的主要内容——孝悌忠信，礼义廉耻仁爱和平，广为人知，认同度较高。在世界多元文化环境中，把握传统文化根脉，坚守和弘扬优秀传统是中华民族自立于世界民族之林的关键。"自强不息、坚忍顽强"被排在第三位，对其持"了解"态度的公众比例占到80.6%，表示"不太了解"的占17.0%，"不了解"的占2.5%。中国传统文化主张自强不息、刚健有为，它既包含积极入世、主动进取的精神，也包含担当道义、不屈不挠的社会责任，以及正直独立和主动创造的精神等。调查结果再次验证了传统文化的强大生命力，也显示出公众对传统文化的高度认同。"仁、义、礼、智、信"被列在第四位，对其持"了解"态度的占到77.1%，"不太了解"的占20.7%，"不了解"的占2.3%。"仁、义、礼、智、信"相互依存、相互支撑，共同构成了民族传统道德大厦的根基和核心价值理念，它体现了作为社会成员的基本义务和品行。因此，公众对此给予了较高的认知。

此后依次为"厚德载物、兼容并蓄"、"中庸和谐"和"天人合一，道法自然"。传统文化是一个完整而庞大的体系，从哲学思想、思维方式到心理倾向、行为方式等。从传统文化对社会产生的广泛性、深远性影响来看，这些都带动了社会道德体系的发展与成熟，在公众心目中具有重要位置。

五 对传统文化认知与影响力的评价

随着全球化的发展、社会转型的加剧和不同社会思潮的影响，人们的思想观念正在发生较大的变化。于是，有人担忧传统文化正在面临新的危机。于是，保护传统文化，唤醒沉睡于人们心中的传统文化被提上重要日程。为了解公众对传统文化在当下社会中的地位和作用，我们对传统文化公众认知度和社会影响力评价展开调查，结果如下。

（一）对传统文化公众认知度的评价

结果显示，当问及"整体上，您认为当前社会大众对传统文化的认知度"这一问题时，有近六成（56.4%）的受访者认为"比较低"（50.1%）和"很低"（6.3%），认为认知度"较高"的只占4.8%，认为"很高"的仅为0.6%，另有38.1%的受访者持"一般"模糊态度。用5级量表赋值方法测量并求取平均值得到的结果，公众对传统文化认知度的总体得分为2.43分（标准差：0.713），处于"一般"和"比较低"偏向"一般"之列。这一结果表明，大部分公众对传统文化认知现状的评价并不容乐观，被访者认为相当一部分公众对传统文化的认识较为缺乏。这一结果提醒我们，加大传统文化教育宣传刻不容缓，具体如图1所示。

在调查中，我们打破了封闭式指标测量框架，以开放式问题请受访者对认知度评价的原因进行了说明。在此需要强调的是，大部分回答都是围绕问题而议论的。为引起人们对这一问题的警惕和关注，我们选择了负面评价的解释，经合并得到如下结果。

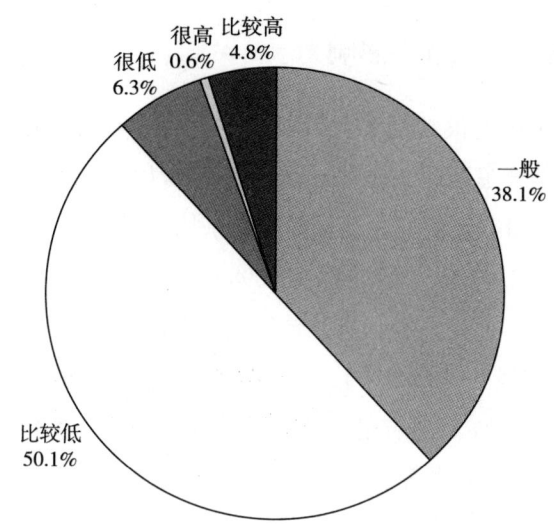

图 1 当前社会大众对传统文化的整体认知度

公众对传统文化认知度较低的解释

个体层面

- ◆ 追求名利
- ◆ 精神压力大
- ◆ 无兴趣
- ◆ 不重视
- ◆ 认识不够
- ◆ 需求不高
- ◆ 功利性
- ◆ 人心浮躁
- ◆ 忽视个人修养

群体层面

- ◆ 家庭忽视传承
- ◆ 重技术轻文化
- ◆ 年轻人抵触
- ◆ 整体素质偏低
- ◆ 脱离生活
- ◆ 网络化

社会层面

- ◆ 负面报道过多
- ◆ 宣传力度小
- ◆ 缺少学习机会
- ◆ 缺乏强有力引导
- ◆ 网络负面作用
- ◆ 学校教育放松
- ◆ 价值观不明确
- ◆ 舆论薄弱

国际层面

- ◆ 中西文化交流
- ◆ 西方强势文化入侵
- ◆ 追求西方生活方式
- ◆ 偏爱西方文化
- ◆ 西方文化流行
- ◆ 文化自信心不足

（二）传统文化的社会影响力

文化是一个民族的根和凝聚力所在。文化的兴盛需要几代人的共同努力才能做到。调查结果显示，当请受访者对传统文化在现代社会中的影响力进行打分时，用5级量表赋值方法测量并求取平均值得到的结果显示，公众给予的总体平均分值为3.00分（标准差：0.898），处于"一般"水平。其中，只有两成多（21.2%）的受访者认为，传统文化在现代社会中的影响力"很强"（5.3%）和"比较强"（15.9%），认为影响力"比较弱"的占16.3%，持"很弱"态度的占5.1%，另有近六成（57.4%）的受访者持"一般"模糊态度，具体见图2。这一结果表明，公众对传统文化在现代社会中的影响力整体评价偏弱，提升传统文化的社会影响力是亟待解决的问题。

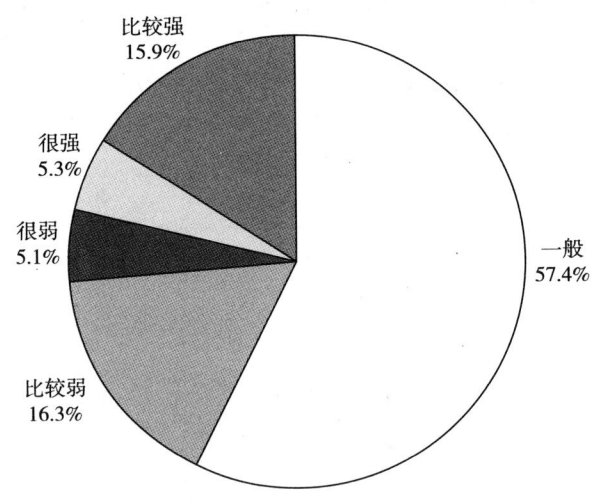

图2　公众对传统文化在现代社会中影响力的整体评价

然而，为何会对传统文化的社会影响产生以上评价，我们以开放的形式对受访者进行了访问，调查结果经合并如下。

积极评价的原因：适应性与实践性

◆核心价值　　　◆渗入生活　　　◆随处可见

- ◆ 内化
- ◆ 公众素质不高
- ◆ 儒家思想熏陶
- ◆ 社会之本
- ◆ 规范行为
- ◆ 精髓
- ◆ 增强凝聚力
- ◆ 文化根基
- ◆ 需静心领悟
- ◆ 影响深刻
- ◆ 民族团结
- ◆ 传统文化和现代文化一脉相承

消极评价的原因：困境与挑战

- ◆ 文化入侵
- ◆ 西方实用主义
- ◆ 工业化
- ◆ 影响力在下降
- ◆ 不适应现代化
- ◆ 洋节冲突
- ◆ 多元思想
- ◆ 教育缺失
- ◆ 影响力差别
- ◆ 文化氛围不强
- ◆ 西方文化影响
- ◆ 多元文化冲击
- ◆ 落伍
- ◆ 没有认同感
- ◆ 宣传不够

六 对传统文化几种观点的评价

中国优秀的传统文化在社会建设、社会治理和社会发展中起到重要作用。传统文化是构建社会主义核心价值体系、推进改革发展、构建和谐秩序、发展社会主义新文化的重要资源。传统文化对振奋民族精神、增强民族自信、凝聚民族力量都将起到巨大作用，对优秀传统文化的持守关系到国家的长治久安。针对社会中对传统文化地位与作用的不同观点，我们选择了几个有代表性的看法供被访者评价，调研结果如下。

（一）"优秀传统文化是一个国家、民族的灵魂"

调查结果显示，在被访者中，对此观点持"同意"态度的占八成以上（82.1%），持"中立"态度的占15.5%，"不同意"的仅占2.4%（见图3）。的确，一个国家的实力不仅表现在经济上，而且表现在文化软实力上。传统文化经历了历史的考验并传承下来，体现的是国家和民族的灵魂，也正因此，传统文化在现代化的今天仍具有极大的吸引力、感召力和引导力。

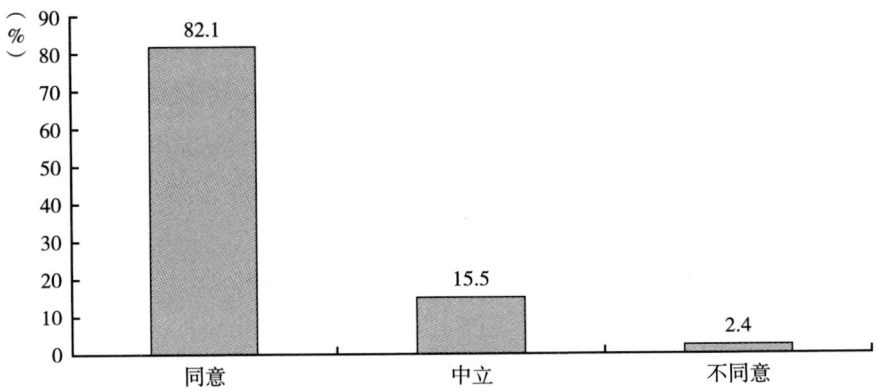

图3 公众对"优秀传统文化是一个国家、民族的灵魂"的看法

(二)"优秀传统文化是构建社会主义核心价值的财富"

调查结果显示,在被访者中,持"同意"观点的比例达到62.1%。培育和弘扬社会主义核心价值观必须立足中华优秀传统文化。只有继承传统文化中的精华,积极引导人们讲道德、遵道德、守道德,才能不断夯实中国特色社会主义的思想道德基础,才能使践行社会主义核心价值观落在实处。当然,也要看到还有三成多(31.8%)的被访者持"中立"态度,这也反映出一部分公众对优秀传统文化在构建社会主义核心价值中的作用还存在一些模糊认识(见图4)。

(三)"传统文化是改革的包袱"

针对在社会上流行的传统文化是财富还是包袱这一提问,我们设计了一个题目。结果显示,对这一观点持"同意"的比例不到一成(9.6%),"中立"的占27.3%,持"不同意"态度的达到六成以上(63.1%)(见图5)。可见,大多数被访者并不认为传统文化是改革的包袱,相反,认为它是深化改革的精神动力。当然,对这一问题也要保持敏感,传统文化有精华、积极向上的内容,也有糟粕、落后腐朽的东西。在深化改革中对待传统文化的态度是"取其精华,去其糟粕",批判继承,古为今用,使优秀传统文化成为弘扬和培养民族精神的重要养料。

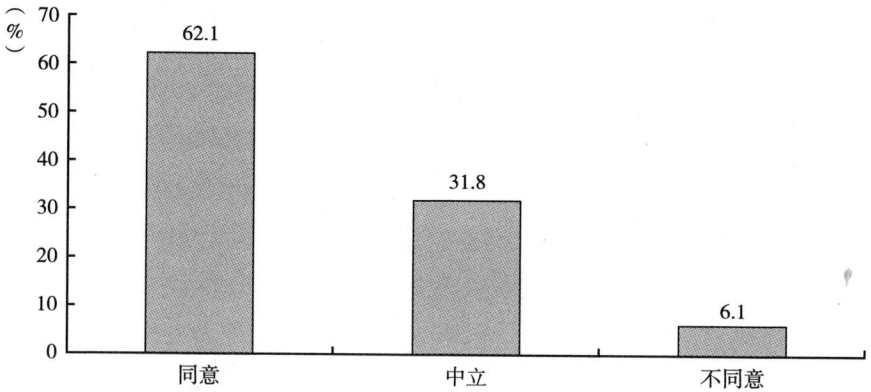

图4　公众对"优秀传统文化是构建社会主义核心价值的财富"的看法

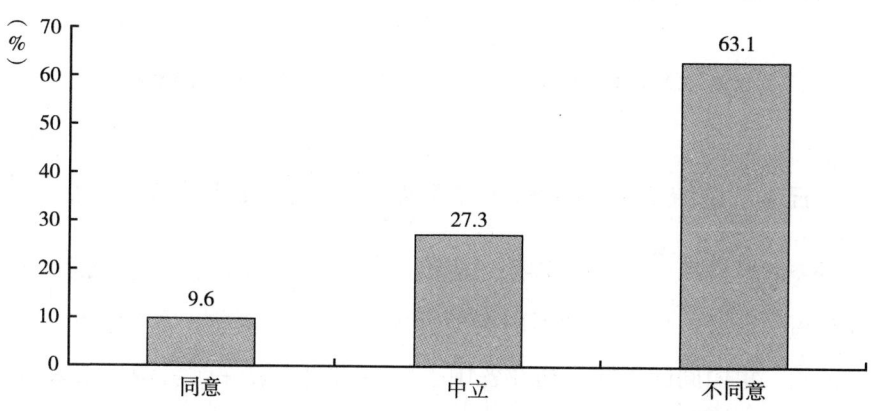

图5　公众对"传统文化是改革的包袱"的看法

(四)"全球化给传统文化带来了严峻挑战"

伴随经济全球化过程,西方文化迅速扩张,消费文化日益盛行,不同文化在交流中既呈现趋同或融合的态势,也存在竞争,甚至激烈冲突。调查结果显示,对此观点持"同意"的比例占到45.6%。可见,相当一部分被访者已经意识到,文化全球化带给世界的影响是深刻而复杂的,在外来文化的侵袭下,对传统文化认同可能会迎接某种挑战,国家文化安全也可能会受到威胁。当然，也有一部分被访者对此并没有明确的意识，持"中立"立场的比例达40.9%，持"不同意'态度的也有13.4%（见图6）。对此，也应当引起高度重视。

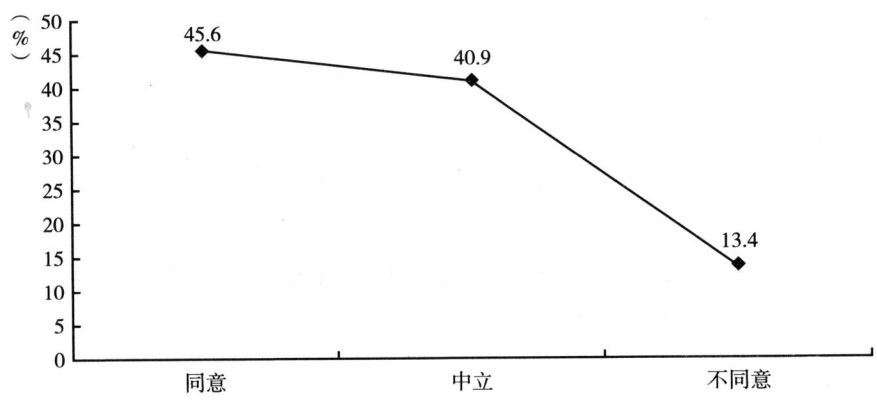

图6 公众对"全球化给传统文化带来了严峻挑战"的看法

（五）"传统文化对化解人类面临的矛盾冲突能够提供帮助"

当今世界格局中，不同文明、国家、民族之间，以及人与自然之间的关系既有和平发展，也存在激烈的利益冲突和恶性的竞争，如何化解不同国家、民族、集团间的矛盾是摆在各国、民族间的重要课题。调查结果显示，对此观点持"同意"态度的比例达到51.5%，"中立"的占42.2%，"不同意"的占6.3%（见图7）。这一结果反映出，有过半数的受访者认识到，传统文化对化解人类面临的矛盾、冲突能够提供帮助，传统文化注重道德涵养，对物质享受适可而止，这对协调国家、民族关系，与自然和谐相处，对建设和谐、平安的世界具有重要意义。

培育和弘扬社会主义核心价值观必须立足中华优秀传统文化。传统文化为中华民族生生不息、发展壮大提供了丰厚的滋养。因此，要认识中华优秀传统文化的历史渊源、发展脉络和基本走向，理解中华文化的独特创造、价值理念和鲜明特色，从而增强文化自信和价值观自信。我们还要看到，中国

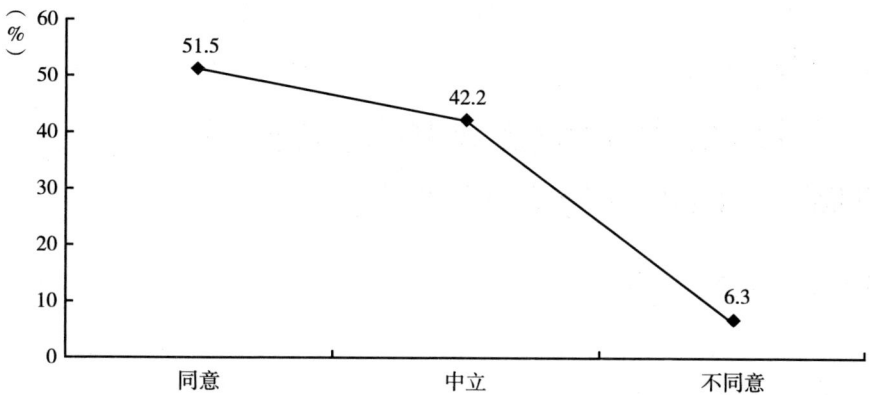

图7　公众对"传统文化对化解人类面临的矛盾冲突能够提供帮助"的看法

优秀传统文化是属于全人类的文化瑰宝,它不仅对中国,而且对世界都有着重要的作用。

B.10
陕西公众对宣传倡导传统文化的理解、评价与建议调查报告

陕西省社会科学院课题组*

摘　要： 2014年，从中央到地方对传统文化的宣传高度重视，加深了公众对传统文化的认知和理解。调查结果表明，公众认为，当前宣传/倡导"传统文化"最重要的意义是"增强民族凝聚力"，传统文化的凝聚力和向心力在很大程度上源于中华民族对中华传统文化的高度认同。多数公众对当前弘扬传统文化表示满意，主要体现在"弘扬中国精神"方面。在弘扬传统文化的主要举措中，"加强国学教育/宣传"被排在首位。同时，近七成的公众认为"社会的浮躁功利"是弘扬传统文化中面对的主要挑战。公众从不同层面提出了对做好传统文化传承与发展工作的建议。

关键词： 传统文化　宣传倡导　传播

　　在深化改革、推进依法治国的背景下，继承和弘扬优秀传统文化对促进和谐社会建设，推进经济、文化事业的发展无疑具有重要意义。因此，需要积极挖掘传统文化的现代意义，为构建社会主义核心价值观，建设和谐社会提供丰厚的资源。同样，要把培育和弘扬社会主义核心价值观作为凝魂聚

---

* 课题组成员：谢雨锋，陕西省社会科学院社会学研究所副研究员；吴南，陕西省社会科学院社会学研究所副研究员；江波，陕西省社会科学院社会学研究所研究员。

气、强基固本的基础,也必须从传统文化中汲取营养。然而,要想将弘扬传统文化真正"接地气",将传统文化的宣传与教育落在实处,就需要关注和了解公众对目前宣传倡导传统文化的感受与期待。因此,我们以问卷调查的形式对陕西省18岁以上的居民进行了一项主题问卷调查。

一 对宣传优秀传统文化意义的理解

培育和弘扬社会主义核心价值观必须立足中华优秀传统文化。在坚持走社会主义现代化道路、深化改革、建设法治国家的背景下,越来越多的人意识到,抛弃传统、丢掉根本,就等于割断了自己的精神命脉。在2014年,从中央到地方对传统文化的宣传教育高度重视,一系列举措不仅加深了社会公众对传统文化的认知,也增强了对弘扬传统文化的理解。本次调查围绕公众对"宣传和倡导传统文化意义的理解"展开,得到了以下结论,具体如表1所示。

表1 公众对宣传/倡导传统文化意义的理解

宣传的意义	样本量(个)	百分比(%)	排序(位)
增强民族凝聚力	211	43.0	1
培育民族精神	176	35.8	2
提升国民素质	170	34.6	3
促进修身养性	168	34.2	4
传承文化传统	163	33.2	5
培养爱国之心	133	27.1	6
促进社会和谐	93	18.9	7
拓宽知识含量	77	15.7	8
树立文化自信	66	13.4	9
实现文化自强	64	13.0	10
构建社会核心价值	61	12.4	11
促进文化繁荣	59	12.0	12
强化文化自觉	28	5.7	13
其他	3	0.6	14
合计	1472	299.6	

注:由于本题为多项选择设置,故百分比之和大于100%。

调查结果显示，当问及"您认为当前宣传/倡导传统文化的意义"这一问题时，"增强民族凝聚力"被受访者置于最为重要的位置，提及率高达43.0%，高出第二位约7个百分点。许多受访者表示，中华民族是具有强大凝聚力和向心力的民族。这种凝聚力和向心力在很大程度上源于中华民族对传统文化的高度认同。特别在当前复杂、动荡、多变和充满不确定性的国际环境下，在致力于全面建成小康社会、实现"中国梦"的国内背景下，弘扬优秀传统文化具有更重要的现实意义。正是基于这样的理解，受访者将"增强民族凝聚力"视为最重要的。

其次，受访者认为当前宣传/倡导传统文化的意义还在于"培育民族精神"，该选项也得到了受访者的高度认同，比例达到35.8%。不少受访者认为，以爱国主义为核心的团结统一、爱好和平、勤劳勇敢、自强不息的民族精神是民族的魂，为中华民族发展壮大提供了强大的精神力量，在当代社会发展中需要继承和发扬。

再次，不少受访者认为，当前宣传/倡导传统文化的意义还体现为"提升国民素质"和"促进修身养性"。二者的提及率分别为34.6%和34.2%，被排在第三、第四位。这一结果表明，中国特色社会主义现代化建设的快速推进和构建和谐社会的发展，对公民素质的要求越来越高。这就必须正视传统文化在提升人的素质中的积极作用，发掘传统文化中的精髓，汲取传统文化里的营养，丰富人们的精神世界。同时，随着我国经济社会的快速发展，社会中出现了一些功利与懈怠情绪，如何在这种社会环境中保持心态平衡，成为社会公众思考的社会命题。因此，在传统文化汲取营养"促进修身养性"便成为公众重要的选择。

最后，不少受访者认为，面对世界范围思想文化交流、交融和交锋的形势，文化价值观的较量也变得多元、多样和多变。因此，宣传/倡导传统文化的意义还在于，有助于"构建社会核心价值"和"树立文化自信"，受访者对这两项的提及率分别为12.4%和13.4%。尽管与前面的选项相比较这两项的提及率略低，但受访者均认为，社会主义核心价值观烙上了传统文化的印记，直接或间接地继承了传统文化中的思想精华，传统文化博大精深、源远流长,其中闪耀的思想精华和道德精髓是社会主义核心价值观的重要思想源泉,优秀传统文化是社会主义核心价值观的立足之基。同样,不少受访者表示,加强倡导/宣传传统文化的时代意义和社会价值,会使人们进一步坚定弘扬优秀传统文化、推进社会主义核心价值观建设的自信与自觉。此外,有受访者认为宣传/倡导传统文化可以"促进文化繁荣"(12.0%),发挥文化引领风尚、教育人民、服务社会和推动发展的作用。

二 对当前宣传优秀传统文化实践的评价

对于传统文化的重要意义和现代价值,习近平总书记指出,要从大局、全局出发,进一步提高对文化建设重要性的认识;大胆推进,深化文化体制改革,释放改革红利;引导文化艺术在正确导向引领下繁荣发展;围绕实现中华民族伟大复兴的"中国梦",繁荣创作;大力推动中华文化"走出去",不断深化传统文化宣传水平。那么,当前在弘扬传统文化过程中呈现怎样的状况,我们在问卷设计中也给予了重点关注,请公众对当前宣传传统文化的发展表现进行评价。

(一)对整体表现的评价

调查结果显示,当问及"您对当前弘扬传统文化的整体满意度评价"这一问题时,用5级量表赋值方法测量并求取平均值得到的结果,公众对弘扬传统文化的总体评为3.12分(标准差:0.829),处于"一般"和"比较满意"略偏向"比较满意"之列。其中,有近三成(27.8%)的受访者对当前弘扬传统文化实践表示"非常满意"(4.7%)和"比较满意"(23.1%),表示"不太满意"的受访者比例占13.5%,表示"不满意"的仅占3.7%,另有超过半数(55.1%)的受访者持"一般"模糊态度。这一方面反映出相关工作得到了公众的积极正向评价,从另一方面也暴露出一些问题,说明当前在弘扬传统文化实践过程中仍存在一些值得思考和完善的地方。因此,如何将传统文化的宣传做到位,把传统文化与人们的审美情趣、大众的文化消费需求有机结合是一个既现实又重要的议题,具体如图1所示。

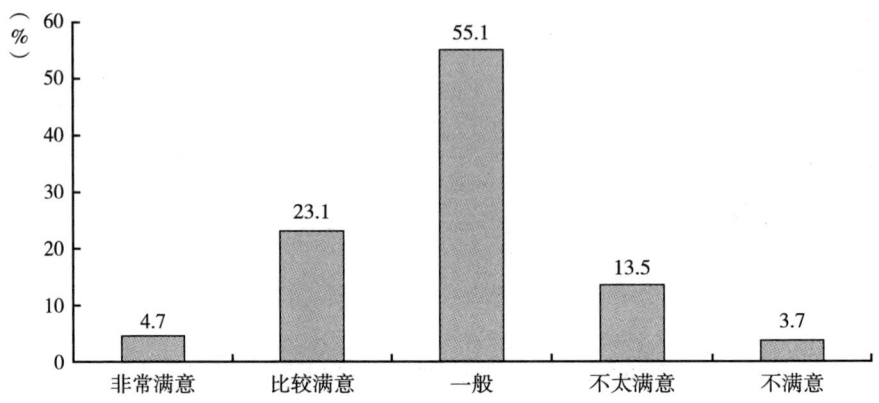

图1 公众对当前弘扬传统文化的整体满意度评价

（二）对具体工作的评价

近年来，学界与媒体联手推动带来了新一轮的国学热。在电视、报纸和网路等各种媒体上都有"国学"的身影，承载传统文化的"国学"开始与"时髦"悄然挂钩。因此，有研究者认为，"国学热"其实是传统文化热，它提示着自我意识的觉醒，体现了民族自尊与自信，开启了文化的自觉。也有人认为，"国学热"是一种精神寻根和一种现实要求，在把握传统文化精粹的基础上，将传统文化通俗化、大众化、平民化、草根化是弘扬传统文化中不可回避的议题。基于此，我们在调查中请受访者对当前传统文化传播表现进行了评价，结果如表2和表3所示。

调查结果显示，对当前传统文化传播，首先公众认为表现最好的是"弘扬中国精神"，5级量表测量结果显示，平均分值为3.30分（标准差：1.064），处于"一般"和"比较显著"偏向"比较显著"的范畴。其中，逾四成（42.0%）的受访者认为，传播传统文化能"非常显著"（14.1%）和"比较显著"（27.9%）地凸显"弘扬中国精神"，认为"不太显著"的受访者比例占14.9%，认为"不显著"的仅占5.7%。可见，相关工作获得了多数公众的认同。其次，多数受访者对当前传统文化发展表现中的"文化传播方式"也给予了较高评价，平均分值达3.24分（标准差：0.996），

表2 公众对当前弘扬传统文化表现的评价（均值）

传统文化发展表现	样本量(个)	均值	标准差	排序(位)
弘扬中国精神	491	3.30	1.064	1
文化传播方式	491	3.24	0.996	2
赋予传统文化新活力	491	3.19	0.956	3
文化传播内容	491	3.16	0.991	4
文化产品形式	491	3.15	1.038	5
文化资源挖掘、保护	491	3.11	1.077	6
传统文化教育	491	3.06	1.081	7
与现实/生活/群众关系	491	2.99	1.007	8
对文化的自信与自觉	491	2.96	1.015	9
服务现代化	491	2.91	1.013	10

表3 公众对当前弘扬传统文化表现的评价

单位：%

宣传传统文化表现	5	4	3	2	1
与现实/生活/群众关系	7.3	20.6	43.4	21.2	7.5
服务现代化	6.3	20.4	39.5	25.9	7.9
文化资源挖掘、保护	10.8	24.8	36.0	21.4	6.9
对文化的自信与自觉	7.1	21.2	39.1	25.7	6.9
弘扬中国精神	14.1	27.9	37.5	14.9	5.7
赋予传统文化新活力	8.6	26.9	43.8	16.5	4.3
文化产品形式	11.8	21.8	40.9	20.4	5.1
文化传播方式	11.4	25.9	42.4	16.1	4.3
文化传播内容	11.2	21.0	45.0	18.7	4.1
传统文化教育	9.0	23.4	39.1	21.0	7.5

近四成（37.3%）的受访者认为，"文化传播方式""十分丰富"（11.4%）和"比较丰富"（25.9%），认为传播方式"单一"的受访者比例仅占4.3%。尽管如此，我们也应看到，还有高达42.4%的受访者持"一般"态度，显示出对当前"文化传播方式"的表现并不乐观，认为，随着互联网、电视、报纸等媒体的日趋多元化，传播手段的日趋多样化，传统文化的传播方式、传播手段也应有所创新。

在所列出的 10 项弘扬传统文化表现中，"与现实/生活/群众关系"、"对文化的自信与自觉"和"服务现代化"等三项被受访者排在后三位，公众对这三项给予的平均分值依次为：2.99 分（标准差：1.007）、2.96 分（标准差：1.015）和 2.91 分（标准差：1.013），均处于"一般"水平。其中，认为当前将传统文化宣传"与现实/生活/群众关系""非常贴近"的受访者比例只占 7.3%，认为"比较贴近"的占 20.6%，二者相加合计比例不到三成；相反，有近三成（28.7%）的受访者认为当前传统文化宣传"与现实/生活/群众关系""非常疏远"（7.5%）和"比较疏远"（21.2%），还有高达 43.4% 的受访者对此持"一般"模糊态度。倘若将该数据与后两个统计数据相加，可以发现，有超过七成（72.1%）的受访者认为，当前传统文化宣传与社会现实和公众生活存在一定距离。同样，认为宣传传统文化在"服务现代化"方面具有"十分明确"（6.3%）和"比较明确"（20.4%）导向作用的受访者比例为 26.7%，而超过三成（33.8%）的被访者认为，宣传传统文化在这方面的导向作用"非常缺乏"（7.9%）和"比较缺乏"（25.9%），还有近四成（39.5%）的人对此持"一般"模糊态度。总体观察，公众对此的评价也不乐观。在前不久召开的文艺工作座谈会上，习近平总书记指出，坚持以人民为中心，就要扎根人民、扎根生活，表达人民理想，关照现实生活，"叙人民之事，抒人民之怀，抒人民之情"。只有走与人民群众相结合的文艺道路，才能摆脱"自我中心论"、"一切向钱看"和"游戏人生、娱乐人生"等错误思潮的误导，创作更多人民群众喜爱的有筋骨、有道德、有温度的优秀作品。

（三）对主要做法效果的评价

传统文化来自历史的延续，它不仅是价值观的体现，更是民族精神的象征。为此，必须充分发挥现代传媒技术的优势，加强对传统文化精髓的提炼与传播，打造民族文化精品，从而实现有效的文化传承。为此，我们在调查中就一些措施对弘扬、发展传统文化的作用对公众进行了调查。具体调查结果如表 4 所示。

表4 公众对弘扬传统文化主要做法的效果判断

单位：%

弘扬传统文化的主要做法	作用很大	作用较大	作用不大	没有作用	综合作用	排序
加强国学教育/宣传	39.3	47.5	12.0	1.2	32.5	1
挖掘研究宣传名家传统文化思想	30.1	51.3	15.1	3.5	30.8	2
推广阅读《弟子规》、《论语》、《道德经》等经典著作	29.9	44.4	23.2	2.4	30.2	3
倡导社会主义核心价值观	26.1	42.4	25.9	5.7	28.9	4
恢复祭祖、成人礼等传统仪式	19.0	41.4	33.7	5.9	27.3	5
修缮、复建寺庙道观等	10.6	24.8	50.1	14.5	23.2	6

调查结果显示，在所列出的6项弘扬传统文化的主要举措中，"加强国学教育/宣传"被受访者排在首位，综合作用达32.5%，有近九成（86.8%）受访者认为，该做法对弘扬传统文化"作用很大"（39.3%）和"作用较大"（47.5%），仅有极少数受访者（1.2%）认为该做法"没有作用"。许多受访者认为，"加强国学教育/宣传"是对现行学校教育的重要补充，是学习传统文化、宣传传统文化、弘扬传统文化的重要形式。"挖掘研究宣传名家传统文化思想"也被受访者置于较高的位置，综合比例为30.8%，30.1%的受访者认为，该做法对弘扬传统文化"作用很大"，51.3%的人认为"作用较大"，二者累加比例高达81.4%，而认为"没有作用"的仅占3.5%。可见，大多数受访者对这一做法的效果持认可和支持态度。公众对"推广阅读《弟子规》、《论语》、《道德经》等经典著作"、"倡导社会主义核心价值观"和"恢复祭祖、成人礼等传统仪式"等三项做法也都给予了较高肯定，认为这些举措对弘扬传统文化，使传统文化融入现代社会、现代生活中具有较大的作用，综合作用评价分别为30.2%、28.9%和27.3%。值得注意的是，对于"修缮、复建寺庙道观等"一些做法，公众内部存在一定分歧，逾三成多（35.4%）的受访者认为，该做法对于弘扬传统文化"作用很大"（10.6%）和"作用较大"（24.8%），而超过半数（50.1%）的被访者认为"作用不大"，认为"没有作用"的占14.5%。

三 对宣传倡导传统文化实践过程中面临挑战的认定

当前,传统文化的传播呈现多元性和整体性的统一。也就是说,在传播传统文化多元化的同时,也要传播传统文化的整体形态。另外,还应体现传统文化开放性和包容性的特点,这是传统文化所固有的兼容并蓄、博采众长的内在特质。那么,当前在宣传倡导传统文化的过程中,现实表现又是怎样?对此,我们展开了进一步的调研,具体调查结果如表5所示。

表5 公众对弘扬传统文化过程中挑战的认定

问题与挑战	样本量(个)	百分比(%)	排序(位)
社会的浮躁功利	326	66.4	1
对传统文化的价值认识不足	209	42.6	2
缺乏完善的制度支持	161	32.8	3
西方文化思潮入侵	160	32.6	4
创造创新活力不强	126	25.7	5
缺乏文化自觉与自信	124	25.3	6
民族文化产业发展缓慢	118	24.0	7
轻视传统文化研究	82	16.7	8
缺乏文化担当	70	14.3	9
缺乏全球视野	51	10.4	10
发展规划不切实际	43	8.8	11
其他	3	0.6	12
合 计	1473	300.2	

注:由于本题为多项选择设置,故百分比之和大于100%。

(一)对传统文化传播中面对挑战的认定

调查结果显示,当问及"您认为在弘扬传统文化中主要面临哪些问题或挑战"时,"社会的浮躁功利"被受访者排在首位,提及率高达66.4%,高出第二选项近24个百分点。许多受访者认为,对传统文化的理解和宣传在一定程度上呈现快餐化、功利化及实用主义的特点。因此,如何正确弘扬传统文化，需要引人深思。对此，也有受访者表示，这恰恰从另一方面反映了加强传统文化传播的必要性和紧迫性。另外，42.6%的受访者认为，当前无论是文艺工作者抑或普通公众"对传统文化的价值认识不足"，这是传统文化传播过程中面临的第二大挑战。接下来，被公众排在第三、第四位的是"缺乏完善的制度支持"和"西方文化思潮入侵"，提及率分别为32.8%和32.6%。可见，加强重大公共文化工程和文化项目建设、构建和发展现代传播体系、提高传统文化的传播力是不可回避的重要议题。

此外，受访者提到的问题和挑战还有："创造创新活力不强"（25.7%）、"缺乏文化自觉与自信"（25.3%）、"民族文化产业发展缓慢"（24.0%）、"轻视传统文化研究"（16.7%）、"缺乏文化担当"（14.3%）、"缺乏全球视野"（10.4%）和"发展规划不切实际"（8.8%）。尽管它们所占比例较前四项偏低，但都构成传统文化传播中显性或隐性、直接或间接的挑战。

（二）对宣传中存在问题的认定

调查结果显示，在宣传传统文化过程中存在问题的认定，受访者首先提及的是"过度商业化"，给予"严重"评价的平均分值为4.00分（标准差：0.821），有近八成受访者认为传统文化传播中"过度商业化"问题"非常严重"（28.5%）和"比较严重"（47.5%），认为"不太严重"的比例仅占3.3%，认为"不严重"的也只有极少数受访者（0.6%）。可见，传统文化领域的过度商业化问题已经比较严重，公众的意见比较大。多数受访者认为，在现代社会背景下，随着"传统"向"现代"的转变，传统文化带有一点商业属性可以理解，但"过度商业化"导致传统文化的精神属性越来越不被重视。宣传传统文化应坚守原则，坚决抵制价值失范、信仰崩解、金钱崇拜与娱乐至上等社会不良思潮，应回归传统文化的精神要义，主动弘扬、宣传传统文化的精神属性（见表6和表7）。

表6　公众对宣传传统文化中一些问题的认定（均值）

传统文化发展表现	样本量	最小值	最大值	均值	标准差
不接地气	491	1	5	3.48	0.865
过度商业化	491	1	5	4.00	0.821
不尊重传统文化	491	1	5	3.57	0.952
被神秘化	491	1	5	2.93	0.978
功利化	491	1	5	3.81	1.002

表7　公众对传统文化发展问题严重度的认定

单位：%

传统文化发展表现	非常严重	比较严重	一般	不太严重	不严重	合计
不接地气	12.8	33.0	45.0	7.7	1.4	100.0
过度商业化	28.5	47.5	20.2	3.3	0.6	100.0
不尊重传统文化	17.1	36.7	34.8	9.2	2.2	100.0
被神秘化	4.9	21.2	45.0	20.2	8.8	100.0
功利化	27.7	38.1	25.1	6.3	2.9	100.0

对于传统文化领域的"功利化"问题，受访者给予的平均分值为3.81分（标准差：1.002），超过六成（65.8%）的人认为这一问题在文化领域"非常严重"（27.7%）和"比较严重"（38.1%）；认为"不太严重"的仅占6.3%，认为"不严重"的也仅占2.9%。可见，在大多数受访者看来，当前的文化建设还主要停留在较为表象的阶段，文化"工程化"、"功利化"、"指标化"现象较为严重，值得高度警惕。统计数据也显示，此选项的标准差较大，反映出公众内部存在一定分歧。公众对"不尊重传统文化"和"不接地气"这两类问题给出的平均分值为3.57分（标准差：0.952）和3.48分（标准差：0.865），认为它们的严重度较前者略弱，均处于"一般"和"比较严重"偏向"比较严重"的范畴。其中，超过半数（53.8%）的被访者认为，"不尊重传统文化"的问题"非常严重"（17.1%）和"比较严重"（36.7%）；逾四成（45.8%）认为，"不接地气"的问题"非常严重"（12.8%）和"比较严重"（33.0%）。至于传统文化的"被神秘化"问题，

不到三成（26.1%）的人认为这一问题"非常严重"（4.9%）和"比较严重"（21.2%）。总体观察，多数公众认为，在宣传传统文化的过程中，"过度商业化"和"功利化"问题比较严重，公众给予的严重度分值较高，说明公众对上述问题存在担忧，并期待改善。

四 倡导传统文化中需要处理的几种关系

习近平同志多次指出，对传统文化，特别是先人传承下来的价值理念和道德规范，要坚持古为今用、推陈出新，有扬弃地予以继承；要认真汲取中华优秀传统文化的思想精华和道德精髓，大力弘扬以爱国主义为核心的民族精神和以改革创新为核心的时代精神；要处理好继承和创造性发展的关系。这是弘扬传统文化中需要遵循的原则。基于此，我们在问卷中也请公众对弘扬传统文化中需处理的几种关系进行了研判（见表8）。

表8 公众对弘扬传统文化中需处理的几种关系的认定

几种关系	样本量(个)	百分比(%)	排序(位)
文化发展与经济发展	266	54.2	1
文化传承与文化现代化	253	51.5	2
传统文化与外来文化	212	43.2	3
文化自信与文化包容	167	34.0	4
理论化与大众化	161	32.8	5
本土化与全球化	152	31.0	6
文化自信与文化自觉	144	29.3	7
中华民族文化与少数民族文化	116	23.6	8
其他	2	0.4	9
合计	1473	300.0	

注：由于本题为多项选择设置，故百分比之和大于100%。

1. 文化发展与经济发展

调查结果显示，这对关系被受访者置于最为重要的位置，提及率高达54.2%。许多被访者认为，之所以强调文化和经济的互动，是因为在当今社会虽然经济发展是主题，但文化发展可能更为重要。因为，社会发展已进入文化时代，与经济发展不同，文化涉及价值观，文化永远需要我们去建设，要在实践中推进经济发展与文化发展间有机的良性互动。

2. 文化传承与文化现代化

这对关系被受访者置于次重要位置，提及率高达51.5%。伴随现代化进程，每一个民族都要在现代化与传统文化之间寻找平衡，协调处理好现代化与传统文化的关系。一方面，现代化是社会繁荣昌盛的必由之路，每一个民族都不会拒绝现代化；另一方面，每一个民族都应保有自己优秀的传统文化。解决好现代化与传统文化的关系是维护社会和谐、稳定的重要基础。

3. 传统文化与外来文化

这对关系被受访者排在第三位，提及率为43.2%，比前两项分别低11个和约8个百分点。在不少受访者看来，对传统文化既要批判地继承，推陈出新，使优秀传统文化不断发扬光大，也要吸收其他国家、民族的先进文化，继承和吸收是为了发展，发展是为了更好地保护传统文化。对于外来文化，应尊重各国、各民族的差异性，坚持为我所用、博采众长的原则。同时，也有观点提出，在对外开放的过程中不要迷失自我，要保持本民族的文化特点。

4. 文化自信与文化包容

这对关系被受访者排在第四位，提及率为34.0%。树立高度的文化自觉和文化自信是建设社会主义文化强国的前提。文化自信源自文化实力，成于文化包容。越是自信，就越能以积极的态度对待外来文化，越能够在同外来文化的互动中得到发展。中华文化之所以生生不息、经久不衰，就在于它海纳百川、有容乃大的品格，具有博采众长、兼收并蓄的传统。在全球化背景下，更应以开阔的视野、博大的胸怀对待外来文化，大胆吸收、借鉴一切有利于文化建设的有益经验和优秀成果。

5. 理论化与大众化

这对关系被受访者排在第五位，提及率为32.8%。对传统文化既要有理论性的研究与阐释，也要有通俗化、大众化的解读与宣传。大众化正是解决为什么人宣传的问题，宣传传统文化的目的就是让更多的人学习、参与践行传统文化。传统文化要跟人们的生活、工作联系起来，要实现传统文化对社会成员的社会化，由"被化"到"内化"。

6. 本土化与全球化

这对关系被受访者排在第六位，提及率为31.0%。文化全球化与文化本土化是一个事物的两个方面。不能回避全球化现实，也不能忽视本土化诉求，而应该以接触对话的方式在表层文化的趋同中发现共识，在深层文化的差异中保持尊重，这就能够创造缓冲空间和磨合时间，使文化全球化中的外来文化与本土文化进行渐进性的了解、认知与交融，把文化的冲突降到最低，从而实现和谐共赢。

7. 中华民族文化与少数民族文化

这对关系被受访者排在第八位，提及率为23.6%。中华民族是多元一体，中华文化也是多元一体。少数民族文化是中华文化的重要组成部分，是中华民族文化的共有精神财富。在长期历史发展过程中，各族人民创造了各具特色、丰富多彩的中华民族文化。各民族文化相互影响、相互交融，不断丰富了中华文化内涵，增强了中华文化的生命力和创造力，提高了中华民族的文化认同感和建设共有家园的向心力。

五 在宣传倡导传统文化中需要重点关注的几项工作

要坚守中华传统文化价值体系，弘扬传统优秀文化，就要下决心认真研究优秀传统文化的现代表达和现代传播方式，也就是传统文化在当前的传承与发展路径问题。因此，我们列出了9项工作请受访者进行选择，调查结果如表9所示。

调查结果显示，当问及"要做好传统文化的传承与发展，重点需要做好如下哪些工作"时，"树立文化自觉与自信"被受访者排在首位，提及率高达61.7%，远高出第二选项约16个百分点。受访者表示，只有文化自觉和文化自信，才能推动社会主义精神文明和物质文明的全面发展。另外，45.4%的被访者认为，"尊重传统文化"是传承、发展传统文化的另一项重

表9 公众对做好传统文化的传承与发展路径的看法

对策建议	样本量(个)	百分比(%)	排序(位)
树立文化自觉与自信	303	61.7	1
尊重传统文化	223	45.4	2
重视传统文化研究	193	39.3	3
加强传统文化的宣传教育	152	31.0	4
推进文化体制改革	149	30.3	5
推动传统文化"走出去"	145	29.5	6
增强文化创造创新活力	138	28.1	7
出台传统文化保护政策	3	0.6	8
其他	1	0.2	9
合计	1307	266.1	

注：由于本题为多项选择设置，故百分比之和大于100%。

要工作。当前，有必要对传统文化进行重新定位，重新阐释其社会地位和世界价值。受访公众认为需要抓好的第三项工作是"重视传统文化研究"，提及率为39.3%。重视传统文化研究，就是强调运用马克思主义的立场、观点和方法分析研究传统文化，采用历史唯物主义态度对待中国传统文化。只有对传统文化有整体观，系统思考、全面把握，才能认清传统文化特质，掌握传统文化精髓，传播好传统文化。接下来，受访公众认为需抓好的工作分别还有："加强传统文化的宣传教育"（31.0%）、"推进文化体制改革"（30.3%）、"推动传统文化'走出去'"（29.5%）、"增强文化创造创新活力"（28.1%）。尽管这些建议相比前几项提及率偏低，但它们也是传统文化发展保护过程中不容忽视的重要方面。

六 对完善宣传倡导优秀传统文化工作的对策建议

传承保护

◆保护传统文化　　　　　　◆传承民俗文化

◆关注传统礼仪　　　　　　◆保持文化特色

- ◆ 保护文化古迹、文物
- ◆ 尊重传统文化

创新发展
- ◆ 弘扬优秀传统文化
- ◆ 加大扶持力度
- ◆ 形成规范
- ◆ 借鉴西方文化产业模式
- ◆ 创新传播方式
- ◆ 增强文化自信
- ◆ 旅游文化产业
- ◆ 简单精练务实
- ◆ 发展特色文化产业
- ◆ 营造文化氛围
- ◆ 创新文化体制机制
- ◆ 文化发展创新发展

加强教育
- ◆ 改革教育体制
- ◆ 提高自觉性
- ◆ 普及传统文化教育
- ◆ 改善教育方式
- ◆ 关注年轻人、孩子
- ◆ 发展国学
- ◆ 学习传统道德礼仪
- ◆ 渗透到生活
- ◆ 实践教育

注重宣传
- ◆ 走出去
- ◆ 扩大宣传面
- ◆ 加入新元素
- ◆ 注重内涵
- ◆ 时尚化
- ◆ 接地气
- ◆ 大众化
- ◆ 通俗易懂
- ◆ 加深了解，贴近生活
- ◆ 小事入手

政策支持
- ◆ 国家重视、政府引导
- ◆ 国家投入
- ◆ 政策扶持
- ◆ 共同参与
- ◆ 注重传统节日民族活动
- ◆ 制度保障
- ◆ 做实事
- ◆ 法治建设
- ◆ 正确对待外来文化
- ◆ 推进市场化

展现形式
- ◆ 利用新媒体
- ◆ 举办文化活动

- ◆ 百家讲坛
- ◆ 社区宣传、活动
- ◆ 网络
- ◆ 免收、降低博物馆门票
- ◆ 免费电影、讲座
- ◆ 影视作品
- ◆ 开展活动
- ◆ 农村手工艺
- ◆ 建图书馆

关注民生

- ◆ 发展经济
- ◆ 提高人均收入
- ◆ 提高生活质量
- ◆ 保护环境

总之，要在全社会形成普及优秀传统文化、宣传优秀传统文化、学习优秀传统文化，尤其是实践优秀传统文化的良好氛围。要紧密结合社会现实和社会需求，把优秀传统文化的主导价值观与社会核心价值观有机结合起来，创造源于传统文化又高于传统文化的当代价值，真正让优秀传统文化在人民心中生根，为社会主义建设服务。

B.11 陕西省网络舆情发展报告

张春华 刘东鸿[*]

摘 要： 2014年，陕西省全面推进深化改革已经进入攻坚期和深水区，利益格局发生深刻变化，一些社会矛盾和问题开始凸显。虽然陕西省网络舆情总体上一直保持积极健康的发展态势，但受区位特点和战略地位提升等诸多因素影响，涉陕网络舆情的活跃趋势也日益明显。深度了解陕西省公众网络行为习惯、网络舆论参与意识及对当前网络治理的认知和态度，将为陕西省网络舆情信息工作提供重要参考。

关键词： 陕西 网络舆情 行为习惯 依法治网

本文通过对陕西省网络公众的问卷调查，深度解析当前陕西省网络舆情主体的网络习惯、参与网络舆论的意识与态度，以及对当前网络舆情发展状况的认知与评价等。同时，本文将2014年的调查结果与2011年和2013年的相关数据进行比较，分析和研判陕西省网络舆情的发展特点与趋势。

一 网络公众的基本行为习惯

网络行为习惯直接影响着网络舆情主体的参与方式和渠道。陕西省网络

---

[*] 张春华，陕西省社会科学院社会学研究所副研究员；刘东鸿，武警工程大学军事基础教育学院共同科目一教研室副教授。

公众的部分行为习惯与全国大部分网民的习惯相类似,但差异性也比较明显。

(一)笔记本电脑成为上网的首要终端

国家信息中心发布的《第34次中国互联网发展状况统计报告》显示,我国网民中使用手机上网的比例继续保持增长,截至2014年6月,手机网民规模达到5.27亿,首次超越传统PC网民数量,手机作为上网终端的重要地位更加巩固。通过台式电脑和笔记本电脑上网的网民比例略有下降,分别为69.6%、43.7%。从陕西省网民行为习惯调查来看,手机上网用户的规模也不断扩大,占30.7%,手机成为网民上网的重要终端,与全国情况相同,台式电脑仍是陕西省网民上网的第一终端(37.8%),其次是笔记本电脑(31.0%)(见图1)。需要关注的是,手机虽然不是陕西省网民上网的首要选择终端,但是它的便捷性将直接导致当前舆论格局发生深刻变化,尤其是随着大数据的来临,网络舆情的发展态势将越来越复杂,网络舆情工作的挑战将越来越大。

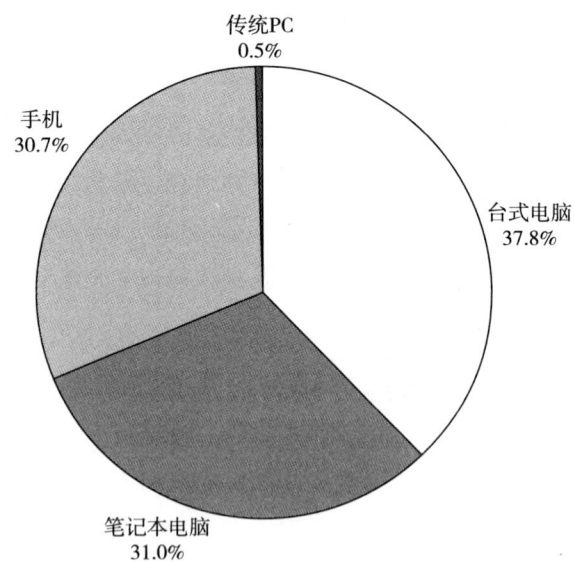

图1 陕西省网民上网的主要设备情况

（二）网络成为人们的重要生活方式

随着网络新技术新业态的不断发展，网络已经嵌入人们的日常生活，成为一种新的生活方式，甚至有一些人对网络产生了依赖。调查显示，2014年陕西省公众平均每天上网3～4小时的比例为26.8%，比2013年增加2个百分点，比2011年增加了4.5个百分点。平均每天上网5小时以上的比例为17.1%，比2013年增加了1.3个百分点，比2011年增加了3.5个百分点。平均每天上网时间为1小时以下以及1～2小时的网民人数均比上年有所降低，分别为20.9%、35.3%（见图2）。可见，网络在人们生活中的作用越来越重要，网络购物、网络社交等都逐渐渗透到人们的日常生活，成为不可或缺的一部分。而随着人们网络依赖性的增强，网络舆论场也逐渐扩大，成为当前舆论发酵的重要场域。

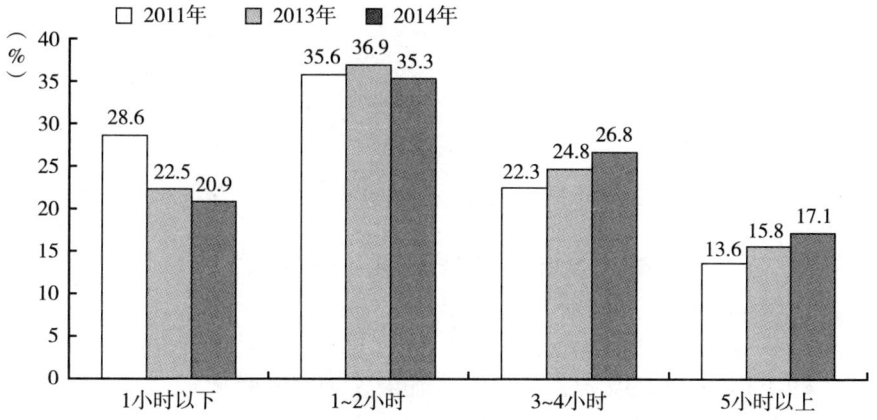

图2　陕西省网民平均每天上网时长

（三）微信取代腾讯QQ成为重要社交平台

调查显示，人们的社交需求日益旺盛，交友聊天（16.1%）成为人们网上活动的重要目的。在社交应用中，微信的使用率（39.7%）首次超过了腾讯QQ使用率（30.5%），成为使用率最高的社交应用（见图3）。《2014年中国社交类应用用户行为研究报告》显示，QQ和微信的用户忠诚度相对较高，这在陕西省的调查中再次得到印证。需要指出的是，微博、博客依然是舆论发酵的重要场域，但是随着微信舆论场的发展和扩大，微博、博客舆论场在一定程度上出现强度弱化的趋势。

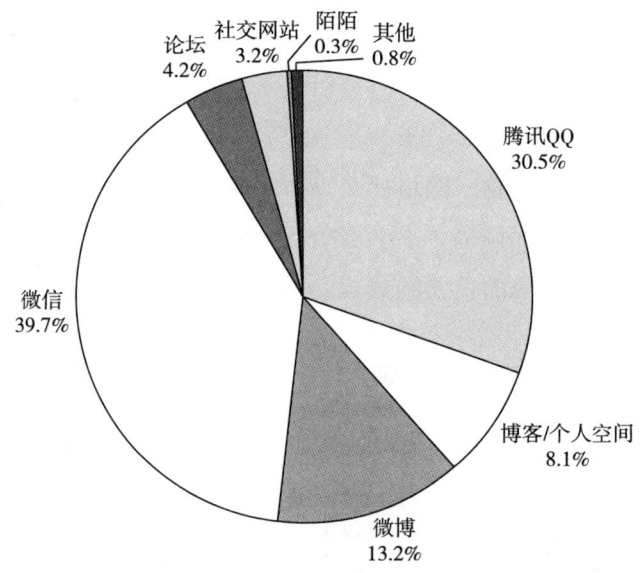

图3 陕西省网民经常使用社交网站情况

（四）报纸杂志成为人们关注新闻热点的重要渠道

微博简便快捷，及时迅速的特性，使其成为重要的舆论平台。《2014年中国社交类应用用户行为研究报告》显示，80.3%的新浪用户主要通过新浪微博关注新闻/热点话题。但是，本次陕西省公众网络行为调查显示，虽然微信成为第一社交应用，但是人们了解新闻信息的主要渠道还是报纸杂志（51.1%），其次才是微信，有41.8%的人通过微信了解新闻信息，而只有32.9%的人是通过微博了解新闻信息（见图4）。

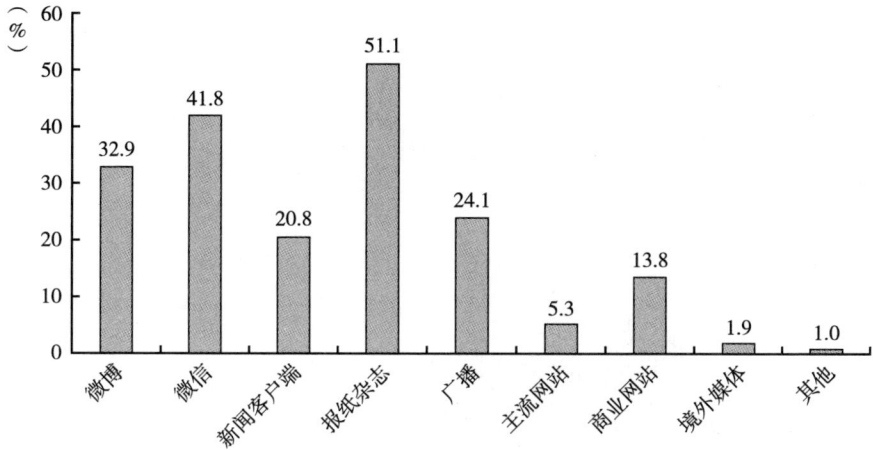

图4 陕西省公众了解新闻信息的主要渠道

二 网络舆论参与意识及特点

舆论参与意识直接影响着网络舆情主体的活跃程度。通过以往的调查结果得知,大多数公众在关注网络新闻及热点事件的最初并没有明确的诉求目标,其参与意识和参与程度受到诸多因素影响,比如关注群体、兴趣取向等。

(一)网民的参与意愿和热情再度增加

对网上感兴趣的新闻和话题,人们的参与热情明显增加,参与情况相比2013年较为活跃。调查结果显示,遇到感兴趣的新闻和话题,有8.4%的人会经常参与并发表自己的意见,比2013年增加3.1个百分点,有38.3%的网民会偶尔参与并发表自己的意见,比2013年略有增加(见图5)。

人们在参与热情增长的同时,也保持着相对理性、谨慎的态度。调查数据显示,有75.5%的人表示要理性上网。而且从2014年的网络舆论热点事件的参与程度来看,网民的参与度并不高,有41.3%的人"都没参与

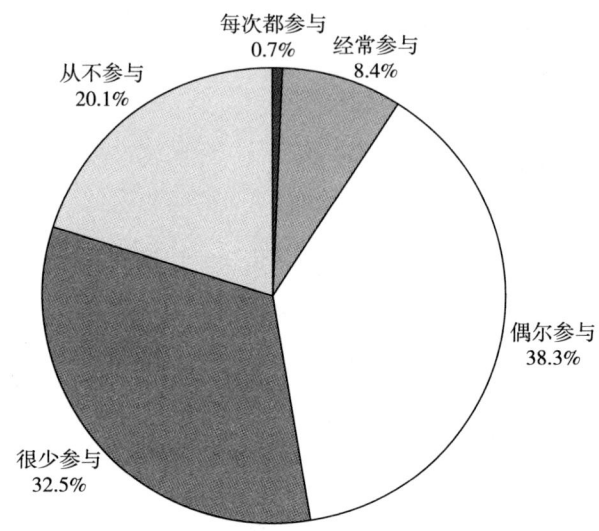

图5　陕西省网民对感兴趣的新闻/话题参与发表意见情况

过",比2013年增加了5.8个百分点。只有51.7%的人"个别参与过"(见图6)。

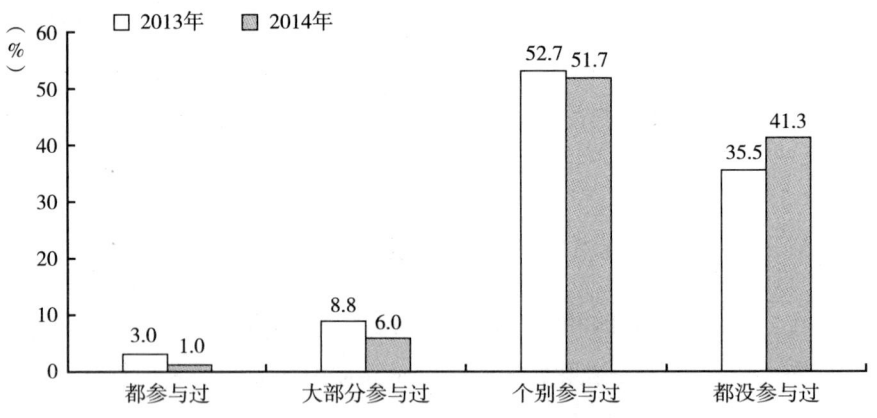

图6　陕西省网民对2014年网络热点事件的参与情况

(二)专家学者与媒体人士成为影响网络舆论的重要群体

在参与网络舆论的过程中,人们关注的重要群体依然是专家学者,达到

53.0%，另有35.3%的人对媒体人士较为关注，有28.1%的人更关注政府公务人员的新闻（见图7）。可以说，专家学者等知识分子依然是影响舆论的重要群体。座谈发现，十八届四中全会提出"依法治国"发展目标后，相关法律人士的舆论活跃度明显增强。

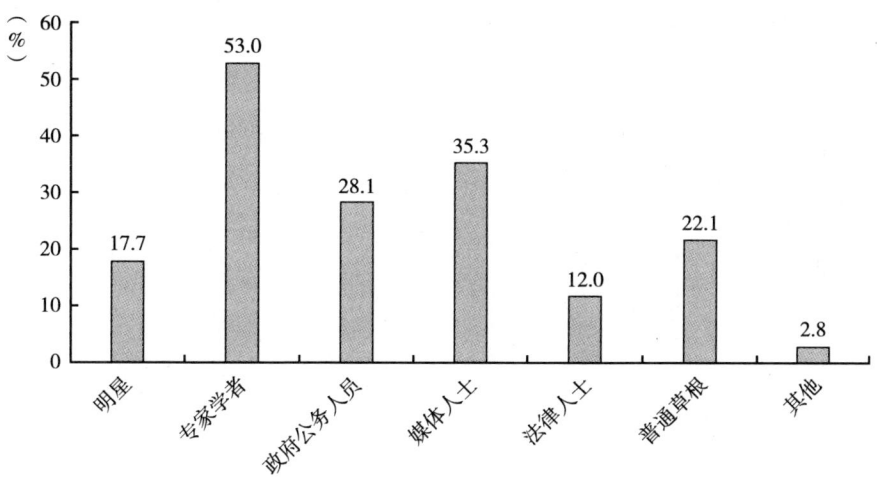

图7　陕西省网民主要关注群体情况

（三）民生问题与公民权利问题成为网络舆论的重要导火线

2013年"陕西省网络公众行为习惯"调查显示，看新闻、查资料与休闲娱乐成为人们上网的主要活动。从2014年的调查结果来看，人们上网的主要目的还是以看新闻（36%）、查资料（33.9%）为主，这部分群体对新闻事件关注较多，成为网络舆情的重要主体。而在网民关注的新闻信息中，民生问题（65.2%）、社会道德事件（58.9%）、公民权利事件（39.6%）位居前三位，与2013年相比，分别增加了1.5个百分点、9.3个百分点和11.3个百分点（见图8）。这些数据说明，人们对社会道德问题和公民权利问题的关注程度明显提升，从近年来的舆情事件来看，涉及公民权利的事件也相对较多，公民权利话题成为舆情的重要敏感点，而社会道德问题也一直不断触碰人们的心理底线，成为引发社会情绪的重要导火线，如2014年的"幼儿园喂药"事件。除此之外，涉及国家利益和国家安全方面的新闻和涉及国外重要或敏感国家和地区的突发性事件也备受关注，与2013年相比，关注度都有提升。可见，陕西省公众的心态日益开放，除了关注民生、公民权利等切身利益问题，对国家利益也非常关心，表现出极强的爱国主义精神。

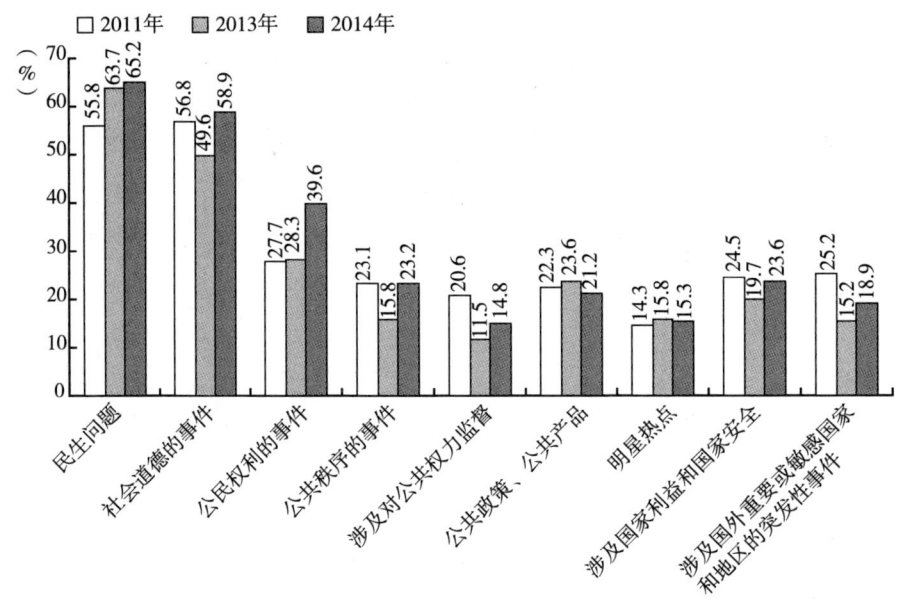

图8　陕西省网民主要关注的信息类型

（四）政府网站、政务微博的"被关注"度较低

调查显示，陕西省政府网站、政务微博等相关应用的"被关注"度不高，35.1%的人都没有关注过。在关注的应用中，28.9%的人关注微信公共号，有28.4%的人经常关注政府网站，有14.6%的人经常关注政务微博，16.5%的人关注媒体客户端，另有10.5%的人经常关注公务人员微博（见图9）。可见，陕西省应该继续加大网站尤其是政府网站建设，增强网站的吸引力，使其真正成为政府信息公开、传播主流文化、进行舆论引导的平台。

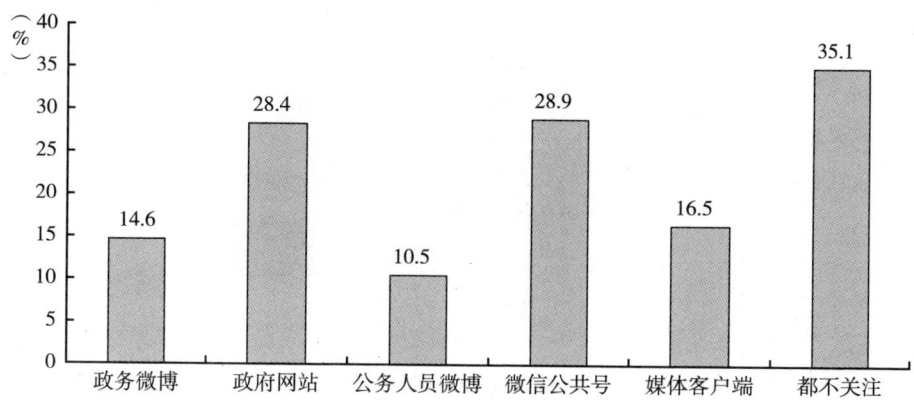

图9 陕西省政务微博以及网站等应用被关注情况

三 当前公众的网络认知与态度

作为网络舆情的重要组成要素，公众的认知与态度在某种意义上直接影响着网络舆情的走向。

（一）认为网络在舆论监督和反腐中的作用较大

随着互联网技术的迅猛发展，网络在反腐中的作用逐渐凸显，尤其是网络便捷性、低成本，以及微博客的匿名性特性，进一步激发了人们网络参与的热情，网络反腐成为网络时代一种新的群众监督形式。近年来，网络反腐不断扩大，一些问题也逐渐暴露出来，并引发了广泛争议。本次调查结果显示，有67.8%的网民高度认同网络对反腐的作用，其中25.2%的网民认为作用"非常大"，42.6%的网民认为作用"较大"。可见，网络在今后仍是网民实行监督的重要途径（见图10）。

（二）认为当前网络舆情依然保持健康态势

调查显示，大部分人认为当前网络舆情基本平稳，其中，认为"非常

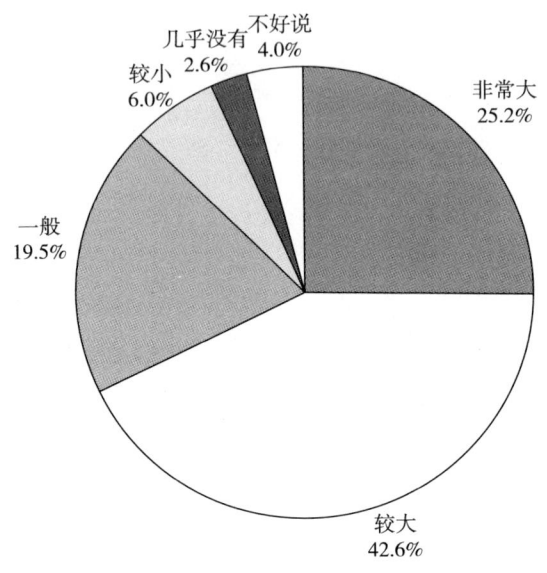

图10 陕西省公众对网络反腐作用的态度情况

健康"的占4.5%，认为"比较健康"的占18.6%，认为"基本健康"的占48.6%（见图11）。另外，在关于网络舆论自由程度的调查中发现，人们认为当前网络舆论总体上还是很自由的。其中，表示"非常自由"和"比较自由"的占21.2%，表示"基本自由"的占36.9%，需要关注的是，仍有41.9%的公众认为网络自由程度还需要进一步扩大。同时，人们对是否需要加强网络监管的态度不一，有42.1%的人认为加强网络监管"完全不必要"，认为"非常有必要"和"较必要"的占11.2%。

（三）认为网络问题依然较多，媒体社会责任有待加强

随着网络治理力度的加大，网络环境有了很大的改善，但依然存在许多问题。调查显示，人们对当前网络中存在的主要问题有较为一致的看法。有53.5%的网民认为当前网络色情信息泛滥，有51.1%的网民认为网络谣言仍然是当前网络中的主要问题之一，认为网络欺诈问题严重的占31.7%。2014年"山东招远事件"后，人们对于非法宗教、邪教的关注越来越多。

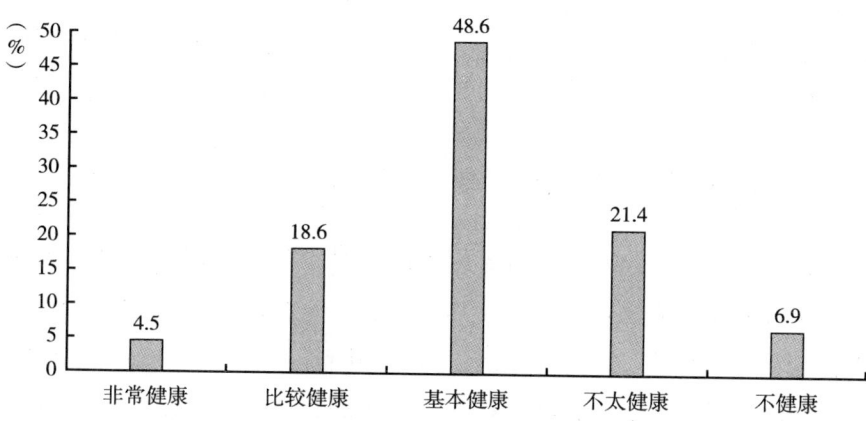

图 11　陕西省公众对网络舆情的总体认识

在本次调查中,有 22.4% 的网民认为网络中存在的主要问题是"非法宗教传播",这将给网络治理带来更大的挑战(见图 12)。

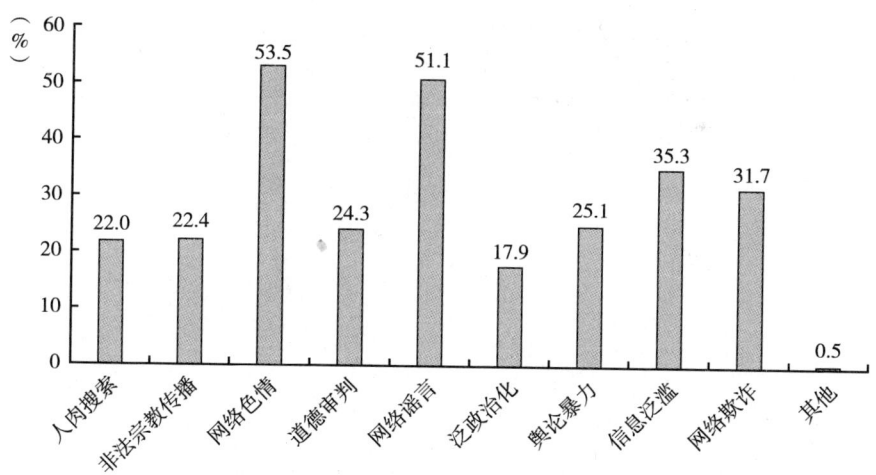

图 12　当前网络舆情中存在的主要问题

另外,强化媒体的社会责任也是当前网络社会治理的重要举措,虽然有 36.2% 的人认为当前大部分媒体很有社会责任感,但仍有 42.9% 的人认为"一般",有 20.9% 的人认为媒体社会责任仍有待强化。从今年全国舆论事件看,由媒体报道引发的网络舆论不时发生,媒体社会责任问题逐渐凸显。陕西省媒体虽然处于健康向上的发展状态,但是仍应对此问题给予高度重视。

(四)对职能部门舆情应对效果予以肯定

调查显示,大部分人对陕西省相关部门对"幼儿园喂药事件"等网络舆情的应对和处置情况表示满意,其中表示"非常满意"的占15.5%,表示"比较满意"的占21.7%,表示"基本满意"的占41.4%。与2013年类同,陕西省网络舆情相关部门的网络突发事件应对以及应急处置情况赢得了大部分公众的好评(见图13)。

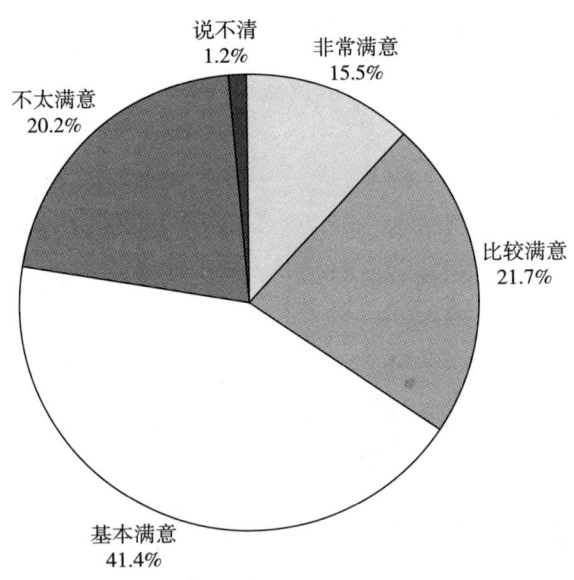

图13 对陕西省舆情应对的满意度情况

四 小结:强化依法治网

党的十八届四中全会提出了依法治国的目标,而网络作为社会治理的重要阵地，成为落实依法治国方略的关键。当前的网络舆情治理，必须牢固树立依法治网思维。一是要加强网络社会、网络舆情相关方面的理论研究，准确把握网络舆论发生和传播特点，确保网络舆论相关法律法规符合网络舆论发展规律。二是在研究和出台新的法律法规的同时，要注意整合和完善现有的网络法规，将现实社会的相关法律延伸到网络社会。三是加大法律法规的宣传力度，提升网民的法律意识。在调查中发现，人们对2014年颁布的《关于审理利用信息网络侵害人身权益民事纠纷案件适用法律若干问题的规定》及《即时通信工具公众信息服务发展管理暂行规定》等相关网络法律法规的知晓度并不高，有62.4%的人表示"不太了解"和"完全不了解"。可见，加强法律法规宣传非常重要，必须树立法律意识，坚持依法管网、依法办网、依法上网，积极推动网络舆情的法治化。

专题报告

Particular Reports

B.12 陕西地方立法服务社会发展研究报告

韩 伟*

摘　要： 以立法服务社会发展、立人民需要的法、科学民主立法为基本理念，2014年陕西省地方立法着力推进环境保护、民生保障、文化遗产保护等立法项目，取得了斐然的成绩。推动陕西地方立法由规模向质量转变，不断拓展民众参与立法渠道，利用新媒体大数据辅助立法，将使立法更好地服务于陕西社会经济发展。

关键词： 陕西　地方立法　立法民主　立法质量　立法特色

---

* 韩伟，陕西省社会科学院政治与法律研究所助理研究员。

社会发展的稳步、有序离不开法治的护航,现代化的社会治理更需要有效的法治保障。立法是法治的起点和基础,高质量的立法体系是法治实现的重要支撑。近年来,陕西高度重视法治建设,不断完善立法体系,稳步提高立法质量,立人民需要的法,为陕西社会发展提供了良好的法治环境。

一 陕西地方立法总体思路与原则

近年来,在建设法治陕西的过程中,陕西地方立法经历了规模扩张到质量提升的转变。在立法的目标取向、内容方法等方面逐渐形成了一些总体思路与立法原则,为科学立法提供指导。

立人民需要的法。在中国,党和政府的工作宗旨是全心全意为人民服务,立法同样需要服从这一宗旨,始终将人民的需求、人民的利益放在第一位。立法要引起集体共鸣,要得到公众的信服,而使他们信服的,"必须是那些有关他们觉得与己有关之议题的可理解的、具有普遍兴趣的提议"。2014年初,陕西省委书记、省人大常委会主任赵正永在建设法治陕西工作座谈会上提出:立法工作归根结底是为了让发展更加有序,人民生活自尊自信。因此在地方立法中,要坚持把注意力放在社会底层,把关注点放在容易被淡忘的社会群体身上。人民群众对美好生活的期盼应该成为立法的工作目标,立法工作归根结底就是为了让经济社会发展更加有序,人民生活得更加幸福。因此,要围绕推动科学发展、促进社会和谐这个主题立法,把维护社会公平正义和人民利益作为立法工作的根本宗旨,立人民群众所需、所盼、所愿的法。为改善民生立法,需推进教育医疗、社会保障、救助体系、就业创业、民众增收、生态环境等方面的立法工作,为群众更好地生活提供坚强的制度保障。未来,还需要加强社会治安综合治理、安全生产和食品药品监管、"两新"组织管理、流动人口服务等方面的立法探索,畅通和规范群众诉求表达、利益协调、权益保障等渠道,努力营造安定有序、祥和平安的社会环境,这些都应该成为立法的目标指向。

立法服务社会发展。法律与社会有着密切的联系，现代社会是一个高度复杂多元的综合体，社会发展的和谐有序，必须要有明确而有效的规范体系，高质量的立法就是实现这一目标的中心环节。好的立法能够协调预期，促进社会合作，确定而有效的法律及社会规范，能够解决当事人之间的囚徒困境，因为对其违犯，不仅可能受到国家强制力的制裁，还会受到大部人的谴责。如果多数人预期别人会守法，则社会合作就能够实现，社会才会稳步发展。近年来，陕西经济社会发展势头良好，丝绸之路经济带提上国家日程，丝路申遗工作圆满成功，西安自由贸易园区建设也开始筹备，社会民生面貌显著改善。然而，不容忽视的是，发展中的各类问题仍然存在，环境污染、食品安全、住房保障、就业医疗等群众关心的问题亟待解决，它们需要法制规范，更需要法制护航。陕西省在立法工作中，非常重视法律的社会作用，始终坚持把保障和改善民生、创新社会治理、加强公共服务等方面作为立法的重点。省人大及政府认真开展立法调研工作，向社会公开征集立法项目，努力立经济社会需要的法，立人民群众期盼的法。

科学立法、民主立法。立法是一项专业性极强的工作，高质量的立法，必须要有专业的人员，通过科学的、民主的方式进行。立法需要遵循严格的程序，实现利益分配的民主和公正，这就要求立法者"必须以明智、智慧、和平为目标"，将自己置身于利害关系之外。近年来，陕西不断提高立法的科学化水平，制定了《陕西省立法咨询专家库管理办法》，相继聘请了一大批各专业、各领域的专家作为立法咨询委员，先后召开九次专家论证会。为了完善立法程序和机制，陕西省人大常委会制定了《关于进一步改进我省立法工作的意见》，从提高法律起草质量、改进立法调研、完善立法协调机制等方面进行了详细规范。同时，不断完善意见征集、采纳、反馈等制度，扩大公民有序有效参与立法的途径。在立法中，陕西省人大还将立法座谈会、调研会延伸到基层，直接听取一线管理者和被管理者的意见，使地方立法充分反映民意、集中民智、体现民情，努力解决民众最关心、最现实的利益问题。2014年以来，有《陕西省放射性污染防治条例》等多部法规规章草案通过上网公开，举办论证会、咨询会、座谈会等方式广泛征求意见，充分保障了普通民众在立法中的知情权、参与权。在广泛向社会征求意见的同时，将初审的法规草案全部印发全体省人大代表征求意见，共收到代表对8件法规的百余条修改意见，为提高立法质量奠定了基础。在审议《陕西省城市公共空间管理条例》过程中，分别召开了全省各市的城管部门、部分市的公安交通管理部门和城市个体户、流动小摊贩代表参加的座谈会，征求对城市公共场地管理与执法方面的意见，努力平衡各方权益。通过科学立法、民主立法，有效地在立法中体现了人民意愿，提高了立法质量。

二 一年来陕西地方立法概况

近一年来，陕西省根据社会发展需要，适时开展了多项立法工作，一批涉及社会民生的立法项目，已经顺利通过审议，还有部分立法正处于调研论证阶段，并将在近期按计划提交审议。

（一）民生类立法

着眼于"立人民需要的法"，涉及民众生活、生计的民生类立法，被摆在陕西地方立法的首要位置。2012年以来，包括陕西在内的我国多地城市发生严重雾霾，影响群众的生产生活。陕西省急人民之所急，及时确定大气污染治理的立法计划，制定出台《陕西省大气污染防治条例》，成为全国第一部大气污染防治的地方性法规，得到国务院领导的首肯，并被环境保护部推荐给其他省（区、市）借鉴。该条例加大了依法治理雾霾的力度和处罚力度，建立了大气污染物总量控制和浓度控制两项制度，企业排放大气污染物，应当符合国家和地方排放标准，并且需符合主要大气污染物排放总量指标。针对广场舞扰民等现实问题，西安市于2014年7月拟定了《西安市环境噪声污染防治条例（草案）》，并举行立法听证会征集群众意见，听证事项包括人们在公园、广场、人行道等公共场所跳广场舞、打陀螺等产生噪声的娱乐活动，究竟是禁止还是限制；规定在特定时段进行住宅装修活动是否可行、必要；限定幼儿园、学校等只能在课间操、升国旗、运动会、校庆等活动时可以使用高音喇叭，是否可行；规定房地产开发经营者应当在销售场所公示住宅的建筑隔声设计、可能受到的噪声污染情况及其采取的预防措施，并在买卖合同中予以明确，是否可行；听证还包括对高考、中考期间噪声排放的特殊管理还有哪些建议等事项进行讨论。

2014年，党的十八届三中全会决定修订计划生育政策，实施一方是独生子女的夫妇可生育两个孩子的新规。陕西省人大及时召开会议，通过了《陕西省人民代表大会常务委员会关于调整完善生育政策的决议》，为启动"单独两孩"政策完成法定程序。《决议》明确了生育两个孩子的14种详细情形，增加"夫妻一方为独生子女且该夫妻只有一个子女的，可再生育第二个孩子"，并且要求对符合条件的夫妇，在提出申请后依法进行审批程序。地方立法对于国家计生政策的及时回应，很好地满足了民众的诉求，保障了国家法律的实施。同时，《陕西省人口与计划生育条例》的修订工作也纳入了2014年的立法议程。

此外，在食品安全、大气环境、土壤污染、社会保障等方面，陕西也相继制定了一批政策、法规，有效地保障了民生发展，提高了城乡居民的生活质量，为社会和谐奠定了基础。

（二）社会类立法

根据近年来社会发展需要，陕西省推进了多项社会类立法，及时解决发展中的问题。为了弘扬优秀传统文化，保护陕西省的非物质文化遗产，陕西省制定了《陕西省非物质文化遗产条例》，并于2014年5月施行。该条例规定，县级以上人民政府应当将非物质文化遗产保护、保存工作纳入国民经济和社会发展规划，建立非物质文化遗产保护联席会议制度，解决非物质文化遗产保护、保存工作中遇到的重大问题。通过立法的规范作用，陕西省非物质文化遗产保护有了法律保障，相关机构的协调合作也更加顺畅。

放射性物质污染，成为近年来广受关注的社会问题，全国各地不时曝光的放射性污染案例，增加了社会各界的忧虑。陕西省人大于2014年7月通过了《陕西省放射性污染防治条例》，其中规定，天然石材、建筑陶瓷或者利用工业废渣生产的建筑和装饰材料，应当符合国家规定的放射性核素限量标准，产品销售者对于影响消费者生活的商品，应当出示产品的放射性核素含量检测报告。该条例的出台，对于有效降低放射性污染风险、保障人民生命健康与生活秩序，都具有积极的意义。

为了促进陕西现代果业发展、提高农民收入，制定了《陕西省果业条例》，2014年3月审议通过，有效地保障了陕西果业的规范管理和健康发展。该条例有着鲜明的针对性，陕西省是果业大省，全省水果种植面积超过千万亩，产业规模大、从业人数多、经济贡献大、发展后劲足，但在产业发展中，资源保护、环境保护、技术研发、产业投入等环节还存在一些问题，产业未能走上法制化的轨道。现行的《农业法》、《种子法》等仅对农业生产环节做了规定，对贮藏、加工、贸易等环节没有具体的规范，在果业发展实践中操作性不强。该条例从法律规范层面对产业发展、管理、保护进行全方面的规范，不仅有助于规范管理果业，还有助于加大产业扶持力度，落实产业支撑政策，促进果业健康可持续发展。同时，在保护资源、环境，保护企业、果农、合作社各方面利益等方面，都有明确规定，突出政府责任，突出市场导向，突出规模化经营、现代化发展，使陕西农业最具竞争力的优势特色产业有了法律保障。

从前述已经完成或正在计划中的立法项目来看，不难发现，陕西省将解决民众生活需求、实现"三个陕西"目标放在突出位置，将保障和改善民生、保护环境资源、创新社会管理、推进深化改革作为重点立法项目优先列入。大气、噪声、森林生态等环境保护项目，立法多达6项，成为立法的一大亮点。食品安全、果业、农业发展在立法中也占据不小的比例，凸显了以法治保障民生，提高城乡居民收入的目标指向。此外，作为历史文化大省，文化遗产、古建筑保护也有两部专门立法，显示了陕西对历史文化遗产保护的重视（见表1）。

表1 近一年陕西省立法概况（2013年7月至2014年9月）

法规名称	时间	类型	进程	备注
《陕西省建筑保护条例》	2013.7	建筑文化	施行	—
《陕西省大气污染防治条例》	2013.11	环境保护	—	—
《西安市秦岭生态环境保护条例》	2013.9	环境保护	—	西安市
《陕西省非物质文化遗产条例》	2014.1	文化遗产	施行	—
《西安市户外广告设置管理条例》	2014.5	市场秩序	施行	西安市
《西安市环境噪声污染防治条例》	2014.6	环境保护	征求意见	2014.11通过
《陕西省放射性污染防治条例》	2014.7	环境保护	征求意见	2014.10施行
《陕西省公路条例》	2014	交通	继续审议	—
《陕西省果业条例》	2014	农业	征求意见	2014.3通过
《陕西省节约能源条例（修订）》	2014.9	环境保护	征求意见	—
《食品生产加工小作坊和食品摊贩管理条例》	2014	食品安全	—	—
《陕西省人口与计划生育条例》	2014	计划生育	初次审议	—
《陕西省农业园区条例（修订）》	2014	农业	初次审议	—

注：表1主要为2013年7月以来陕西省具有代表性的部分立法概况，涵盖陕西省、西安市两级地方立法，系不完全统计。

三 陕西地方立法对社会发展发挥积极作用

近年来，陕西通过不断完善地方立法体系，提高法治实效，为社会与经济发展提供了良好的法治环境，陕西居民生活条件得以改善，城乡生态环境不断优化，企业发展环境更为优越，社会治理取得明显成效。

地方立法改善了居民生活条件。《陕西省大气污染防治条例》颁布后，陕西各地依照条例，不断加大大气污染治理力度，采取有效节能减排措施，各地空气质量指数大幅提升。2013年10月15日，西安市就提前完成105天的蓝天数任务，冬季采暖煤炭燃烧给蓝天数带来巨大压力，但11月、12月的蓝天数仍达到33天，其中12月空气质量优良天数为10天。2014年，西安市空气质量继续好转，截至7月11日，西安空气质量共出现1个"优"、85个"良"。截至12月11日，空气质量优良天数达200天。城市空气质量的提升，大大改善了居民生活环境。据国家环保部2014年9月的统计，西安在8月空气质量达标天数为27天，优良天数比2013年同期增加10天，在省会及计划单列市的74个城市中，空气质量状况排名第53名，位列西北五市第二。2014年以来，延安市优化环保制定煤种，加快南区集中供热站建设，加强机动车排气检测，对农用三轮车限行，综合治理地面扬尘，不断深化城区大气污染治理，取得积极的效果。2014年9月，延安市被某媒体选入中国最宜居的十大城市，位居第四。延安尽管是革命圣地、历史名城，但陕西省近年来实施退耕还林政策，并通过地方立法加大生态环境保护力度，改善居民生活条件，无疑起到了重要的作用。

地方立法促进了生态环境优化。秦岭是西安的生态屏障，是国际一流旅游目的地西安的山水依托，陕西树立了尊重自然、顺应自然、保护自然的生态文明理念，坚持做好秦岭生态保护工作。2013年，陕西省出台了《西安市秦岭生态环境保护条例》，扩大了保护区的范围，规定海拔2600米以上为禁止开发区，1500～2600米为限制开发区，1500米以下为适度开发区。2014年以来，陕西省环保厅等联合西安、宝鸡等市开展生态环境执法检查，检查发现，11个自然保护区的保护情况良好，各自然保护区核心区、缓冲区未发现乱勘探、乱开发、乱建设等开发活动，无旅游等生产经营活动。同时，6处地表水饮用水水源地有3处存在较大安全隐患，佛坪等地存在生活污水、垃圾排入饮用水水源现象，秦岭北麓太平峪存在无序开发行为，留下大量闲置的违法建筑。水源污染及违法建筑已被要求限期整改、拆除，恢复秦岭自然生态环境。在陕南，为保证北上汉江水质，广泛建设了污水处理设施，28个区县实现污水处理全覆盖，建成污水处理厂30座，日处理能力40多万立法米，污水排放标准均达到一级。严格依法保护生态，保证完美水质，使南水北调中线上游的汉江，成为一条最清澈的江水。秦岭沿线生态环境的向好，为建设"最宜居"的关天经济带奠定了基础。

地方立法推动了社会治理进步。良好的社会治理是一项复杂的工程，需要多方面联动配合，近年来的地方立法起到了资源整合与协调作用。在化解社会矛盾纠纷方面，以西安市为代表，建立起调解的"四级"网络，并组成专职人民调解员队伍，在整合人民调解、行政调解、司法调解制度的基础上，加强沟通与合作，形成调解组织四级网络体系，在征地拆迁、医疗纠纷等社会难点、热点领域发挥了积极作用，及时化解了矛盾纠纷。在社会分配层面，通过民主立法重塑公共服务制度体系，以公共服务均等化为根本原则，逐步实现覆盖全体城乡居民的社会保障制度，极大地满足了不同群体成员的多元需求。通过城市"精细化管理"，西安将卫生、交通等城市管理的各个环节进行量化、定化、精化、细化，不断提升城市的规划品质、建设品质、服务品质、生活品质，成功实现城市建设与管理的新跨越，通过优化社会治理，建设和谐宜居城市，让市民更好地享受优质高效的公共服务。在社区，以邻里守望为主题，设计了一系列生动活泼、接地气的活动，引导市民融入社区，从日常小事做起。通过立法的引导，建立了城市志愿服务队，根据志愿者的意愿和特长，进行邻里互帮互助，颂扬传统美德，及时解决生活困难，志愿服务的制度化与长效化极大地推动了社区和谐关系发展。

四 未来陕西地方立法趋向及建议

（一）未来陕西地方立法的趋向

未来一段时间，陕西应继续坚持立法服务人民、立法服务社会的基本宗旨，紧跟经济社会发展趋势，适时通过立法保障经济社会规范有序，实现人民法律权利。近年来，陕西省确立了"三个陕西"的发展目标，其根本的指向在于人民幸福、社会和谐。随着经济的发展，人民对生活质量的要求日益提高，如何保障社会生活质量，提升城乡居民的生活幸福度，科学、合理的地方立法是很重要的一环。例如，陕西近年来土壤污染较为严重，农业用地化肥农药超标，农田周围企业排放重金属、有机污染物等有害物质，严重污染农业用地，这又直接影响到食品安全，但陕西至今还没有保护土壤的地方立法，仅出台了《陕西省土壤环境保护和综合治理工作实施意见》。因此，需要在食品安全、生态环境、交通治理等方面加强研究，不断使地方立法满足人民的需求，实现人民的福祉。当然，经济的发展是提升社会生活质量的基础，地方立法同样需要为经济发展提供支撑。"丝绸之路经济带"的提出，为陕西经济发展创造了良好的机遇，对此机遇的把握，同样离不开法律的支持。西部金融中心的创建，应通过制定科学、合理，又富有吸引力的金融政策、地方法规，为各类金融机构落户陕西创造良好的制度环境，同时，也要不失时机地建立体制、机制导向，帮助金融服务农业、小微企业等富有活力、具有特色的陕西企业。在西安自贸区的建设中，应提供完善、特色的地方立法体系，为自贸区的长远发展，打造有保障、可信赖的法治环境。

通过地方立法更好地实施国家法律。2014年以来，又有多部重要国家立法通过，涉及国计民生，它们需要地方立法予以细化，保障有效实施。2014年，根据我国《物权法》第10条第2款的规定，我国开始建立统一的不动产登记制度，该制度对我国现实生活中不统一的不动产登记制度做出规范，旨在建立不动产统一的等级制度，保障与促进市场经济体制在不动产领域的健康发展，对保障公共资产和公民的不动产权利具有重要意义。陕西已经开始筹备不动产登记事宜，并建立了不动产统一登记领导小组。然而，因不动产登记涉及多个部门，陕西贯彻国务院《不动产登记暂行条例》也需要更健全的配套制度，仍有待立法跟进。此外，备受社会公众关注的国家《食品安全法》、《环境保护法》、《大气污染防治法》、《预算法》、《行政诉讼法》、《安全生产法》等修订工作已经或接近完成，陕西如何结合地方实际有效落实新立法精神，并与之前已有的地方立法相协调，亦成为亟待解决的问题。

（二）完善地方立法的对策建议

经过多年的发展，陕西地方立法取得了有目共睹的成绩，有效地促进了地方社会的发展。未来需继续优化地方立法工作，通过法治实现陕西社会发展的和谐有序，保障人民群众根本利益。

1. 更好地实现由规模扩张向质量提升的转变

为了治理高度复杂的现代社会，制定一定规模的法律法规是必要的，但需要保持立法谦抑的态度，破除"立法万能"的迷信。古人早就意识到法制繁多存在的弊端，"夫法制繁，则巧滑之徒皆得以法为市，而虽有贤者，不能自用，此国事之所以日非也"。况且，"法愈繁而弊愈多，天下之事，日至于丛脞，其究也，眊而不行。……立法以救法，而终不善也"。立法繁密之弊，不仅在其未必有效，还因其需耗费巨大的社会成本。从前期调研、评估，到法案起草、征集意见，再到审议、颁布，立法需要相当高的社会成本，从经济效益的角度讲，必须要权衡立法的成本与效益，如果效益不敷成本，则一些立法的合理性就需要审慎考量。1987年以来，陕西仅人大立法就有183件，2014年又将审议法规案25件。历年来陕西的立法虽颇有成效，但其中不无重复、低效现象，如2007年制定了《陕西省秦岭生态环境保护条例》，2013年又有《西安市秦岭生态环境保护条例》，同时还有2009年的《陕西省华山风景名胜区条例》，这些条例虽不无必要，但立法的繁复、低效显而易见。再如，2013年制定了《黄帝陵保护条例》，2012年已有《陕西省秦始皇陵保护条例》，尽管这些陵寝的重要性不言而喻，但立法更侧重于从抽象和一般的层面进行保护，而非个别保护。陕西是历史文化圣地，仅帝王陵寝就有数十处之多，将相贤达的陵寝更数以百计，如果每个陵寝都单独制定条例，立法成本必然居高不下，法制的效益也大为降低。对这些陵寝的保护，实际均可列入历史文化遗产或文物保护的范畴，进行统一的、规范的立法保障，而不是逐个地进行立法。提高地方立法的质量，需要提高立法行为的质量与立法成果的质量，必须与本民族、本地方的具体情况与实际需要相结合，"满足本地方经济、政治、文化及地方事务不断发展的需求"。在制定立法规划时，需要引入立法前影响评估机制，确定该法当立不当立，何时立以及立成什么样，最终作为确定该立法项目是否可以进入立法程序的依据。因此，未来陕西应更注重立法成本，提高立法的地方特色性，做好立法的统筹规划，考虑立法的系统性与协调性，避免重复立法，不断提高立法整体的质量。

2. 不断提高透明度，扩大民众参与立法渠道

现代社会高度复杂，立法又是一项专业性强的工作，因此推进"专家立法"势在必行。但专家立法也存在潜藏的弊端,部分专家缺乏执法的实践经验,设计的立法草案过于超前、理想化;立法者追求法律语言的精确,大量使用法律术语,使普通人不易理解,只有法官或律师能够参悟;立法者的部门化,使其无法完全避免利益群体的不当影响,甚至被部门意志所绑架,无法做到公正、独立。因此,必须要通过立法的民主化、大众化来进行制衡,通过不断扩大普通民众参与立法的渠道,为立法引入更多民意。推进立法的民主化,一方面可以改善立法听证会制度,对涉及民生的立法应提前举行听证会,在听证会参与人员的选择上,需要秉持公平、开放的原则,尽可能选取具有广泛代表性的、有能力提出不同意见、建议的人士参与,以便及时、充分地将民意反馈给立法机构。另一方面,应不断拓宽对立法草案的意见征询渠道,多方面听取社会大众的意见,特别是应借助网络新媒体的功能,及时发布立法计划和立法草案征集意见,开展专题性讨论,使各种利益群体的意见能够充分的表达,并能吸收到最终的立法文本中。立法只有经过不同利益群体的充分讨论、谈判与妥协,只有激发实施立法的民间动力与道德压力,才能适应社会需要,减少实施的阻力。立法要实现人民利益,需要充分发挥地方人大在立法中的主导作用,正确处理立法中的权、责、利关系,不能任由部门左右或主导立法,通过立法来谋求部门利益、短期利益。积极推动立法民主,使地方立法能够表达人民意愿,实现人们福祉,立法就更容易得到人民的认同、拥护和支持,实施这些法律或制度所付出的社会成本就会降到最低,并获得更高的社会效率。

3. 积极有效地利用新媒体大数据提高立法效益

推进民主化立法,就需要充分吸纳社会成员的各种意见,并对各种意见进行归纳分析。但在社会现实中,人口基数大,利益群体复杂多元是陕西的基本省情,如何有效吸纳、分析"真正的民意",如何对纷繁复杂的民众意见进行科学的处理,又是一个首先需要解决的问题。在此方面,大数据技术为提升立法质量和水平提供了新手段。大数据技术在社会、经济方面已经发挥出独特作用,利用大数据辅助立法工作,通过对海量数据的分类、挖掘和分析,可以使立法决策更加科学、更加符合中国的实际,还可以将社会不同群体、不同阶层以及大众媒体等渠道提出的立法需求、立法建议等各类信息，以大数据的方式进行重新整合、分析，有利于听到人民群众的真正呼声和要求，有利于回应人民群众关注的社会难点、热点、重点问题，为科学立法、民主立法提供依据，更好地提高立法效益。此外，借助新媒体及时发布立法信息，有利于民众了解立法进程，拓展民众参与渠道，并且能对各种地方性法律法规起到全方位的宣传作用，提升法律的社会实效。

参考文献

安·赛德曼、罗伯特·鲍勃·赛德曼、那林·阿比斯卡：《立法学理论与实践》，刘国福、曹培译，中国经济出版社，2008。

沈峰：《科学立法民主立法应尊崇民意》，《光明日报》2014年9月18日。

周伟：《论我国地方立法存在的问题及其解决》，《河南财经政法大学学报》2013年第2期。

孙晓东：《立法后评估的一般指标体系分析》，《上海交通大学学报》2012年第5期。

韩伟：《立法者、医生与良法之治》，《读书》2013年第4期。

B.13
陕西农村基层党组织建设现状及对策研究

何文兰*

摘　要：	农村基层党组织是党在农村社会主义事业的战斗堡垒和坚强领导核心，直接联系着亿万农民的神经末梢，同时也是解决好"三农"问题的重要组织保障。陕西积极贯彻落实党的十八大以及十八届三中全会精神，创新基层党组织建设取得了新成效。本文以此为切入点，正确认识社会转型期陕西农村基层党组织建设的现状，深刻分析城镇化、工业化、信息化和市场化的进程中，农村基层党组织建设面临的"六不适应"问题，并结合实际提出对策。
关键词：	陕西　农村基层党组织建设　现状　对策

随着西部大开发的不断深入、市场经济的不断冲击，陕西农村的经济基础、社会结构、人口分布、文化心理等方面发生了深刻的变化，农村基层党组织建设呈现新的特点，面临新的挑战。正确认识陕西农村基层党组织建设取得的成效、存在的问题，是进一步加强农村基层党组织建设的重要前提。农村基层党组织建设已成为事关陕西省"三农"问题的关键和能否实现"西部强省"的重要保障。

---

* 何文兰，陕西省社会科学院政治与法律研究所助理研究员。

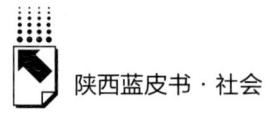

一 陕西农村基层党组织建设取得新成效

随着改革开放和西部大开发政策红利的不断释放，陕西农村基层党组织顺应时代要求，主动调适、积极应对、科学把握社会转型的特点和规律，在社会转型实践中不断改进和加强农村基层党建工作取得了新成效。

（一）对农村党组织建设重要性认识不断深化

以赵正永为省委书记的新一届政府领导对陕西农村工作尤其是加强农村基层党组织建设有了更进一步的认识，这是加强陕西省农村基层党组织建设的重要前提。赵正永在2013年1月9日全省组织部长会议上强调，"要牢牢把握十八大的新要求新部署，深入研究党建重大问题，全面加强干部队伍、基层组织建设等工作，为全面建设'三强一富一美'西部强省提供坚强组织保证"①。2014年2月10～12日召开的陕西农村工作会议上又强调，"各级要坚持党管农村工作传统，加强对'三农'工作组织领导，搞好农村基层党建，健全基层民主制度，加强农村社会管理，不断提升全省'三农'工作水平"②。6月27日，全省基层党建工作创新研讨交流会上，省委组织部部长毛万春提出要求，"基层党建工作必须尊重广大基层干部群众这个主体，要坚持眼睛向下，重心下移，尊重基层干部群众的首创精神，坚持群众满意的标准，真正做到让群众满意"③。这就为陕西省基层党组织建设定了位，农村党组织只有准确地定位才能更好地为群众服务。

根据中央和省里精神，结合实际，各市县也在积极探索加强农村基层党组织建设方面做文章。榆林市委书记胡志强在2013年3月13日榆林市委召

---

① 杜朋举：《陕西省委书记赵正永出席全省组织部长会议并讲话》，中国政府网，2013年1月10日。
② 元莉华、程伟：《陕西农村工作会议召开　赵正永娄勤俭讲话》，《陕西日报》2014年2月12日。
③ 何琦：《创新基层党建　夯实基层根基全省基层党建工作创新研讨交流会召开》，《陕西日报》2014年6月28日。

开县区委书记基层党建工作述职会议上指出,"今年是我市全面贯彻落实党的十八大精神的开局之年,也是我市实施'十二五'规划中期评估、提出在全省率先全面建成小康社会战略的重要一年,我们必须紧扣中省提出的党建目标要求,结合榆林实际,进一步提高思想认识、增强行动自觉,深入研究党的建设的重大问题,认真做好十八大精神轮训工作,把科学发展观贯彻到工作的全过程,进一步提高党建工作科学化水平,努力开创全市党建工作新局面"①。

不难看出,党组织建设的重要性已经得到了中央、省、市乃至农村基层的高度重视,也正是在这个前提下,陕西的党建工作不断与农村中心工作紧密结合。

(二)围绕中心抓党建不断紧密

党建不是目的,而是为中心工作服务。党的十八大绘出了全面建成小康社会的现代化宏伟蓝图,于是现代化和工业化、城镇化和信息化"四条腿走路"迫在眉睫。陕西省委省政府积极贯彻落实,赵正永强调,"我们要坚持主题主线,紧盯目标、埋头苦干,扎实做好全省改革发展稳定工作,推动陕西与全国同步够格进入全面小康社会"。② 很显然,农村基层党建的目的就是服务农村、服务农民。那么如何服务?就是要找准党建与农村发展的结合点,只有如此才能互促双赢。2014 年 6 月 30 日,赵正永同志在全省第二批党的群众路线教育实践活动基层党组织书记专题培训示范班上的讲话中指出,"在农村的同志,要把带领群众脱贫致富作为第一位的任务,既要落实好党的富民惠民利民政策,更要想方设法找到适合本村发展的好路子,让乡亲们把日子越过越红火,把村子建得越来越美丽"③。各县区在落实讲话精

---

① 张红红:《榆林县区委书记基层党建工作述职会议召开》,《榆林日报》2013 年 3 月 14 日。
② 赵正永:《认真学习贯彻十八大精神 加快全面建设西部强省步伐》,《陕西日报》2012 年 11 月 28 日。
③ 赵正永:《赵正永在全省第二批党的群众路线教育实践活动基层党组织书记专题培训示范班上的讲话》,http://www.sqzg.com/Article/2014/201407/20140725115409.html,2014 年 7 月 25 日。

神的同时也是结合实际,推陈出新。比如,汉台区围绕"三化"(即"特色化"服务方式、"多元化"服务平台、"长效化"服务机制)积极打造服务平台,创新服务手段,立足居民的需求与愿望,着力提升服务能力与水平,解决了服务群众"最后一公里"的问题,实现了"围绕服务抓党建,抓好党建促服务"的党建目标,受到群众的广泛好评。特别是在陕西省积极贯彻落实群众路线教育实践活动过程中,农村党组织建设围绕服务发展,使农村党组织带领农民致富和农民增收实现了新突破。有数据显示,陕西省农民人均纯收入2013年达到6503元,较2012年增长了740元,实际增加了12.8%,实现了农民人均纯收入达到5000元的目标,使陕西省踏上了"建设西部强省"的快车道。这一方面得益于是党中央和省委在农村的政策,另一方面不得不归结于农村基层党组织的作用。

(三)党员队伍素质不断提高

伴随着改革和教育、科技、文化的快速发展,农村党员的素质也在不断提高。党员发展稳步推进,突出"结构优化";党员培训力度增强,突出"素质提高";组织覆盖面扩大,突出"作用加强"。

1. 党员发展稳步推进,突出"结构优化"

随着社会的不断进步,群众对党员的能力要求也在不断提高,只有高素质的党员才能更适应农村发展的需要。所以,近年来陕西省注重发展农村党员从数量到质量的转型,改变以前"矮子里拔将军"的做法,扩大选人视野,积极从先致富又肯带动和帮助群众致富的经济能人中、从有文化有魄力热爱农村工作的优秀青年中发展党员,明显改善了农村党员的素质。2012年,全省共发展党员13.8万,其中农村党员2.2万余名,大专及以上学历3400余名,占农村党员发展总数的15.5%;35岁及以下1.3万余名,占农村党员发展总数的59.1%。同时,各市县也在发展党员提升素质方面有了很大的改善。宁陕县打破教条,按照"坚持标准、保证质量、改善结构、慎重发展"的方针,着眼于始终保持党的先进性,坚持"推优、预审、票决、追责"四项制度,把群众信得过的想干事、肯干事和干成事的高素质人才吸收到党员队伍中。留坝县实行发展党员"两评议两监督三票决四教育"制度，积极发挥群众的主体作用，让群众监督、参与到发展党员的全过程中。例如，"在确定积极分子、列为发展对象时进行群众评议，评议中被评议人无违纪违法现象，且综合评定中'良好'及以上等次得票率达60%以上'较差'等次小于20%，方可履行相应发展程序。目前，有5名村民因群众满意率不高而没能列为入党积极分子"①。这在以前农村人口流动性大、青壮年劳动力不充裕、党员青黄不接的情况下是很难做到的。说明一方面我们注重党员素质的意识增强了，另一方面由于农村的教育环境的改善，群众本身的素质得到了提高。

2. 党员培训力度增强，突出"素质提高"

近年来，陕西省依据"发展与教育"并重的原则，积极开展对新党员培训和党员创业就业技能培训，大幅提升了党员素质。比如，2013年以来，合阳县委积极贯彻落实党的十八大精神和开展党的群众路线教育实践活动，组织开办了全县"农村党员干部讲堂"活动。对全县的353个村党支部书记、村委会主任和大学生村干部进行了培训。留坝县创新载体、搭建平台，"从机关、农村产业带头人中筛选技术骨干32人组成'流动党校'，根据党员需求开展'组团服务'、'送教上门'。先后举办大学生村干部创业、村干部能力提升、妇女家政服务、农村实用技术等培训36期1100人次"②。

3. 党组织覆盖面扩大，突出"作用加强"

要发挥党组织的作用，首先是组织设置上不留"空白点"，尤其是现在农村生产生活不断变化的情况下，突出反映哪里有产业哪里就有党组织。截至2012年底，全省共有基层党组织11.7万个。值得一提的是，农村党组织建设工作成绩显著，目前全省共有农村基层党组织1.2万多个、4.5万多名党员，基本上实现了党组织设置横向到边纵向到底。

---

① 杜博：《留坝：严把党员教育管理关口》，http://www.sx-dj.gov.cn/html/2013-7-22/094111.html，2013年7月22日。
② 杜博：《留坝：严把党员教育管理关口》，http://www.sx-dj.gov.cn/html/2013-7-22/094111.html，2013年7月22日。

(四)党组织体系不断健全

1. 党组织设置科学化

随着农村改革的不断深化,农村的生产生活方式、群众的就业方式发生着巨大的变化,原有的个体分散经营模式逐渐被合作、产业、集约的方式打破,原有传统的按行政区划设置的党组织无论是从服务还是管理的角度都已不能完全适应农村的需要。所以,创新党组织设置是关键。宝鸡市本着服务、便民的原则坚持产业延伸到哪里,组织就建到哪里。一是因地制宜,建立特色支部。如扶风县,依托龙头企业、专业协会、生产基地和综合市场因地制宜地推行"支部+协会"、"支部+经纪人+农户"等不同类型党组织设置方式,建立产业型、基地型、社团型、流动型等不同功能党组织。初步建立了以村党组织为主体、产业党组织为支撑、专业党小组为基础的新型组织体系。二是按需分类,建设"功能型"党小组。为满足不同年龄结构、文化层次、专业特长的党员生产生活的个性需求,将有相同需求的党员组织起来划分功能型党小组。如岐山县水果专业合作社党组织中,划分科技服务党小组、信息收集党小组、售后服务党小组和生产监督党小组等,这样就能较好地对党员进行教育管理,同时也增强了党组织的凝聚力。三是因需而变,设立特别党支部。如扶风的西权村建立"老年党支部",利用他们宣传政策、化解矛盾、调解纠纷、收集民意等;建立"文艺队党支部",利用她们开展活动、联谊感情;建立"妇女党支部",利用她们解决家庭暴力、维护妇女权益等,从而实现了党员人人有岗、人人有责的局面,增强了党员的荣誉感。四是整合资源,建立区域党组织。麟游县整合乡、村、协会、企业、学习等党建资源,探索开展村村、村企、村协、城乡等联合建立党组织,实现了共享党建成果的新格局。

2. 阵地建设规范化

农村党员活动中心是农村基层组织活动阵地建设的重点。陕西把规范农村党员活动中心作为增强农村基层党组织凝聚力、战斗力、创造力的一件大事来抓,注重"建、管、用"有机结合,使农村基层党组织活动有了固定场所，为基层党组织联系党员群众架起了桥梁，为党员群众学习知识搭建了平台，为凝聚党心民心构筑了坚强"堡垒"，夯实了农村基层党组织建设的"基石"。长安区以加强党的基层组织建设、巩固党的执政基础为主线，以突出村级阵地建设和后进村班子整建为重点，自2011年以来在全区村级活动场所建设累计投入资金6000余万元，建成规范的村级活动场所600多个，保障了"党员活动有场所"，实现了"阵地建设全达标"。

3. 党员作用发挥经常化

农村党员除了村干部以外，大都无职无岗，所以很多党员作用发挥不明显。为了积极鼓励农村党员释放活力、保持先进性，陕西省积极探索党员"设岗定责"、"党员承诺"等制度。2012年11月16日，中共陕西省委教育工委办公室下发了《转发中共中央组织部〈关于建立健全党员承诺践诺制度的意见〉的通知》，要求各地市、各基层单位部门积极落实。延安市树立了典型，全市农村党组织3345个，共有党员62313名，实行党员承诺制的有3266个村，占总数的97.6%；已做出承诺的党员58074名，占农村党员总数的93.2%，直接受益群众达628133人。西乡县把深化农村无职党员设岗定责工作与争先创优活动、"双培双带"工程和解决农村热点难点问题相结合。探索出了无职党员自我发展完善、自我教育管理、自我提高监督的长效机制，激发农村无职党员在设岗定责中创先争优的积极性和创造性，使大多数农村党员"无位更有为，无职更有责"。

（五）党组织建设制度不断完善

1. 村干部选拔制度

陕西省在农村干部选拔方面较以前有了很大的进步。总体上坚持公开、公正和公平的原则，又不失各地的灵活创造性。比如，白河县通过公开招聘、下派挂职、交流任职等方式拓宽选人渠道，注重在回村居住退休干部职工、农村致富能手、外出务工经商回村创业能人中选任村干部，鼓励党政机关、企事业单位优秀年轻干部到经济贫困村、工作薄弱的村任职。全面实行村党支部"两推一选"、"两推直选"和村委会"公推直选"，严格按照有关规定和法定程序选拔任用村干部。积极探索村党支部书记跨村任职，采用强村带弱村、大村带小村的办法建立联合党组织，从中择优选拔党支部书记。从镇机关事业单位中选派合适干部驻村任职，解决本村没有党支部书记合适人选问题。采取个人自荐、群众推荐、综合考评、组织考察的"两荐两考"方式选拔村级后备干部。安排后备干部担任不由村主要领导兼任的村级其他组织负责人或村干部助理，进行锻炼和培养。

2. 监督管理制度

随着农村民主法制和村民自治的进一步发展，陕西省积极探索建立和完善村级事务民主决策、为民服务、维护稳定工作机制，确保领导干部工作开展在法律法规范围之内。全省基层全面推行实施"四议两公开"工作法，积极推进党务、村务、财务公开，规范公开内容和程序，发挥村民监督委员会作用，确保群众的知情权、参与权和监督权。把服务群众、做群众工作作为村党支部的核心任务和村干部的基本职责，村干部利用村级公共服务组织，扎实开展教育培训、信息咨询、生产生活、医疗健康、文化体育、矛盾调处、全程代办和志愿互助等为民服务活动。

3. 教育培训制度

教育培训是提高农村党员素质的首要渠道，陕西近年来投入了一批可观的人力和资金，在加强党员干部学习教育方面初步取得了成效。一是现代远程教育实现了建、用、管并举，发挥了应有的作用。二是培训机构拓宽，广泛运用县党校、县职教中心，同时还积极依托行政学院和高校对农村党员进行全方位、多层次、宽领域的培训。比如凤县，目前他们依托西北农林科技大学、县委党校、县职教中心，已建立3个农村基层党员干部教育培训基地，从2012年7月19日开始，已先后举办村党支部书记、村主任、村文书（社区干部）集中培训班3期，共培训322人，9个镇举办培训班45期，共培训3800余人。培训基本做到了组织机构、师资队伍、教学设施、经费支持"四到位"。目的就是令村干部打开眼界、学习本领、更好地为群众服务。三是规范培训制度，提高学习质量和效果。过去学习一窝蜂，学习过后没有长进。所以建立学习管理的长效机制很重要，尤其是强调建设学习型党组织以后，很多村把学习作为制度确定下来，作为考核基层干部的重要指标。

（六）农村党员干部作风更加务实

习近平指出，作风建设永远在路上，要"从群众最关心、最迫切的问题入手，着力解决关系群众切身利益的问题，解决群众身边的不正之风问题，把改进作风成效落实到基层，真正让群众受益，努力取得人民群众满意的实效"[①]。陕西从基本省情出发，积极贯彻落实中央精神。农村党员干部为民服务的意识不断强化，农村政治生态和社会风气得到明显改善，党员干部队伍形象进一步提升，实现了省委做出的"向中央和全省人民交一份满意答卷"的承诺。据统计，陕西省参加第二批群众教育实践活动的基层党组织有10.1万个、党员有209万人，这些组织和党员大部分集中在第三茬次（即乡镇和农村），是真正的处在"末梢神经"和"最后一米"位置上，因此是党的形象代言人，与群众的关系也最为密切。所以，群众路线教育实践活动的成效到底如何，群众主要是看村干部和身边党员的作风变化。令人欣慰的是，随着第二批教育实践活动的深入开展，农村党员的作风明显改变，朝着更务实的方向发展。

二 陕西农村基层党组织存在"五不适应"问题突出

农村基层党组织建设取得了成就，但是并不能掩盖仍然存在的一些新问题。诸如新兴组织不断涌现与党组织作用削弱的不适应，村民自治进一步发展与群众政治参与欠充分的不适应，农村风险因素增加与党组织稳定群众预期能力有限的不适应，群众诉求多样化与满足渠道单一的不适应，部分党员党性不强、意识淡化与始终保持党员先进性的不适应等。

---

① 习近平：《作风建设向基层推进》，《京华时报》2014年1月21日。

（一）新兴组织不断涌现与党组织作用削弱的不适应

"村党组织应该在村里的各项工作开展、各种类型组织运作中居于领导核心地位，这是我们党执政以后形成的共识和一贯奉行的政治原则。"① 但随着农村的生产方式和经营方式的改变，农村新兴组织不断产生，它们种类多、覆盖广、服务直接简便，很受群众欢迎。这就出现了一对矛盾，一方面这种自治组织使广大农民表达和实现自己利益的途径和来源多元化，自由空间也在不断拓展；另一方面却因此导致群众和农民自治组织对基层党组织的依赖减弱，传统的党群关系模式面临新的挑战。那么如何处理村党组织与农民自治组织的关系也使基层党组织的工作面临一些新的领域和问题。所以"在新的形势下，要求农村基层党组织与农民自组织建立一种新的关系模式，切实实现党的十八大报告提出的'以党的基层组织建设带动其他各类基层组织建设'的要求"。② 那么，出路在哪里？

（二）村民自治进一步发展与群众政治参与欠充分的不适应

自《村民委员会组织管理法》实施以来，基层民主深入人心，农民参与政治意识增强。但农村地区农民的政治参与水平与政治现代化的要求还有很大的差距。就农民参政议政最重要载体——村民自治而言，也存在许多问题。比如组织结构，主要包括村民会议和村民委员会。其中，村民会议是村民自治的最高决策机构，但因改革所带来的农村的经营方式和生活方式的变化，党员群众流动性大，很难组织召开。因此，对于涉及村民利益的事基本上由村委会决定，有的甚至由村支书一人定夺。所以，"民主自治的功能不健全、职责不明确，在实践中无法真正体现出'民主自治'原则。具体制度的不完善以及在实践中的偏颇，必然阻碍农民有效地进行政治参与，抑制他们管理国家、当家作主的积极性"。③

---

① 李剑、张书林：《莱西会议与村党组织领导核心地位》，《理论学刊》2012 年第 10 期。
② 王建国：《新时期农村基层党组织与农民组织的关系》，《社会科学研究》2014 年第 2 期。
③ 王立梅：《当前我国农民政治参与的制约因素及对策探讨》，《理论导刊》2006 年第 1 期。

（三）农村风险因素增加与党组织稳定群众预期能力有限的不适应

维护农村稳定是新时期考验农村党组织工作能力的重要体现。随着城乡一体化的推进，拆迁、招商引资、环境等问题带来的突发性事件愈来愈多。如何把群众的不满及时疏导和化解，不至于酿成重大事件，一些党组织苦于方法不当和能力不足，不能完全适应。农村利益冲突、不和谐因素明显增加，群众对农村的稳定预期不断下降。同时，在城镇化进程中，一些人认为土地没了，生活成本高且没有收入保障，公共服务又与城市存在巨大差距，开始对党和政府产生不满的情绪。如何做好群众工作，稳定群众的预期，是城镇化进程中党组织迫切需要解决的一个问题。

（四）群众诉求多样化与满足渠道单一的不适应

随着物质产品的极大丰富，群众精神需求有了新的要求，诸如出行、健康、娱乐等。尤其是在大力推动美丽乡村和新农村建设的进程中，如何为基层村民创造一个良好的村容村貌；帮助农民兴修基础设施，改善生产生活环境；帮助村民修筑乡村公路，解决群众出行难问题；帮助农民在农业生产上提供产前、产中、产后服务，适应市场发展；在技术、资金、项目和销售上给予支持帮助，提高农民的致富能力等都对新时期的党组织提出了更高的要求，但是一方面由于村级党组织整体素质不高，有心无力；另一方面是体制机制的约束，党组织缺乏动力，导致不善、不愿想办法而满足不了群众的需求。

（五）部分党员党性不强、意识淡化与始终保持党员先进性的不适应

党员与群众的根本区别就在于党员的先进性。但是，现阶段首先是部分党员党性不强，从心理上把自己等同于一般群众。这与党员本身素质有关，也与我们农村发展相对落后、基层党组织缺乏展示党员风采的舞台有关。其次，制度缺乏操作性。比如《中国共产党发展党员工作细则》对党员的入

党条件作了严格的规定，但是尤其在农村，对一些是党员身份不谋党员职责的没有相应的制度规定，或者有其规定也由于缺乏监督而流于形式，有的甚至对犯错误的党员也不去追究，这就造成党员一旦入党就是终身的标签，不带头、不先进的党员和普通群众没有区别，党员意识淡化。这明显与始终保持党的先进性有巨大差距。

三 全面深化改革，进一步加强农村基层党组织建设的几点对策

面对农村基层党组织存在一些不适宜的新情况和新问题，必须以改革创新的勇气和信心加强农村基层党组织建设，结合省情，必须做到以下几个方面。

（一）思想上高度认识，把推动农村基层组织建设作为一项基本工作来抓

思想是行动的先导。长期以来对农村基层党组织建设，一直存在不同的看法。一是认为，党的路线、方针、政策是国家的事情，只要中央不出方向性错误，基层根本无力改变什么，是典型的"消极论"。二是认为，党组织建设是务虚。不能创造社会价值，关键的时候还是GDP，这是典型的"唯GDP"论。也有人认为只要经济工作搞好了，党组织建设就自然好了。凡此种种，都是认识上的错误。诚然，认识的偏差必然导致实践中的错误。所以，上至省委省政府，下至乡镇和村一级，都必须保持思想上的清醒，深刻认识到"基础不牢，地动山摇"的严重性，以党的十八届三中全会全面深化改革的精神为指导，上下一盘棋，切实推进农村党组织建设改革。

（二）重点加强支部建设，发挥党的领导核心作用，巩固党的领导地位

新时期，部分党组织的作用不断被"边缘化"。究其原因是党组织自身建设存在问题。所以，要从创新模式、转变方法、选好书记、管好队伍入手，充分发挥党组织的作用，巩固党在农村的领导地位。

1. 创新农村基层党组织设置模式

继续完善支部建在产业链上。改变传统的以行政地域为原则的组织设置。按照有利于产业发展、有利于工作开展和有利于党员教育管理的原则，把党支部建在产业链上，做到哪里有产业哪里就有党组织，实现纵向到底、横向到边全覆盖。

2. 实现领导方式和工作方法的转型

党的十八大报告提出"以服务群众、做群众工作为主要任务，加强基层服务型党组织建设"，要紧紧围绕这个新定位新要求，积极落实群众教育实践活动，扎实推进基层党建工作。

3. 选好书记，加强班子建设

一要落实"选得好"。要真正把守信念、讲奉献、有能力、重品行的人选上来。扩大选人用人范围，不断挖掘农村基层干部队伍新的源头，促进农村各个方面优秀人才脱颖而出。二要规范"干得好"。要使选的人能干事、干好事，就必须有制度的保障，重点包括村务公开、民主管理、民主决策等，使村内的各项事务严格按照上级有关文件和法律法规的要求执行。三要保障"留得住"。"只讲付出、没有回报，短期可以，长期难矣；少数人可以，多数人难矣。只有更多地组织关怀和温暖，才有更多地人团结在共产党周围。"[①] 所以一方面要加强人文关怀，另一方面要有物质激励，解除党员领导干部干事创业的后顾之忧。

4. 加强党员队伍管理

一方面要抓好日常的组织生活，增强党员的组织纪律意识，"要使党的组织纪律成为带电的高压线"。另一方面要抓好培训，提高党员干事创业的文化水平，只有不断学习和充电，才能紧跟形势，才能更好地服务群众。最后要加强党员的评价和考核。要建立健全对党员的考核评价体系，加大对党员干部的甄别淘汰力度，健全有效的党员退出清理机制，确保党员干部的纯洁性和先进性。

---

① 田应奎：《使党的组织活动与建设更能团结人》，《瞭望》2014年第26期。

（三）加强基层民主法制建设，健全村民自治机制

"善于运用法治思维引领改革，是构建改革与法治的良性互动关系的必然要求，也是当前推进国家治理体系与治理能力现代化的要义所在"[①]。深化村民自治促进基层民主政治建设，必须坚持法治。

1. 增强民主法治意识

深化村民自治，推进基层民主政治建设，首先是提高村级领导干部运用法制思维和法治方式的能力。"唯有他们善于运用法制思维和法治方式，努力以法治凝聚改革共识，才能对其他社会成员产生潜移默化的示范和感化作用"[②]。其次是要加强对群众的普法教育，使法律观念深入人心，做到懂法、守法。

2. 处理好两个关系

一是要处理好"两委"（党支部委员会和村委会）关系，即党支部领导和村委会自觉接受领导的关系，只有权责明确，才能增强效率，才能从根本上解决推、拖、等、靠的思想和做法。二是要处理好党组织与自治组织（除村委会）的关系。党组织要自觉领导、组织和引导自治组织的发展，促使其发挥应有的作用。

3. 加强落实和完善重要村级事务民主管理制度

建立健全村民代表议事制度，规范村级重大事务民主决策程序。集体经济、财务管理、土地转让、社会治安、宅基地转让等凡涉及集体利益的事情都要进行民主议事、民主决策，并由村民代表大会讨论决定。坚持重大事情事前、事中、事后的公开透明，保障群众当家做主。

（四）加强农村基层党组织建设制度改革，紧扣服务

任何时候，党全心全意为人民服务的宗旨不能变。随着社会利益格局、组织形式和人们的生产生活方式与思维观念的转变，农村基层党组织需要建

---

① 封丽霞：《依法治国：四中全会筹备期释放的强烈信号》，《瞭望》2014年第31期。
② 封丽霞：《依法治国：四中全会筹备期释放的强烈信号》，《瞭望》2014年第31期。

立起一套适合基层治理、有助于提高服务水平的工作制度和体系。

1. 把服务改革摆在突出位置

在全面深化改革浪潮中，基层党组织尤其需要把服务改革摆上突出重要的位置。结合省情，必须"根据变化的经济、社会结构和各类组织形态，根据社会流动性、开放型和包容性的进一步扩大，来拓展新的工作领域，探索新的工作机制"。"需要把服务作为自觉追求和基本职责，寓领导和管理于服务之中"。① 只有通过积极主动地服务化解矛盾与风险，才能让群众分享到更多的改革红利。

2. 建立健全基层党组织和党员干部联系群众的工作机制

一是建立联系群众工作制度，使党员联系群众做到经常性、有针对性，重在听取群众意见，解决群众难题。二是建立定期接待群众来访制度。农村党组织负责人每月至少安排一天时间接待群众来访，做到"三固定一公开"，即接访人员、时间、地点要固定，接访的问题向社会公开。来访群众反映的问题，要做到及时答复、及时处理。确实需要调查评估而不能当场答复和处理的要说明情况，要有确切的"时间表"和"路线图"，并遵循"谁接访、谁负责"的原则办理落实。三是建立办理情况定期反馈制度。对群众反映的问题，要求"件件有着落、事事有回音"。

3. 建立健全基层党组织和党员服务群众长效机制

一是健全为群众办实事、解难题制度，包括建立服务承诺制度、为民服务代理制度、结对帮扶制度等。二是建立健全加强引导、分类服务的制度。针对不同群体的需要提供有的放矢的服务。三是建立健全党内激励关怀机制。包括政治激励，鼓励基层群众"参政议政"，使其政治上有成就感；物质激励，对在工作中做出突出贡献或所做工作具有一定的创新性价值的党组织和党员，应采取设立党建工作创新成果奖或给予党建活动经费补贴等办法予以物质奖励，增强其荣誉感；人文关怀，按照"生活上照顾、精神上引导、感情上慰藉、发展上帮助"的原则建立党内关怀机制，增强其归属感。

---

① 张程程：《基层党组织建设紧扣服务》，《瞭望》2014 年第 18 期。

（五）加强农村基层党组织建设改革要统筹协调，综合配套

基层组织建设改革事关农村小康社会的全局，也关系农村的稳定和谐，必须科学统筹规划，综合配套，协调推进。

1. 加强顶层设计与坚持人民主体相结合

农村基层党组织作为我党执政兴国的重要基础，是各级党组织直接联系亿万农民的神经末梢，改革可以说是牵一发而动全身，只能成功不能失败。所以，必须加强顶层设计，增强改革的科学性、合理性、统筹性和宏观性，从而保证党组织建设改革的顺利进行。同时，还必须发挥群众参与改革的积极性。正如2012年3月温家宝总理在答记者问中表示："我深知改革的难度，主要是任何一项改革必须有人民的觉醒、人民的支持、人民的积极性和创造精神。"[①] 所以，既发挥中央的作用，又发挥基层群众的作用，改革的活力和主动性才能更好地被激活。

2. 各级党组织知行合一

"不付诸行动，不狠抓落实，再好的宏伟蓝图也只是一纸空文，改革攻坚，一份部署，九分落实。"[②] 这同样也适用于农村党组织建设的改革工程。各级党组织在农村党组织建设改革这个问题上要头脑清醒、认识到位，不能马虎，一定要把党在农村的改革政策落实好，做到齐抓共管，才能形成推动改革的凝聚力。

3. 找准农村党组织建设改革着力点

要紧紧围绕农村城镇化、空心化等变化把握改革的着力点。把关系到党组织建设规范化、科学化的问题，统筹到城乡党建工作中，纳入统筹城乡经济社会发展的总体规划中，要把党员管理、班子建设、干部考核、村务公开、民主法制等作为改革的重中之重。

---

① 温家宝：《在十一届全国人大五次会议记者会上答中外记者问》，《人民日报》2012年3月15日。
② 慎海雄：《聚焦聚神聚力抓改革》，《瞭望》2014年第24期。

B.14
陕西省劳动关系现状
与发展趋势研究报告*

刘 源**

摘　要：	和谐劳动关系是经济发展和社会稳定的基础，多年来，陕西省委省政府认真贯彻劳动法律法规，出台相关措施保证劳动关系沿着健康方向发展，促进经济发展和社会稳定。当前，陕西正处于全面落实"十二五"规划的攻坚时期，陕西处于深入推进社会主义市场经济体制完善、加快改革开放和有序推进城镇化的战略发展机遇期，劳动关系领域仍然有许多新的现象需要关注，以促进其和谐稳定。
关键词：	陕西　劳动关系　劳动仲裁　劳动监察

劳动关系是一切社会关系的基础，和谐的劳动关系是社会关系和谐稳定的根本，也直接影响着一个国家和地区经济社会的发展。正如恩格斯曾说："资本和劳动的关系，是我们全部现代社会体系所围绕旋转的轴心。"① 改革开放30多年来，伴随着我国经济体制的转轨，传统计划经济体制下的劳动关系，在社会主义市场经济体制的确立和逐步完善中，发生着深刻的变化，

---

* 本文系国家社会科学基金项目（项目编号：13XFX020）的阶段性成果。本文的写作，得到了人社厅和省总工会等相关部门的大力支持和协助，笔者深表感谢，正是这些支持使本文写作更客观、翔实。
** 刘源，陕西省社会科学院中国马克思主义研究所副研究员。
① 马克思、恩格斯：《马克思恩格斯选集》（第2卷），人民出版社，1995，第589页。

劳动关系的和谐稳定成为当前我国关注的热点话题，伴随着2008年《劳动合同法》和《劳动争议调解仲裁法》的出台，我国劳动关系进入一个新的调整时期。陕西作为西部欠发达省份之一，"十二五"期间，正处于逐步完善社会主义市场经济体制和全面建成小康社会的关键时期；作为西北大门户重要战略地位的省份，陕西正处于进一步深化改革开放、引领大西北、连通中西亚的关键时期；作为农业人口居多的省份，在现代化的进程中了，正处于深入推进城镇化的关键时期。劳动关系在这种经济社会发展变革的大背景下，必然会产生新的变化，受到深刻影响，这也一直是历年政府工作报告中的一个关键点，受到省委省政府的高度重视和全社会的普遍关注，处理好这个关系对陕西经济的平稳发展与社会的和谐稳定发挥着重要的作用。

一　不断完善促进就业的保障体系

省委省政府多年来贯彻实施就业优先战略，2013年全年城镇新增就业43.55万人，城镇登记失业率3.32%，全省就业局势总体稳定。全省离校未就业高校毕业生实现就业8.61万人，登记就业率为91.74%。帮助4.76万名就业困难人员实现就业，新增城镇就业43万人，转移农村劳动力695万人，大学生初次就业率达88%。

（一）加强就业信息化建设，提升政府就业公共服务水平

2013年1月，陕西省人力资源和社会保障厅办公室印发《陕西省就业信息化建设实施意见》，以全面提升就业服务和管理质量为目标，紧密围绕促进就业的重点工作和发展方向，从2013年开始，在3～5年的时间内，在全省范围内搭建就业信息系统应用支撑平台，有效衔接全省各地区、基层单位到省主管部门、涉及就业各领域的工作，形成统一、规范、高效、安全的信息化公共就业服务体系和业务经办、决策支持、业务监管体系。

（二）认真做好高校毕业生就业创业的服务工作

第一，认真落实2013年确定的"高校毕业生一次性求职补贴和校园招聘补贴及相关高校毕业生就业服务工作"的要求。

第二，省人社厅调整高校毕业生就业创业培训相关政策，将就业培训对象范围中的"毕业年度内高校毕业生"，调整为"毕业学年（即从毕业前一年7月1日起的12个月）内高校毕业生"，将"创业培训每期不超过2个班、每班人数不超过25人"调整为"每期不超过3个班、每班人数不超过25人"。

第三，陕西省人社厅等13部门《关于印发〈陕西省大学生创业引领计划实施方案（2014~2017）〉的通知》，通过各方共同努力，使大学生的创业意识和创业能力进一步增强，支持大学生创业的政策制度和服务体系更加完善，政府激励创业、社会支持创业、大学生勇于创业的机制基本形成，大学生创业的规模、比例继续得到扩大和提高，力争实现2014~2017年全省完成大学生创业培训10万人，小额担保贷款36亿元，引领36000名大学生创业，表彰200名大学生创业明星的预期目标。

第四，2014年，陕西省政府在扩大社会保险补贴范围、鼓励高校毕业生到城乡基层就业和自主创业、实施离校未就业高校毕业生托底安置、加强就业援助与服务、规范国有企业招聘行为5方面出台14条举措，促进高校毕业生就业创业。

（三）加强农民工回乡创业的服务工作

近年来，陕西省委省政府积极顺应农村劳动力转移就业新的趋势变化，把做好农民工回乡创业工作作为其中的一项重要任务来抓，制定了一系列相关政策措施，不断优化创业环境。自2009年以来，各市、县积极落实税费减免、小额担保贷款、场地安排等诸多扶持政策，放宽市场准入条件，开辟服务"绿色通道"，开展银企对接活动，广泛动员社会各方面力量支持创业、服务创业。截至目前，全省回乡农民工共创办16.21万个经济实体，安置解决了农村劳动力转移就业人员105.3万余人，平均每户企业带动就业8人，是全省个体人员创业带动就业平均人数的近3倍，20个省级农民工回乡创业示范县平均每个农民工创办企业吸纳就业的人数更是高达9人。农民工回乡创业带动了本地的乡镇企业、中小企业、民营经济的发展，打破了贫困地区单纯依靠招商引资的局面，不少地区农民工回乡创办的实体规模和经济总量超过了当地招商引资规模，有的达到近10倍，占到当地民营经济总量的30%以上，已成为县域经济发展新的增长点和生力军。

（四）扎实开展2014年春风行动

为全面贯彻落实党的十八届三中全会精神和党的群众路线教育实践活动的要求，适应新形势下农村转移劳动力就业的新情况、新特点，推进农村转移劳动力就业创业工作，更好地满足2014年春节前后进城务工人员就业需求和企业用工需要，按照国家三部门《关于开展2014年春风行动的通知》（人社部发〔2013〕254号）要求，省人力资源和社会保障厅、省总工会、省妇联定于2014年1~3月在全省共同组织开展"春风行动"。针对有转移就业意愿的农村劳动者、有创业愿望的农村劳动者、有招聘需求的各类用人单位、其他有就业创业意愿的劳动者，在全面加强公共就业服务的基础上，重点开展5个专项活动，即求职招聘信息集中收集活动、转移就业专项宣传活动、人岗对接专项服务活动、政策落实专项服务活动、就业环境集中整治活动。

二 认真推行劳动基准相关规定的落实与调整

（一）劳动合同签订率提高

截至2012年底，劳动合同制度在全省各类企业、个体经济组织、民办非企业单位普遍建立，劳动合同签订率达到95%。其中，国有及国有控股企业达到96%，农民工劳动合同签订率达到85.5%。累计通过并有效实施的各类集体合同43345份，涉及职工340.15万人。其中，签订工资集体协议20100份，覆盖33095户222.58万名职工。

（二）根据经济发展水平，进一步调整陕西省最低工资标准

调整后的最低工资标准按四类地区分别对全日制用工和非全日制用工做出具体规定：一类工资区分别为1280元/月和12.8元/小时；二类工资区分别为1170元/月和11.7元/小时；三类工资区分别为1060元/月和10.6元/小时；四类工资区分别为970元/月和9.7元/小时。

（三）落实环卫工人参加社会保险财政补助

省人力资源和社会保障厅会同省财政厅、省住房和城乡建设厅《关于全省环卫工人参加社会保险有关问题的通知》，对保障环卫工人基本养老保险费、基本医疗保险费、失业保险费、工伤保险费和生育保险费做出了具体规定，省财政厅就落实环卫工人参加社会保险各级财政补助资金做了妥善安排。

（四）进一步落实《国务院关于建立统一的城乡居民基本养老保险制度的意见》

根据《意见》要求，陕西省对城乡居民基本养老保险制度未来的发展有明确原则和目标，力争在2020年前，全面建成公平、统一、规范的城乡居民养老保险制度，与社会救助、社会福利等其他社会保障政策相配套，充分发挥家庭养老等传统保障方式的积极作用，更好地保障参保城乡居民的老年基本生活。

（五）加强失业保险基础建设，及时调整保险金标准

截至2013年底，陕西省失业保险参保人数为339.81万人，覆盖率达到93.48%，失业保险基金收入19.03亿元，基金支出3.49亿元，确保了6.15万名失业人员的失业保险待遇。主要措施：①在基础建设方面，注重抓好失

业保险专网建设和核心平台第二版的推广应用，不断提高失业保险信息化管理水平。目前，全省9市1区基本实现了省、市、县（区）三级联网和失业保险财务数据的专网上报，数据联网全省覆盖率达90.91%，信息化管理水平迈上了新台阶。②根据《陕西省〈失业保险条例〉实施办法》（陕政令第88号）规定及《陕西省人力资源和社会保障厅关于调整陕西省最低工资标准的通知》（陕人社发〔2013〕79号），从2014年2月1日起，陕西省失业保险有关待遇标准分四类地区依次分别调整为960元/月、877.50元/月、795元/月、727.50元/月。

（六）进一步提高工伤保险待遇

根据陕西省近三年来经济发展水平和平均工资增长情况，依法提高了全省职工的工伤保险待遇。1~6级伤残职工的伤残津贴每人每月分别增加331元、317元、302元、288元、274元、245元；伤残职工配偶、孤寡老人或者孤儿供养亲属抚恤金每人每月增加143元，其他供养亲属每人每月增加130元。伤残职工的生活护理费方面，要求各统筹地区以2013年本地区在岗职工月平均工资为基数，按照《工伤保险条例》规定的比例进行调整。

（七）阶段性降低失业、工伤、生育保险费率

为进一步落实国务院、省政府"稳增长、促改革、调结构、惠民生"的政策措施，发挥社会保险功能，支持全省企业发展，激发市场活力，近日，经陕西省政府同意，省人力资源和社会保障厅、财政厅、地方税务局联合出台了《关于阶段性降低失业保险费率有关问题的通知》，决定自2014年7月1日起，在未来的24个月内，阶段性下调失业、工伤、生育保险缴费费率，平均降至原缴费费率的一半，此次社会保险费率的调整，涉及险种较多，降低幅度较大，对陕西而言是首次，而且，大大减轻了企业的负担，对稳定就业局势、激发市场活力、支持产业结构调整、促进经济增长都具有重要意义。

三 在推进城镇化的进程中,切实保障农民工的合法权益,促进农民工的社会融合

(一)推进有条件的农村居民进城落户

到 2013 年底,全省共办理进城落户农民 406 万人,其中农民工约 105 万人。新居民中,接受免费职业培训 79.6 万人,新增城镇就业创业 54 万人,享受城镇保障性住房 7.1 万户,参加城镇社保 55.7 万人,平等接受义务教育的子女 51.4 万人。进城落户农民的生活质量得到明显提高,实现了"进得来、留得住、过得好"。进城落户工作促进了陕西省城镇化率的快速提升,2013 年全省城镇化率为 51.31%,比 2009 年提高 7.81 个百分点;户籍登记城镇化率为 38.01%,比 2009 年提高 7.81 个百分点,均高于同时期全国城镇化率的增长速度。

(二)全面促进农民工社会融合

1. 推动实现更高质量的就业,促进农民工与城镇的经济融合

一是加强职业技能培训,稳定和扩大农民工就业。2013 年全省共有 334.4 万农民转移就业前接受了引导性培训和职业技能培训。参加创业培训的农民工 15.7 万人。全省累计有 33.2 万农民工回乡创业,创办企业或经济实体 16.2 万个,带动当地 105.3 万农村劳动力转移就业。二是加强社会保障工作力度,不断扩大农民工参保覆盖面。2013 年,全省农民工参加城镇职工基本养老保险人数为 57.16 万,参加城镇基本医疗保险人数为 22.34 万,参加失业保险人数为 20.7 万,参加工伤保险人数为 111.8 万。三是规范企业劳动管理,构建和谐劳动关系。陕西省 2014 年已是第 12 次调整了最低工资标准,目前为 970～1280 元。根据《陕西省企业工资支付条例》,2012 年陕西省建立了农民工工资支付保障制度,进一步规范了农民工工资支付行为。

2. 各类文化活动，促进农民工与城镇的文化融合

一是发挥重大文化活动的引领作用。打造以农民工为主体的合唱、诗歌朗诵、小品、书画摄影等专题品牌文化活动，激发农民工的文化参与热情。二是发挥社会力量的补充作用。支持社会力量兴办具有公益性的读书社、书画社、文艺俱乐部、群众文艺团队等。三是发挥文化惠民项目的支撑作用。将文化共享工程、公共电子阅览室建设计划、基层文化活动器材配送项目、职工书屋等重大文化惠民工程的实施与农民工文化工作相结合，有效覆盖农民工群体。

3. 提高农民工的组织关注度，促进农民工与城镇的组织融合

陕西省总工会认真贯彻落实中华全国总工会"哪里有职工，哪里就要建立工会组织"的要求，帮助农民工加入工会，截至2013年底全省非公企业建会152028个，农民工会员达到238.5万人。团省委积极推进在外出务工青年群体中建立团组织工作，目前全省共建立各级驻外团工委240个，覆盖青年农民工近20万人。各级妇联开展新市民教育、妇女素质培训班，向女性农民工宣讲社会礼仪、生活礼仪和职业礼仪，引导她们尽快适应城市工作和生活的新要求。

4. 逐步实现公共服务均等化，促进农民工与城镇的全面融合

一是落实农民工随迁子女就学政策。先后印发《关于认真做好进城落户农村居民随迁子女平等接受教育和进城落户农村居民职业技能培训工作的通知》、《进城务工人员随迁子女在陕参加普通高校招生考试实施细则》等一系列文件，从根本上解决农民工的后顾之忧。二是为农民工提供公共卫生服务。在全省全面推进流动人口均等化服务工作，落实国家规定的流动人口免费技术服务项目，2013年全省共为流动人口免费查怀查孕61.8万人次；全面落实"母亲健康"和"优生促进"两项工程，2013年全省共为流动人口免费提供妇女健康检查37.6万例。三是为农民工提供各类公共服务。各级司法部门为农民工提供全方位法律服务，三年来全省共免费办理法律事务27582件，取得利益及挽回损失17976万元。公安部门深化户籍制度改革，全面放开县城和建制镇户籍限制，建立完善的全省统一的"居住证"制度。

住建部门实行农民工与城镇居民同等的保障房分配制度，在农民工集中的园区配套建设公租房。

四 推进劳动关系监察和调处机制创新，畅通劳动争议的法律解决渠道

多年来，为了保障劳动关系的和谐稳定，陕西省扎实推进劳动监察工作，逐步规范和完善劳动争议处理程序，确保劳动关系整个运行过程的有效监督，维护劳动关系双方主体权益。

（一）强化劳动监察

1. 扎实开展了专项检查工作

2012年11月至2013年1月省劳动监察局会同省住建厅、公安厅、国资委、工商局、总工会开展了农民工工资支付专项检查工作。在此期间，以省政府办公厅名义下发了《关于切实做好2013年春节期间农民工工资支付工作的紧急通知》（陕政办发明电〔2013〕5号）。全省共检查用人单位1万多户，涉及农民工52万人，为7万多名农民工追讨工资3.3亿元。2013年2~3月会同省公安厅、工商局开展了清理整顿人力资源市场专项行动，全省共检查人力资源服务机构750多户，未经人社部门许可擅自从事职业中介活动的组织56户，查处违法案件185件。2013年7~8月，全省部署开展用人单位遵守劳动用工和社会保险法律法规情况的专项检查，共检查用人单位8015户，涉及劳动者50万人，责令用人单位与4.1万名劳动者签订劳动合同，补缴社会保险费164万元。另外，对用人单位贯彻落实《职工带薪年休假条例》的情况进行了专项检查。

2. 高质量办理举报投诉案件

截至2013年9月，全省各级劳动监察机构共办结各类案件4883件，处理群体性事件355起，为5.8万多名劳动者追讨工资等3.8亿多元，督促用人单位为2.7万多人补缴877多万元社会保险费。

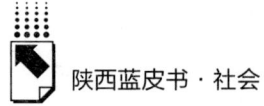

3. 健全了农民工工资支付常态化监察制度

为了贯彻落实好省政府发布的《陕西省农民工工资支付保障规定（试行）》，2013年3月制定下发了《关于进一步加强对农民工工资支付情况常态化监察的通知》（陕人社办发［2013］20号），进一步健全了农民工工资支付情况定期专查制度，完善了上下级监察机构应急处置和联动机制。

4. 加大对拒不支付劳动报酬案件的打击力度

为了有力打击拒不支付劳动报酬的犯罪行为，规范劳动监察与司法的顺畅衔接，省劳动监察局积极与已经移送拒不支付劳动报酬案件所在地的人民法院、检察院、公安部门沟通联系，研究商讨移送办法。目前，正在会同省高级人民法院、省检察院、省公安厅联合下发《关于规范拒不支付劳动报酬犯罪案件查处衔接工作的通知》，进一步畅通涉嫌拒不支付劳动报酬犯罪案件移送渠道，加大对拒不支付劳动报酬案件的打击力度。

（二）积极探索劳动争议调解制度创新

1. 陕西省启动非公企业劳动争议预防调解示范工作

为贯彻落实人力资源和社会保障部与中华全国工商业联合会《关于加强非公有制企业劳动争议预防调解工作的意见》的精神，全面提升企业自主预防调解劳动争议的能力，进一步促进劳动关系的和谐稳定，2013年8月30日，省人力资源和社会保障厅、省工商业联合会召集陕西省第一批非公有制企业劳动争议预防调解示范企业、商会召开了劳动争议预防调解示范工作启动会。通过开展非公有制企业、商会劳动争议预防调解工作，旨在帮助企业、商会建立劳动争议预防调解体系，建立劳资协商制度、劳动争议预防预警机制，完善劳动保障规章制度，推行劳动合同、集体合同、厂务公开等制度，建立起一套"有组织、有预防、有调解、有保障"的保证劳动关系依法规范运行的工作机制，强化企业劳动争议预防调解组织处理争议的"第一道防线"作用，从而实现劳动关系的有序发展及和谐稳定。

2. 宣传劳动争议调解的基层经验

积极宣传城固县劳动人事争议基层调解工作做法。近三年来，城固县各基层劳动人事争议调解组织调解劳资纠纷600余件，为劳动者挽回经济损失2000多万元，使大量的劳动人事争议得到有效化解，劳动者的合法权益得到有力保障。主要经验：①健全基层调解组织，实现调解网络"全覆盖"。2009年4月，城固县率先在18个镇和3个国有大中型企业成立了劳动争议调解委员会，形成了县、镇、企业三级调解网络。各镇劳动人事争议调解委员会均下设了办公室负责日常工作，在基层乡镇劳保所办公，并确定专人负责劳动人事争议调解工作。县人社部门调解仲裁机构负责指导各基层调解委员会，联系调解组织网络。②拓宽调解范围，构建调解格局"全方位"。具体包括主动介入调解，及时消除隐患；及时受理调解，快速调处纠纷；多方联动调解，妥善调处矛盾；上下互动调解化解纠纷；远程援助调解化解纠纷；24小时值班接受调解请求，及时介入调解。

（三）推进劳动仲裁改革，提高劳动仲裁效率

截至2013年10月底，陕西省劳动人事争议仲裁院共受理劳动人事争议仲裁案件713件。

第一，修改和完善了《陕西省劳动人事争议仲裁处理实施办法（征求意见稿）》，全面启动了效能建设工作。

第二，推动仲裁机构实体化改革，仲裁院建设迈开了步伐，特别是在财政资金紧张、经济欠发达的背景下，完成了地市级50%建院率。

第三，完善办案机制提高结案率。为了妥善处理好每一个案件，特别是一些集体劳动争议案件，提高结案率，劳动人事争议仲裁院进一步加强管理，完善办案机制，形成了由院长带队、量化管理、全员办案、疑难案件集体讨论的工作机制，极大地提高了案件结案率。

第四，处理一起由经济性裁员引发的近百人大规模劳动争议案件时，陕西省劳动人事争议仲裁院通过部分已决案件，对该公司裁员中的违法行为予以纠正，并联合省总工会前往该公司召开了由仲裁院、省总工会、企业方管理人员及企业工会人员参加的案件协调会。会议在充分听取各方意见的基础上，要求该公司积极协调、妥善处理后续工作，对已经申请劳动仲裁的职工积极协商，

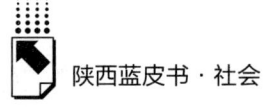

争取调解解决案件；对部分劳动仲裁的潜在人群要做好排查、沟通、疏导工作，争取将争议消除在萌芽状态，维护企业劳资关系的和谐及社会稳定。

第五，提高仲裁庭审规范化、标准化水平。主要有为仲裁员配发仲裁徽章、全省统一仲裁员办案着装、举办全省仲裁员培训班等。

第六，推动仲裁工作创新，宣传新经验，依法保障劳动者合法权益。近年来，城固县劳动人事争议仲裁委员会紧紧围绕"强化仲裁调解、提高执法水平、和谐劳动关系"这条主线，立足实际、大胆探索，先后推行了"分类申请指引制度"、"仲裁回访提示制度"、"三快一有利原则"和"三优先原则"，并为农民工维权开通"绿色通道"，积极构建和谐劳动人事关系，维护了社会和谐稳定。

（四）充分发挥劳动诉讼裁决争议的功能

近年来，人民法院对劳动争议案件审理工作有序展开，促进了用人单位依法用工和劳动者依法维权，较好地维护了劳动者和用人单位的合法权益。劳动争议纠纷案件主要集中在劳动合同纠纷和社会保险纠纷两大类上。其中，劳动合同纠纷主要集中于确认劳动关系纠纷、经济补偿金纠纷和追索劳动报酬纠纷三类案件。社会保险纠纷主要集中于工伤保险待遇纠纷和养老保险待遇纠纷两类案件。

五 工会积极发挥维护劳动关系的作用

近年来，省委出台了《关于进一步加强和改进工会工作的意见》，省人大立法颁布实施了《陕西省企业民主管理条例》，省政府相继下发了《关于进一步支持工会工作意见的通知》、《关于深入贯彻工会法支持工会工作的通知》、《陕西省农民工工资支付保障规定》等一系列政策文件，为工会开展工作创造了良好的条件。省各级工会根据经济社会转型发展的实际，加强自身建设，积极协助党委政府解决结构性就业矛盾，不断提高职工队伍素质，促进劳动关系稳定。

（一）加强工会组织建设

多年来，省总工会一直把工会基层组织建设作为全会工作的重中之重，全省各级工会组织也把加强工会组织自身建设作为推动工会重点工作去落实。

1. 非公有制企业工会组织和会员队伍迅速发展

截至2013年12月，陕西省共有非公企业及事业单位15.84万家、职工434.80万人，已组建工会组织15.24万家，发展会员390.31万人，建会和职工入会率分别达到96.2%和91.0%。

2. 工会组织机构设置得到加强

目前，省总工会共有产业工会12个、直管单位工会15个、协管单位工会9个，与各级地方工会形成了横到边、纵到底的工会网络。

3. 工会组织领导体系进一步完善

目前，全省1418个乡镇（街道）建立了工会组织，有的还成立了总工会，3948个行业（区域）性工会联合会配备了专兼职工会干部，有的市工会还通过政府公益性岗位等途径为乡镇（街道）工会聘任社会化工作者，充实了基层工会的力量。

（二）加强对职业病的防治工作

在省总工会与省政府第二十三次联席会议上，省总工会提交了《关于进一步完善我省职业病防治工作体系的建议》得到省政府的高度重视，2013年省政府在广泛征求了包括省总工会在内的各方面意见后出台了《关于进一步加强职业病防治工作的意见》（陕政发［2013］17号），省安委办分别于2013年5月23日和6月26日下发通知，安排部署全省深入开展职业卫生专项治理检查督察工作。省安委办组织4个督察组，分别由省总劳动保护部全程参与，先后对渭南、商洛、宝鸡、咸阳、汉中、安康、延安、榆林市等8个市及22个县（区）、41个重点用人单位职业卫生专项治理情况进行了抽查检查。据统计，专项治理检查期间，全省共查出职业病危害隐患和问题1800余个，已整改756个，督察工作取得明显成效。

（三）认真落实工资集体协商三年规划，切实维护劳动者的工资权益

近三年来，陕西省总工会全面落实《2011～2013年深入推进工资集体协商工作规划》等3个文件精神，工资集体协商工作稳步扎实推进，取得了长足进展，圆满完成了三年规划确定的各项目标任务。截至2013年9月底，全省共签订工资集体合同41826份，覆盖企业86854家，占2012年底全省已建会企业的100.9%，覆盖职工工资418.6万余人。与2012年相比，工资集体协商建制率提高了59个百分点，覆盖企业数增加371.2%，覆盖职工人数增加了135.8%。世界500强在陕企业建立了工资集体协商制度，已签订工资集体协商的企业37家，占已建会500强企业的100%，覆盖职工29291人。

（四）强力推进女职工权益保障

近年来，陕西省总女职委按照全总、省总"扩大覆盖面，增强凝聚力"和以"两个普遍"推动"两个覆盖"的要求，坚持"同步组建强基础，规范建设上水平"的工作思路，强力推进工会女职工组织建设，使女职工组织与工会组织同步发展壮大，活力和凝聚力不断增强，社会影响力不断扩大。

第一，陕西省总女职委高度重视女职工组织组建工作，始终坚持女职工组织与工会组织组建的"三同时"原则（同时筹备、同时组建（换届）、同时报批（备案））；做到工会女职工组织组建工作与工会组织组建工作的"三同步"（同步部署、同步检查、同步考核）；对女职工组织组建率目标任务考核做到"四纳入"（纳入省总全委会工作报告、纳入全省工会工作要点、纳入目标责任制考核、纳入评先工作），把女职工组织建设情况作为"模范职工之家"评选、和谐企业创建、创先争优活动的创建标准，形成了全会上下合力推进女职工组织建设工作的大格局。

第二，陕西省总女职委在抓女职工组织建设中做到分类指导，整体推

进。针对新建企业，由组织部门把好审批关，凡是工会在组建、换届上报组成方案时，如果没有女职工委员会，组成方案一律不予审批。针对国有改制企业，坚持企业改制、女职工委员会与工会建设同时进行，做到组织不撤销，工作不断线；针对小型非公企业，坚持采取灵活多样的组建方式，确保女职工组织覆盖到更多的企业、更多的女职工。

第三，陕西省总女职委坚持"边组建，边规范，边发挥作用"的方针，于2010年在全国工会系统率先开展工会女职工组织规范化建设示范单位创建活动。四年来，各级工会女职工组织依照规范化建设标准，建章立制，完善工作制度，规范工作程序，推动女职工委员会主任待遇落实，创造性地开展创建活动，女职工工作整体水平得到全面提升，组建率由创建活动开展前的70.4%提高到98.5%，提高了约28个百分点，全省90%的基层女职工组织达到合格标准，同时涌现出一批领导重视、组织健全、制度规范、服务有力、作用发挥好的先进单位。

总体来说，近年来，伴随着陕西社会主义市场经济体制的逐步完善，围绕劳动关系的相应法律法规体系逐步健全，陕西省认真落实劳动关系的法律和政策，规范用人单位用工行为，积极维护劳动关系双方主体的合法权益，尤其是劳动者的合法权益，使劳动关系总体可控，平稳发展。但是，劳动关系领域仍然存在一些问题值得我们进行深入研究。劳动供需中结构性矛盾依然突出，高技术人才依然存在很大的缺口；劳动合同（除集体劳动合同外）在非公有制经济主体中签订率仍然不是很高，尤其是在建筑、餐饮等行业比较严重；拖欠农民工工资的现象依然突出；劳动争议在基层的调解效果仍然不是很理想；农民工权益保障依然任重道远；工会如何在面对劳动者流动的情况下保护好劳动者的合法权益等。目前，陕西进入快速发展的重要战略机遇期，随着国家向西开放战略的实施，来陕投资的外资企业、中外合资企业和外省内资企业会增加，来陕西务工的外籍劳动者、外省劳动者和省内农村转移劳动力会大量增加，另外，伴随着陕西深入推进城镇化进程，农村转移劳动力会大量进入城市，劳动关系必然会呈现新的变化，为和谐劳动关系的维护提出了更多的挑战。

参考文献

《2014中国发展报告》,中国统计出版社,2014。
《中国统计年鉴(2013)》。
《第七次中国职工状况调查》。
《陕西年鉴(2013)》。
《陕西省人力资源和社会保障事业发展"十二五"规划》。
陕西省人力资源与社会保障厅网站相关报道。
《2013年陕西工会优秀调研成果汇编》。

B.15
陕西农村公共服务供给现状及其发展趋势分析

乔欣欣 贺莉*

摘 要： 城乡一体化的核心内容是城乡公共服务一体化，即使占人口大多数的农村居民享受到与城市居民平等的公共服务，因此提高农村公共服务供给的水平和质量，成为实现城乡一体化的一项重要任务。本文通过对陕西省农村公共服务供给现状的阐述和分析，指出陕西省农村公共服务供给中存在的主要问题，并提出社区化的治理方式是未来基层农村治理的主要趋势，通过农村社区建设来改善农村公共服务的供给是陕西省未来农村改革和治理的重要步骤，但是在农村社区建设过程也应注意许多问题。

关键词： 陕西 城乡一体化 公共服务供给 社区化治理

十八届三中全会提出，必须健全体制机制，形成以工促农、以城带乡、工农互惠、城乡一体的新型工农城乡关系，让广大农民平等参与现代化进程，共同分享现代化成果。陕西省作为西部地区一个重要的省份，不仅仅是西部大开发战略重点扶持的对象，在全国的新农村建设中，也是重点考察的省份。经过这些年的发展，陕西省农村公共服务供给有所改善，在教育方面

---

* 乔欣欣、贺莉，陕西省社会科学院政治与法律研究所助理研究员。

实施了免除学杂费、免费提供教科书的教育保障机制，医疗方面普遍建立了新型农村合作医疗制度，这些措施提高了农村公共服务供给的水平，但同时也存在诸多亟待解决的问题。因此，根据国家民政部的部署，在新农村建设的基础上开展农村社区建设，是陕西省农村公共服务供给的发展趋势。

一 问题的提出

如何才能让占全国人口2/3的农民享受到与城里人相同的基本公共服务，成为实现城乡一体化的首要任务。其实，自十六大以后，我国的农村改革就已启动，全国取消农业税，实行以工业反哺农业政策，加强新农村建设，建立新型农村合作医疗制度，实行农村最低生活保障制度，推行"两免一补"的义务教育政策、加强农民工权益维护等措施，在一定程度上提高了农民的基本收入，改善了农民的生产生活条件，初步搭建起统筹城乡公共服务建设的制度框架。

（一）城乡一体化的核心内容是城乡公共服务的一体化

城乡一体化是一个多维的、多层次的系统概念，它涉及城乡发展的各个方面，就主要内容来说包括城乡经济发展一体化和城乡社会发展一体化。"城乡经济发展一体化是实现城乡一体化的基础，它要求实现城乡市场体系一体化、城乡产业发展一体化和城乡要素配置一体化。"[①] 而城乡社会发展一体化则是在经济一体化的基础上实现城乡基础设施一体化和城乡公共服务一体化，其最终目标是实现农村居民和城市居民平等的地位和待遇。如果我们采用关于"公共服务"的广义含义的话，即公共服务不仅包括水、电、气、通信、有线或数字电视等市政管网，以及道路、小区绿化、河道整治、垃圾处理、休闲场所等基本设施，也包括医疗卫生、社会保障、教育文化、

---

① 孙刚印、刘志琰：《城乡一体化的本质内涵及其政策建构》，《北京农业职业学院学报》2010年第3期。

就业培训等公共服务，那也就意味着城乡社会发展一体化，其本质内容是城乡公共服务的一体化，并且是整个城乡一体化的一个重要内容。毫无疑问，城乡经济发展一体化是实现城乡一体化的基础，而城乡公共服务一体化则是城乡一体化的最终目标，但如果从社区建设的角度来看，城乡一体化不仅仅是一个发展阶段，而且是农村社会在现代化进程中，整个生产、生活方式的重大变革，那么我们就不应独立地来看城乡经济发展一体化和城乡公共服务一体化的关系，而应将它们作为一个整体，把它们看作目前农村改革的重要方面，并且把城乡公共服务一体化看作城乡一体化的一个核心内容。

近年来，陕西省在公共服务建设方面也采取了一系列有效的政策措施，增加了财政对农业和农村发展的投入，并且把对农村基础设施建设、文化教育、医疗卫生和社会保障等公共产品的供给作为新农村建设的重要内容，有效地推动了农村公共服务体系建设和城乡一体化建设。

然而，由于中、东、西部城乡经济发展一体化程度上的差别巨大，各个地区在城乡公共服务一体化上的差别也十分巨大。有研究分别以浙江和陕西为东、西部地区的代表省份，对这两个省的城乡一体化水平进行了对比分析（见表1）。

表1　城乡一体化水平差异

单位：%

地　区	高（得分＞0）	中（-1＜得分＜1）	低（得分＜-1）
浙　江	81.82	18.18	0
陕　西	10	50	40

资料来源：王桂平：《东西部城乡一体化水平比较研究——以陕西省和浙江省为例》，硕士学位论文，西北大学，2008。

分析显示，即使作为西部地区城乡一体化程度较高的陕西省，其城乡一体化水平仍低于全国平均水平并远远低于东部地区的浙江省。而就公共服务供给来说，东西部地区间的差距是毫无疑问的（见图1）。但是地区间的差距只是一方面，另一方面在同一地区，还存在内部各城市之间，以及城乡之间的差距。

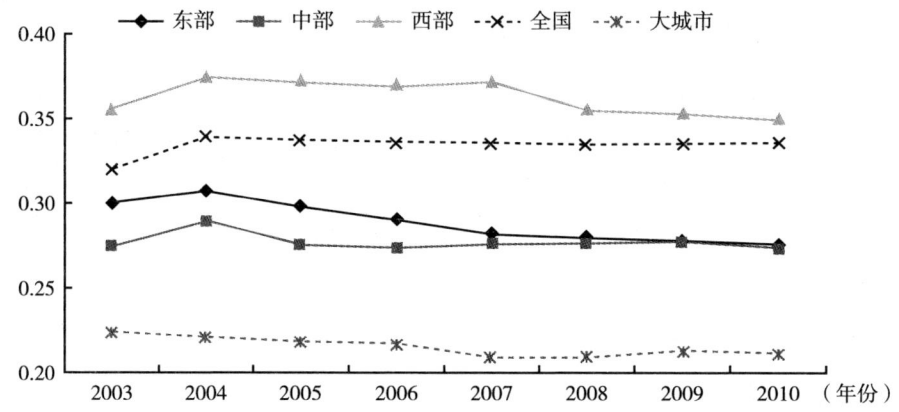

图1　各区域基础设施供给水平基尼系数

资料来源：《基本公共服务均等化：指标体系、综合评价与现状分析》。

这也就意味着陕西省城乡公共服务一体化面临着双重压力，一方面，供给总量上明显低于东部地区，甚至低于全国平均水平；另一方面，在现有的供给水平基础上还存在严重的不均衡现象。首先是区域之间的不均衡，即陕南、陕北地区的公共服务供给低于关中地区的公共服务供给，其次是城乡之间的不均衡，在基础设施、医疗卫生、教育、社会保障等方面，城乡差别尤为明显。因此，要提高陕西省的城乡一体化水平，必须从陕西省城乡一体化的最短板，也即陕西省城乡公共服务的不均等入手，提高陕西省农村公共服务的供给水平，才有望实现陕西省城乡一体化整体水平的提高。

（二）社区化治理是提升城乡一体化水平的重要途径

从根本上说，农村公共服务供给的短缺以及存在的问题，是农村基层治理方式和体系不适应农村经济社会发展的反映和表现。"从历史的角度看，建国以来我国农村基层组织管理体制经过了从人民公社时期的'社队制'

到村民自治时期的'村组制'两次重大变革。"① 随着市场经济的进一步发展，农村社会正在经历着前所未有的变革和转型，这表现在：市场经济的进一步发展推动我国乡村社会结构的分化与转型，农村居民已分化为多个阶层；人口的频繁与快速流动，导致传统村庄的封闭性和单一性被打破，逐渐走向开放和流动；奠基于血缘和家族基础上的村庄秩序和约束机制失去其效力，以村民为主体的单一乡村社会关系被更为复杂的多元社会关系所替代。② 这些变革要求我国农村基层治理方式的变革和创新，以村庄集体组织为载体的治理方式已经难以适应现代社会发展的要求，而以新型社区为载体的社区治理是我国农村基层治理的发展方向。

社区治理是治理理论在社区层面的运用，也是与中国社区建设相互结合的产物。从概念上来说，"社区治理指的是一种由共同的目标支持的社区公共事务方面的活动或管理机制。"③ 而"农村社区"是在构建城乡协调发展战略和促进城乡一体化的前提下，与"城市社区"相对应的新的农村基层治理单位。国家政策层面，也多次对"农村社区"这一新的提法进行了探索和完善，自 2003 年在《中共中央关于完善社会主义市场经济体制若干问题的决定》中首次提出"农村社区"以来，2006 年党的十六届六中全会通过的《中共中央关于构建社会主义和谐社会若干重要问题的决定》指出："全面开展城市社区建设，积极推进农村社区建设，健全新型社区管理和服务体制，把社区建设成为管理有序、服务完善、文明祥和的社会生活共同体的发展目标。"④ 2007 年党的十七大报告对完善城乡社区建设又提出了新的要求，并在十七届三中全会上进一步诠释了农村社区化建设的指导思想。民政部于同年在全国确定了 304 个县（市）作为"全国农村社区建设实验县（市、区）"开展农村社区建设活动。

---

① 项继权：《从"社队"到"社区"：我国农村基层组织与管理体制的三次变革》，《理论学刊》2007 年 11 月号。
② 李增元：《"社区化治理"：我国农村基层治理的现代转型》，《人文杂志》2014 年第 8 期。
③ 史柏年：《治理：社区建设的新视野》，《社会工作》（学术版）2006 年第 7 期。
④ 《中共中央关于构建社会主义和谐社会若干重要问题的决定》，http://cpc.people.com.cn/GB/64093/64094/4932424.html。

农村公共服务的社区化是农村社区建设的一个方面,"农村公共服务社区化是指以农村基层政府为主体的、按照公共利益的导向在农村社区供给与管理公共服务的过程,是农村社会新型的公共服务供给与管理模式。"① 社区化治理是未来农村基层治理的新趋势,这种治理方式能够有效破解农村公共服务供给的困境,关键在于其具有以下特征:①以开放的新型社区为载体;新型的农村社区改变了传统的以集体经济组织为固定基础的乡村边界,是一种以在乡居住的所有居民的公共生活需要为基础的具有流动性和开放性的社区共同体,因而新型农村社区化治理能够有效改变以往村庄治理的封闭性和排外性,而适应现代开放的、流动的农村社会特征。②强调多元治理主体的参与;社区治理是治理理论在社区建设中的运用,它强调公共事务参与主体的多元性、协商性和合作性,从而实现政府、社会、市场主体以及社区居民个体的共同协作,达成公共利益的最大化。因而社区化治理能够有效化解农村公共服务供给以政府供给为主要渠道的单一性,加强政府与市场、社区自组织、居民、社区范围的志愿组织等力量的协作,满足居民多样化、差异化的利益需求。③强调农村公共服务的市场化。在市场经济发展的背景下,有些公共物品由政府购买、市场或社会提供更能够发挥效率性和效益性,无疑,农村社区的公共服务供给也可以通过这样的渠道发挥农村社会的市场与社会力量,提高公共服务供给的效率。

二 陕西省农村公共服务供给以及农村社区建设的现状分析

为了进一步提高陕西省农村公共服务供给水平,陕西省在 2007 年开展了农村社区建设试点工作,从 2007 年 6 月开始至 2008 年 2 月底结束,此次试点工作采取分层次组织、以县(市、区)为主的方式进行,在陕西的旬

---

① 吴业苗:《农村公共服务社区化与实现路径——基于城乡一体化视角》,《中州学刊》2013年6月号。

邑、千阳、石泉、丹凤等10个县（区）确定了39个试点村；随后，试点工作扩大到245个村。通过近两年的农村社区建设试点工作，陕西农村社区建设工作取得了一定的成绩，在试点工作以前，村委会工作仅限于村民自治，试点工作以后，村委会的工作突破了村民自治的传统模式，这一创新举措为陕西农村经济社会的全面发展提供了政策平台和引导；同时也为全国农村社区建设工作开辟了新路子。

2013年，陕西省在继续抓好21个省级新型农村社区试点建设的基础上，启动了1000个新型农村社区建设，当时计划用3~5年时间，建设近千个规模适度、设施完善、产业发展、生活便利、管理有序、生态宜居的标准化新型农村社区。预计到2015年，陕西1000个左右新型农村社区将达到《陕西省新型农村社区建设标准（试行）》的要求，使全省20%的农村达到社区化标准，居住人口占到农村人口的25%以上，实现农村基础设施城镇化、生活服务社区化、生活方式市民化。

（一）农村公共服务供给现状

尽管农村社区建设工作取得一些成绩，但从整体水平来看，陕西农村社会事业的发展还不能有效满足农民群众的生产生活需要，主要表现在系统化公共服务匮乏、基层民主管理机制不够健全，这些发展的瓶颈阻碍了陕西农村经济的进一步发展，陕西农村社区建设有待于更多的创新和发展。因此，在总结试点工作的经验和不足的基础上，陕西进一步将农村社区建设工作纳入"民生八大工程"的整体战略布局中，使得农村社区服务中心建设进入各级党委、政府的重要议事日程上来。在一次关于陕西省农村公共服务供求关系的调研中，我们对陕西省农村公共服务供求状况进行了深入的了解，也从一个侧面了解了陕西省农村公共服务供给的整体现状。

1. 农村公共服务的供给不平衡

在我们所设计的调查问卷中，共涉及7项公共服务的内容，调查结果显示，基础设施、医疗卫生、社会保障、公共安全几方面的供给情况良好，而农业技术咨询、金融服务、教育文化娱乐几方面供给不足。例如，

80%以上的受访对象表明自己所在的村子在近些年进行了较大规模的道路修建或改善,将近60%的受访对象表示出行较为方便,因为可以直接搭乘"村村通"班车;家里通自来水的人数也占到总人数的60%,家里通有线电视的占54.3%。相比之下,其他几方面的公共服务供给相对缺乏,例如只有17.4%的人表示自己所在的村子里有农技站和农技员,没有的高达82.6%;金融服务方面,大多数人表示如果农业发展中缺钱,借贷的主要渠道是亲戚朋友,选择通过农村信用合作社和银行的分别只占13%和2.2%;另外,大多数人平时的娱乐活动是看电视和打麻将、扑克,分别占总人数的73.9%和34.8%,读书看报的仅占8.7%。这种不均衡现象跟国家的政策倾向密切相关,也跟以政绩为指标的干部考核机制相关。

2. 农村公共服务供给质量不高

虽然如前所述,基础设施、医疗卫生、社会保障、公共安全几方面的供给情况相对较好,但实际上群众对这些公共服务的满意度并不是很高。例如,有大约50%的受访对象对村里修整后的道路持一般、不满意和很不满意的态度,甚至有的群众反映,修好的道路还没用多久就出现了很多问题,或者坍塌或者毁坏。而医疗卫生方面,虽然大多数受访对象表示所在村子都有卫生所,但仍有56.5%的人选择"小病自己扛,实在扛不住才去医院",并且虽然绝大多数人都参加了新型农村合作医疗,但普遍表示可以报销的药品和项目非常少,起不了多大的作用,看病难和看病贵依然是很多人的感受。另外,就社会保障来说,基本上每个村都有重点扶持的贫困户,但是很大一部分人表示不知道这些贫困户是谁,或者认为这些扶持对象是由个别领导说了算的,认为"由村民选举产生"的只占13%,甚至还有人说实际的贫困户根本就不是"贫困户",而是"关系户"。

3. 农村公共服务供求关系不平衡

在我们的调查中,我们发现,实际的公共服务供给与大多数农村的实际需求是严重不协调的。例如,近乎多半的家庭都有在外打工的成员,然而他们的就业渠道大多是"出去了现找"或者"经其他一些在外打工的村民介绍"，选择通过"村子里组织的劳务培训"的人数为0，也就是说，大多数的村子根本没有提供劳务培训与输出的服务，而这却是农民普遍的需求。另外，在农业技术方面，大多数人都是"自己琢磨"，一部分是"咨询其他有经验的村民"来了解相关技术和信息，选择通过"农民的技术协会"或者"村子里组织的技术培训"的人数也为0。实际上，农民所迫切需求的排在前三位的公共服务分别是"外出打工所需要的技能和用工信息"、"种植和养殖所需要的实用科技知识"和"基本的医疗保障"。这说明农民对这些方面的公共服务需求是非常强烈的，但强烈需求的却反倒非常缺乏，农村公共服务建设存中严重脱离农民需求的问题值得关注。

（二）农村公共服务供给中存在问题的原因分析

1. 基层政府所面临的财政困难

农村公共服务供给的根本困难是财政困难，尤其是基层政府的财政困难。按照公共产品理论，全国性的公共产品应当由中央政府提供，地方性的公共物品应当由地方政府提供，而能够由农村社区自身供给的公共产品则应由所在的社区提供。但在现实中，这种划分并不完全明晰，也不具有现实可操作性。现实中，困扰基层政府的是严重的财权与事权不对称现象，表现在中央和省级政府把财权上收，却把事权下放，基层政府事权大于财权，承担了许多任务，但却不具有足够的财力，"上级请客、下级埋单"的现象相当普遍。虽然近些年中央财政加大了对地方财政的转移支付，但从总体上看，总量仍然偏小，特别是省级、地市级财政对县乡财政的转移支付力度明显不足，再加上转移支付办法不够规范，在经过了多级财政的缺少透明度的转移后，尽管有专项拨款，到处于支付链条末端的县乡政府也已经所剩无几。另外，不同于私有物品，公共产品的投入所需要的资金量大，并且收益小、周期长。这几方面的原因，共同导致基层政府普遍面临严峻的财政困难，尤其是县乡两级政府，财政经常性赤字，债务包袱沉重。

2. 以政府为主导的供给模式的缺陷

长期以来，我国农村公共服务供给机制主要是单一的政府供给机制，政府是唯一的供给主体与治理中心,新中国成立后相当长的一段时间里都是如此。随着城乡统筹进一步发展以及新农村建设的全面展开,很多学者致力于探索建立政府、市场、社会三方合作或者中央政府、地方政府、社区合作组织的多元公共服务供给机制或协同治理模式,但到目前为止,以政府供给为主导甚至政府独揽的供给机制依然很普遍,特别是对于像陕西省这样的西部地区来说,市场与社会的力量并没有被充分发动起来或者其作用非常有限。我们应该看到,政府主导的供给模式固然可以增加政府投资公共服务的力度,兴办一些"民心工程"以缓解农村公共服务的短缺,但从长远来说,这种模式自身的缺陷不可能得到改变。有学者认为这种供给模式"在农村公共服务提供中最大的优势是财政资源和有效全面的执行体系,但这种优势也恰恰成为有效提供的障碍"。[1] 一方面,这种供给模式与现代政府的服务职能不相匹配;另一方面,这种供给模式具有政府失灵所造成的低效率、劣质量,为了迎合上级意图而忽略农民自身的需求,以及为了追求政绩而搞一些面子工程。

3. 以传统集体经济组织为治理边界的困境

在改革开放之前,农村社会虽然也经历了从传统的以血缘、地缘为基础的家族共同体向以集生产、生活于一体的人民公社为基础的政治共同体,再向以全体村民自治和集体经济为基础的村民自治共同体的转变,但是这几次转变并没有触动农村社会的治理边界,也就是说还是在一定的边界范围内的治理方式的改变。然而,改革开放以后,中国的农村人口大量地从乡村社会流出,并在东部沿海地区长期地、频繁地流动,因此原有单一的、封闭的乡村社会由一个"熟人社会"转变为一个"陌生人社会"。原有的建立在村民自治基础上的公共服务供求关系被破坏,住在这个地区的居民没有发言权,本属于这个地区的居民又长期缺席,其后果就是大家对公共利益的普遍冷漠和被动,农民自己在农村公共服务供求关系中完全缺位。

---

[1] 汪锦军:《农村公共服务提供:超越"碎片化"的协同攻击之道》,《经济体制改革》2011年第3期。

三 加快陕西省农村社区建设的对策建议

从试点到全面展开,陕西农村社区建设初见成效。但总体来看,陕西省农村社区服务体系建设仍处于初级阶段,还存在着基本公共服务不到位、农业生产和生活服务体系亟待加强。未来陕西农村社区建设应注意以下问题。

(一)量力而行逐步推进,避免短期大范围推广造成的财政困难

"从全国范围看,新型农村社区建设已经从试点走向全面铺开阶段;建设热点已经从江苏、浙江、山东等经济发达的东部省份转向河南、安徽、陕西等中西部省份;建设重点已经从城乡接合部、非农产业发达的农村转向城市规划区以外的不发达农村区域;已经有相当部分的县市基本实现了农村全域社区化。"[①] 陕西省各个地区也在积极推进农村社区建设,已建和在建了一大批新型农村社区,预计到2015年要建成1000个新型农村社区,覆盖全省20%的农村地区。这种积极推进的态度值得鼓励,但是我们也应该警惕短期大范围推广造成的困难。一方面,快速的农村社区化建设给各地的县乡政府造成沉重的财政压力;有研究指出,政府投入是社区公共投资的主要资金来源,而县乡政府财政投入和各级涉农项目整合是主要的构成部分,但是,考虑到如前所述基层政府普遍面临的财政困难,农村社区建设无疑给本来就负债累累的基层财政又增加了一个新的负担。另一方面,政府为了完成规划目标大举借债,造成"借来的发展"。由于当前压力型的行政体制以及相应的政绩考核机制,即使面临重重财政困难,基层政府依然会不顾资金承受力大力推进农村社区建设,其方式就是举债建设,并引发债务向企业、上级政府、农民转嫁的现象。这两方面的后果

---

① 张颖举:《急躁的农村社区化与凸显的公共投资困境》,《湖北行政学院学报》2013年第5期。

都不利于农村社区建设的长远规划和推进,欲速则不达,因此必须长远规划、合理统筹、协调发展。

(二)改政府主导为政府引导,探索多种力量共同建设

就目前来说,陕西省的农村社区建设依然是由政府推动的政府主导模式,其特点是政府作为农村社区建设的主体,既是公共服务的规划者,也是公共服务的生产者,政府投入占总投资的70%以上。然而,从长远来看,这种模式既不符合服务型政府的理念,也不符合市场化的趋势。改革这种模式的一个基本理念是进行分工,"第一次分工将公共服务的规划者和生产者进行分离,政府承担起规划者的角色,而不再担任生产者的角色,政府活动范围转为拨付资金、制定政策和监督管理。服务生产者可以自己直接生产服务,对于生产者自身不能有效生产的服务,则可以通过整合其他服务资源来生产,间接满足服务需求,这是二次分工。"① 也就是说,政府应当从农村社区建设的"主体"角色上逐渐退下来,将主要精力放在规划引导、公共投资、协调服务上来,与此同时,农民以及农民的合作组织、市场、社会组织等多种力量参与到农村社区建设的过程中来,由政府统筹安排,整合各部门、各种社会资源,共同建设农村社区是行之有效的办法。

(三)培养"社区"意识,硬件设施与精神风貌相协调

进行农村社区建设,首先要在观念上认识到"社区"的重要性和必要性,尤其是对农村基层干部和农民自己来说。因为农村社区建设的真正主体是农民自己。然而现实情况中,大多数干部和群众对农村社区建设的重要性认识不足,更不用说真正参与其中。大多数人认为社区建设只是新农村建设换个说法而已,甚至认为社区是城市的事情,在农村远非现实。在这种观念下,农村社区建设就将沦为简单地盖广场、上高楼。这种社区远

---

① 陈宇:《公共服务供给视角下农村社区服务中心建设研究》,《浙江工商大学学报》2013年第2期。

非真正意义上的社区,衡量一个社区是否健康发展、良性运行,最根本的指标在于社区居民的参与程度,也就是社区居民是否真正将"社区"看作自己的一种生活方式,把社区治理看作自己的事情,而不是看建了多少活动场所。因此,在未来的农村社区建设过程中,应当注重农村社区文化的培养和宣传,增强农民在社区治理中的参与程度,从而实现硬件设施与精神文化的统一。

B.16
陕西省"十三五"推进农村综合改革研究报告[*]

陕西省社会科学院农村发展研究所课题组[**]

摘　要：　"十三五"时期是全国范围内全面深化改革的关键阶段，也为陕西省农村综合改革的深入推进带来历史性机遇。陕西省要实现全面建成西部强省和小康社会的宏伟目标，必须始终把解决好农业、农村、农民问题作为全部工作的重中之重，加快农村各个领域的改革创新步伐，特别是要在制约农村社会经济发展的关键环节和重点领域实现突破。本研究在回顾"十二五"以来陕西省农村综合改革历程的基础上，分析了"十三五"时期面临的形势和任务，提出"十三五"时期推进陕西省农村综合改革的基本目标、主要措施及重点工程，为实现陕西省城乡居民收入差距继续缩小、城乡公共服务趋向均等、农村社会保持和谐稳定提供解决思路和对策建议。

关键词：　陕西　"十三五"时期　农村改革

党的十六大以来，陕西坚持重中之重战略思想，认真贯彻多予少取放活和工业反哺农业、城市支持农村的基本方针，不断加强农业基础地位，深化农村各个领域改革创新，农村经济社会发展取得显著成就。粮食生产实现

---

[*] 该文系陕西省"十三五"规划重大问题研究成果（SXSFGW13538）。
[**] 课题组成员：王建康、江小容、李耀华。

"九连丰",以苹果、猕猴桃等为代表的优势特色产业竞争力进一步增强,农业综合生产能力迈上新台阶。农村和农业基础设施建设成效显著,扶贫开发工作取得新的进展,城镇化进程明显加快。农村民生显著改善,农村义务教育实现真正意义上的免费,"蛋奶工程"深得民心,新农合提前三年实现全覆盖,低保人口实现应保尽保,新农保试点快速推进。农民增收实现"九连快",增速连续六年超过全国平均水平、连续三年超过全省城镇居民可支配收入增长,城乡收入差距缩小的态势开始显现。

一 "十二五"以来陕西农村综合改革回顾

过去10年,陕西在农村重点领域的改革,对农村各类生产要素重新配置,极大地调动了农民积极性,释放了农村生产力,农村经济社会发展取得显著成就,是陕西省"三农"发展的黄金期。

(一)陕西农村经济社会发展的主要成效

农业生产稳定发展,农民增收实现"九连快"。粮食生产实现"九连丰",苹果、猕猴桃产量居世界首位,果业发展成为全国第一大省,果业发展由数量增长型向质量效益型转变。畜牧产业结构升级加快,设施蔬菜、茶叶发展势头强劲。10年来全省农民人均纯收入年均增长13.7%,近三年农民人均收入平均增速达16.6%,高出全国同期水平3个百分点,增速连续三年高于陕西省城镇居民可支配收入增速,收入比由2009年最高的4.11:1降到3.51:1,城乡收入差距缩小的态势开始显现。

统筹城乡发展开局良好。近三年286万农民进城落户,城镇化率达到51.31%。31个重点示范镇建设,完成投入100亿元,加快基础设施和公共服务设施建设,承载能力进一步增强。各市县政府相继确定一批市县级重点镇,带动了全省小城镇发展。在全国率先实施的大规模避灾移民搬迁,两年投资近300亿元,搬迁人口72万,取得了城镇化、产业发展、保护生态和脱贫致富的多赢效果。全省共建成农村社区服务中心7736个,占行政村总数的29.1%。

农村基础设施成就显著。新建改建农村公路10万公里,农村公路总里程达到14万公里,实现了所有乡镇通油路,村村通公路。村庄内部道路已硬化3.34万公里,硬化率42.1%。相继启动渭河和汉江综合整治、引汉济渭三大工程,启动实施了大型灌区续建配套、大中型泵站更新改造等重点项目。新修基本农田1702万亩,农田灌溉面积达到1815万亩。治理水土流失面积近7万平方公里,解决了2137万农村群众饮水安全问题。

农村社会事业全面进步。农村义务教育实现真正意义上的免费,"蛋奶工程"让全省267.8万农村中小学生受益,职业教育累计培养300余万技能型人才。新农合覆盖全省2700多万农村居民,人均财政补助标准由开始时的20元提高到300元,高出国家标准20元,农民看病难、看病贵问题明显缓解。子长县公立医院改革经验在全国推广。新型农村养老保险制度在全国率先实现全覆盖,289.7万60岁以上农村老人能按时领到养老金。农村低保标准由最初的625元提高到2020元,农村五保集中供养率提高到31.7%。全省有257万老年人享受高龄老年人生活保健补贴。

农村社会安定和谐。大力实施一系列强农惠农富农政策,不断加强农村基层组织建设,村民自治制度不断完善,农村精神文明和民主法制建设成效显著。乡村债务得到有效化解,着力保护农民权益,广大农民得到了更多实惠,农民群众幸福指数不断提升。

(二)陕西农村综合改革存在的主要问题

陕西省农业和农村工作成效显著,但影响农村经济社会发展的体制性、机制性弊端依然存在,一些阻碍农村生产力发展的深层次障碍和矛盾没有从根本上得到解决。

一是农业现代化依然滞后,四化发展不同步。过去10年,陕西省已进入万亿元经济俱乐部,经济总量由10年前全国的第21位上升为第16位。规模以上工业企业增加值由530.59亿元增加到6641.54亿元,年均增长28.75%,人均GDP接近7000美元,进入工业化中后期;城镇化率达到

51.31%，接近全国平均水平；信息化发展水平指数达到0.73，列全国前十、西部第一。虽然农业也保持了稳定发展的势头，但是增长速度相对缓慢，生产经营方式以传统家庭经营为主，农业比较收益低，农民缺乏市场话语权，农业现代化还处于起步阶段。农业现代化水平严重滞后于工业化、城镇化和信息化水平，四化发展不协调，农业现代化进程缓慢已经成为全面建设西部强省和小康社会的瓶颈和短板。

二是农业生产经营体制与现代农业的发展要求不相适应。分户经营的土地制度仍然是我国农村的基本制度，小规模的分散经营是陕西省农业的基本特征，与现代农业规模化、市场化的要求不相适应。农民仍然是一种身份，而不是一种职业，务农没有统一的准入标准和行业要求，农业发展"后继乏人"，破解"谁来种地、怎么种地"问题更加紧迫。农村社会化服务体系建设滞后，基层政府为农业服务能力和水平较低，市场体系中应有的农业科技推广、农民专业技术合作等方面的组织发展缓慢。农村土地、资本、劳动力等要素市场尚未形成。现阶段农民只有经营权没有转让权和租赁权，土地使用权无法作为基本生产要素走进市场，阻碍了土地的适度集中经营。金融服务体系在农村覆盖面窄，农村金融机构发展缓慢，农村资金外流严重，农业保险体系尚未建立，不能很好地支持和服务"三农"。受户籍制度限制，进城农民难以享受到城市居民市民化的公共服务社会和福利待遇。

三是农村治理体系和治理能力难以适应现代化的需求。突出表现在基层政府职能转变明显滞后，传统计划经济体制下形成的政府大包大揽、无限责任带来的惯性，对建立服务法治型政府带来了明显阻力，基层政府越位、缺位、错位问题突出，如何在市场经济条件下找准自己的定位，实现职能转变是面临的重要课题。村级组织功能单一，许多地方村集体经济弱化，村级组织仅靠有限的财政补助维持低水平运转，面临着运转经费紧张、干部队伍老化、凝聚力不强、威信不高等实际问题，村级组织功能难以有效发挥。农民组织化程度低下，农村各类专业合作社缺乏必要的政策引导、扶持和帮助。农民自我管理、自我发展的能力较弱，农民权益得不到有效保护。此外，乡村债务等遗留问题仍然较多，牵扯了基层政权组织相当大的财力与精力，困扰着乡村工作的正常开展，成为影响农村稳定的重要因素。

四是农村公共服务体系与城乡统筹发展的大局相矛盾。长期形成的城乡二元经济体制根深蒂固，土地、金融、工资三大"剪刀差"导致农村社会事业和公共服务发展明显滞后。农村基础设施建设薄弱，与农民生产生活密切相关的农田水利、乡村道路、饮水供电等基础设施条件较差，农村脏、乱、散、差、小的面貌还没有得到有效改善，农村基础设施建设的"最后一公里"问题没有得到根本解决。近年来通过实施有关政策，农村上学难、看病难的问题虽得到一定程度缓解，但是城乡教育、医疗资源配置不合理的问题仍然比较突出，农村教师素质普遍不高、教育质量较低，农村医疗卫生设施条件差，乡村医疗机构人才缺乏，农民因病返贫、因病致贫的现象仍然比较普遍。农村社会保障总体上保障面窄、保障水平低，农村社会救助、养老保险等制度尚不健全，失地农民和进城务工农民基本生活保障缺乏有效途径，农民仍存在较大的后顾之忧。

二 "十三五"时期陕西农村综合改革形势

"十三五"时期是全国范围内全面深化改革的关键阶段。公共财政支农长效机制建设、农村基层行政管理和社会治理体系建设、统筹城乡的市场体系和基本公共服务一体化、农村空心化及人口老龄化等，仍是未来5年陕西农村综合改革面临的重大课题。

（一）乡村治理体系和治理能力现代化有待提升

乡村治理体系和治理能力还存在诸多方面的不足，乡村治理的制度化、规范化、程序化水平有待提高。基层政府职能转变仍显滞后，基层政府缺乏服务意识，缺乏法律与规则意识，习惯行政思维，习惯于"家长式"管理模式，认为政府是农村社会唯一的管理者，有法不依、执法不严等现象还比较突出。村集体经济实力弱，农民组织化程度不足，社会参与、群众自治程度还不高。同时，从农民的角度而言，遇事找政府成为既定的思维模式，缺乏自我管理、自我服务的意识和能力；缺乏参与村民自治、争取自身合法权利的内生动力和能力。因此，基层政府必须树立法治观念，做到依法执政、依法行政，在村民自治的框架内，不断完善和丰富"四个民主"的内涵，构建在多元、集体、互动的治理模式，把治理体系的体制和机制转化为公共治理能力，协调处理和解决乡村社会公共事务，实现乡村社会的安定与和谐。

（二）公共财政对农村基础设施和公共服务的供给乏力

随着农村社会发展、农民收入水平的上升，广大农民对农村公共物品的需求也由"生存型"向更高层次的"舒适型"转变。但就目前情况来看，农田水利等农业基础设施普遍落后、老化陈旧，农业抵御自然灾害的能力也大幅下降，很难对农业生产提供持续的保障。农村公共服务供给不足，农村社会保障水平较低；教育、医疗卫生等社会事业有待加强。在财政支农资金管理上，支农资金占财政总支出的比重偏低，主管部门、管理层次和管理人员过多过滥、效率低下，上级部门下拨的支农资金，经过层层的所谓管理环节后，最终能够到达农村并用于农村公共服务建设的已所剩无几。另外，转移支付配套资金使县乡财政更加困难。很多涉农项目都要求有县乡的配套资金支持，在县乡财政比较困难的情况下，配套资金难以跟上，导致项目建设困难。因此，加快城乡统一税制改革步伐，着力构建以财政为主导的多元化支农惠农长效机制具有十分重要的意义。

（三）城乡统一的市场体系有待探索

建立完善的社会主义市场体制，就必须打破城乡、地区、部门对市场的分割和封锁，遏制各类市场主体种种不规范、不正当的市场行为。从目前来看，由于城乡二元体制的制约，农村要素市场和商品市场都存在交易成本高、效益低的问题，我国农村市场体系特别是要素市场发育缓慢。劳动力就业市场方面，农民工进城仍享受不到与市民相同的社会福利待遇，合法权益得不到有效保障。农村资本市场建设严重滞后，金融服务严重缺失，农业保险体系尚未建立。土地流转市场不健全，流转不规范、服务不到位，"同地不同权"、"同地不同价"，征地拆迁引发的矛盾日益凸显。市场体制的不健全，严重制约了农民收入的快速增长、农村经济的持续发展和农村现代化的实现。让市场因素更快、更广、更深入地渗透农村、农业之中，加快农村市场体系建设，提高农村经济的市场化水平是新时期陕西省农村改革的重要内容。"十三五"时期，陕西省应以城乡一体化为目标，加快劳动力、金融、土地、科技等要素的市场化步伐，通过区域市场的层层扩张、相互贯通、相互辐射，逐步形成城乡统筹协调发展的市场体系。

三 "十三五"时期推进陕西农村综合改革的总体思路

陕西省要实现全面建成西部强省和小康社会的宏伟目标，必须坚持城乡一体、统筹推进，坚持固农强农、农民主体，坚持以人为本、富民优先，坚持市场导向、强化扶持，坚持生态环保、集约永续的基本原则。创新组织运行体系，建设改革试点体系，建立改革试错制度，强化改革参与体系，形成支农资金稳定增长、科学投入机制。始终把解决好农业、农村、农民问题作为全部工作的重中之重，特别是要在制约农村社会经济发展的关键环节和重点领域实现突破。

（一）推进陕西农村综合改革的主要举措

第一，构建新型城乡关系中推进户籍制度、财税制度改革。实现城乡一体化必须首先打破户口的差别，完善农民进城落户政策，建立城乡统一的居住证制度，完善与登记制度相适应的教育、卫生计生、就业、社保、住房、土地及人口统计制度。应该合理确定西安城区落户条件，有序放开地级市城区落户限制，全面放开县城和建制镇户籍限制，鼓励人口向中小城市和小城镇集中。把有稳定劳动关系、在城镇居住一定年限，并按规定参加社会保险的农业转移人口逐步转变为城镇居民。重点推进解决举家迁徙及新生代农民工落户问题，实现城镇基本公共服务常住人口全覆盖。到2020年，全省基本形成"四三三"的人口区域布局，即大中小城市居住40%左右，县城和小城镇居住30%左右，农村及新型社区居住30%左右。财税政策方面，应提高对县一级财政税收返还的比例，增加地方分成；匹配财力与事权，合理确定经费分配比例，实现"财随事转"，交通、通信、基础教育、减灾防疫等"外溢性"较强的区域性公共物品，由省市财政解决，田间公路、六小工程等地方性基础设施，原则上由受益局限于县域范围的县乡政府承担；加快乡村债务处理，分清债务性质，分类解决，多渠道化解债务危机。

第二，在保障农民权益中推进土地制度和林权制度改革。首先，推进土地资源要素的市场化，让农村集体建设用地在符合规划的前提下进入市场，与国有建设用地实现"同地同权同价"；建立和完善农村集体建设用地增值收益分配机制，修订全省征地统一年产值及片区综合地价平均标准，提高农民在土地增值收益中的分配比例；鼓励具备条件的地方，借鉴西安市和平村的经验，推进农村集体产权股份合作制改革，探索发展新型农村集体经济；加快土地承包经营权和农村居民房屋产权确权颁证工作，建立健全农村土地流转服务体系，逐步建立县（区）、乡（镇）、村三级土地流转服务体系；探索建立工商企业流转农业用地风险保障金制度，严禁农用地非农化。其次，稳步推进林业分类经营改革，制定和完善公益林保护管理制度，确立农民作为林地承包经营权人的主体地位，对不宜实行家庭承包经营的林地，依法经本集体经济组织成员同意，通过均股、均利等其他方式落实产权，鼓励集体统一经营向农户联合与合作的多元化、多层次、多形式经营服务体系方向转变，增强集体经济组织服务功能。

第三，在服务"三农"中推进农村金融和科技服务体系改革。首先，要深化农村信用社改革，积极发展村镇银行，支持由社会资本发起设立服务"三农"的县域中小型银行和金融租赁公司，成立秦农银行，推进杨凌农商银行转型为具有农业特色的杨凌农科银行。要加大对农民合作社开展资金互助合作的支持力度，在信用评定基础上对示范社开展联合授信，有条件的地方可予以贷款贴息，培育发展农村合作金融。其次，要创新金融产品和服务，规范发展民间借贷，加强农村信用环境建设，继续推进农村信用工程，探索建立陕西农村信用资信公司。科技服务体系改革方面，要以杨凌示范区为依托，建立健全农业科技创新推广机制和农业科技人才激励机制，打造以农业试验示范站为主体，以农业科技培训和信息咨询服务网络为支撑的"一体两翼"科技推广模式。统筹全省科技资源，促进全省科技特派员赴农村创新创业；以农民专业合作社为载体，鼓励首席农艺师进驻农村经济合作组织，参与合作社产前、产中、产后服务，提升农村经济合作组织农业产业科技水平和农产品生产水平。在农业科技"110"、星火科技12396信息服务体系、农业科技专家大院的基础上，推广农技服务"大荔模式"，形成农技农资双向服务、农资农副双向流通、农业科技双向推动的新型农业科技服务体系。

第四，在应对新型社会格局中推进农村基层治理体系和公共服务体系改革。首先，推进农村治理体系建设，在完成乡镇调整工作的基础上，明晰乡镇政府职责，完善乡镇机构设置，建立乡镇财政体制，对县政府驻地镇改设街道办事处。加快并村工作，撤并小村和空心村，建立大村或中心村。原则上关中地区撤并1500人以下的村，撤并比例不低于关中现有村数的34%；陕北地区撤并800人以下的村，撤并比例不低于陕北现有村数的45%；陕南地区撤并1000人以下的村，撤并比例不低于陕南现有村数的25%。坚持"突出重点、科学布局、提高标准"的思路，以移民安置点、新型农村社区、中心社区和撤并乡镇驻地为重点，整合就业、社保、民政、卫生、文体等社会管理职能和服务资源，建设农村新型社区服务中心，"十三五"末农村社区服务中心覆盖率达到80%以上。要参照城镇社区专职工作人员聘用管理制度，逐步实现农村社区工作人员专职化。其次，明确政府投资的主体地位，建立多元化投入机制，强化农村公共服务监督管理机制，加快贫困地区移民搬迁，建立政府主导、多元供给的农村公共服务生产和供给体制。

第五，在解放和发展生产力中推进农业经营体系改革。一是加快培育新型农业经营主体。"十三五"时期，陕西省应以市场为导向，以效益为核心，以产业化龙头企业、农民专业合作社、家庭农场、种养大户为重点，加强认定，分类扶持，加快构建立体式复合型现代农业经营体系。二是积极稳妥发展规模经营。发挥市场机制的基础性作用，以现代农业园区建设为核心，引导和鼓励承包地"互换并地"，发展股份合作、土地托管、技术服务等多种形式的规模经营，推动农业区域化布局、规模化生产、集约化经营。三是加强农业社会化服务。坚持主体多元化、运行市场化的方向，进一步强化公益性服务，积极引导鼓励企业和社会力量从事经营性服务，形成公益性服务和经营性服务相结合、专项服务与综合服务相协调的新型社会化服务体系。发展专家大院、院县共建、农村科技服务超市、庄稼医院、专业服务公司＋合作社加农户、涉农企业＋专家＋农户等服务模式，积极推行技物结合、技术承包、全程托管服务，促进农业先进实用技术到田到户。

第六，在平衡供求、解决产销矛盾中推进农产品市场体系改革。一是完善重要农产品保护价收购制度。建立粮食、生猪等重要农产品常规储备制度，逐步扩大保护价收购范围，稳步提高重要农产品的最低收购标准；落实好种粮农民直接补贴、良种补贴和农资综合补贴等惠农政策；推动最低收购价、临时收储和农业补贴政策逐步向农产品目标价格制度转变。二是完善重要农产品储备制度和储备体系。加强粮食仓储建设，抓好粮食物流园区建设，增强社会节粮意识，有效利用社会仓储设施储粮。三是完善农产品检验检疫和质量追溯体系。加大农业标准化示范推广力度，扩大无公害农产品基地认定和产品认证规模，培育和扶持知名品牌，依法保护农产品注册商标和地理标志；以规模化生产经营主体为重点，建立省市县三级农产品质量安全追溯平台；推广完善信息追踪系统，强化农业生产过程环境监测，建立农产品质量安全事件协同查处机制，建立从田头到餐桌的全程监管机制。四是完善重要农产品价格调控和产品调运体系。依托监测数据开发编制并权威发布陕西省农产品价格指数和景气指数，统筹规划农产品市场流通网络布局，以保障农产品市场供应和价格稳定为目标，建立完善高效、畅通、安全、有序的农产品流通体系，加快构建重要农产品价格调控和产品调运体系。

第七，在完善体系强化功能中推进水利和交通体系改革。一是深化以水利、农村公路为重点的农村基础设施建设领域改革。要创新农村水利机制体

制,大力发展节水灌溉,在全省加大渠道衬砌防渗力度,在有条件的地方积极推广管道输水、喷灌、微灌等高效节水灌溉技术,在关中地区全面推广"三改两全"等田间节水措施,组织实施好规模化节水示范项目建设。实施好现有大中型灌区续建配套与节水改造、大型灌排泵站更新改造,到2020年,基本完成大型灌区、重点中型灌区续建配套与节水改造任务,全省节水灌溉面积达到2000万亩。二是加快小型水利工程管理体制改革。按照"谁投资、谁所有、谁受益、谁负担"的原则,结合基层水利服务体系建设、农业水价综合改革的要求,明确各类水利工程产权,并颁发产权证书。三是加快推进基层水利服务体系能力建设,建立财政对农业灌排工程运行管理费用补助机制,巩固水利工程管理体制改革成果,足额落实公益性水利工程管理单位公益性人员基本支出经费和工程维修养护经费。在农村公路方面,制定和完善农村公路养护技术政策、技术规范和养护管理办法,建立稳定的农村公路养护资金投入保障机制,构建城乡有机衔接的农村公共客运服务体系。

(二)农村综合改革重点工程

第一,乡镇基层组织创新工程。小城镇建设是实现城乡统筹发展的重要载体和关键环节。一是扩权强镇。以31个重点示范镇、文化旅游名镇(街区)、沿渭重点镇为重点,按照已出台的省政府有关小城镇创新机制的有关精神,加快小城镇的财政管理体制改革、行政管理体制改革、社会保障制度改革,增强小城镇建设的内生动力。二是开展镇级市试点。在省、市重点镇中选择10个人口规模大、经济基础强、发展后劲足的建制镇,参照中央有关改革试点的有关政策予以扶持,赋予县级经济、社会管理权限,扩大土地使用权、财政支配权、行政审批权和事务管理权,创新户籍制度改革,进一步提升重点示范镇建设档次,增强重点示范镇发展后劲。三是加快农村新型社区建设。用3年左右时间,在全省建设1000个规划适度、设施完善、产业发展、生活便利、管理有序、生态宜居的新型农村社区。到2020年,实现30%的农村社区化,居住人口占农村人口的35%。

第二,社会治理创新工程。加强农村基层政权建设,强化党组织的领导核心作用,充分发挥党员干部在社会管理和群众工作中的示范带头作用,完善"四议两公开"制度,依法保障农民的知情权、参与权、表达权、监督权。发挥政府、农村各类经济社会组织和广大农民的作用,丰富村民自治的载体,创新参与机制,不断丰富和发展"四个民主"内涵,保障各类主体能够参与制定社会治理规则,参与社会治理决策,参与社会治理的执行,实现村民自我管理、自我教育、自我服务。发挥农民在农村社会治理过程中的基础作用,积极为农民排忧解难,畅通农民诉求表达渠道,充分重视和吸纳农民的意见和建议,完善农民权益的保障机制,切实维护农民各项基本权益。保障外出村民在本村的各项合法权益,让居住在城中村和城郊地区的农民工享受到基本公共服务。

第三,公共服务均等化工程。实现城乡一体化的核心在于加快消除制约城乡协调发展的体制性障碍,促进公共资源在城乡之间均衡配置、生产要素在城乡之间自由流动、公共服务实现基本均等。深入推进水、电、路、气、房、网"六到农家"工程,改善农村人居环境。实施农村义务教育薄弱学校改造计划,推动农村寄宿制学校建设,支持县镇学校扩容改造,建立城市中小学特别是名校与农村学校结对帮扶制度和城乡教师交流制度,促进城乡义务教育均衡发展。完善新型农村合作医疗制度,逐步将罹患危及生命安全或严重影响生存质量的大病、重病纳入医疗救助范围,全面推行省内异地结算。健全农村三级医疗卫生服务网络,建立乡村医生实习进修培训机制,落实乡村医生养老补助政策。继续推进社会保障制度体系建设,缩小城乡保障差距,提高农村低保、五保供养补助标准,健全农村社会救助体系。以集中安置为重点,加大扶贫开发力度,加快推进陕南山区和渭北"旱腰带"地区移民搬迁,加大对延安避灾移民搬迁支持力度。

第四,财政支农体系创新工程。坚持把"三农"作为各级财政支出重点,大幅度增加对农业、农村基础设施建设和社会事业发展的投入,各级财政支农投入占财政总支出的比重应逐年提高。整合涉农项目资金,推进从财政预算编制环节清理和归并整合涉农资金,全面实行"项目库"管理,逐步下放省级涉农资金项目审批权限，可选择两个设区市、三个县（市、区）开展涉农资金整合和统筹使用试点。继续增加农业补贴资金规模，新增补贴向主产区和优势产区集中，向专业大户、家庭农场、合作社倾斜。继续对种粮大户和产粮大县实行奖励政策，优先支持从事规模化粮食生产的龙头企业。扩大农机补贴规模和范围，完善农机补贴政策，实行"全价购机、县级结算、一卡到户"的新机制。把新型市场主体、社会化服务作为项目实施主体，探索股份投入、融资担保、保险补助、先建后补等多元化形式，发挥财政资金"四两拨千斤"的作用。

第五，县域经济转型升级工程。各县应根据自身所处的不同的发展阶段，充分利用地理气候、资源禀赋、经济基础、交通区位等独特优势条件，找准发展的着力点，制定不同的发展战略规划，采取不同的政策措施。在全省范围内深入推进"一县一业"振兴产业活动，因地制宜，大力调整产业结构，围绕特色做文章，突出区域特色，发展优势产业，增强特色产业科技含量，提高特色经济的知名度，扩大特色产品市场占有率。选取不同类型的县域进行重点扶持，鼓励凤县、柞水、太白、黄陵等深入挖掘独特区位优势、自然环境、人文底蕴，发展壮大以旅游为主导的第三产业；支持神木、府谷、韩城、彬县等资源县，依托资源优势，延伸产业链条，推进能化产业转型升级；支持武功、眉县、大荔、礼泉等农业基础较好的县，构建集约化、专业化、组织化、社会化相结合的新型农业经营和社会化服务体系，加快现代农业发展，推进城乡一体化。

第六，职业农民培育工程。发展现代农业，关键是人才，最基础的就是要培育一大批有职业技能和经营能力的新型职业农民。按照实际、实用、实效的原则，以杨陵、靖边等国家级职业农民示范县为重点，以农广校体系为主要依托，在县级职教中心、农业园区、合作社和龙头企业建立实训基地，采取多种形式，有计划、有组织地开展集中的职业农民培训，实现农民教育培训覆盖全省所有乡村。继续开展新型农民和农村实用人才培训，加大农民专业合作社负责人、种养大户、家庭农村经营者、经纪人等新型青年农民人才培训，培养"有文化、懂技术、会经营"的新型农民。支持有条件的农业院校、职业技术学院开设职业农民专业，面向社会定向招生，免除学杂费并补贴食宿费。满足现代农业发展、新农村建设、农民创业和生产生活实际需要，加强技能培养，提高农民教育培训针对性、实用性和有效性，建立健全农民教育培训质量评估体系，确保农民教育培训质量和效果稳步提升。

第七，科技体系创新工程。发挥杨凌国家级农业高新技术示范区和西北农林科技大学等农业科研教学单位的科技优势，支持国家（杨凌）现代农业科技创新中心、农业技术转移中心和现代农业综合试验示范站建设。各地市以市级农业科学研究所为重点，整合相关资源，围绕地方特色优势，逐步发展成区域性农业研究中心。按照"资源共享共用，权益合理分享"的思路，推进跨单位、跨区域的农科研、产学研大协作，围绕陕西省种业、核桃、苹果、红枣、猕猴桃、羊、茶等优势特色产业，以适应机械化、规模化为出发点，实行"专家引领，专业融合，联合攻关"的科技创新模式，开展综合集成重大课题研发。对现有成熟技术按产业进行组装配套，形成良种良法配套、关键技术集成的应用技术体系。

第八，农村信息化工程。充分发挥杨凌科教资源和已建立的相关服务平台作用，加强全省涉农公共信息服务平台统一规划建设及平台互联、资源共享，建设统一的农村公益服务平台。逐步整合农业生产、防灾减灾、党务村务、教育文化、医疗卫生、社会保障、社会管理等涉农公共服务信息资源，实现农业公共信息资源的跨部门、跨地区、跨行业互联、互通、共享。以大学生村干部、种养大户、合作经济组织法人代表和农村经纪人为主体，培育一批懂技术、善管理的信息技术骨干，增强农村基层科技信息服务的实力和活力，提高农村基层干部和农民群众对信息的接受和利用能力。采用多种手段送信息进村入户，依托县级科技管理机构建立卫星信息示范站，实现文本、视频、音频等不同格式的农村科技信息的宽带传输，让终端用户至少能用电脑、电视、电话（包括手机）中的一种方式获得信息服务。

第九，美丽乡村建设工程。按照尊重自然美、注重个性美、构建整体美要求，结合城乡一体化和重点镇建设规划，编制和完善县域村镇体系规划和村庄规划，科学确定中心村和需要整治的空心村，并与传统村落保护规划、农村产业发展、基础设施和土地整治等专项规划相衔接。按照规模化、集约化的思路，以经济实力较强、区位优势明显、具有民俗文化特点、人口较多的村为基础，优化村庄布局，撤并小村建立中心村，有条件地建立新型社区。统筹推进农村水、电、路、通信、污水垃圾处理等基础设施和教育、文化、卫生等公共服务设施建设，不断改善生产生活条件。把农村环境整治与生态村镇建设和发展循环经济相结合，加快农村垃圾和污水处理等环境基础设施建设，开展耕地、水源等农业面源污染防治，推进村庄沼气建设，全面改善村容村貌和农民人居环境。依托林果、森林旅游、木本油料等优势林业产业，推广太白立体林业、安康林业园区示范发展、苍山茶叶文化引领发展林业产业发展模式，全力推进陕西林业产业大发展，林业富民能力大提升。通过3~5年的努力，全省将建设一批"宜居、宜业、宜游"的美丽乡村。

第十，平安乡村创建工程。加强法制和思想道德建设。认真组织实施"依法治村"、"法律进乡村"、"民主法治示范村"等活动，搞好普法宣传教育，引导农民通过法律途径和正当渠道与方式解决矛盾纠纷、维护自身合法权益。建立和推行重大决策和重大项目风险评估制度，努力把社会不稳定因素消灭在萌芽状态，从源头上预防和减少各类矛盾的发生。加强治安防控体系建设。进一步整合农村治安资源，开展形式多样的邻里守望活动，实现联户联防、联片联保、联打联治，构建专群结合、警民联防的农村治安防控网络，强化农村社会面的控制。在农村集贸市场、庙会、商业网点、文化娱乐场所等重点地区和部位，设立治安室和报警点，依法打击各类危害农村经济发展、损害农民合法权益的违法犯罪活动。健全完善矛盾纠纷预防、排查、调处工作机制，加强乡（镇）、村（组）矛盾纠纷排查调处中心、站点等工作网络建设，把人民调解、行政调解和司法调解结合起来，完善多渠道解决争端机制。

B.17 陕西省棚户区改造现状及其对策报告*

薛金慧**

摘　要： 棚户区改造是一项重大的民生工程和发展工程。近年来，陕西省在棚户区改造工作上结合实际、借鉴经验、突破创新，形成了一种颇具特色的改造模式，积累了西安棚户区改造的经验，在全国成了先进典型，受到了广泛好评。另外，陕西棚户区改造在取得良好经济和社会效益的同时，也面临资金不足、征迁难度大、基础设施和公共服务设施配套不到位、开发企业积极性不高等难点和问题。因此，既需要谨慎精心对待，又需要大胆创新实践。

关键词： 棚户区改造　陕西　安置补偿

住房问题是关乎民生的重大问题。为改善中低收入群体的住房条件，我国先后制定了一系列包括棚户区改造在内的政策措施，有力促进了社会和谐和经济发展。随着新的矛盾和问题的涌现，住房问题特别是棚户区改造又面临着新的挑战。棚户区是指城市规划区范围内，房屋建筑密度大、结构简陋、质量差、年久失修、安全隐患大（包括经房屋鉴定机构鉴定为C、D级的危旧房屋），使用功能、配套设施不完善的住宅区域。包括国有土地上棚户区和集体土地上棚户区（原城中村）。其中，前者包括城市棚户区、工矿

---

* 本文所用的一切数据皆来自2014年10月10日在陕西省住建厅的实地调研。
** 薛金慧，陕西省社会科学院当代马克思主义研究所助理研究员。

棚户区、危旧房等；后者是指在城市建成区范围内集体土地上，仍然实行村民自治和农村集体所有制的村庄。一般来说，棚户区内治安、消防等社会问题突出，对城市形象和社会稳定带来极大负面影响，需要加快推进棚户区改造（即以改善人民群众居住环境为前提，在确保公共利益、维护社会公平的原则下，落实城市总体规划、增强城市功能、提升城市形象，强调改造主体多元化，寻求经济、物质环境、社会及自然环境可持续发展的综合效益的城市更新行为）。

棚户区改造是一项重大的民生工程和发展工程。加快棚户区改造，是改善民生的硬任务，也可以有力拉动投资、促进消费，是以人为核心的新型城镇化的重要内容。近年来，陕西省在棚户区改造工作上结合实际、借鉴经验、突破创新，形成了一种颇具特色的改造模式，积累了西安棚户区改造的经验，在全国成了先进典型，受到了广泛好评。另外，陕西棚户区改造在取得良好经济和社会效益的同时，也面临诸多问题和不足，既需要谨慎精心对待，又需要大胆创新实践。

一　陕西省近年来棚户区改造现状

陕西作为一个西部欠发达省份，棚户区改造任务繁重而复杂。从西安来看，根据资料统计，西安市城六区有行政村共计624个，人均耕地在0.3亩以下的城中村有326个，所涉土地21.6万亩，涉及人口13.1万户46万人，建筑面积6797万平方米。从全省来看，除了城市棚户区以外，棚户区还包括大量的国有工矿棚户区、林业棚户区、国有垦区危房等。陕南、陕北、关中各地情况不一，改造面临的问题也不尽相同，自然困难重重。

2007年，陕西省棚户区改造工程正式启动。2008年以来，陕西认真贯彻落实省委省政府关于棚户区改造的决策部署，把棚户区改造作为保障性安居工程的重要内容，抓住机遇，扎实推进。截至2013年底，全省已实施各类棚户区改造39.9万户，竣工16.6万户（套），竣工率41.6%，分配入住15.4万户，入住率92.77%。全省累计完成投资222.3亿元。有效解决了约

120万人的住房困难问题，大力缓解了城市内部二元矛盾，提升了城镇综合承载能力，促进了经济增长和社会和谐。归结起来，陕西省的主要做法包括以下几个方面。

（一）建立了一套比较健全的组织机构

为加强全省廉租住房建设、各类棚户区和农村危房改造工作，2009年陕西省成立了以分管副省长为组长，省住建厅、发展改革委、财政厅、国土厅等为成员单位的保障性安居工程协调领导小组，各成员分工明确。省住建厅负责全省棚户区改造规划编制、年度任务分解、综合协调、项目推进和目标责任考核；负责出台规划、建设、管理的相关实施意见；会同省发展改革委、省财政厅等部门积极向国家争取棚户区改造项目计划、政策和资金等支持。省发展改革委负责煤矿棚户区改造项目的落实和任务分解、实施工作。省林业厅负责林业棚户区、国有林场危旧房改造工作；省农垦局负责国有垦区棚户区改造工作。省财政厅负责落实省级补助资金。省国土资源厅负责完善土地供应政策，做好每年新增建设用地计划下达和土地审批工作。税务、工商等部门切实落实了相关减免和支持政策。各成员单位各司其职，紧密配合，各市（区）高度重视，抢抓国家大规模推进棚户区改造的机遇，均成立了棚户区改造机构，负责具体棚户区改造工作的组织实施。例如，西安市成立了西安市棚户区（城中村）改造办公室，宝鸡市成立了宝鸡市旧城改造工作办公室，商洛市成立了商洛市旧城改造办公室等。

（二）制定了一套比较完善的责任制度

为了切实落实好棚户区改造工作，陕西省明确了省市县各级的责任，省级政府对全省棚户区改造工作负总责，市、县级政府具体负责实施棚户区改造项目。各级政府强化措施，层层分解任务，形成一级抓一级、层层抓落实的工作机制。一是建立目标责任制。每年年初省政府与各市政府签订保障性安居工程目标责任书，分解落实保障性安居工程任务。二是建立考核制度。制定下发了《陕西省住房保障工作评价考核办法（试行）》。省政府采取

"月排名、季点评、年度考核"等措施,每月对各市保障性安居工程建设进展情况进行考核排名,每季度召开点评会,点评各市进展情况,分析存在的问题,研究解决的措施,并将本季度考核排名结果通过省内主要媒体向社会公示,年底全面考核。同时为弘扬先进,表彰典型,省政府每年拿出3~4亿元对完成目标任务好的市(区)进行奖励。三是建立巡查制度。陕西省组织专门力量,派出巡查组对全省保障性安居工程建设情况、分配入住情况进行监督检查,对在建的项目每季度达到巡查全覆盖。特别是对棚户区改造工作的进展情况进行核实,确保各地市能如期保质保量完成棚改目标任务。四是建立约谈制度。根据每季度的考核排名情况,省政府主管领导约谈保障性安居工程排名后五名特别是棚户区改造工作推动不力的市(区)主管副市长(副主任),省住建厅厅长约谈后五名市(区)的局长,对存在的问题分析原因,商量对策,并限期整改,强力推进棚户区改造工作。

(三)出台了一系列积极有效的政策措施

理论来源于实践并指导实践。棚户区(城中村)的形成"焦点在土地,原因在规划,症结在体制",属于城市建设中的历史欠账问题,要突破这些瓶颈,必须要有相关政策的支持。近年来,陕西省在总结经验、深入调研、结合实际的基础上,出台了一系列的政策措施规范和推进棚户区改造(见表1),主要包括以下几个方面。

1. 棚改总体的目标原则要求

2014年,为贯彻落实《国务院关于加快棚户区改造工作的意见》(国发〔2013〕25号),陕西省出台了《陕西省人民政府关于加快棚户区改造工作的实施意见》(陕政发〔2014〕3号),《意见》明确了棚改的基本原则、资金筹措、税费优惠等,为全省棚户区改造的全面推进提供了政策保障。

2. 专项资金管理政策

2010年,出台了《陕西省城市棚户区改造专项补助资金管理办法》,对补助各市县城市棚户区改造工作的专项资金管理做了规范。提出全省城市棚改专补资金采取"以奖代补"的方式,坚持"多干多补、少干少补"的资金

陕西省棚户区改造现状及其对策报告

表1 近年来陕西省（市）出台政策性文件、指导性意见等

序号	已出台的配套政策	下一步出台政策安排
1	《陕西省保障性住房管理办法（试行）》	《房屋共有产权实施意见》
2	《陕西省人民政府关于加快棚户区改造工作的实施意见》	《租赁型保障房资产管理办法》
3	《陕西省关于加快推进我省保障性住房工作的意见》	《棚改开行贷款项目管理办法》
4	《保障性住房建设管理工作奖励暂行办法》	《陕西省保障性住房条例》
5	《国有林场危房改造工程项目管理办法（试行）》	《修订保障性住房建设管理工作奖励暂行办法》
6	《国有林区棚户区改造工程项目管理办法》	《保障性住房小区"和谐社区·幸福家园"创建实施意见》
7	《保障性安居工程项目规划选址及配套设施建设管理办法（试行）》	—
8	《陕西省住房保障工作评价考核办法》	—
9	《廉租住房和公共租赁住房并轨运行管理的指导意见（试行）》	—
10	《关于进一步加强保障性安居工程质量安全管理工作的通知》	—
11	《陕西省棚户区改造开行贷款资金管理办法》	—
12	《关于进一步加强保障性住房价格管理工作的通知》	—
13	《陕西省城市棚户区改造专项补助资金管理办法》	—
14	《关于进一步提高保障性住房保障对象审核效率的意见》	—
15	《关于加快推进全省国有企业棚户区改造工作的实施意见》	—
16	《陕西省进城落户农村居民保障性住房申请、审核程序暂行办法》	—

分配原则，综合考虑各市（区）县城市棚户区改造的拆迁面积、拆迁户数以及相应权重（分别占30%和70%），并适当考虑财政困难程度进行分配。

3. 科学编制了全省棚户区改造规划

陕西省按照《国务院关于加快棚户区改造工作的意见》（国发〔2013〕25号）和住建部等七部委《关于加快推进棚户区（危旧房）改造的通知》（建保〔2012〕190号）等文件的要求，结合陕西省实际，编制完成了

《2013~2017年陕西省棚户区改造规划》。根据《规划》，陕西省各市、县（区）根据现有棚户区的位置、财力状况以及群众意愿，将55万户棚户区改造任务规划在不同年度。2013年实施改造12.1万户，占比22%；2014年实施改造21.15万户，占比38.4%；2015年计划实施改造7.25万户，占比13.2%；2016年计划实施改造7.25万户，占比13.2%；2017年计划实施改造7.25万户，占比13.2%。

4. 配套设施建设政策

从2013年开始，陕西省对全省保障性安居工程建设项目配套基础设施建设情况进行了摸底调查，从2014年起，陕西严格按照《保障性安居工程项目规划选址及配套设施建设管理办法（试行）》的要求，对棚户区改造项目的规划选址和基础设施配套情况进行规范。一是对在建或已建成的棚户区改造安置项目，要求市县安排专项资金，采取有效措施，完善配套基础设施和公共服务设施建设，两年内配建完善。省上将在安排补助资金时，优先考虑2014年即将竣工、改造规模大和能够及时形成入住能力的项目，确保中省补助用在"刀刃"上。二是对异地安置的新开工项目，从选址开始，要充分考虑居民就业、就医、就学、出行等需要，将项目建设在城市规划区以内的交通便利、配套设施齐全地段。做到配套设施和安置房同步规划、同步报批、同步建设、同步交付使用。截至目前，已下拨城市棚户区中央基础设施配套资金5亿元，有效加快了各市县棚改项目建设进度。

5. 征迁政策

陕西省明确要求各地在征迁过程中一是制定科学合理的征迁政策，做到和谐征迁；二是严格按照国家的法律法规，做到依法征迁；三是积极关注信访事件，做到和谐征迁。同时，由于各地棚户区情况差异较大，陕西省提出各地结合自身实际，按照国家《国有土地上房屋征收补偿办法》，制定本地区的《房屋征收补偿办法》。采取实物安置和货币安置两种方式进行。选择实物安置的，实行原地和异地安置相结合；选择货币安置的，要求各市县合理确定补偿标准，政府来搭建交易平台，做到了公开、公平、公正。

6. 税费优惠政策

全省各地在积极落实好土地、资金的同时也认真执行各项税费减免政策。各地在实施棚改项目时，免征城市基础设施配套费等各项行政事业性收费和政府性基金。另外，各级住房保障部门与电力、通信、市政公用事业等企业积极沟通，适当减免了棚改安置房的入网、管网增容等经营性收费，确保安置房能及时达到入住标准。

（四）建立中心、搭建平台，确保棚改工作公正、透明

一是成立省保障性住房管理中心。随着保障性安居工程建设规模的不断扩大，特别是将棚户区改造纳入保障性安居工程范畴，国家对保障性安居工程的建设、运营、管理提出了更高的要求，因此陕西省政府成立了副厅级建制的保障性住房管理中心，专门指导市县政府做好保障性安居工程精细化管理工作。同时，陕西省编办下发通知，要求各市县比照省保障性住房管理中心成立市县保障性住房管理中心，并将成立机构情况纳入考核指标。截至目前，全省所有设区市和大部分县（区）均已成立保障性住房管理中心，专门负责信息系统建设及日常维护、培训及管理，以及保障性安居工程项目管理和资产管理等。二是建成先进信息平台。为实施保障性安居工程精细化管理，省政府投资1.3亿元建立了技术一流、设备先进、功能强大的住房保障信息平台。以建设项目、房源、保障对象为核心，全省统一工作流程，统一工作程序，项目建设、分配、后续管理工作都在同一平台进行。省、市、县、街办和社区五级联网，从项目立项、土地供应、资金分配、质量监管到建成投入使用，每个环节都可即时监控；管理者可以通过GIS（地理信息系统）查到每一个保障性安居工程项目的具体位置。信息平台已成为全省各级住房保障部门的工作平台，实现了信息平台和工作平台的有机结合。三是搭建融资平台。2011年，省政府针对市县保障性安居工程建设的巨大资金需求，在全国率先搭建市场化投融资平台，由省财政和省属延长石油集团共同出资30亿元，成立了陕西保障性住房建设工程有限公司（以下简称陕西省保障房公司），延长石油集团以自身信用为陕西省保障房公司提供第三方

担保，向国家开发银行和几家商业银行申请贷款授信额度113亿元。共获得贷款96.1亿元，按进度支付79.91亿元，有效缓解了市县保障性安居工程项目启动资金不足的问题。2014年，为进一步发挥陕西省保障房公司在全省保障性安居工程建设的投融资作用，按照陕西省政府的要求，省财政和延长石油集团将该公司资本金扩大到70亿元，并确定将其作为全省棚户区改造的融资平台，进一步提升其投融资能力。截至目前，国开行已累计向棚户区改造发放贷款354亿元，支持棚户区改造项目76个。

二 陕西省棚户区改造经验

根据全省棚户区改造规划，2013～2017年全省共计划改造各类棚户区55万户。2014年，国家与陕西省签订的棚户区改造目标任务是21.1477万户，其中，城市棚户区21.0247万户、国有工矿棚户区0.07万户、国有林区棚户区0.0176万户、国有垦区危房改造0.0354万户。截至2014年5月25日，全省新开工各类棚户区17.22万户（套），其中包括货币安置4316套，占目标任务的81.42%，基本建成3.0256万户（套），竣工1.3811万户（套），分配入住7568户，完成投资182.67亿元。预计2014年任务肯定会提前完成。之所以取得如此大的成就，归纳起来，比较好的做法和经验主要有以下几方面。

（一）多措并举，破解棚户区改造资金瓶颈

据估计，《陕西省棚户区改造规划（2013～2017）》实施需要投入资金3100亿元。为解决资金难题，第一，及时制订了"陕西省棚户区改造一期项目"360亿元省级统贷融资方案。为落实棚改资金，发挥开发性金融的支持作用，陕西省顶层设计棚改融资模式，编制了《陕西省棚户区改造系统性融资规划》。一是测算陕西省2013～2017年棚改融资需求约2600亿元，一期项目融资约360亿元；二是设计了"统一规划、统一融资、政府主导、市场运作"的路径和模式；三是确定陕西省政府委托陕西省保障房公司实

施全省的棚改任务，签订委托代建协议，陕西省保障房公司以协议项下委托代建资金应收账款权益向国开行提供质押担保；四是建立陕西省住建、财政、发改、陕西省保障房公司及国开行陕西分行共同参与的联合工作机制，并制定《资金管理办法》和《项目管理办法》，设计棚改项目借、用、还机制；五是国开行为陕西省棚户区改造设计了"软"、"硬"贷款搭配方案，配套了"债贷组合"、"投贷结合"的金融创新模式。第二，加大商业银行贷款。通过积累优质项目资源（经济价值较高，项目内部实现资金平衡或盈余），以项目资产抵押的方式获得商业银行贷款。第三，资本市场直接融资。依托保障房公司通过发行私募债券、公募债券的方式筹集资金。第四，鼓励民间资本参与改造。鼓励和引导民间资本根据保障性安居工程任务安排，通过直接投资、间接投资、参股、委托代建等多种方式参与棚户区改造。要积极落实民间资本参与棚户区改造的各项支持政策，消除民间资本参与棚户区改造的政策障碍。第五，加大企业改造资金投入。鼓励企业出资参与棚户区改造，加大改造投入。企业参与政府统一组织的工矿（含中央下放煤矿）棚户区改造、林区棚户区改造、垦区危房改造等，对企业用于符合规定条件的支出，准予在企业所得税前扣除。要充分调动企业职工积极性，积极参与改造，合理承担安置住房建设资金。

（二）因地制宜，形成了各具地方特色的改造模式

陕西在棚户区改造工作中，要求各地根据实际，按照"因地制宜"的原则来推进改造。比如，城市空间比较狭小的延安，在推进棚户区改造时，遵循"中疏外扩"的发展战略和"中国革命圣地、历史文化名城、优秀旅游城市"的城市定位，按照规划引领、成片推进、分步实施和核心区多拆少建、景区周边只拆不建的原则，积极稳妥推进棚户区改造，力求达到拆迁安置和建设资金两个平衡，实现城市品位和居民生活质量两个提升，全力打造宜居、宜游、宜业的城市环境和全国人民心目中向往的延安。西安市在实际工作中创新出了具有典型经验的"西安模式"，他们坚持政府企业合力经营，遵循"拆一换一，互找差价"的拆迁补偿方案，坚持安置先行原则，

保证群众享有的基本利益,最后做到城乡融合,无形跟进。宝鸡市对城市规划区内的国有大中型企业棚户区实施集中改造,改变了市区"一边高楼林立,一边棚户区连片"的现状。铜川市稳步推进煤矿棚户区改造,充分征求煤矿企业意愿,积极引导,采取有力措施组织实施。汉中市大力推进三线企业和国有林场棚户区改造,解决了困难企业职工的住房问题。

(三)政府主导、齐抓共管,确保棚改工作顺利推进

棚户区改造是一项复杂的综合工程,也是政府主导下的市场行为。政府在其中作为与否以及作为的大小,直接关系这些工作的推进程度。近年来,陕西之所以取得显著成就,离不开各级政府的主导作用。以西安为例,为解决改造中出现的重大问题,西安市建立了改造工作领导小组联席会议制度,与规划、国土、房产、市政等部门共同召开专题会议,及时研判,共同应对,积极解决规划市政道路建设、配套水暖电气建设等实际问题。按照"政府主导、以区为主"的原则,由市上统筹全局,协调服务,区级改造部门充分发挥地缘优势具体实施,推行区城改办主任挂帅的"一个项目、一名领导、一套班子、一抓到底"的工作机制,通过采取"市、区、街"及监察、司法、民政、公证等部门"多级"联动机制,切实处理好搬迁、建设、安置回迁过程中出现的各类问题。同时,我们还采取目标考评新机制,将改造工作纳入市、区两级年度目标责任综合考评体系,每年都与各区和代建单位签订目标责任书并对改造任务完成好的区和代建单位给予重奖,用考核破解难题,形成合力,推动任务落实,逐步形成了"千斤重担人人挑、人人肩上有指标"和"共谋发展、共破难题、共创佳绩"的改造工作良好氛围。

三 陕西省棚户区改造存在的难点和问题

陕西棚户区改造工作实施过程中,地域差异、人口结构不同、各地对棚户区改造理解不同、补偿标准不同,加之各地本来的经济社会发展状况,导

致棚户区改造工作的差异性和艰巨性。虽然陕西省棚户区改造工作取得了一定的进展，但也存在一些困难和问题，主要表现在以下几个方面。

（一）资金不足仍是改造工作的难点

棚户区改造面临的第一大难题就是资金匮乏。首先，棚改的对象一般为中低收入群体，他们整天忙于生计，无暇关注居住条件和环境，对棚户区改造，他们无力筹措资金。其次，棚户区改造资金主要来源于中央和省级补助。这些资金，除了配套设施费用外，还包括了房屋拆迁补偿费、搬迁补助费、拆迁代办费、拆迁奖励费、拆迁评估费及其他补偿费等，庞大的资金需求造成了棚户区改造的巨大资金压力。仅2014年全省21.15万户棚改项目就需要资金1200亿元。最后，经过前几年棚户区改造工作的大规模推进，在城市中心区内，商业附加值较高的棚户区改造项目已基本开发殆尽，如今剩下的多是"硬骨头"，即离中心城区较远、商业附加值低，但群众改造意愿强烈的棚户区改造项目。这类项目民间资本不愿介入，就需要政府投入更大的人力、物力、财力来推进，本身财力并不宽裕的县（区）在推进此项工作时更是捉襟见肘。以陕西省延安市为例，延安市棚户区主要位于容易发生地质灾害的区域或革命遗址周边，实施改造后的原址只能用于绿化或革命遗址保护，不能用于招标拍卖，政府无法获得这部分土地收益，而且安置房需异地建设。因此，市财政需要承担征收补偿费用、安置房建设的土地、建安成本和配套基础设施等费用，这使延安市在推进此项工作时力不从心。

（二）房屋征收难度加大

棚户区改造涉及历史遗留问题比较多。加之，棚户区居住比较集中，中低收入群体比例较大，这些群众虽有改变居住条件的强烈愿望，但又面临无力承担安置面积以外自购面积购置款的现实困难，部分群众还面临生活难题，给征迁带来了压力。另外，部分棚户区改造的居民对征收补偿的利益诉求越来越高，同时也存在补偿不到位的现象，以西安市为例，西安市碑林区棚户区改造项目由于其地理位置优越，土地附加值较高，在进行补偿安置

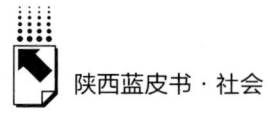

时,制定的补偿标准比较高,而西安市长安区离中心城区较远,土地附加值较低,因此所制定的征收补偿标准不及中心城区,两者形成对比,使长安区居民在征收补偿时产生过高的利益诉求;同时由于房屋征收部门委托房屋征收实施单位进行房屋征迁工作,部分房屋征收实施单位存在资金不到位的现象,故在征收房屋时刻意压价,造成棚户区居民对征收补偿不配合,影响了改造进度。

(三)基础设施和公共服务设施配套不到位

部分棚改项目区域基础设施历史欠账多,配套设施建设压力大,致使安置房虽主体建设完工,但无法达到入住条件,影响棚改居民如期回迁安置。例如:陕西省陕北、陕南地区以山区地形为主,棚户区主要集中在半山腰或沟道之中,不能够进行原址建设,所以基本上选择在城市新区或周边区域,但这些区域的基础设施配套和公共服务设施不完善,形成了安置房虽主体建成,但不具备入住条件的现状。

(四)受当前市场和经济形势的影响,开发企业积极性不够高

由于开发企业普遍对房地产市场未来存有顾虑,加上拆迁难、拆迁周期长、拆迁成本高等因素的影响,社会资本介入棚户区改造项目的积极性不高,投资意愿减弱。商品房库存量大,开发企业资金周转比较困难。

四 进一步推进陕西省棚户区改造的意见建议

棚户区改造关系民生和社会稳定。因此在政策制定、资金筹集、安置补偿等各个环节中既要谨慎对待,又需要大胆创新、扎实推进,争取实现2013~2017年棚户区改造规划目标。

(一)进一步拓宽融资渠道

在中央对棚户区改造资金补助不足、资金缺口较大的情况下,一是可以

鼓励民间资本参与改造。鼓励和引导民间资本通过直接投资、间接投资、参股、委托代建等多种方式参与棚户区改造。二是与国开行等金融部门密切合作，最大限度地争取资金支持。三是通过资本市场直接融资。目前，陕西省已决定根据各市棚户区改造项目的不同需求，令省保障房公司通过发行债券等方式，有针对性地筹集建设资金。同时，支持有实力的国有大中型企业发行债券用于本企业的棚户区改造，合理扩大"债贷组合"用于棚户区改造。四是加大企业改造资金投入。鼓励各类企业在进行本企业棚户区改造时，加大投入，凡是符合规定条件的支出，准予在企业所得税前扣除。要充分调动企业职工积极性，积极参与改造，合理承担安置住房建设资金。

（二）加强政策宣传，推进和谐征迁

棚户区改造是一项涉及多方面利益的工程。因此，一是加强政策宣传。庄长兴省长在 2014 年全省保障性安居工程二季度点评会上的讲话中指出："老百姓对棚改相关政策的知晓程度和参与棚改的积极性不高，加大了实施改造的难度。"因此，在棚户区改造前期工作中要加强对相关政策的宣传、舆论的正面引导，做好摸底调查，征寻棚户区居民的改造意见。二是拆迁过程透明公正。拆迁过程中对征收程序、政策依据和补偿方式标准、征迁户回迁安置房源及选房情况、征收实施单位和评估机构、评估初评结果、特殊对象补助标准等进行公开，做到公平透明。三是对少数要价过高、无理取闹、经协商达不成补偿安置协议的，房屋征收人、拆迁人应按照规定的程序，申请人民法院依法实施强制拆迁。

（三）大胆创新，推进安置方式多样化

目前，陕西省现有的安置补偿方式分实物安置和货币安置两种。陕西 2014 年实施各类棚户区改造 19.87 万户，其中货币安置 5839 户，仅占安置总数的 2.9%。在棚改任务量大、安置住房需求量大的形势下，采用货币安置有提高安置效率、减轻市政基础设施建设压力、降低成本、提高棚改群众选择面和满意度、消化存量住房、促进房地产市场健康发展等诸多优势，所

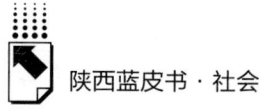

以应该大力推行货币安置。另外，可以适当放宽政策，将保障性住房政策有效地融入棚户区改造中，缓解建设住房用地的压力。但经济适用住房与廉租住房的数量毕竟有限，而且是为解决其他中低收入群体的住房问题而提供，所以政府可以考虑在运用经济适用房和廉租房、公租房解决拆迁居民安置问题时，多以提供货币补偿为主，让有能力的拆迁居民选择自己租房或买房。

（四）完善棚改项目的配套设施建设

建议对在建或已建成的棚户区改造安置项目，安排专项资金，采取有效措施，完善配套基础设施和公共服务设施建设。对于异地安置的新开工项目，从选址开始，要充分考虑居民就业、就医、就学、出行等需要，将项目建设在城市规划区以内交通便利、配套设施齐全的地段。做到配套设施和安置房同步规划、同步报批、同步建设、同步交付使用。

（五）调动各方积极性的同时加大管控监督力度

一方面，在落实中央和省支持政策的前提下，各地市可以根据实际制定本地的优惠政策，鼓励吸引实力强、信誉好的开发企业、棚户区单位积极参与。同时，陕西省住建厅也提出，凡是因为实现规划功能和搞公共设施配套出现资金不平衡的，可以在其他区域给参与棚改的开发商增加开发用地，实现资金平衡。另一方面，要加强监督。要严格项目审批程序，落实项目法人制、招标投标制、合同管理制、工程监理制等确保工程质量。

B.18
2014~2015年陕西旅游业发展状况与前景分析

鱼小辉*

> **摘　要：** 作为陕西省的支柱产业之一，陕西旅游业在地方国民经济建设中占有重要地位。从陕西省旅游行业2014年的发展现状来看，成绩十分显著，尤其是文化遗产申遗取得了重大突破，但也存在着一些不尽如人意的地方。为加速做大做强陕西旅游业，当前应着重在大力拓展友城关系、精心挖掘旅游资源、全面保护文化遗产等方面做好文章。
>
> **关键词：** 陕西旅游业　发展现状　对策与展望

2014年1月的陕西省政府工作报告，充分肯定了2013年陕西省文化旅游行业30个文化项目全面启动、旅游收入创2135亿元新高的成绩，提出了2014年工作的基本思想和目标，要求落实带薪年休假制度，大力培育文化、休闲等消费业态；促进文化产业与旅游等相关产业融合发展，加快实施30个重大文化项目建设；大力发展小城镇，建好31个文化旅游名镇；继续推动与丝绸之路各国相关城市联合申遗，加强陕西省文化遗产及革命文物保护。

---

* 鱼小辉，陕西省社会科学院社会学研究所研究员。

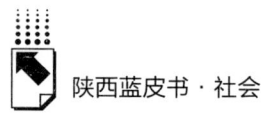

一 2014年陕西旅游业发展现状

2014年上半年,陕西旅游业继续保持了良好的发展势头。以省会西安市为例,上半年共接待海内外游客近5200万人次,同比增长18.2%,旅游业总收入438.3亿元,同比增长17.4%,实现了"双过半"的目标。

(一)旅游"假日经济"势头发展强劲

2014年"五一"小长假,尽管只有三天,但陕西省的短线旅游仍呈现良好的发展势头,尤其是省会西安。西安市南门区域综合改造提升,是西安市2013年的重大旅游建设项目。2014年"五一",这一工程正式完工,开始迎接来自海内外的八方宾客。巍巍城墙,碧波环绕;画船穿梭,游人如织。据有关报道,三天假日中,仅西安市城墙景区累计接待游客6.8万人次,营业收入约296.8万元,同比增长116.7%和211.8%。环城公园和护城河水上游览区两个开放景区共接待游客29.7万人次,已成为西安文化旅游产业的一个新亮点。

2014年中秋,正值各级学校秋季开学后的第一个周末,云淡风轻,适宜出游。据有关报道,中秋小长假期间,全省共接待境内外游客720.72万人次,收入31.47亿元,分别比2013年增长5.48%和4.5%。从省会西安情况看,全市共接待游客209.16万人次,同比增长3.86%;旅游总收入7.06亿元人民币,同比增长5.4%。其中,9月5日至9月8日,第七届中国西部文化产业博览会举办了一系列具有文化特色的旅游活动。月城、南门、瓮城三大文化广场同时亮相,对外开放接待国内外游客;翠华山举办了"秦岭赏秋景,诗赋颂终南"活动;2014年"陕西省第二届龙舟公开赛暨群众体育展示活动"在西安市灞桥区长安码头举行,这些富有特色的活动促进了旅游消费。传统长线景点依然保持了平稳增长,特色街区和开放式景区会集了大量游客,自驾游、自助游市场依然火爆。

2014年"十一"黄金周,作为一年中除春节之外的最长一个假期,秋高气爽,陕西各地区的旅游均呈现良好的增长态势。其中,省会西安7天共接待游客707.6万人次,同比增长12.32%;旅游总收入33.04亿元人民币,同比增长13.46%。均出现较大幅度的增长。

据各主要景点统计:大慈恩寺大雁塔景区接待游客6.91万人次,同比增长9%;大唐芙蓉园接待游客15.41万人次,同比增长5.83%;秦始皇帝陵博物院接待游客36.45万人次,同比下降8.2%;城墙景区接待游客24.88万人次,同比增长27.98%;华清池接待游客19.67万人次,同比增长3.2%。此外,大雁塔文化休闲景区接待游客44.8万人次,北院门风情街接待游客95.1万人次,汉城湖接待游客66.18万人次,大明宫国家遗址公园接待游客96.68万人次,大唐西市接待游客72.94万人次。全市农家乐共接待游客115万人次。

旅游也带动了消费、住宿和餐饮的增长,显示出"假日经济"的特点。据有关报道,"十一"黄金周期间,西安市消费市场价格平稳,供销两旺。全市累计实现商品销售额130.4亿元,增长15.8%。据监测,彩电用品类的销售额同比增长15%以上,珠宝首饰类商品销售同比增长30%以上,床上用品类、秋冬季服装销售增长明显。同时,大众餐饮消费旺盛,旅游带火住宿餐饮,很多快捷酒店均客满,星级酒店入住率达70%。知名餐饮饭店、老字号特色大众餐饮备受游客青睐,全市餐饮业共实现销售额约13.2亿元,同比增长5.6%。据对西安市10家重点餐饮企业的监测显示,销售收入均有大幅度增长。

(二)文化遗产申遗取得重大突破

2014年6月22日,在卡塔尔多哈召开的第38届世界遗产大会上,中国偕哈萨克斯坦、吉尔吉斯斯坦共同申报的丝绸之路世界文化遗产项目顺利获得通过,正式列入《世界遗产名录》。这一项目,包括中、哈、吉3国的33处遗产点,是全球最大的跨国遗产项目。其中,陕西被列入7处,即西安市的汉长安城未央宫遗址、唐长安城大明宫遗址、大雁塔、小雁塔、兴教寺塔,及汉中市城固县的张骞墓和咸阳市彬县的大佛寺石窟。这标志着陕西省的文化遗产申遗取得了重大突破。

世界遗产是全世界公认的顶级旅游产品,其收录标准有着极高的要求,即必须具有"突出的普遍价值","能为延续至今或业已消逝的文明或文化传统提供独特的或至少是特殊的见证"。1987 年,陕西临潼县秦始皇兵马俑被列入《世界遗产名录》,成为陕西省第一个世界文化遗产。秦始皇兵马俑的"入遗",为临潼乃至全省的旅游事业赢得了巨大的声誉,产生了重大的经济效益和文化效应。秦始皇兵马俑被誉为世界"第八大奇迹",世界多国首脑访华均指名赴陕参观。然而自此以后,陕西省的申遗工作则长期徘徊不前。2006 年以后,省、市有关部门加快了申遗的步伐。如西安市政府 2007 年启动国家级唐大明宫遗址保护改造的大手笔,大明宫遗址区拆迁总面积达 1400 多万平方米。2013 年 3 月,省政府与国家文物局签署了《关于保护丝绸之路遗产的联合协定》。同年,省文物局组织各遗产点精心编制申遗文本,并将文本正式提交联合国教科文组织世界遗产委员会审理。2013 年 10 月,联合国教科文组织所派遣的世界遗产专家来到陕西,对陕西的申遗点进行现场考察,并提出了专家评估意见。2014 年 5 月,"丝绸之路经济带世界文化遗产保护专题论坛"在西安大唐西市举行,着重研讨中、哈、吉 3 国分散的 33 个"丝绸之路"、"廊道路网"遗产点如何进行系统的保护管理。中、哈、吉 3 国相关负责人及国际古迹遗址理事会、"丝路"申遗中国段涉及省份的负责人都出席了这次会议,为一个月后的申遗投票做最后的冲刺。2014 年 6 月 22 日,喜讯自多哈传出,3 国联合的申遗项目终于顺利通过,陕西省的 7 处遗产点名列其中,使陕西一跃而成为目前中国世界文化遗产数量最多的省份。

消息传回陕西,各地一片欢腾。八年艰苦的申遗路终于取得了硕果。据有关报道,从 6 月 20 日晚上开始,汉中市城固县城区各大广场的 LED 屏前就聚满了群众,等待张骞墓申遗成功。22 日下午,当大屏幕上播出张骞墓申遗成功的消息后,"申遗成功了!"欢呼声顿时响彻整个广场,欢腾的人群、激动的泪水、胜利的笑容,整个纪念馆变成了沸腾的海洋。城固县县长激动地表示,张骞墓成为世界文化遗产,将会对其他文物保护工作提供宝贵的经验，极大地提升城固县乃至汉中市的对外知名度及影响力。

（三）旅游、文化结合构筑产业高地

陕西有着极为丰富的人文旅游资源，西安乃是周、秦、汉、唐等11个王朝的故都。2014年中，陕西各级政府和旅游部门着力在"丰富文化内涵、提升旅游品位"上狠下功夫，从而悉心打造文化旅游的产业高地。

以西安市为例，2013年，全市文化产业增加值达到436.95亿元，增幅为27.3%。2014年中，西安市则以申遗为龙头，深入开发文化遗产产业产品，重点培育和打造文化旅游、民俗文化等八大文化行业，构建结构合理、门类齐全、科技含量高、富有创造力、竞争意识强的现代文化产业体系，促进文化产业集群化发展。

2014年5月23日，丝绸之路经济带沿线国家旅游文化展暨第五届西部非物质文化遗产展演活动，在大唐西市开幕。在这次文化展中，共推出丝绸之路旅游文化展、第五届西部非物质文化遗产展演、丝绸之路经济带世界文化遗产保护专题论坛、第五届民办博物馆发展西安论坛、丝路美食嘉年华等10项活动。

其中，丝绸之路旅游文化展邀请了韩国、日本、泰国、土耳其、土库曼斯坦等15个丝路沿线国家和地区重要文化旅游城市参加。在西部非物质文化遗产展演活动中，可以欣赏到西安鼓乐、富平老鼓等来自陕西省6个地、市的非遗项目传承人的现场表演。

现在，在西安大唐西市，一条丝绸之路风情街区业已建成，集中展示丝绸之路沿线国家的风土人情和民风民俗。据有关报道，这条街区总建筑面积达18.2万平方米，浓缩了12个具有代表性的丝路沿线国家的特色建筑、特色商品、特色餐饮和特色演艺。例如，以1∶1尺幅复制的敦煌莫高窟第45号和第270号石窟让人惊叹。现在，西安大唐西市已成为"国家文化产业示范基地"、"国家级非物质文化遗产生产性保护示范基地"，走出一条文化与旅游协同发展的新路。

2014年9月5日,由文化部与陕西省政府主办,西部11个省份联合协办的第七届中国西部文化产业博览会在西安举行。据有关报道,本届文博会以"合作、共享、改革、创新"为主题,突出"丝绸之路、文化交流",共设五大展馆、12个专题展区、2600个国际标准展位。在"丝路合作馆"设立的丝绸之路沿线及海外专区面积,由上届的不到2000平方米扩展至5000平方米;"藏羌彝文化产业走廊"专题展区,横跨"丝路合作馆"和"文化陕西馆",集中展示陕西、甘肃、青海等七省区在文化旅游、演艺娱乐、工艺美术、文化创意等方面的发展规划及多样化的民俗文化产品。大会期间,2014年丝绸之路文化产业合作发展论坛等4项主会场主题活动,《"新丝绸之路——长安"交响地图音乐会》、临潼国家度假区丝绸之路文化旅游产业发展论坛、寒窑遗址公园中华民俗文化艺术季等九大分会场活动同步举办,可谓盛况空前。

2014年9月19日,"2014年中国西安丝绸之路国际旅游博览会"在西安召开。来自32个国家和地区的旅游企业齐聚西安曲江国际会展中心。在本届丝路旅博会上,作为东道主的陕西专题展区面积达2000平方米。西安、汉中、韩城等特色旅游线路、景区和民俗纷纷"登场",大打旅游文化牌,从而吸引了众多旅游企业的目光。本届丝路旅博会还安排了丰富多彩的旅游文化主题活动,包括丝绸之路国际旅游推介、西安仿古入城仪式暨丝绸之路音乐会等。本届丝路旅博会的重头戏——陕西省旅游项目推介会也取得了很大成功。在会上,来自西安、宝鸡、咸阳、铜川、延安、安康、商洛、杨凌等市的20个旅游项目现场集中签约,合同(协议)金额高达90亿元人民币。

为整合中国西部的丝路文化资源、构建丝路文化旅游产业带,陕西省会西安市旅游局还开发出"长安号"丝绸之路旅游专列的深度旅游项目。该列车从西安出发,均为卧铺车厢,途中只在景点车站停靠,专程为游客服务。丝绸之路全长7000多公里,中国境内则长达4000多公里,沿线经20多个城市,有着极为丰富的文化旅游资源。西安市旅游局率先开发出敦煌、莫高窟、鸣沙山月牙泉、天山天池、火州吐鲁番、东方瑞士喀纳斯专列十一日游的路线,向游客充分展示沿途的丝路风光和地域文化。而途经的世界规模最大的新疆国际大巴扎,则让游客在观光之外,深入体验当地人的生活。集伊斯兰风格建筑、民族商贸、娱乐、餐饮于一体的大巴扎,是"新疆之窗"、"中亚之窗"和"世界之窗",充分展现出伊斯兰教文化。整个行程安排专业导游服务。该专列于6月18日首发,受到众多游客的不断追捧。

二 2014年陕西旅游存在的问题

从陕西省旅游行业2014年的发展现状来看,成绩是十分显著的,但也存在着一些不尽如人意的地方。

(一)旅游市场秩序仍需继续整顿

为推进陕西旅游业可持续健康发展,陕西旅游部门历来坚持整顿旅游市场,完善旅游秩序。例如,2014年6月,西安市旅游局为进一步规范全市旅游秩序,根据对西安地区各旅游企事业单位业务年检、旅游市场日常检查以及旅游投诉受理情况等综合因素的考评情况,在媒体上公布了2013年度西安地区旅游行业"信用榜"。其中,表彰了西安中国国际旅行社集团有限责任公司等29家旅行社,表彰了秦始皇帝陵博物院等10个A级旅游景区,表彰了西安香格里拉大酒店等10个星级旅游饭店,表彰了西安市长安区上王村农家乐等5家农家乐、工农业示范单位。与此同时,则对西安神奇国际旅行社有限公司等一批不规范的单位、旅行车辆和导游员予以曝光。

然而,毋庸讳言,陕西的旅游市场秩序仍有不够规范的地方,特别是在节假日当中。2014年9月26日,中央电视台在不同频道3次曝光了西安市大雁塔广场、火车站、兵马俑"黑导"、"黑车"违规揽客的乱象,暴露出西安市旅游市场管理方面的诸多问题。10月7日,中央电视台《焦点访谈》栏目又报道了西安市大雁塔景区"天价照相"的事件。据媒体报道,10月2日"黄金周"期间,榆林来的陈某和女友在大雁塔景区北广场游玩,广场照相的工作人员朱某给他们推荐了古装拍照。在没商量好的情况下,朱某自称打印了46张照片，并要求支付相关费用1380元，平均每张为30元。但实际上这些所谓已打印的相片并没有洗印。陈某称无钱支付，双方遂发生争执，朱某将陈某的手机和平板电脑扣押，要求其取现金赎回扣押物品。无奈之下，陈某选择了报警。国家级媒体中央电视台在10天的时间里连续4次曝光陕西西安的旅游乱象，情况相当罕见，也给西安的旅游部门敲响了警钟。当前，陕西省各地旅游部门都要以此为鉴，认真梳理旅游市场中暴露的问题，标本兼治予以治理，并逐步建立健全旅游市场管理的长效机制。

（二）旅游宏观调控还应系统操作

每逢节假怕失控。长期以来，但凡节假日期间，尤其是"十一"黄金周，旅游客流量失控的现象总是令旅游部门深感头疼。从2014年9月22日公布的2013年国庆黄金周"十大最拥挤景区"情况看，如九寨沟，2013年国庆长假的第二天，4万多名游客使九寨沟承受了巨大的负荷，特别是团队游客与散客的比例颠倒，让措手不及的景区乱成了一锅粥，造成数以千计的游客滞留景区到半夜。又如额济纳旗，2013年国庆期间，每天都有数万游客进入，到10月2日晚上，千辆汽车拥堵在小镇上，难以"挪步"，数小时才走几公里。而数以万计没有订到房的游客只能在寒冷的车上过夜。再像张家界，2013年10月1日至7日，各景点共接待游客118.99万人次，同比增长41.9%，每天21趟列车，近40个航班，约1800辆旅游大巴围着张家界武陵源风景名胜区"团团转"。

针对2014年"十一"黄金周可能出现的景区客流爆满、旅游宏观失控现象，陕西省旅游部门及交通、安保等相关部门都做了大量的预案。2014年9月23日，陕西省假日旅游指挥中心专门发布了《关于做好2014年国庆节假旅游工作的通知》。为把握陕西省旅游业发展动态，省旅游局还通知各地市旅游局做好2014年"十一"黄金周统计工作，要求列入全省重要测报点的旅游景区（点）必须每日下午报送当日接待人数。总体来看，陕西省"十一"黄金周期间景区旅游情况平稳有序。但具体到每日和每个景点，情况却很不均衡。以"十一"黄金周第四天为例：截至当日16时，纳入全省监测的45个直报景区共接待游客87.45万人次，实现门票收入5047.27万元。其中，秦始皇帝陵博物院景区接待游客8.16万人次，同比下降17.18%，实现门票收入1124.51万元，同比下降17.13%；华清池景区接待游客4.83万人次，同比增长19.8%，实现门票收入409.57万元，同比增长15.1%；咸阳袁家村景区接待游客15.5万人次，同比增长72%，实现综合收入1550万元；渭南华山景区接待游客4.01万人次，同比下降18%，实现门票收入570.1万元，同比减少17%；商洛金丝峡景区接待游客1.2万人次，同比增长2.5%，实现门票收入72.01万元，同比增长7%。

从最佳接待量来考察，许多景区都已严重超过了标准。尤其是咸阳袁家村景区，日接待游客量竟达15.5万人次，接待能力早已超度饱和，游人无旋踵之地，哪里还谈得上什么旅游！其7天的平均接待量也达到了9万人次。秦始皇帝陵博物院景区4日接待量达8.16万人次，其7天的平均接待人数也达到每天5万人次。华山景区4日接待量为4.01万人次，其7天的平均接待量也达到了2.4万人次。华山景区管委会副主任在黄金周后接受中央电视台记者采访时说，尽管华山景区在节前已做了大量的准备工作，但超负荷的客流量仍使他们应接不暇。他希望每天上华山的游客都是一万人，而不希望一天的游客四五万人。

这种情况就向陕西的旅游宏观调控提出了更高的要求，包括对旅游产品结构、旅游地结构、旅游设施结构等方面的宏观调控，建立更准确、更快捷的旅游预报系统，对超负荷的客流量及时引导分流等等。自然，最根本的解决办法则是尽快推行带薪年休假制度，在平日释放民众的庞大旅游需求，减少对节假日的冲击。这一工作则需要地方各级政府会同来做。

（三）旅游资源保护亟待依法执行

从中国当今的旅游资源看，可分为"硬"、"软"两类。在硬资源中，又可再细分为自然资源和文化资源。联合国教科文组织世界遗产委员会每年所评选的世界遗产，包括自然遗产和文化遗产，即与此相对应。而所谓软资源，则是一种可供开发的潜在资源。从陕西省当今的旅游资源保护情况来看，当务之急是加紧保护大秦岭这一自然资源。在保护其自然资源的同时，对秦岭所蕴含的文化资源也应当进行保护。

横亘中国中部的秦岭，是中国南北的一座界山。其东西绵延1600多公里，南北宽100~150公里，在陕西境内长约500公里。其中，秦岭北麓西安段长近200公里，包括峪口数十个。古时又被称为"终南山"或"南山"。唐人祖咏的"终南阴岭秀，积雪浮云端"名句，即是咏此。前些年，陕西省旅游部门曾试图将秦岭终南山段诸多峪口的自然资源整合起来申报"世界自然遗产"，联合国世遗组织的专家甚至已来过翠华山山崩国家地质公园等处进行过考察，但由于种种原因不了了之。目前，秦岭北麓所面临的是各类房地产过度开发、各种低劣"农家乐"旅游设施泛滥的现状，一些工矿企业及采石场对自然生态环境造成严重的破坏。据2013年10月5日《经济日报》报道说，目前，秦岭西安段的48个乡镇虽已全部建起污水处理厂，但仍面临保护资金投入不足的尴尬。按照规划，秦岭保护预算政府投资30亿元左右，目前仅完成投资3.3亿元。由于缺乏资金投入，大多数乡镇污水处理厂尚无法正常运营，导致农家乐等生活污水直接排入河道。这些情况如不及时遏制，秦岭北麓的旅游资源将无法得到有效保护，世界自然遗产的申报也就无从谈起。

2007年11月24日，《陕西省秦岭生态环境保护条例》正式通过。这是陕西省人大首次以立法的形式来保护一座大山，其意义非常重大。该条例第十九条规定："秦岭生态功能区的适度开发区内，应当采取有效措施减少各类开发建设和生产活动对生态环境的负面影响。适度开发区内的建设控制地带不得建设有污染的工业项目，严格限制房地产开发。"在2013年7月颁行的《西安市秦岭生态环境保护条例》中，亦有相同的条文。既然两部秦岭环境保护法都已明确禁止这些破坏秦岭自然资源的行为，省、市各级政府部门就应当坚决依法查处，毫不手软。从某种意义上说，这也是在保护我们宝贵的旅游资源。

三 2015年陕西旅游对策与展望

展望2015年陕西旅游形势，应及时乘丝绸之路经济带建设的东风，加速做大做强旅游业，着重采取如下对策。

（一）在丝绸之路经济带建设中大力拓展友城关系

1974年2月1日，在周恩来总理亲自部署下，陕西省省会西安市与日本国奈良市正式缔结为友好城市，从而成为新中国历史上开启友城事业的最早城市之一。自1974年发足，西安市的友好城市建设迄今已整整40年。其间，西安市与世界各国缔结的友好城市已逾20个，成绩显著。然而，今天看来，西安市与丝路沿线各国缔造的友好城市却很少，仅有伊朗的伊斯法罕市、巴基斯坦的拉合尔市、土耳其的科尼亚市、尼泊尔的加德满都市、意大利的庞贝市等，远远无法适应西安市在建设丝绸之路经济带新起点中扩大对外文化旅游交流合作的需要。目前，西安市应加速拓展丝路沿线各国友城建设。

首先，西安市应积极利用西安"丝路起点"的这张"王牌"，加速与丝路各国诸多城市特别是大型城市乃至首都建立友城关系。从外交上着眼，国与国之间的关系发展，是两国或多国政府之间的事，牵涉的层面较多，需要有顶层的设计、国家之间的外交。然而，从建设友好城市的角度出发，西安市政府目前则完全可以"独立"行事，利用手中"汉唐故都，丝路起点"的这张"王牌"，积极与丝路各国诸多城市特别是大型城市甚至是首都建立友城关系，从而使西安市的友城建设跃上一个新的台阶。例如，西安市只在力争与像土耳其安卡拉及伊斯坦布尔、希腊雅典、意大利罗马、哈萨克斯坦阿斯塔纳这样的大型城市甚至首都建立友城关系，才能与其"九天阊阖开宫殿，万国衣冠拜冕旒"的历史名城、文化古都地位相称，才能充分提升当今西安作为国际化大都市的国际地位和文化影响力。

其次，西安市应充分利用西安3000年底蕴深厚的文化"软实力"，积极开展与丝路各国城市之间的文化旅游交流。过去，西安市开展国际友城建设，主要依赖于省、市外办的友城处牵线搭桥，这种思维已不能适应今天形势的需要。2014年9月18日，习近平主席在访印期间与印度总理莫迪会谈时说，中国唐代高僧玄奘到古吉拉特邦取经，然后把佛经带回中国，在陕西西安传经。佛教从印度传入中国，对中国文化产生了深远影响。莫迪总理下次访问中国时到西安去看看，看看当年玄奘藏经译经的地方。习主席此举正是从文化交流的角度向印度总理推介西安。作为习主席的家乡，陕西省西安市在这方面具有得天独厚的地理文化优势。

最后，西安市在推进与丝路各国的友城建设时，不能只是满足于双方官方人员之间的互访往来，也不能只是满足于互将对方城市当作旅游目的地，扩大双方游客的往来，仅仅为旅游"掘金"。例如，当我们与土耳其伊斯坦布尔及安卡拉、意大利罗马、希腊雅典、伊朗德黑兰这样的大型城市或首都结为友好城市时，应当与其在旅游、文化、贸易、科教、能源和环保等众多领域进行全面交流合作。这里仅以环保为例，按照远景规划，到2020年时，西安市将发展成为都市区人口达1280万、主城区建设面积850平方公里的超大型城市。为避免超大型城市可能出现的交通堵塞、能源紧张、环境污染等"城市病"，在相互交流合作中，西安市则应当虚心学习和借鉴这些大型城市在市政管理、保护环境方面的宝贵经验。

（二）从丝绸之路经济带新起点高度精心挖掘旅游资源

从历史考察，丝绸之路既是一条"经济带"，也是一条"文化交流带"。21世纪初，古老的丝绸之路又重新焕发出生机，作为古代丝绸之路起点的国际化大都市西安，也迎来了一次极为难得的发展机遇。当前省、市旅游部门都应当从建设丝绸之路经济带新起点的高度，采取"引进来"和"走出去"的办法，精心挖掘与丝路相关的旅游资源。

首先，就"引进来"而言，如可在西安积极筹办古代"丝绸之路中国文物展馆"。在千年的历史长河中，中国的丝绸品及其他大量商品沿丝路而源源西行，一路集散，促进了东西方经济和文化的交流。这也是当时中国人民与丝路沿线各国人民的友好见证。笔者于多年前曾访问过土耳其首都安卡拉,参观了土耳其的国家博物馆。在其中的中国馆内,则陈列有大量当年从丝路上"舶来"的中国商品,包括中国陶瓷(china)等。记得其中展示有一个中国巨碗,足有锅大,为当今国内所未见,给笔者留下深刻印象。建议于西安积极筹办古代"丝绸之路中国文物展馆",其内介绍"丝绸之路"之原始,陈列丝绸之路沿线各国所收藏的中国文物相片,甚至可"引进"真品来参展,由此使中外游客真切了解到当年以长安为起点的丝绸之路在中外文化交流传播史上的重要意义。

又如重新整合西安"丝绸之路起点群像雕塑"的旅游资源。众所周知,在西安市西郊大庆路绿化带中,1987年曾建成西安美院教授马改户设计创作的一组"丝绸之路起点"的大型雕塑,刻画的是一队从长安启程前往西域的胡、汉骆驼商队,形象简明生动,堪称丝绸之路起点的标志性建筑。但多年来,这一重要旅游资源并没有得到很好的宣传和利用。建议可于该雕塑原址或大唐西市另起新址,以该大型雕塑为依托,精心开发和打造"丝路起点出城式"旅游新项目。还可将该项目与"南门入城式"相对,举行"出城"仪式,向游客颁发"出国"商贸文牒,重点吸引海外游客,提升西安旅游人气。

其次,就"走出去"而言。20世纪80年代以来,从最早的仿唐乐舞,到其后的唐长安乐舞及南门入城式,乃至近年的《长恨歌》,西安旅游部门先后打造出一张张展示西安特色的旅游名片。时至今日,省、市文化和旅游部门则应当"走出去",大胆创新,整合丝绸之路沿线各国的旅游文化资源,宣传丝路文化,打造"丝路之光"国际旅游新名片。如利用省、市最近推出的大型歌剧《张骞》、原创杂技剧《丝路彩虹》和交响乐《丝路交响》等文化精品,以昔日长安为肇始,以古罗马为终端,以丝路文化为核心,到丝路沿线各国的大城市和首府去巡演,从而提升古都西安的国际地位和文化影响力。

(三)乘申遗取得重大突破之东风全面保护文化遗产

2014年是陕西申遗的丰收之年。多少年的努力,终于赢来了陕西世界文化遗产申遗的重大突破，由1个世遗点增长为8个。据有关报道，在申遗过程中，依照联合国教科文组织对世界文化遗产的具体标准，全省总共完成逾百项文保展示工程。其中，完成了汉长安城未央宫区域40余项保护展示工程；完成了唐长安城大明宫30余项保护展示工程；完成了西安市小雁塔、咸阳市彬县大佛寺石窟和汉中市城固县张骞墓的本体保护及陈列展示工程；指导宗教部门完成了西安市慈恩寺大雁塔、兴教寺玄奘及弟子三灵塔的本体保护、周边整治及陈列展示工程。通过申遗，陕西省的文化遗产保护观念和保护水平也都得到了极大提升。

然而，这次申遗成功只是一个开始，而并非结束。首先，世界遗产实行的是一种动态的管理，联合国教科文组织还会不定期地进行检查。如其后保护和管理出现重大问题，就会被亮出"黄牌"，列入"濒危名录"。如整改不成功，甚至会被吊销"世界遗产"的称号。例如，前些年中国的一些著名旅游景区因过度开发，包括"三江并流"，有6处世遗被联合国教科文组织曾亮出"黄牌"。所以，申遗成功后，对待陕西省的世遗仍必须要依照世界遗产的标准来加以保护和管理，做到文化遗产保护和文化旅游消费和谐共生。其次，此次三国联合申遗的大名单中，陕西本申报了12处，后经国内外专家论证筛选出7处。其余5处，如乾陵、昭陵等著名景区，如按照世界遗产的标准来进行保护，将来也仍有机会进入大名单。又如本文前面所言，秦岭北麓诸峪口曾准备联合申报世界自然遗产，则保护大秦岭的生态环境自然也刻不容缓。最后，申遗是手段，而不是目的。通过申遗唤起世界各国对自身自然遗产和文化遗产的保护，传承各自的独特环境和传统文化，这才是联合国教科文组织的苦心之所在。我们要乘这次申遗取得重大突破的东风，以世界文化遗产的保护管理标准为标杆，全面而有效地保护陕西境内的众多自然遗产和文化遗产，从而推动陕西旅游业在下一年取得更大的突破和发展。

B.19 陕西省城市社区居家养老服务现状与发展建议

吴菲霞*

摘 要： 以西安市、宝鸡市、渭南市、咸阳市在社区居家养老方面的探索为重点，介绍了陕西省城市社区居家养老服务的现状。近年来，陕西省各地区积极探索社区居家养老模式，社区居家养老工作取得了一定成绩。然而，陕西省社区居家养老服务仍处在探索阶段，建成完善的居家养老服务体系还有很长的路要走，还应在发展长期照料、基层卫生服务改革、家庭成员补贴、服务队伍建设、民间资本引进等方面加以完善。

关键词： 陕西 社区居家养老 养老服务体系

2014年6月，陕西省统计局发布了《陕西省2013年人口发展报告》，相关数据显示，2013年底，陕西省65周岁及以上人口占全省人口比重达9.43%，已经超过国际公认的7%的标准。历年数据和现实情况表明，陕西省老年人口数量逐年增大，老龄化程度持续加重，老年人照料问题日趋凸显。从国际经验来看，实行社区居家养老，是应对人口老龄化的必然选择。社区居家养老无论从老年人的偏好还是从经济角度考虑都具有独特的优势，尤其在我国这样一个具有东方文化传统的国家，更具有深远的意义。近年

---

* 吴菲霞，陕西省社会科学院社会学研究所助理研究员。

来，陕西在探索"以居家养老为基础,以社区养老为依托,以机构养老为补充"的养老服务体系中取得良好效果,一些地区结合实际,探索出了一些适合本地的社会养老模式。

一 陕西省城市社区居家养老服务现状

(一)注重政策引导,积极推进社区居家养老服务

自2008年全国老龄办、民政部等10个部门联合发布《关于全面推进居家养老服务工作的意见》以来,陕西省结合本省情况,出台了一系列文件以推进社区居家养老服务的发展。2009年,省政府办公厅转发了省老龄办、省民政厅等12个部门《关于加快发展养老服务业的意见》,《意见》提出,要在全省基本形成以居家养老为基础,社区服务为依托,机构养老为补充,投资主体多元化、服务内容多样化、资金管理规范化的养老服务体系,该意见进一步加强了陕西省养老服务事业的推进力度。2012年,省政府办公厅印发了《陕西省社会养老服务体系建设规划(2011~2015年)》。按照《规划》,"十二五"期间,陕西省要基本健全居家养老和社区养老服务网络,全省要建成一批布局合理、种类齐全、功能多样的养老福利机构,基本形成以居家养老为基础、社区服务为依托、机构养老为支撑的养老服务体系。其中在城市养老机构建设方面,要建设1个省级、11个市级示范性养老服务中心,新增社会养老床位28345张;在社区日间照料中心建设方面,要建设一批老年日间照料中心、托老所、老年人活动中心、互助式老年人服务中心等社区养老设施,新增床位13000张;在运行机制上,要充分发挥市场在资源配置中的基础性作用,为各类服务主体营造平等参与、公平竞争的环境,实现社会养老服务可持续发展;在资金筹措方面,要通过多种渠道解决,发挥市场、政府的作用,加大各级福利彩票公益金的投入。《规划》还对保障措施提出了指导意见。同年,省政府印发了《陕西省老龄事业发展"十二五"规划》,《规划》指出,构建以居家养老为基础、社区服务为依托、机

构养老为补充的养老服务格局，不断满足老年人多层次的服务需求，改善老年人居住条件，完善家庭养老保障支持政策，发展居家养老服务，发展社区照料服务，统筹发展机构养老服务，优先发展护理康复服务。2014年，陕西省人民政府发布了《关于加快发展养老服务业的意见》，《意见》提出到2020年，陕西省将全面建成以居家为基础、社区为依托、机构为支撑，功能完善、规模适度、覆盖城乡的养老服务体系，生活照料、医疗护理、精神慰藉、紧急救援等养老服务覆盖所有居家老年人，符合标准的日间照料中心、老年人活动中心等服务设施覆盖所有城市社区。在社区居家养老服务方面，支持建立以社会为主体、社区为纽带，满足老年人各种服务需求的居家养老服务网络。大力发展家政服务，支持企业和社会机构上门为居家老年人提供助餐、助浴、助洁、助急、助医等服务。支持社区建立健全居家养老服务网点，引入社会组织和家政、物业等企业，开展老年供餐、社区日间照料等养老服务。支持社区利用公共服务设施和场所，组织开展老年文化体育等活动。

（二）各地区积极进行社区居家养老探索，出现一些先进模式

为了更好地应对人口老龄化对养老服务的需求，西安市一直积极探索社区居家养老服务。2013年，西安已累计投入5000万元用于以社区为依托的居家养老综合服务，城区居家养老服务已覆盖43%的老年人。多年来，西安市莲湖、未央等区经过不断探索实践，各自形成了独具特色的社区居家养老模式。未央区创造性地提出了未央养老模式，被民政部门确定为"全国养老服务社会化示范区"。该模式的创新点体现在：一是政府财政投入和引入社会资金相结合，在引入社会资金的同时，政府发挥好最低保障作用，实行政府送时服务，即为符合条件的困难老人提供免费服务，服务人员每小时的劳务费由政府埋单。同时，政府对日托服务站进行补贴，让空巢老人花很少的钱就能吃到方便可口的饭菜；二是实行信息化养老，建立居家养老呼叫中心，在全区覆盖"呼叫通"系统，为居家老年人提供紧急救助、上门服务等服务项目。西安市莲湖区2008年开始开展社区居家养老模式养老社会化服务试点，经过几年的探索，明确了政府、社会组织的职责，各主体发挥

各自的优势，形成了"政府主导、社会参与、市场运作"的"三级管理，两级服务"运行体制。"政府主导"体现在政府出台居家养老服务政策、建立居家养老服务工作保障机制及加大政府投入，不断完善为老服务基础设施建设，为孤寡、伤残、特困、高龄老人购买服务，为全区老人建立基本资料电子信息档案等方面；"社会参与"体现在动员志愿者队伍参与到为社区孤寡老人、特困老人提供服务的队伍中；"市场运作"体现在引入有一定实力的专业家政服务企业，成立区居家养老服务中心，由政府与其签订外包服务合同，将政府购买的对象委托给该服务中心进行服务，并将居家养老信息中心委托其运营；"两级服务"包括区级服务平台和社区居家养老服务平台。区级服务平台由区居家养老服务信息中心和居家养老服务中心组成，主要为老人和居民提供"送上门"的服务。社区居家养老服务平台由社区居家养老服务站及社区居家养老服务示范站组成，主要是为"走出门"的老人提供服务。两级平台各尽其职，又能形成良好的联动，满足了老年人多样化的服务需求。

在宝鸡市，渭滨区和金台区建立了较成熟的居家养老模式。渭滨区2010年率先建立宝鸡首个区级居家养老服务中心，同时在各社区成立居家养老服务站，两级服务机构明确各自职责，发挥各自作用。政府还提供专项资金保障养老服务，确定不同类别的补贴对象进行有差别的补助，由包括居家养老管理员和护理员在内的居家养老服务队伍提供居家养老服务，严格管理，保障服务质量，得到老年人的一致好评。金台区于2012年成立了居家养老服务指导中心，并在其下建立了5个居家养老服务中心，由专业养老护理员为全区1000多名60周岁及以上"六类"老人（三无、失能、困难、独居、空巢、高龄老人）提供居家养老服务。除渭滨、金台模式以外，全市13个县（区）都在积极探索适合本县（区）实际情况的居家养老服务模式。

（三）初步构建社区居家养老服务网络，基础性服务设施基本覆盖

2012年底，西安市政府出台了《关于加快推进社会养老服务体系建设的实施意见》,《意见》提出,西安市将扶持老年人日间照料中心、托老所、老年餐桌、老年人活动中心、互助式养老服务中心等社区养老设施,并争取到2015年全市所有社区建立居家养老服务中心(站)。按照这一目标,近年来西安市各区结合自身实际积极进行社区居家养老网络的建设。截至2013年,西安投入1500多万元进行社区居家养老设施建设,建成社区托老床位1200张,约48%的社区开展了以"生活照料、家政服务、医疗保健、老年餐桌、文体活动"等为主要内容的居家养老服务示范活动。为了解决空巢和独居老人的就餐问题,雁塔、莲湖、碑林、未央4个区累计投入资金3000万元建设"老年餐桌"300家。2013年,西安市居家养老服务站达到165家,仅碑林区就有约66%的社区建立了居家养老服务站,面向社区困难老人提供"老年餐桌"、家政、康复理疗、文化娱乐等服务。近年来,宝鸡市致力于逐步建立覆盖城乡的居家养老服务网络。截至2013年,宝鸡市建成社区养老服务中心86个。2014年,宝鸡投入400多万元在陈仓区北方动力社区、西街社区、金台区宝铁社区、渭滨区经一路社区、姜谭街社区、高新区渭水苑社区6个社区建立社区日间照料中心,这6个日间照料中心均按照公办民营的方式运营,每个照料中心可提供30~60张床位,并为老年人提供娱乐、就餐等服务。

(四)政府购买社区居家养老服务有序推进

2013年9月,国务院办公厅出台了《关于政府向社会力量购买服务的指导意见》,决定在全国推广政府购买服务。2014年,陕西省人民政府办公厅下发了《陕西省人民政府办公厅关于政府向社会力量购买服务的实施意见》及《陕西省向社会力量购买服务指导性目录》。《意见》明确"十二五"期间,将首先在基本公共领域开展此项工作。《目录》显示,养老服务是政府购买的基本公共服务中的一项重要内容。实际上,在陕西省由政府购买养老服务帮助老人安度晚年早已有之。2008年以来,西安市部分区县就已经开始探索特困群体老人、高龄老人和空巢老人由政府补贴购买服务。莲湖、碑林、未央、雁塔四区多年以来开展为特困老人、高龄老人和空巢老人购买养老服务的试点工作，累计为4500余名老年人购买居家养老服务580万余元。2013年6月开始，渭南市政府就在西岳社区、四号信箱社区进行政府购买居家养老服务试点。2014年1月1日，渭南市民政局《实施政府购买居家养老服务暂行管理办法》正式施行，先从此前试点的两个社区推行，试点范围内60岁以上分散供养的"三无"老人按年均500元的金额发免费服务卡，90岁以上老人按年均600元的金额发免费服务卡，待条件成熟后，逐步向农村地区和其他县市推广。2012年，铜川市一方面制定出台了《铜川市居家养老服务工作实施方案》，为推进政府购买居家养老服务提供制度保障。另一方面引入铜川市如亲居家养老服务中心，对符合条件的高龄、孤寡、特困老人，通过政府购买方式，由养老服务机构为援助对象提供无偿服务。截至2013年10月底，政府购买公共服务支出达50余万元，累计为560名重点保障老人提供服务。宝鸡市金台区积极推进政府购买居家养老服务，2012年，金台区制定了《金台区居家养老服务实施方案》和《金台区居家养老服务暂行实施细则》。2014年10月起，区老龄办正式推行居家养老服务券制度，即给家庭困难老人发放一定面额、有效期3个月的居家养老服务券，老人凭券在居家养老服务中心购买居家养老服务。目前，陕西省各地开展政府居家养老购买服务的服务范围包括紧急救护、生活照料、家政服务、医疗保健、法律维权、精神慰藉等。

在《陕西省人民政府办公厅关于政府向社会力量购买服务的实施意见》及《陕西省向社会力量购买服务指导性目录》出台后，政府购买行为将更为规范，养老服务机构间将出现良性竞争，由地方政府出资为援助对象购买居家养老服务也将成为常态。与地方政府购买社会服务相对应，中央财政支持社会组织参与社会服务受到了一些有实力的养老服务机构的关注。西安市莲湖区如亲居家养老服务中心积极申请办理中央财政购买服务相关事项，以承接2014年中央财政支持社会组织参与社会项目，该项目将在莲湖区开展向老年人提供康复服务，包含为140名孤寡、特困、失能、半失能、空巢老人和重点优抚对象提供免费的生活照料、基础保健、心理慰藉和特约服务等上门服务；为910名经济困难、行动不便的老人提供免费上门体检和健康指导；为50名脑中风后遗症（患病半年内）老人提供免费上门康复护理等。

（五）加强居家养老服务人员队伍建设

养老服务人员数量不足、专业素质不高是制约居家养老服务发展的重要因素，陕西省在发展居家养老服务队伍中作了有益探索。政府部门首先承担了养老护理员的培训的职责。2013年，省民政厅实施了养老护理员"千人培训计划"，举办了十期养老护理员培训班，为722名学员提供了培训并颁发证书。2014年，"千人培训计划"继续开展。西安市总工会就业服务中心从2014年9月开始举办周末养老护理员培训。有养老护理员、家政服务员培训资质的民办机构也开展了养老服务人员的培训。西安市莲湖区民办非企业组织如亲居家养老服务中心利用其专业优势，对每一位拟聘用的护理员都进行岗前培训，待考取国家承认的养老护理员职业资格证书后才有聘用资格。为了稳定护理员队伍，中心还为每位护理员购买职业责任险和人身意外险，给予通信、交通补助。除了建立一线养老护理员队伍以外，如亲居家养老服务中心还走在行业前列，打造了一支居家养老服务专业化管理队伍，聘大学毕业生作为居家养老服务工作协调员，分配到区级居家养老服务指导中心和街办民政工作站专门从事居家养老服务工作的指导、管理和监督检查。以上措施为莲湖区居家养老社会化服务持续发展奠定了人员基础。宝鸡市在居家养老队伍的建设上也有自己独到的做法。早在2007年，宝鸡市就创新性地设置了社区养老照护员岗位，从事社区为老服务，包括对60岁以上老年人和空巢老人进行摸底、代办寿星优待证和医疗保险、空巢老人照护等方面。近年来，宝鸡市老年事业服务机构与市劳动局、财政局联合开发了社区养老服务就业公益性岗位，招聘养老照护员到各个社区、社区养老服务中心和民营养老机构中开展各项为老服务工作。招聘的养老照护员上岗前需经过市、区两级培训合格后持证上岗，这一举措为社区为老服务队伍的建设做出了贡献，收到了良好效果。截至2014年4月，宝鸡市金台区已经有养老照护员200多名，为全区54个社区符合条件的1000多名老人提供无偿上门服务。

（六）社区居家养老照护资源整合取得一定成效

发展社区居家养老服务的优势之一在于以社区为平台，整合社区内的各种资源，以最小的成本换取最大的效益，减轻老年人家庭和政府的经济负担。因此，如何整合原有的分散的社区资源为居家养老服务所用是一项非常具有现实意义的课题。陕西省各地区积极探索社区为老资源整合，取得了显著成效。西安市莲湖区、未央区均投资建立了社区居家养老服务信息中心，中心依托"信息化、智能化呼叫救助服务平台"，通过整合区内的服务机构，实现老年人和服务机构的快速对接，经社区申请入网，符合居家养老的老年人只需拨通具有一键通功能的手机智能通信终端，就可以足不出户得到包括提供紧急救援、生活照料、家政服务、配送递送、精神关怀、医疗保健、精神慰藉、紧急援助、设备维修、送餐等服务。信息中心同时承担所属区老年人的信息采集工作，为更好地服务居家老人奠定了基础。铜川市于2012年12月启动了陕西首家市级居家养老服务平台。宝鸡市渭滨区继西安、铜川之后，也于2012年底建立了养老助残信息服务平台。宝鸡市宝铁社区在社区居家养老硬件设施整合上为其他地区树立了成功范例。该社区将位于社区中心的铁路党校改建为老年人日间照料中心、社区办公用房及其他服务设施，充分利用党校原有的内部设施（宿舍、办公房屋、食堂、院子），提高了资源的使用效率。咸阳富安路社区充分调动社区内企业、医院、学校及居民参与养老服务的积极性，广泛联系企业、学校、医院的支持，组建由医疗、法律人员及大学生、居民参加的志愿者服务队，定期、不定期上门为老年人提供生活帮助和精神慰藉服务，较好地整合了社区资源。

二 关于发展陕西省城市社区居家养老服务的若干建议

（一）将长期照料纳入社区居家养老体系建设规划

社区居家养老服务的目的在于满足居家老年人的需求，因此在研究老年人的养老需求时，应该关注老年人的健康特性。一个人随着年龄的增长，人体机能不断衰退，会引发一系列生理变化。虽然我国人口平均寿命与过去相比已经大大延长，但健康预期寿命却不容乐观。很多老年人患有多种慢性非传染性疾病，这种疾病和老年性机能衰退直接导致长期失能或者残障，需要社会支持和他人帮助才能维持日常生活。随着年龄的增长，长期失能的可能性也在逐步增加，对长期照料的需求不可避免。根据卫生部疾病控制司提供的资料，中国残疾老人占残疾人总人数的53.7%，其中又以高龄老人居多，目前我国失能老人人口已达到3750万。相关数据显示，2012年陕西80岁以上老年人口已达66.5万，并将以年均5%的速度递增，"十二五"末将达到约85万人。同时，空巢老人大幅增加，约占老年人口比例的56%，约有100万人。这些数字给我们敲醒了警钟，建立老年人长期照料制度迫在眉睫。目前，包括陕西省在内的全国大多数省份尚未把长期照料纳入养老服务体系。所谓长期照料是指对生活不能自理或部分自理的人提供日常生活照料和基础医疗护理。目前，陕西省老年人对长期照料的需求不断攀升，而社区对老年人的长期照料供给严重不足。随着老年人空巢化成为社会问题，这一矛盾更加凸显。有的长期失能老人得不到家庭成员的支持，只有到专业养老护理机构接受照料；有的家庭成员为了照顾长期失能的老年人甚至放弃工作；还有的家庭不得不长期雇佣保姆来照顾老人。无论是哪一种方式，对长期失能老人的家庭来说都背负着沉重的负担。而长期照料体系的建立能大大减轻失能老人的家庭经济和身心负担，还让长期失能老人能在家安度晚年。当然，长期照料体系的建立是一项十分复杂工程，涉及政府责任的界定、资金的筹集和分配、专业人才队伍的建立、服务体系的建立、服务标准的建立、服务质量的控制等。目前，可以从长期照料费用报销、服务机构的建设和专业照护人才的培养着手。在长期照料费用报销方面，可以探索通过社会保障的方式分担老人的护理费用，在长期护理保险制度还未建立之前，可以将失能老人入住医疗机构和居家长期医疗照料的费用纳入医疗保险支付范围。在服务机构方面，可以先选择在老年人口较多，长期照料需求较高的社区建立日间照料中心等社区养老设施，依托这些设施开展全托、日托、临托等多种居家养老照料服务。在人才建设方面，应针对失能老人的需求培养从事专业照护工作的服务人员，鼓励医学院校或卫生学校开设老年护理专业，培养高级护理人才，并在社区养老照护机构引入具有医学背景的专业护理人才。

（二）发挥基层卫生服务机构的优势，为老年人提供医疗保健及护理服务

到了老年阶段，人们患病情况发生改变，主要以慢性疾病为主，而且60岁以上的老人多患有两种以上慢性疾病。基于老年人独特的患病特点，其医疗服务需求表现为以下几个方面：一是医疗需求呈现多样化，在不同的患病时期需要不同的医疗服务；患病前期需要更多的疾病预防服务，患病期需要诊治，治疗期过后则需要康复锻炼，用药指导、护理服务等，而患有慢性疾病的老年人大多数时间并不需要到医院进行治疗，他们更需要的是预防保健、康复护理服务；二是需要医疗服务的持续时间长；三是由于年老体弱，老年人看重医疗机构所处位置，往往选择离家较近的医疗机构就诊。社区卫生机构恰恰能承担老年人的医疗保健及护理服务。一方面，社区医疗机构由于拥有专业的设备和医护人员等医疗资源、所处位置离居民较近、就诊成本较低，且双向转诊制度的建立有利于根据老年人的病情提供适合的治疗地点；另一方面，我国社区卫生服务机构目前的定位是具有"预防、医疗、保健、康复、健康教育、计划生育"功能的基层医疗服务机构，理应为患慢性疾病的老人提供更多的医疗卫生服务。但现状是，大多数社区卫生服务机构除了为65岁以上的老年人免费体检、建立健康档案以外，未能很好地利用其优势进一步提供医疗及预防保健服务，更不能提供慢性病患病老年人出院后的康复护理服务。相关数据表明，陕西省已经建立起基本覆盖城市居民的社区卫生服务体系。2014年，西安市已建成社区卫生服务机构206所，机构从业人员5000余人，基本覆盖主城区居民。陕西省应利用这一优势，积极探索把社区卫生服务机构纳入社区居家养老服务体系中，例如把社区卫生服务中心和居家养老服务中心联动协作，整合资源，形成合力，使其各自最大限度发挥应有的作用，为居家老年人提供更有效的服务。

(三)为在家照护老年人的家庭成员提供补贴

无论是在崇尚自由的西方发达国家,还是提倡孝道的东方国家,家庭成员都是老年人长期照料的主要提供者,如果没有家庭成员的照料,老年人长期护理的费用是一笔非常巨大的开支。但是照顾老年人的家庭成员往往要做出巨大的牺牲。有研究显示,长期家庭照料者面临着经济、生理及情感方面的压力。经济压力包括提供照料本身所需的费用,以及照料者从事有酬劳动的机会成本。生理方面的压力是身体疲劳甚至影响照料者的身体健康。情感压力包括长期照料失能者给自己带来焦虑、孤独、失落、沮丧等负面情绪,影响家庭成员间的家庭和谐及造成社会关系紧张。对提供长期照料的家庭成员付出的劳动的肯定并给予适当补贴反映了社会的进步,也有力支持了家庭养老,倡导了尊老爱老的孝文化。德国、瑞典、英国、日本等国家已普遍实行"家庭照料补贴"政策。南京将创新居家养老服务方式,愿意照顾城镇"三无"人员、农村"五保"人员、低保及低保边缘的老人、经济困难的失能及半失能老人、70周岁及以上的计生特扶老人、百岁老人几类人员的家庭成员,每月可领取300~400元的补助。陕西省也可以考虑借鉴这一做法,在具备条件的地区根据自己的财政实力给家庭照料者以适当补助。

(四)建立专业的社区居家养老服务队伍

目前,陕西省从事养老照护工作的人员非常缺乏。现有的养老护理人员多为45周岁及以上的郊县农村妇女和下岗女工,年龄偏大,文化程度较低,一半以上的人没有上岗证书,且养老护理员队伍缺乏稳定性,流失严重。养老造成这种局面有多种原因。有意识方面的原因,有工作性质的原因,也有待遇和社会地位偏低的原因。人力资源的缺乏直接影响居家养老工作的开展。为了解决社区居家养老服务人员数量不足、质量不尽人意的问题,一是要提高从业人员的待遇,并购买社会保险以解决其后顾之忧,使工资福利待遇和该岗位付出的繁重劳动挂钩;二是要广泛宣传养老照护工作的重要性、崇高性,为这一职业正名,提高从业者的社会地位;三是除了政府提供的培训外,由医学类高校和经过政府批准的具有培训能力的民办养老机构或其他社会机构承担养老照护人员的培训,严格考核,给合格人员颁发资格证书,持证上岗;四是出台养老护理员职称补贴政策,鼓励养老照护人员不断学习,提高服务技能;五是鼓励高等院校和中等职业技术学校开设老年服务与管理相关专业,为老年照护行业输送专业人才;六是在养老照护人员的培训中,要加强医学和心理方面的培训;七是引进先进国家的护理经验,学习先进理念和职业精神,提高服务质量。

(五)鼓励民办资本参与社区居家养老服务

居家养老作为一种贴近老年人养老意愿、投资少、社会效益高的养老模式,具有很好的发展前景。目前我国民间资本参与居家养老服务的模式有公办民营和民办公助两种。由于公办民助所需资金巨大,建成后还要面临运营问题,民办公助将成为未来居家养老服务的主要提供模式。但是目前,由于缺乏可持续发展的政策法规、政府扶持力度不足等,民间资本很难进入这一领域。陕西省应该积极研究民办公助的政策措施,鼓励民办企业、慈善机构、民间团体、个人等社会力量参与居家养老服务事业。在资金方面,可以利用福利彩票公益金或慈善捐款等多种渠道解决资金难题。在给付方式方面,可以探索多种给付方式,如政府购买服务,市、区两级按照一定比例给予配套资助,以及采取在居家养老服务机构建成初期给予少量运营经费帮助民营机构渡过难关等方式。另外,还应出台一些优惠政策,吸引民办资本的介入。

户籍制改革背景下陕西农民进城意愿研究报告[*]

王旭瑞[**]

> **摘　要：** 近期国家出台了《国务院关于进一步推进户籍制度改革的意见》，提出统筹户籍制度改革和相关经济社会领域改革，合理引导农业人口有序向城镇转移，有序推进农业转移人口市民化。在这一背景下，为了解陕西农村发展和城镇化的真实状况以及农民的愿望，笔者在关中农村就相关问题进行了实地调查。在分析陕西农村发展与城镇化现状以及农民对待城、乡的态度和未来意愿的基础上，对陕西推进新型城镇化实践提出建议。
>
> **关键词：** 户籍制改革　陕西　农民　土地　小城镇建设　城乡一体化

由于城乡二元结构的存在，多年来，大量农民进入城市务工，在为城市的建设和发展付出辛勤汗水的同时，却因为自己的农村户口和农民工身份而不能享受和城里人平等的待遇，尤其在子女教育、医疗保险、工伤赔偿、养老、购房等方面。因此，农民工成为城市的边缘群体。为深入贯彻落实党的十八大、十八届三中全会和中央城镇化工作会议关于进一步推进户籍制度改

---

[*] 本文为陕西省社科基金项目"城镇化进程中乡村文化的断裂与重建——基于陕西关中农村的实地调查"的阶段性成果，项目编号：2014G15。

[**] 王旭瑞，陕西省社会科学院社会学研究所助理研究员。

革的要求，促进有能力在城镇稳定就业和生活的常住人口有序实现市民化，稳步推进城镇基本公共服务常住人口全覆盖，国家于2014年7月24日出台了《国务院关于进一步推进户籍制度改革的意见》，提出统筹户籍制度改革和相关经济社会领域改革，合理引导农业人口有序向城镇转移，有序推进农业转移人口市民化。要求全面放开建制镇和小城市落户限制。在县级市市区、县人民政府驻地镇和其他建制镇有合法稳定住所（含租赁）的人员，本人及其共同居住生活的配偶、未成年子女、父母等，可以在当地申请登记常住户口。

这一新政策的提出对农民从农村户口转变为"非农"户口，享受市民待遇，从而推进新型城镇化的建设具有重要意义。但是，应当看到，"农转非"以及相关的农村城镇化，涉及许多方面的问题，值得深入探讨。在这一背景下，笔者近期在关中农村就农村城镇化相关问题进行了实地调查，了解了陕西农村发展和城镇化进程的真实状况，也了解了农民的生活实际和对待乡村与城市的态度以及未来的愿望，在此基础上对陕西推进新型城镇化实践提出建议。

一　陕西的农业发展与农村城镇化现状

陕西地处中国腹地，是中华传统文化和农业的重要发祥地之一。传说中的中华农业始祖后稷就在关中中部一带教民稼穑；从秦郑国渠开始，以发达的水利设施和牛耕等为主要标志的陕西农业在古代中国曾长期处于领先地位。实际上，中国的传统文化是植根于农耕社会的文化，是和农业生产分不开的。

农业在陕西经济中一直占有基础性地位。陕西地理位置南北狭长，拥有陕北高原、关中平原、陕南秦巴山地三种不同特征的地形。关中渭河平原土地肥沃湿润，盛产小麦、玉米等粮食作物和蔬菜、水果等经济作物。陕北黄土高原气候干旱，土壤较贫瘠，生产小米、荞麦、糜子等杂粮，并有一定的畜牧业。陕南地处秦岭以南的山地，出产水稻、油菜、茶叶等作物。近年来，随着城乡经济地位日益悬殊，许多农民放弃种地进城打工。另外，随土地价格的不断上涨，大量农村土地被征用，成为建设用地。在这一背景下，陕西农业的地位有衰弱的趋势。

对农民来说，土地仍是他们生活的基本保障。当青年人进城打工时，中老年人仍坚守在农村，耕种承包地。自家出产的粮食、蔬菜、水果等满足了全家的食物需求，年利润虽然微薄，却能维持一家人的基本生存。因此，当青年人在城市漂泊多年后，到了一定年龄，仍会回到家乡，经营他们的承包地。

陕西地貌、气候多样，目前农业生产已呈现多样化的景象。由于粮食价格低，种植粮食的面积在逐年减少，果木、蔬菜的种植面积不断增大。陕西具有多种果树生长的自然条件，渭北黄土高原是世界公认的苹果最佳优生区，近年来苹果种植面积不断扩大。秦岭北麓的周至、眉县出产的猕猴桃早已闻名全国，面积、产量也在全国居领先地位。彬县的酥梨、陕北的红枣也久负盛名。渭河沿岸的咸阳一直是蔬菜产区。近年来，原先一直种粮的农民因地制宜，开始种植各种果树、蔬菜、树木、苗圃等多种多样的经济作物，或开展牛、羊、鸡、鸭等畜禽的养殖。比如在关中地区，户县农民原来以种粮为主，现在大量种植葡萄，使这里成为著名的"户太8号"葡萄之乡。陕北黄龙县白马滩镇灵火、沟口等村，绝大多数农户开始种植香菇，品质好，一直供不应求。富平县现代畜牧业发展迅猛，特别是奶山羊发展势头强劲。该县以"百万只奶山羊示范区"建设为契机，通过科学规划、政策扶持、规模发展、示范引领，近期被中国轻工联合会和中国乳制品工业协会命名为"中国羊乳之都"。①

农业生产的多样化增加了农民的收入，再加上打工的收入，目前农民的生活水平有明显提高。在关中地区，近十年来，绝大多数农民建起了新式水泥住房，多为两层，装修漂亮，建有新式厨房和卫生间，安装有太阳能热水器、卫浴设施、吸油烟机等先进设施，许多家庭拥有农用机械、汽车、电脑等，生产、生活条件比以前有了很大的改善。

---

① 来源自陕西农业网，http://www.sxny.gov.cn。

和其他地方一样，陕西的城镇化有两种类型，即主动城镇化和被动城镇化。前者指农民自发地进城打工，并努力在城市获得稳定的工作和住房。后者指由于城市的扩张或农村集体土地被转让而造成的农民被迫失地。失地后的农民只有依靠外出打工、经营生意等方式谋生，但缺乏技能的年青人、上年龄的中老年人，以及照顾孩子的妇女，生活来源陷入困境，生活缺乏基本保障。在城里打工的农民，只有少数可以在城市获得稳定的工作和住房，大部分农民工无法长期留在城市，家乡是他们的最终归宿。

由于陕西有三个自然地理区域，农业生产方式和发展水平不同，因此城镇化的方式也不同。在较为贫瘠的陕北地区，许多地方的农民依然住在窑洞里，土地不宜耕种，环境甚至不适宜居住，人们生活条件很差。因此，这一地区的农民大量向延安等中心城市涌入。在陕南山地的贫困地区，多数人被迫外出打工。陕北和陕南一些贫困地区的农民还在政府的组织下移民到关中地区。而关中地区的农民，只有青年人进城打工，中老年人则更愿意在家经营自己的承包地。

二 农民对待乡村和城市的态度及未来愿望

国家出台新的户籍制度改革意见后，许多媒体报道了农民进城的意愿，有的媒体称7成农民不愿进城，有的媒体称二代、三代农民不会回乡种地，等等。笔者经过实地调查发现，真实情况并非如此简单。农村具体情况十分复杂，不同地区、年龄、性别、文化程度、技能以及不同经济条件的农民，对待城镇化的态度和愿望是不同的。下面以关中农村为例，分析农民对待农村、土地、城市的态度和未来的愿望。

（一）被调查村概况

笔者选择了关中渭河沿岸一些世代以耕种土地为主的村庄进行实地调查。这些村庄有的有两三千年的历史，最短的也有四百余年的历史。目前，这些村庄没有村办企业，也没有私人经营的工业，除了个别家庭经营养鸡场或开商店、餐馆以外，其他农民家庭均耕种承包地，人均拥有土地0.9~1.2亩。幸运的是，这些村庄的土地尚未被征收。长期以来，这里主要种植小麦、玉米等粮食作物，品种单一，加上粮价格低，农民辛苦耕种一年，一亩地的收入只有几百元。为生计所迫，许多青年农民远赴广东等地打工。近年来，这一地区的农民开始经营多样化种植业，除了极少量的小麦、玉米以外，大量种植各种蔬菜、瓜果、花生、树木等经济作物，收入明显增加。可以看到，村子里几乎家家户户都新盖了水泥住房，宽敞舒适。宽大的院落里种着各种蔬菜鲜花，承包地里种植蔬菜、果树等多种农作物，一派欣欣向荣的景象。几乎家家都有电动三轮车，有的家庭有农用机械或小汽车。

据了解，目前村子里50岁以上的农民大部分依然在家经营土地，50岁以下的青壮年劳动力（包括未婚妇女）多外出打工。已婚妇女大部分在家带孩子，照顾家庭，协助土地经营。家庭收入主要来自土地产出和青年人打工的收入，有些家庭的收入主要靠经营生意。农村消费水平相对较低，最大支出主要是建房、子女结婚以及孩子上学的花费。

（二）中老年农民对待村庄、土地和城市的态度

村庄是农民出生、成长的地方，是农民的家园，也是农民获得精神满足、心理安慰和价值、意义的地方。村庄是熟人社会，每个孩子都是在左邻右舍的关注和看护下成长的，是村子的孩子。因此，年轻人无论到多远的城市打工或上学，无论在外面成功或失败，回到家乡总感觉非常亲切，因为有父老乡亲的关爱。随着社会的转型变迁，虽然农民的生活方式发生了很大变化，但人们对待村庄的态度、感情，以及对乡村文化的认同一直没有多少改变。

中老年人在村里生活一辈子，自然对村庄有深厚的感情。调查显示，中年以上的农民已经习惯了乡村生活，对村庄和土地有深厚的感情，他们擅长种地和养殖，也喜欢经营土地，乐于住在自己亲手建起的宅院里，享受农村的空气和食物，享受民间娱乐、交往、不紧不慢的生活节奏等农村

特有的生活方式。他们表示在村庄里生活得很舒心、很安心，过不惯城市的生活。

在他们看来，城市生活节奏太快，作息时间不能由自己安排，消费水平太高，尤其是人际关系冷淡，缺少人情味，这些让他们很难适应。他们认为现在农村的生活条件和城里一样好，因此对城市生活并不向往。据了解，村里有一些富裕户虽在县城买了房子，但是没有人去居住，只是作为一种投资。对他们来说，家人平安、健康才是最重要的。

（三）青年人对待农村与城市的态度和未来愿望

青年人在外打工，成功了衣锦还乡，能在村庄得到羡慕、尊敬和称赞，这种精神上的满足只有在家乡才能得到，在城市是得不到的。在外面失败，也能得到村庄的包容。因此，村庄不仅是农民工物理空间上的归宿，更是他们精神、心灵上的归宿。

在外打工的青年人和村里的父母长辈之间除了情感上的联系之外，还有着经济上的紧密联系。一方面，家乡出产的粮食、蔬菜、瓜果等供应给在外打工的子女，能够减少他们在城市的食物消费。另一方面，青年人打工的大部分收入寄回家乡，用于家里建房、子女上学、办理婚事、农业生产等重大支出。正是这种城乡间的相互支撑保障了家乡的发展和青年人在城市的基本生活。更重要的是，青年人在城市待不下去时，仍可以回到家乡过上体面的生活。

青年人对待城市的态度比较多元。"80后"、"90后"青年人大多喜欢到城市去闯，他们有的是被生活所迫，有的是为了出去见见世面，有的是为了证明自己的能力，等等。但这些年轻人的行动也受自己的受教育程度和技能的限制。有些人四处闯荡，居无定所，最后回到村庄打零工。有的人技校毕业有一技之长，在沿海城市的工厂有较稳定的工作，能够适应城市的生活节奏，但因每天在工厂工作时间太长，生活枯燥，并不能真正融入城市。多数人在省城或县城打工或做生意，经常回家。大学毕业生一般会努力留在城市，有的在大城市打工，有的在县城有较稳定的工作。这些人对待城市的态度取决于他们对城市的生活和工作是否满意。这部分青年人大多不愿回乡种地，家里的耕地由父母经营。妇女生孩子后一般待在家乡照顾孩子，也有的夫妻带孩子一起在外地打工。

"70后"的年轻人和"80后"、"90后"有不同的想法。这部分青年人年富力强，是农村的中流砥柱。他们很多已有多年在外打工的经历，既了解农村的生产、生活，也熟悉城市生活，更能理解城乡间的差异。在选择进城还是留乡的问题上，他们更为理性，因此他们的看法具有一定的代表性。他们能从自己的实际情况出发，并不盲从。他们中的极少数人，在外打工十多年，因能力、技术而成为"工头"、"经理"，基本适应了当地的工作和生活，也积累了一定的经济基础，便买房留在当地，一般是过春节才回故乡。大多数人最终理性地选择了回家，从事多样化种植业，或在附近的城镇打工。

当问及有没有去城镇定居的想法时，大部分青年人回答：如果有条件还是愿意到城里去居住。这些条件主要指就业条件、住房、孩子就学等。如果能够在城市有稳定的收入、买得起自己的住房、孩子能够享受和城市孩子同样的教育，那么他们愿意在城市定居。但他们认为目前还没有具备去城里定居的条件。

当问及如果条件许可，他们愿意选择在大城市还是小城镇定居时，大部分"70后"青年人回答，会选择在小城镇定居，因为小城镇的消费水平低，生活方便。他们表示，最好是在村子附近的镇上或县城有稳定的就业条件，就可以考虑定居，这样既可以给孩子创造较好的教育条件，还能照顾家人，协助经营耕地。大城市虽然机会多，但物价太高，人情冷淡，农民工在那里处于最底层，被人看不起，孩子也无法进入好的学校。

对于"70后"的青年人来说，进城的主要目的是让孩子接受更好的教育，同时提高生活的质量。对他们来说，孩子的未来是最重要的。当然，年轻人无论在哪里，都需要有就业条件。如果不能就业，城市再好他们也无法立足。但陕西全省包括关中地区的小城镇发展严重滞后，吸纳就业的能力较差，实现他们的愿望还有很大的困难。另外，调查还发现，农民即使选择在

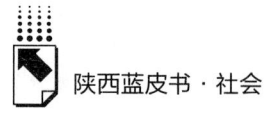

城镇定居,也不愿意放弃土地和宅基地,毕竟,城镇都有不确定性,但只要辛勤劳动,土地总会有收益。

三 对新型城镇化实践的几点建议

国家出台新的户籍改革意见,目的是推进新型城镇化,促进城乡一体化的实现。以往的城镇化以地方的经济增长为目的,以地方政府和开发商为主体,仅仅造成了土地的城镇化,而不是人和产业的城镇化。这样的城镇化模式多是在地方政府推动下,征占农民的耕地甚至宅基地,建设各种名目的开发区、住宅小区或城市新区等。这种模式使城市不断向外扩张,"摊大饼"。在城市的面积成倍增长的同时,农民被迫失地,也失去生活的保障。一些村庄被整村拆迁,农民被"赶"上另一地方的高楼。住进高楼以后,农民的生活质量不但没有提高,反而有所降低,因为原来自给自足的生活方式被改变,米、面、油、蔬菜、水果等一切日常所需都需要花钱购买,消费水平大大提高。更重要的是,从农民身份转变为"非农",并非出自农民的意愿,而是被迫的,造成农民心理上的不适应和抵触。由于强征农民土地而造成的冲突在全国范围都十分普遍,有的甚至引发流血事件。

这种强制模式造成的"农民被动城市化"产生了一系列社会问题,比如因拆迁补偿、安置的不公平造成的居民对政府的不信任、农民因拆迁返贫以及由此产生的各种社会安全隐患。同时,随着村庄被拆毁,农民曾经栖息其中的乡村文化也被击碎,农民被"拔根",失去了精神家园,被迫在城市漂泊。这些加强了农民的弱势群体地位,造成社会的不公平。

另外,城市不断"摊大饼"也对生态造成严重的破坏。城市和县城之间,甚至城市和城市之间曾经广袤的绿色耕地,大部分已经消失,被水泥、钢筋构成的建筑物所覆盖。这种开发建设举措对生态环境造成的破坏是不可逆转的,将给子孙后代留下灾难。

鉴于此,根据陕西农村和农业发展的实际情况,结合农民的生活实际和愿望,对新型城镇化实践提出几点建议。

（一）大力发展小城镇，让农民就近就业定居，提升农民生活质量

著名社会学家费孝通早在30多年前就提出"小城镇，大问题"。他根据对江南农村的深刻观察，提出优先发展小城镇的思路。他认为，鉴于中国的历史、人口、发展速度、城镇规模等因素和条件，应该走从农村小城镇开始，逐步发展城市化的道路，自下而上地发展起不同层级的经济中心。这一城市化思路以农民为主体，根本目的是农民的富裕，在今天仍有非常重要的现实意义。

笔者的实地调查也表明，如果有就业条件和好的学校及其他公共服务设施，农民更愿意就近到小城镇定居，小城镇消费水平低，生活方便，便于经营自家的耕地和照顾家人，文化上也更适应。然而，目前陕西的小城镇并没有得到应有的发展，就业机会少，医疗、教育、卫生、居住等条件都相对较差。因此，大力发展小城镇应提上政府的议事日程。

建设小城镇，首先是创造更多的就业机会，在原有乡镇企业的基础上发展地方特色产业，创造第三产业。其次，建设优美的小镇环境，建造适合农民购买力和生活习惯的特色住宅，让小镇更宜居。最后，建立优质的教育、医疗、社会保障、法律咨询、银行等各项公共服务设施，加强社会管理，让小镇居民享受到平等的公民待遇。只有这样的小城镇才能吸引农民就业、定居，真正提高农民的生活质量。

值得注意的是，建设小城镇应因地制宜，不能搞一刀切。首先，应发展适合当地条件、文化的特色产业，有差异才能有市场和前途。其次，小城镇应是绿色的生态小镇，不宜建设高层住宅，更不能建设污染环境的产业。发展小城镇，为农民创造好的就业条件和居住条件，让农民"离土不离乡"，既能增加收入，又能照顾家庭和耕地，避免了青年人长期在外打工而产生的留守儿童、空巢老人等社会问题，或因夫妻长期两地分居而产生的其他问题。

小城镇发展起来，能够吸引更多农民到城镇定居，这对农业的规模化、集约化发展也有重要意义。小城镇的建设和发展还关系城乡社会的发展、稳定与生态文明建设。

（二）发展多样化新型农业，帮助农民增加收入

农业依然是国家的基础性产业，城镇化的发展不能牺牲耕地和农业，而是应该促进现代化多样型农业的发展。上文的调查表明，农民的需求是多样的，并不是人人都想进城定居。农业、农村、农民仍将长期存在。

因此，在适合农业生产的地方，政府应引导农民根据当地的土壤、气候条件从事多样化的种植业、养殖业，满足市场的多样化需求。农业生产具有一定的风险性，当农产品喜获丰收之时，能否卖出好的价钱是农民最关心的事情。作为服务型政府，应为农民提供相关信息，并帮助农民建立畅通的销售渠道。同时，政府应对农业生产所需的种子、化肥、农药的质量和价格进行监管，保护农民的利益。目前的食品安全问题已成国人心中大患，农产品中也存在过度施肥、滥用农药和膨大剂等其他药物的问题，造成农产品的质量安全隐患。政府应对农产品生产的过程进行监督，防止滥用农药及其他药物，保证农产品的质量和安全。

对于土地的流转、征用、农业的规模化经营等问题，应尊重农民的意愿，不应强制推行。对大部分农民来说，土地是他们生活的唯一保障，没有人愿意放弃土地。在外打工的农民一般将自己的承包地以一定的价格出租给本村人耕种。在目前的条件下，农民更愿意保持原状。随着城镇化的发展，当更多农民在城镇有了稳定的就业和住所，他们对土地的所有权和经营权将会分离，留在农村的农民将有可能承包数十亩甚至上百亩耕地，那时，农民将实现规模化经营，农业生产的总收益将大大增加。

（三）进一步建设新农村，建立城乡统一的制度机制

尽管城镇化是大趋势，但数千年形成的农村，作为农业生产的场所和人群的组织方式与文化形态，仍将长期存在。城镇化的根本目的是促进城乡一体化的实现，让农民富裕起来，提高生活质量和城乡社会发展质量。农村和城镇是相互依存的，不能为了建设城镇而毁坏农村。目前，农村的住宅多是近十年来新建的，农民的生活条件有了很大改善。从2006年开始，国家提

出建设新农村，投入一定资金，使农村的环境明显改善，村村实现道路硬化，自来水、广播电视进万家，村村有健身设施。然而农村的教育、医疗、卫生、社区管理等状况依然十分滞后。教育成为农民最揪心的事情，不但教学质量、教育资源和城镇有较大差距，而且学校的数量也大为减少。许多中小学被撤并，使农村孩子上学特别困难，给家庭造成负担。农村的医疗多是私人诊所，条件十分有限。许多村庄的环境卫生状况很差，缺少垃圾处理设施，街道堆满垃圾，污水横流，影响人们的正常生活，严重危害人们的身体健康。同时，农村缺少积极健康的文化娱乐活动，民间传统的公共文化活动逐渐衰落。

究其根源，这一切都是城乡之间不平等的体制机制造成的。城乡之间在教育、就业、医疗保障及其他方面存在体制上的不平等，缺少统一的社会管理体制。村庄事务由村民自治委员会决定，而这一机构不受国家的统一管理，许多事情实际上由村主任一人说了算。可以说村庄发展的好坏很大程度上由村主任的个人素质决定。国家统筹城乡十年来依然没有结果，根本原因在于没有打破城乡之间的体制壁垒。

因此，今天建设新农村应大力建设农村基础设施，完善社区管理，促进城乡基层组织一体化。逐步建立城乡统一的社会保障制度、户籍制度、教育及就业制度等，逐步缩小城乡之间的差距。

总之，推进新型城镇化应从农民的主体地位出发，以农民生活质量和城乡社会发展质量的提升为目的。因此，今后城镇化进程中的相当一部分财政投资应当投向小城镇。小城镇的建设需要为农民创造就业条件，要有必要的基础设施和完善的公共服务机构、体现地方特色的优美环境、适应农民的需要和购买力的住宅，应是绿色的生态小镇。在建设小城镇的同时，一方面应发展多样化的现代农业，增加农民收入。另一方面，还需继续进行新农村建设，除了基础设施建设以外，更重要的是城乡一致的制度建设，包括基层组织建设、社区管理、教育、医疗保障、就业、户籍制度等。只有这样才能逐步缩小城乡之间的差距，促进城乡一体化的实现。

区域报告

Regional Reports

B.21
西安城市凝聚力公众认知状况调查报告[*]

西安市社会科学院课题组[**]

摘　要： 城市凝聚力是城市发展的内核，是城市经济发展的基础，强化城市凝聚力有利于提升城市形象，振奋城市精神，推动城市进步。本文对西安城市凝聚力的表现、存在的问题及挑战进行了分析，梳理了提升西安城市凝聚力应处理的关系与挑战，提出了提升西安市凝聚力的对策与建议。

关键词： 西安　城市凝聚力　城市形象　公众认知

---

[*] 本课题系2014年西安市哲学社会科学规划基金重大课题。
[**] 课题组负责人：杨晖，西安市社会科学院社会学研究所研究员。成员：杜雁平，西安市社会科学院助理研究员；谢雨锋，陕西省社会科学院社会学研究所副研究员；江波，陕西省社会科学院社会学研究所研究员；赵继强，西北政法大学马克思主义教育研究院副教授。

城市凝聚力作为城市发展的内在动力，要使其作用最大限度的发挥，必然要求将城市的历史、文化、理念等内化为城市凝聚力的应有内涵，并使这种凝聚力成为市民群体共同拥有的精神风貌和信仰，这就要求公众对城市凝聚力产生足够的认识和充分的认可，并不断内化成自身的价值准则和行为规范，使市民在潜移默化中形成统一的意志和信念，促使人们产生强烈的城市荣誉感、责任感、自豪感和使命感，激发市民建设城市、发展城市的积极性、主动性和创造性。为了解西安市城市凝聚力的现实状况，发现影响西安市城市凝聚力形成的问题和阻碍，为全面提升西安城市凝聚力提供新的思路和有益的对策建议，我们开展了"西安城市凝聚力公众认知状况"调查，通过问卷调查、访谈等方式收集信息，本文即在此调研结果基础上形成。

一 理解"城市凝聚力"：解读城市发展的新维度和新意义

城市凝聚力是一个城市演进历史、文化积淀、发展预期等多方面的综合体现，它反映了城市物质财富增长和精神文化发展的互动结果，成为解读城市发展的新维度。

（一）城市凝聚力是市民群体意识的共同反映

一个城市的发展必然是全体市民共同发展进步的结果，而全体市民的群体意识和精神信念又是反映城市发展的关键指标。共同的认知水平、共同的理想信念、共同的群体意识是凝聚力的重要内容，每一个市民都是一个个鲜活的个体，他们有自己的认识和想法。城市凝聚力就是要整合社会成员个体的想法，使他们产生共同的认知和共同的价值观念及行为规范，并最终促进城市的发展和社会的进步，城市的管理和社会组织的整合引导着群体意识的转变，城市凝聚力是市民群体意识的共同反映，使社会成员的思想、道德和认识等方面趋向一致，形成共同的群体意识，从而使城市凝聚力得以增强，社会共同意识得以升华。

（二）城市凝聚力是凝聚人心、激发前进的动力

城市凝聚力是激发和规范社会成员个体意识行为的动力，引导着广大市民参与到城市发展和社会进步的过程之中。社会成员个体作为城市建设与发展中的一员，其活动是影响城市发展的动力，一方面城市凝聚力通过制定社会公认的法律法规、规章制度等来规范全体成员的行为，使他们的行为符合城市和社会发展的需要；另一方面城市凝聚力通过价值引导，在社会成员中形成共同的价值理念和精神信仰，使城市凝聚力成为社会进步和城市发展的原动力。在城市凝聚力的引导和规范作用下，全社会的成员对城市发展的认知程度不断增强和统一，积极性和自觉性明显提高，形成共同的社会合力，促进城市和社会的不断进步和发展。

（三）城市凝聚力是缓解矛盾、调解冲突的法宝

城市的发展是社会成员共同努力的结果。在城市发展和社会进步的过程中，不可避免地产生这样或那样的矛盾和冲突。城市凝聚力通过有效的介质引导和行为规范，最大限度地避免了社会成员间的冲突和矛盾，使其遵守共同的行为规范，形成共同的行动合力，为城市发展和社会进步创造一个相对稳定、和谐的发展环境。

站在新的历史起点上，西安提出增强"城市凝聚力"有着特定的时代意义。一是适应新形势发展的迫切需要。西安在贯彻落实省市共建大西安的进程中，要求形成一种人心向上、人心思进、同担重任、共赴使命的城市精神和凝聚力，增强城市凝聚力成为西安建设国际化大都市背景下的必然选择。二是塑造城市形象的突破口。现代化城市的发展应当以城市特色和城市个性发展为核心，未来城市发展后劲关键取决于城市的文化底蕴。西安应当通过振奋城市精神，增强城市凝聚力不断提升城市的精气神，不断丰富城市的文化内涵。三是管理好城市的内在要求。良好有序的城市秩序是城市发展的基础，通过引入现代精细化管理手段，对城市管理进程进行导引、调节、控制，及时矫正管理行为来有效提升管理效率，迅速改善城市市容市貌。四

是全面提高市民文明素质的重要举措。目的是要构建一个良好的、富有人文精神的环境，为经济社会的发展提供强有力的智力支持和人才条件，真正为区域经济发展构筑更为广阔的平台，谋求更好的发展优势，实现更快的跨越式发展。

二 "城市凝聚力"的微观观照：个体生活状况描述与评价

随着城市现代化的不断发展，城市市民传统的户籍、职业和地域的界限逐步模糊，市民成为一个简单而又内容丰富的群体，居住、工作和生活在城市里的合法公民，不仅应平等地享有市民的合法权利，也应履行市民应尽的义务。因此，市民作为城市生活的最主要个体，他们是城市社会生活活动的主要参与者和承担者，他们是城市凝聚力的主要来源，同时又是城市凝聚力的主要反映，他们的认知和行为更能成为城市凝聚力的合理解读。

（一）个体生活的自我评价

对生活是否满意是一个社会成员最直接、最本质的思想反映，也是城市凝聚力的基础与核心。当社会成员整日为生活而奔波，城市凝聚力就无从谈起，因此市民群体的生活满意度是无法绕开的根本问题。调查显示（如图1），"非常满意"的被调查者占3.1%，分别有39.2%和44.8%的被调查者认为他们的生活"比较满意"或"一般"，"不太满意"或"不满意"的被调查者共占12.9%，调查结果呈现的是一个橄榄状的图形，而在社会阶层的分析中，这种结构代表了社会的稳定发展，因此从数据来看，西安市居民的生活满意状况总体是理想的，可以更好地凝聚社会成员参与到城市建设、经济发展中来，更容易积攒社会成员的凝聚力。

为更好地了解市民群体的详细生活状况，我们从经济状况、情感支持、生活保障等几个方面开展调查。调查显示，市民最满意的是"婚姻家庭"、"人际关系"、"文化休闲生活"，困扰市民最大的问题是"住房

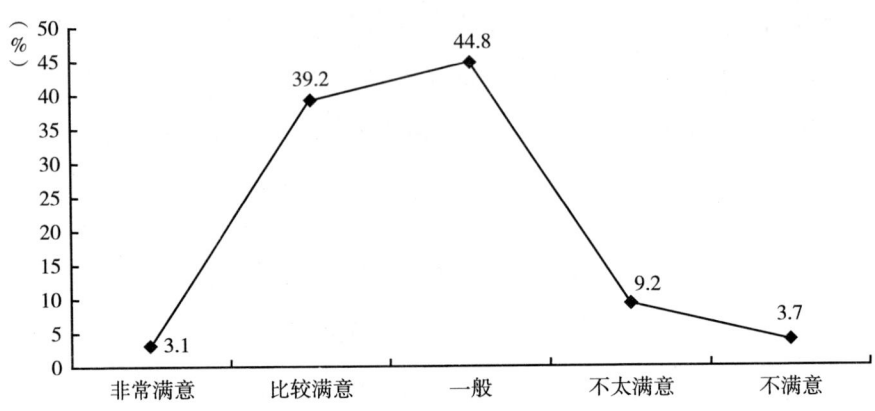

图1 公众对目前生活满意度总体评价

状况"、"经济收入"、"工作就业"。从调查结果来看，西安市民的情感支持体验度较好，能够充分感受到亲情、友情和必要的生活享受，而困扰西安市民的则主要是以就业、住房、收入为主的经济状况，这反映出不断进行的城市现代化进程，加速了传统社会的改变。生活节奏的不断加快，社会群体的不断分化，经济状况的变化成为最直接的感受；另外，社会成员的情感支持体验较高，则反映了西安市的社会发展并未异化，传统的熟人社会仍然是主导，这就为城市凝聚力的提升，提供了很好的基础（见表1）。

表1 公众对目前生活满意度的具体评价

单位：%

指标	很满意	较满意	一般	不太满意	不满意	均值	排序
经济收入	2.7	27.5	47.2	14.9	7.7	3.65	1
工作就业	4.0	28.0	46.3	14.3	7.4	3.44	2
婚姻家庭	17.2	42.5	32.0	4.7	3.7	3.36	3
教育医疗保障	9.4	23.6	40.9	20.5	5.5	3.14	4
人际关系	8.0	40.2	42.2	7.1	2.5	3.11	5
文化休闲生活	7.0	38.8	40.4	11.2	2.7	3.07	6
居住环境	5.5	30.0	43.3	15.1	6.1	3.03	7
住房状况	5.6	26.8	39.5	19.1	9.0	3.01	8

（二）市民群体的整体评价

市民群体作为一个共同群体，他们所表现的价值观、归属感、认同感是凝聚力的生动体现，更是影响凝聚力构成的主要因素。

调查显示，西安市民群体的整体评价中，"城市向心力"、"城市自豪感"、"文化认同"得分较高，分别为3.68分、3.55分和3.54分，这表明，西安作为中华文明的发源地所带来的"文化认同"较强，而由此产生了"城市自豪感"和"城市向心力"也较强；另外，被调查者认为市民群体的"责任意识"、"公共意识"、"城市归属感"相对欠缺，显示出城市现代化的快速推进，更大程度上局限在经济发展的层面，而并未关注社会个体思维意识的现代化（见表2）。

表2 公众对社会个体思维意识的评价

单位：%

指标	最强	强	一般	弱	最弱	均值	排序
城市向心力	7.0	38.5	43.8	7.8	3.0	3.68	1
城市自豪感	16.1	36.7	34.8	10.1	2.2	3.55	2
文化认同	18.5	41.9	30.5	7.7	1.5	3.54	3
城市归属感	14.9	38.8	34.8	8.4	3.1	3.39	4
公共意识	5.8	26.6	49.9	13.2	4.6	3.16	5
责任意识	5.5	26.8	46.6	16.4	4.7	3.12	6

总之，无论是社会个体还是社会群体，都是城市凝聚力的承担者和表现者，他们的直观感受和切身认识，都反映城市凝聚力的现实状况。不断推进的城市现代化发展，创造了大量的经济财富，提高了社会成员的生活水平，在不断加快生活节奏的同时，传统的社会结构及情感支持发生的改变并不大，仍然是以熟人社会为主要的社会构成方式。这两点为城市凝聚力的提高提供了巨大的基础，一方面不断提高的财富收入，满足了他们的物质需要，增强了凝聚力的物质基础；另一方面以熟人社会为主导的社会结构，使社会成员的联系方式更为紧密，具有更多的感情交流，提高了城市凝聚力的情感基础。

三 嵌入社会发展结构中的"城市凝聚力"：西安发展现状分析

以社会群体的视角理解凝聚力，是凝聚力提升的个体支持；而以社会发展结构来看待城市凝聚力，是提升城市资源的整合，主要包括经济建设、社会建设、生态建设、文化建设等多个方面。

（一）经济建设

西安作为西部发展的中心城市，经济建设上既取得了巨大的成绩，也存在发展上的不均衡。

1. 取得的成就

经济规模不断扩大，2012年，全市生产总值达到4369.37亿元，五年年均增长14.2%；人均GDP达到8111美元；地方财政收入396.96亿元，年均增长28.6%。产业结构持续优化，2012年五大主导产业实现增值2276.38亿元；实现工业增加值1340.75亿元。农业生产稳定发展，现代加工制造业快速增长，现代服务业比重不断增加，经济结构不断优化，经济总量不断扩张，经济实力显著增强。

2. 经济发展上的不平衡

西安经济发展的不平衡表现为经济总量落后和个体收入增长上的缓慢。

经济总量落后。西安的经济发展水平明显落后于东部沿海地区，2013年西安国内生产总值达4369.37亿元，在全国排第29位，在全国15个副省级城市中排名靠后，经济发展总量与其他城市存在不小差距。

人均收入水平不高。全年城镇居民人均可支配收入29982元，扣除价格因素，比上年实际增长12.3%，在全国主要城市排名中位列第30位，与位列第1位的东莞（42944元）相差了12962元；城镇居民人均消费性支出21434元，比上年增长11.0%，但在15个副省级城市的人均可支配收入排位中仍然居于后方。

3. 市民总体评价

市民既是经济发展的创造者，也是经济发展的直接见证者和受益者，市民群众对城市经济发展水平的认识，是城市经济发展在民众中的真实体现。调查结果显示，56.8%的被调查者认为西安经济发展水平"非常好"或"比较好"，而认为经济发展"不太好"或者"不好"的被调查者只占5.2%（见图2）。总体来看，公众对西安经济发展的态势持积极评价。另外，不太乐观的市民群众也为数不少，这表明加快西安城市经济发展、推动更多的市民群众共享发展带来的巨大成果，是西安市政府今后工作的重中之重。

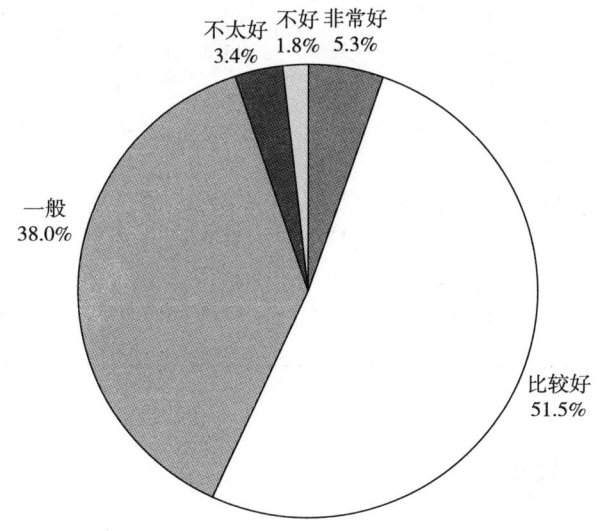

图2　公众对西安经济发展的总体评价

4. 市民对西安经济发展表现的具体评价

从调查结果看，西安市民认为经济发展的发展速度、发展活力、增长方式等表现较好，给予的平均分值依次为3.73分、3.49分和3.49分，这表明在西安市民看来，经济发展更主要的是增速、总量、方式这些显而易见的变化，反映出发展观念上仍未发生重大转变，更多关注量上的增减，而对于经济发展的内涵和西安市的发展模式并未得到显著提高和足够重视（见表3）。

因此，在经济发展上，不仅要注重量的变化，更应该关注质的变化，促成经济发展的质的提高，不断提升西安经济发展的内生力和持续性，不断提升西安经济的综合竞争能力。

表3 公众对西安经济建设的具体评价

经济发展表现	5	4	3	2	1	均值	排序
发展速度	18.1	44.3	31.6	4.4	1.6	3.73	1
发展活力	10.7	36.8	42.0	8.1	2.4	3.49	2
增长方式	6.5	28.0	47.0	14.1	4.4	3.49	3
体制改革	7.2	22.3	42.5	20.0	8.0	3.47	4
开放程度	15.1	34.8	35.8	11.2	3.1	3.45	5
现代化水平	10.8	34.6	41.3	10.2	3.1	3.40	6
产业结构	6.5	25.1	49.9	14.3	4.1	3.33	7
市场化水平	8.7	28.6	46.6	12.9	3.3	3.27	8
投资环境	9.9	29.4	40.8	14.5	5.3	3.25	9
人均收入	0.1	4.4	16.4	43.3	24.9	3.24	10
生活消费	16.6	30.9	39.9	9.6	3.0	3.18	11
现代服务	8.6	33.9	42.2	12.3	3.1	3.16	12
自主创新	7.2	27.7	41.6	18.3	5.2	3.13	13
发展机会	11.2	28.6	40.1	13.8	6.4	3.01	14
信息化程度	12.3	38.8	37.3	8.9	2.8	2.83	15

（二）社会建设

改革开放以来，西安市的社会建设水平总体上不断提高，不断完善保障制度和社会基本公共服务，不断激发社会活力和规范社会秩序，不断调适社会关系和激发公平发展，在社会建设上取得了不错的成绩。

1. 社会建设取得的成就

通过大力实施"民生八大工程"，扎实办好"10件惠民实事"，大幅提升人民群众生活水平和质量，市民幸福感明显增强，西安荣获"中国最具幸福感城市"、"十大中国最关爱民生城市"等荣誉称号。

社会保障体系不断健全。建立了包括基本养老保险、失业保险、基本医疗保险、工伤保险和生育保险在内的完善的社会保障体系；经济适用房累计完成投资167.25亿元，累计竣工895.77万平方米，解决了9398万户单位职工和中低收入家庭的住房问题。

教育资源公平发展进一步巩固。大学区改革，统筹均衡全市教育资源，促进了教学质量的进一步提高；完成全市山区农村义务教育布局调整，2012年完成228万平方米校舍安全工程任务；大力实施"蛋奶工程"和校车试点，惠及农村学生23.7万人。

一大批惠民工程相继实施。半价公交、地铁7折优惠、免费公厕、放心馒头、蔬菜早市、便民市场、新殡仪馆等，极大地方便了群众生活。

2. 市民对社会建设的总体评价

社会建设关系到每个市民群众的生活状况和生活水平，提供完善的社会保障制度、加大社会公共服务和社会供给，对提高市民的实际生活水平、增强城市凝聚力具有重要的意义。调查显示，市民对西安近年来社会建设的评价程度总体较好，认为"不太好"或"不好"的只占5.3%，认为"非常好"和"比较好"的占52.7%，表明市民在社会建设方面，总体是满意的（见图3）。

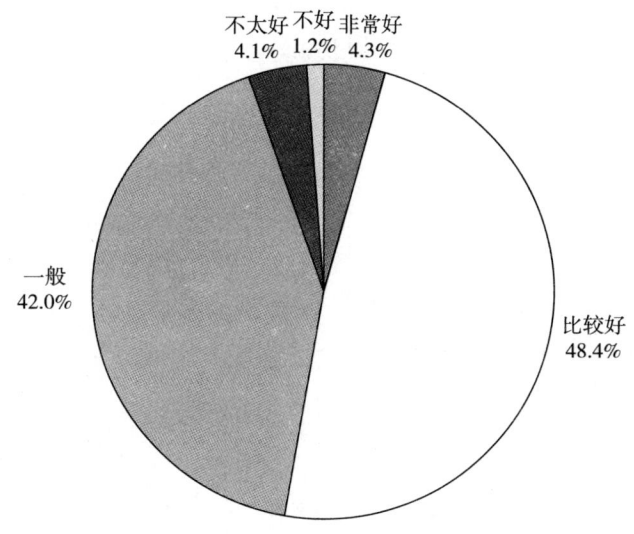

图3 公众对西安社会建设的总体评价

3. 市民对西安社会发展表现的具体评价

调查结果显示，市民群众认为西安社会建设的主要表现是不断完善的社会公共服务和社会保障体系，这与西安在社会建设上的重点工作相吻合，表明西安对社会公共服务和保障体系的建设和完善，取得了初步的成效。但同时我们也要看到，市民群众认为西安在贫富差距、各阶层关系矛盾激化等方面的管控有限，不断拉大了社会各阶层的贫富差距，也影响了社会各阶层关系的和谐发展。

这反映出社会建设作为重要的调节机制，应当促进社会的健康正常发展，一方面基本的社会保障和公共服务应当不断加强和完善，另一方面社会发展的公平、公正、诚信、包容等内涵也应当不断加强，只有内涵和外延都得到相应的提高，才能有效调节社会各阶层的关系，才能促进社会的和谐发展（见表4）。

表4 公众对西安近年来社会建设的具体评价

单位：%

社会建设表现	5	4	3	2	1	均值
社会公共服务	12.1	37.4	37.3	9.8	3.4	3.48
社会保障体系	7.1	31.1	41.2	15.8	4.7	3.24
社会包容	8.9	31.5	41.6	14.5	3.6	3.28
社会活力	8.1	30.6	45.0	13.9	2.4	3.28
社会诚信	6.1	21.7	47.2	17.0	8.0	3.01
社会参与	5.5	23.7	47.3	17.9	5.6	3.05
社会公平、公正	5.3	21.3	44.4	19.5	9.5	2.93
社区服务	8.3	24.9	42.0	18.6	6.2	3.10
社会治安	10.2	28.4	38.6	16.7	6.1	3.20
各阶层关系	4.6	20.3	46.3	21.0	7.8	2.93
贫富差距	1.9	14.2	32.5	29.7	21.6	2.45
社会组织发展	5.2	21.4	45.3	21.3	6.8	2.97
志愿服务	8.6	25.4	39.2	19.1	7.7	3.08
社会风气	8.0	34.6	41.3	9.8	6.4	3.28
智能化建设	6.8	29.4	42.5	17.0	4.3	3.17

（三）生态建设

1. 生态建设取得的成就

生态环境不断改善。全面启动秦岭北麓生态保护工程和增绿工程，2011年森林覆盖率达到44.99%，绿地率达到32.95%；大力实施"碧水工程"，开展渭河西安城市段、浐灞河全流域、沣河流域等水系生态综合治理，一大批城市生态公园相继建成，城市各类水面达到4.5万亩。2012年，全市空气质量优良天数达到306天，创历史最好水平。西安成为国家卫生城市和国家园林城市。

2. 市民群众对生态建设的总体评价

加强生态建设是市民群众生活水平不断提高的必然要求，是市民群众生存的基本要求。随着市民群众生活水平的不断提高，市民群众更加关注人与自然的和谐共存，更加注重绿色、环保、健康的休闲生活，对维持良好的生态环境有了更多、更迫切的需求。调查显示，只有38%的被调查者认为西安生态建设"非常好"和"比较好"，认为"一般"的占到43.6%，而认为"不太好"和"不好"的被调查者占到18.3%（见图4）。这反映了市民群众对生态建设的愿望不断提高和生态建设水平总体不高之间的现实差距。空气污染造成的雾霾、灰尘是当前西安最为突出的环境污染，为西安的经济社会发展带来了极大的负面影响。

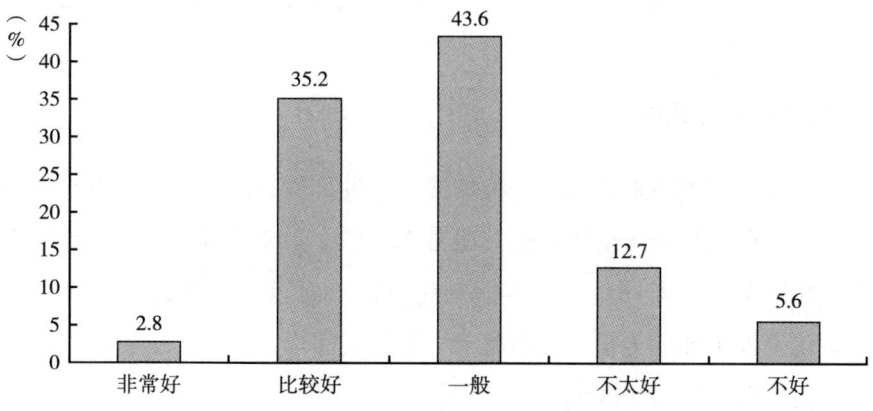

图4　公众对西安生态建设的总体评价

3.市民群众对生态建设表现的具体评价

调查结果显示,市民群众在生态建设的具体表现上,无论是满意度得分或是满意率,呈现总体较低的水平,只有绿化美化相对较高,这与西安不断加强城市精细化管理的措施密切相关。而市民群众认为无论是现实的环境建设,还是在环保意识和宣传、环保执法和环境监测、制度建设、资金投入方面都应该做出更多的努力和工作(见表5)。

表5 公众对西安当前的生态建设的评价

单位:%

生态建设评价	5	4	3	2	1	均值
绿化美化	15.9	35.9	30.4	12.4	5.5	3.44
环境污染	3.0	11.1	26.8	29.9	29.3	2.29
环保宣传	6.7	19.4	41.1	25.3	7.5	2.92
环保意识	5.9	18.5	37.3	25.9	12.4	2.80
环境治理	5.8	18.3	40.4	24.0	11.5	2.83
居住环境	5.5	18.8	45.9	22.0	7.8	2.92
节能减排	4.3	13.6	40.4	30.3	11.4	2.69
环保执法	3.7	15.1	40.1	28.8	12.3	2.69
环保技术	4.3	15.1	44.1	24.4	12.1	2.75
环境监测	4.4	18.0	44.5	24.3	8.7	2.85
制度建设	5.3	19.7	42.2	22.2	10.7	2.87
资金投入	5.8	17.8	39.9	25.9	10.7	2.82

(四)文化建设

城市凝聚力更多地表现为一种信仰、一种价值态度,其本质更是一种文化的反映。西安作为历史悠久的文明古都,是中华文化的发源地,数千年的历史文化赋予了西安厚重、宽容的文化特征,而随着现代化进程的不断加快,文化建设更加成为提升城市凝聚力的现实需求。

1.文化建设取得的成就

2012年,西安市文化产业实现增加值277.34亿元,增长30.2%;个体实现增加值57.34亿元,增长32.7%。截至2010年,西安已有文化产业法人和产业活动单位4887个,增长11.3%;西安全市文化产业从业人员18.36万人,文化产业法人和产业活动单位资产达到316亿元,其中文化产业从业人员人均创造值8.22万元,高于全社会从业人员人均创造值,呈现蓬勃的发展生机。

2.市民群众对文化建设的总体评价

悠久的历史文化给予西安新的发展契机,西安在发展思路上也突出自身的历史文化特色,西安国际化大都市建设更是以历史文化为发展方向。调查显示,近六成(59.8%)被调查者认为西安市文化建设"非常好"和"比较好",认为西安市在发展文化建设上取得了积极的成就。一方面满足了市民的基本文化需求,另一方面重点发展文化产业,特别是曲江通过以文化产业和旅游产业为主导,加大对历史文化遗址的开发和保护力度,有效盘活了现有的历史文化资源(见图5)。

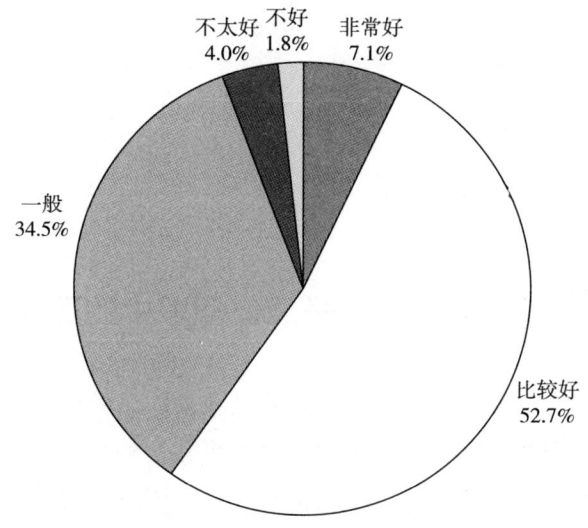

图5 公众对西安文化建设的总体评价

3.市民群众对文化建设表现的具体评价

调查显示,市民群众认为西安市在文化建设方面表现较好,能够合理保护文物古迹，有效开发文化资源，并加大宣传力度，弘扬传统文化精神，形成符合西安文化气质的城市形象和城市精神，而这种精神实质就是城市凝聚力的具体体现（见表6）。

表6 公众对西安当前文化建设的总体评价

单位：%

文化建设	5	4	3	2	1	均值
文化吸引力	26.5	44.5	22.3	5.0	1.6	3.89
形象塑造	21.3	40.5	29.4	6.8	1.9	3.72
文明度	8.3	41.4	38.6	8.6	3.1	3.43
资源可及性	7.2	32.5	44.7	12.4	3.1	3.28
文物古迹保护	21.2	44.7	25.7	6.7	1.8	3.77
文化宣传	16.7	37.7	34.2	9.5	1.9	3.58
公民道德水平	7.8	26.3	47.2	14.3	4.3	3.19
城市精神认同	9.2	32.5	43.5	11.1	3.7	3.32
人文氛围	14.6	36.2	34.8	11.1	3.3	3.48
文化管理体制	7.7	31.8	44.8	11.8	3.8	3.28
西安精神培育	10.2	25.7	42.5	15.5	6.1	3.18
市场化水平	8.3	25.9	47.9	13.6	4.3	3.20
公共文化服务	10.2	29.7	42.9	12.4	4.7	3.28
挖掘传统文化	15.1	37.7	31.4	10.8	5.0	3.47
资源开发与利用	10.2	29.6	39.3	14.1	6.8	3.22

四 认识"西安"：呈现公众眼中的西安印象

西安作为一个历史文化悠久、现代发展较为落后的内陆城市，与其他城市相比，有着自己独特的气质和形象，给大多数接触它的人不同的感觉和印象，公众眼中的西安更直接地反映出能够代表西安的文化特色和城市标签。

（一）对西安市的主观描述与评价

从调查中可以看到，公众对西安的直接感受或直接印象就是西安的文化特色，这表明西安作为举世闻名的世界四大古都之一，是中华民族的摇篮、中华文明的发祥地、中华文化的代表，其所蕴含的文化特征和文化内涵不仅仅代表西安本身，更成为中华文明的象征。以文化为特征的旅游成为西安市旅游发展的主题，2012年，西安全年接待海外旅游者115万人次，同比增长15%；旅游业总收入654.39亿元人民币，同比增长23.43%，更为直观地反映出西安是境外游客的主要旅游目的地（见表7）。

表7 公众对西安市与其他省会城市相比的评价

单位：%

指标	均值	非常认同	比较认同	一般	不太认同	不认同
文化特色	4.09	37.3	40.4	17.2	4.0	1.2
经济发展	3.18	5.9	31.2	43.2	14.6	5.0
科技实力	3.39	9.2	37.1	39.8	10.9	3.0
社会和谐	3.32	9.0	31.8	45.4	10.1	3.7
公民社会	3.05	5.8	22.9	48.1	16.9	6.4
信息化水平	3.32	7.8	34.3	42.9	11.8	3.1
城市管理	3.13	6.2	24.4	49.9	15.1	4.4
社会保障体系	3.06	6.5	23.8	45.3	17.9	6.5
国际化程度	3.21	10.4	28.3	38.9	16.9	5.6
城市包容	3.32	10.8	31.3	41.5	12.3	4.1
生活质量	3.12	5.3	25.0	51.0	13.5	5.2
国际影响	3.39	15.9	29.5	37.0	13.3	4.3

（二）在全国坐标中定位西安

西安作为具有悠久历史文化的十三朝古都，在中国的历史文化中散发出耀眼的光芒，是中国封建王朝鼎盛时期的政治、经济、文化中心，但随着历史的发展，尤其改革开放之后，西安受限于经济体制的不灵活、思想观念的因循守旧，在城市发展、社会进步的进程中同其他城市的差距越拉越大，据2013年的中国城市GDP排行显示，西安GDP 4369.37亿元，增长率11.8%，只达到成都、武汉等同类型城市GDP的一半。

在房地产行业网2009年2月发布的一份研究报告中显示，在区位力、环境力、结构力等13个指标的综合评判中，西安的综合竞争力排第18位，多项排名指标均位居末位（见表8）。

表8 我国二十大城市竞争力排行榜

排名\项目\城市	综合竞争力	区位力	环境力	结构力	设施力	资本力	科技力	劳动力	聚集力	开放力	制度力	秩序力	文化力	管理力
上海	1	1	15	12	2	1	1	2	2	2	10	1	2	1
深圳	2	17	12	16	1	3	3	18	7	1	4	7	1	2
广州	3	7	17	3	4	5	8	13	4	5	13	11	3	3
北京	4	4	3	1	3	2	2	1	1	9	17	8	13	12
厦门	5	16	1	18	12	10	16	15	9	3	1	20	6	7
天津	6	14	1	9	7	6	10	4	3	14	11	3	12	14
大连	7	12	4	6	9	12	4	7	8	7	6	16	10	10
杭州	8	11	8	5	11	11	11	3	10	12	17	6	7	4
南京	9	8	6	3	6	4	6	5	12	10	9	5	8	9
东莞	10	20	16	17	5	13	19	14	15	6	2	13	4	6
青岛	11	15	2	11	14	16	9	12	13	11	12	4	11	8
武汉	12	3	9	10	13	9	15	10	5	13	18	14	18	16
重庆	13	18	7	15	10	7	14	17	6	15	5	2	5	11
苏州	14	2	20	20	16	17	5	16	11	4	15	18	17	19
成都	15	10	10	7	15	8	13	6	16	17	17	15	15	18
宁波	16	19	19	14	8	14	12	20	19	8	3	9	9	5
石家庄	16	19	19	14	8	14	12	20	19	8	3	9	9	5
西安	18	5	13	8	19	15	17	8	17	16	14	17	20	20
哈尔滨	19	6	18	4	17	19	7	14	18	8	10	16	15	
南昌	20	9	14	13	18	18	18	11	20	20	16	19	19	17

五 西安增强"城市凝聚力"面临的挑战及需要处理的关系

长久以来经济发展上的滞缓、社会环境氛围的闭塞,严重影响了西安城市和社会的快速发展,西安在建设国际化大都市的进程中,特别是增强城市凝聚力方面仍然面临许多机遇和挑战,如何更好地应对和处理这些机遇与挑战、更好地引导市民积极参与到城市的发展建设中来、增强城市发展的凝聚力将成为西安面临的最突出的问题。

(一)公众对增强西安"城市凝聚力"面临的挑战的认定

从表9中可以看出,公众认为增强西安"城市凝聚力"所面临的挑战中，第一位是环境污染严重，这包括大气污染、水污染、固体废弃物污染，给西安的发展带来了巨大的影响，据相关研究测算，西安2002年因环境污染造成的直接经济损失高达7.30亿元[1]，而2007年达到40.78亿元[2]，污染造成的经济损失呈直线上升趋势。这不仅严重影响了西安的未来发展，更直接影响到西安市民的健康与生存。

表9 公众对增强西安"城市凝聚力"将会面临的挑战的认定

单位：%

面临的挑战	百分比	排序	面临的挑战	百分比	排序
环境污染严重	59.0	1	社会治理能力	30.9	9
贫富差距拉大	53.6	2	经济发展缓慢	28.0	10
市民参与不足	46.4	3	思想不够解放	20.9	11
城乡发展不协调	46.3	4	城市竞争力弱	19.7	12
政府管理能力弱	42.6	5	打造城市品牌	19.2	13
群体间利益不平衡	35.2	6	投资环境差	16.9	14
缺乏公平公正的环境	33.6	7	法制不健全	16.7	15
城中村改造问题	31.1	8			

同时，我们从表9中可以看到，在潜在的挑战中，社会和政府的管理状况得到了市民一定程度上的肯定，不断健全的法制环境、日益提升的投资环境以及长久以来的城市品牌和城市文化都为城市的后续发展提供了充分保证。

（二）公众对增强西安"城市凝聚力"需处理好的关系的认定

城市凝聚力的本质就是要协调社会各界的利益，集中各种积极力量，实现西安发展的最大合力，这就需要西安积极协调和处理好各方关系，充分动员社会各界力量，调整处理好发展与分配的关系，使全社会能够共享西安的发展成果（见表10）。

---

[1] 宋赪、王丽、董小林：《西安环境污染经济损失估算与分析》，《长安大学学报》（社会科学版）2006年第4期。
[2] 徐夏薇：《西安市环境污染损失的计量研究》，硕士学位论文，西北工业大学，2011。

表10 公众对增强西安"城市凝聚力"需处理好的关系的认定

单位：%

需处理好的关系	百分比	排序	需处理好的关系	百分比	排序
经济发展与社会治理	44.1	1	资源开发与资源保护	21.2	7
经济发展与环境保护	35.7	2	文化建设与经济建设	20.1	8
个人利益与城市发展	34.8	3	思想解放与稳步前进	19.4	9
继承传统与改革创新	32.5	4	社会激活与社会稳定	18.6	10
市场、政府与社会	30.3	5	对外开放与对内搞活	15.7	11
效率与公平	27.2	6			

数据显示，市民群众认为应当积极处理好经济发展与社会治理、环境保护的关系，积极调试个人利益与城市发展的关系，这表明，在凝聚城市发展动力的过程中，不能仅注重经济增长的数量，更应该关注社会的整体进步和发展，更应当关注发展与环境的协调关系，更应当保护个人生存和发展的权利，只有这样才能最有效地凝聚社会发展动力，推进城市快速发展。

六 增强"城市凝聚力"的信心表达

西安作为我国西北地区的中心城市，是国家重要的科研、教育和工业基地，陕西省的政治、经济、文化和科教中心，亚洲知识技术创新中心和中国重要的制造基地，在"丝绸之路经济带"建设的国家战略中发挥着至关重要的作用，西安应当立足于已经具备的发展基础，抓住"丝绸之路经济带"建设的发展机遇，不断增强城市凝聚力，不断提升城市的发展前景和发展水平。

城市的发展离不开人的创造性，只有引导和调动广大市民群众的积极性和主动性，才能不断提升城市的凝聚力，推动城市不断发展进步。

调查中，当问及"若有更好的发展机会，您会离开西安吗"，回答"肯定不会"的被调查者占25.9%，"肯定会"的被调查者占14.1%，大多数的被调查者表明"会考虑一下"。这反映，在当前的社会生活中，快速高效的生活节奏已经迫使每个社会成员个体更多地考虑未来发展的机遇，地缘因素已经不是主要因素（见图6）。这就要求西安不断加快发展速度，提高发展节奏，提供更多的工作和发展机会，使更多的社会成员能够在西安的发展中确定自己的定位，寻找到自己的位置，能够使更多更优秀的人才留在西安，服务西安的经济社会发展。

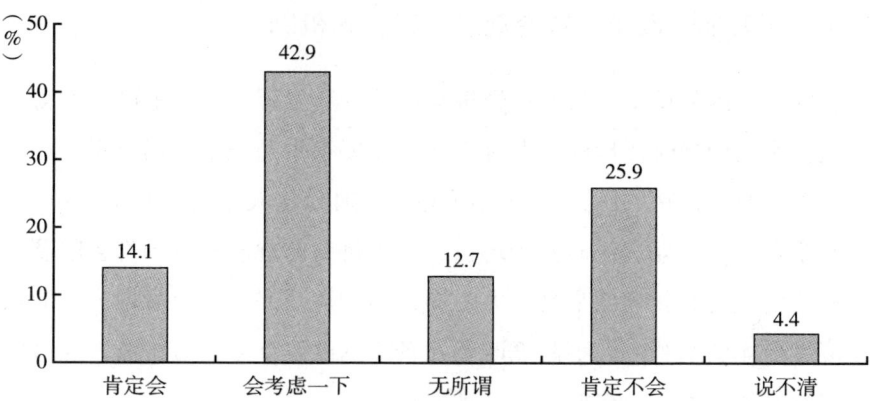

图6 公众对选择在西安发展的表达

在对"公众对西安未来发展的信心"的调查中显示，绝大多数被调查者表示对西安未来发展较有信心，这表明西安具有凝聚人心的基本条件，这种条件更多地表现为西安在经济发展和社会进步中取得的成绩，而要扩大这种信心和凝聚力，则应当不断加快城市发展速度，提升城市在全国乃至世界的综合竞争力（见图7）。

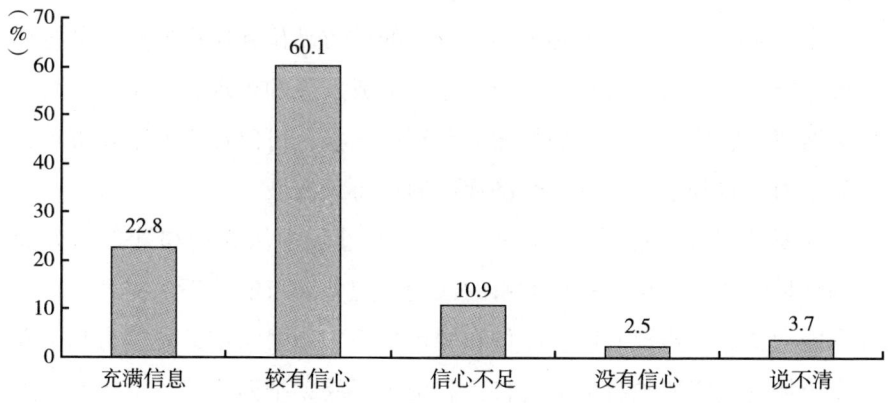

图7 公众对西安未来发展的信心

八 对增强"城市凝聚力"的建议

（一）要加快改革、转变观念、营造新机制

西安作为内陆城市，虽然在经济建设和社会发展的建设上已经取得了巨大成绩，但我们同时要看到在发展程度、发展水平乃至于市场意识、竞争意识上与南方城市存在的巨大差距。西安建设国际化大都市，必须要以开放、发展的姿态走向世界，任何安于现状、故步自封的观念和机制都会限制西安的发展程度，进而影响城市凝聚力的提升和发挥。提升城市凝聚力，应当通过经济管理体制改革、人事制度改革和企业制度改革来缩短距离，通过转变观念加快发展，不断内聚城市发展动力。

（二）以文化引领城市品位和形象建设

城市品位和城市形象是一座城市的内在历史底蕴和外在特征的综合表现，是城市总体的特征和风格。它是在城市功能定位的基础上，将城市的历史传统、城市标志、经济支柱、文化积淀、市民风范、生态环境等要素塑造成可以感受的表象和能够神会的内涵，是城市各种内在资源挖掘、提炼、组合与具体工程策划、设计、实施相结合的"神形合一"。

一个充满凝聚力的城市必须具有鲜明的城市品位和城市形象，唯有如此其发展才能具有鲜明的特征和方向，才能形成发展的合理和凝聚力，而且能使城市增值，置换出更大的功能效应和环境效益，可以提高城市在市场经济中的竞争力，有利于促进城市经济社会的可持续发展。

这就要求在城市品位和城市形象建设的过程中从规划和管理两方面着手，制定科学规划，合理布局城市的区划，完善城市的管理，提升城市的服务综合能力，进一步提升城市品位和城市形象，增强城市的凝聚力和个性魅力，充分体现西安所独有的文化特色和历史风貌，把西安特色寓于城市建设与经营之中，在城市建筑、文化建设、居民服饰、饮食特色等方面充分体现

西安文化，实现城市建设和管理工作政令畅通、运转协调、整体优化的目标。

（三）要注重提升市民素质和感召引领，培育良好的城市风尚

突出对市民群众素质的提升和价值观念的感召引领，塑造西安独有的人文特征，加强道德建设和观念转变，形成振奋城市精神和增强城市凝聚力的强大思想动力。通过大力弘扬中华民族传统道德，激发市民追求高尚品德和行为；把爱国主义、集体主义和社会主义作为主旋律，不断增强城市发展的强大内核，在教育和引领中，形成良好的、积极健康向上的城市风尚。

每一个市民都能以城市主人翁姿态投入城市建设中去，为城市形象增添光彩，为城市发展多做贡献，成为符合城市发展的文明市民；要不断抵制不良习惯和歪风邪气对城市凝聚力的侵蚀，树立积极健康的价值导向，抵制享乐安逸的惰性思想，将新的时代精神和创业精神注入人们的思想观念中，振奋市民的精神状态，使西安的城市精神得到不断升华。

（四）要强调文化强市，提升城市文化知名度和辐射度，培育创新精神

立足于西安悠久文化历史和浓厚人文文化的基础之上，将文化的优势转化成经济的优势，使这种优势的发挥更有持续性、更有感召性。推出扶持文化产业发展的相关政策措施，一方面大力发展传统旅游、文化娱乐等主导产业；另一方面，进一步加快发展文化创意、影视娱乐等新兴产业的步伐，积极推动信息技术与文化产业融合，着力发展文化信息服务业。逐步放开文化经营领域、经营活动和经营主体，拓展文化产业发展平台，加强舆论引导，培育市民先进的文化消费观念，鼓励各种资本投资文化产业，扩大城市文化的知名度和辐射面。

B.22 "宝鸡模式"：由残疾人服务管理到残疾预防治理

残疾预防服务体系"宝鸡模式"研究课题组*

摘　要： 宝鸡市作为国家推进残疾人预防体系建设试点地区，在回应社会发展需求的实践中，探索残疾治理体系创新，变"被动应对"为"主动预防"，从而实现关口前移。宝鸡在实践中提出"残疾预防六大体系建设"设想，并以研发残疾报告登记随报信息管理系统作为切入点，推动试点前行。在治理理念、服务领域、服务供给以及机制建构上都实现了新突破。同时，也面临预防体系建设与现实政策冲突等一系列挑战。结合"宝鸡模式"实践的经验和困扰，本报告从建立国家残疾预防体系层面，提出了可行的实践策略、途径和相应的对策和建议。

关键词： 残疾预防　治理体系　宝鸡模式　随报信息管理系统

所谓"宝鸡模式"，是宝鸡市残联在研判残疾人服务与管理实务的基础上，结合国家残疾预防体系建设的要求，探索并实践的一整套残疾预防干预行动，其核心是探索残疾治理体系创新，透过"残疾预防六大体系建设

---

* 课题研究组组长：白宽犁，陕西省社会科学院副院长。课题组成员：杨红娟，陕西省社会科学院社会学研究所副研究员；谢雨锋，陕西省社会科学院社会学研究所副研究员；江波，陕西省社会科学院社会学研究所研究员；聂翔，陕西省社会科学院社会学研究所助理研究员。

(宣传教育、出生缺陷干预、疾病防治、药物和环境污染致残防御、生产交通事故防控、残疾人康复)"及其实施总体方案和七大配套实施方案,以研发、建立残疾报告登记随报信息管理系统作为切入点,变"被动应对"为"主动预防",从而实现残疾治理的关口前移。"宝鸡模式"通过残疾预防理念创新、制度创新和手法创新,通过残联与相关职能部门、残疾康复救治机构和相关技术服务机构的系统联动,努力丰富残疾预防的新探索,构建一条融残疾信息采集与分析、残疾评估和残疾康复的"残疾预防生态链"。它一方面可以成为建构国家残疾预防治理体系的地方性经验,另一方面也是深度探索残疾预防的切入点,为残疾预防顶层制度设计提供素材。

一 宝鸡残疾预防与残疾治理的背景

在回应残疾人社会需求的背景下,宝鸡市政府和残联以积极的姿态和勇气建构并实践着残疾预防体系建设。

(一)残疾人事业建设成就显著,残疾人福祉不断提升

近年来,宝鸡残疾人事业发展迅速。第一,在制度建设上,先后出台了《关于进一步加强残疾人工作的意见》,对发展残疾人事业做出重大部署,提出加快推进残疾人社会保障体系和服务体系建设,争创"全国残疾人工作示范城市",从残疾人康复和残疾预防、基本生活、改善对残疾人的服务、优化社会环境、促进残疾人全面发展、加强领导等方面采取综合措施,促进残疾人同步向小康目标迈进。而《宝鸡市扶助残疾人优待规定》,在生活保障、劳动就业、文化教育、其他社会保障等方面做出了具体规定,有力地推动了宝鸡残疾人事业的持续快速发展。第二,残疾人组织网络建设初步建立。基层残疾人组织实现"横向到边、纵向到底",残疾人综合服务设施网络初步建立,使残疾人服务的条件得到改善。第三,残疾人社会保障和服务体系建设不断取得新的进展,残疾人福祉不断提升。连续多年为残疾人办好"十件实事"。2007~2014年,宝鸡每年投入专项资金,为残疾人办好十

件实事,经过各级政府的努力,全市残疾人生产生活条件得到改善,生活质量和水平明显提高。第四,成功创建"全国残疾人工作示范城市"。残疾人参加新型农村社会养老保险、城镇居民养老保险、特奥工作经验在全国推广,在全省成立首家地市级残疾人福利基金会,构建了社会扶残助残的新平台;成立劳动就业服务机构、托养中心,调动社会资源,创新开展学龄前康复教育、残疾人职业培训、辅具供应、创业扶持、扶贫开发等服务。成功创建"全国残疾人工作示范城市",在西部发挥了示范引领作用,让广大残疾人得到了实实在在的利益,为残疾人事业的长远发展创造了良好的社会环境。

(二)残疾预防的社会需求:残疾人不断增加与致残原因复杂性

残疾人的基本生活状况不断改善,但依然存在残疾人数量逐年增加的趋势。由于人口总量的增加,人口结构老龄化加剧,工业化、城镇化加快等社会环境因素以及残疾标准和残疾评定方法的修订等,宝鸡每年的残疾人数量不断增加。根据登记办证的残疾人统计数据,宝鸡每年残疾人数量不断增加(见表1)。

表1 2011~2014年宝鸡残疾办证量

年份	2011	2012	2013	2014
办证数量	22493	9732	8623	7539

注:从2009年开始,对尚未办理残疾人证的申请人,一律申领第二代残疾人证;已经领取第一代残疾人证的残疾人,将申请换领第二代残疾人证。

致残原因出现了新的变化。通过对残疾人抽查的"一抽"和"二抽"数据分析显示,伤害致残占全体残疾人比例有所上升,绝对数量也大幅增加。中毒类伤害致残占总体伤害致残的比例大幅下降,说明对损害人体的物质的防控得到了加强。伤害致肢体残疾的比例大幅增加,尤其是工伤,所占比例增加近一倍,而交通致残所占比例增加近三倍,远高于其他类型的残疾。同时也显示,中西部各省份因伤致残比例增加。在工伤和交通致残残疾人中，这些区域和省份每10万人中残疾人数量大幅提高。而不同年龄阶段面临不同伤害风险，风险程度不同，老人发生肢体意外伤害的比例大幅增加。

正是基于此，宝鸡市残联为探索残疾治理体系创新，变"被动应对"为"主动预防"，实现关口前移，提出了"残疾预防六大体系建设（宣传教育、出生缺陷干预、疾病防治、药物和环境污染致残防御、生产交通事故防控、残疾人康复）"设想，并以研发、建立残疾报告登记随报信息管理系统作为核心和切入点，推动试点前行。以积极责任义务取向，实现残疾治理的强支持干预，以整合的思维，推进残疾预防的制度化实践。

二 "残疾预防"的理念与实践内涵

在残疾服务与管理中，理念的创新至关重要。如果说，宝鸡在残疾治理理念上是以"残疾预防"为主要取向，将残疾人功能补偿服务管理延伸到残疾预防治理。那么，细化地分析其理念建构的核心就是，透过对"残疾"一词的话语分析和不同残疾模式的反思，明确区分了"残疾人"与"残疾"，"残疾人预防"与"残疾预防"，并清晰地将"残疾"而非残疾人作为实施预防和干预的机会和路径，实现残疾预防的真正目标。其理念内涵涉及有效治理，将关注"残疾人"扩展到关注"残疾"；积极治理，改变被动的残疾应对为积极的残疾多元治理；科学治理，自觉地依托新技术探索残疾信息化、系统化治理的途径。

（一）创新性：关注"残疾"，强化"预防"

对残疾现象的建构是由对残疾人的描写来完成的。也正因此，从政策制定到政策实践往往将残疾管理简单地理解为残疾人服务与管理。同样，现行的残疾预防实践也基本上遵循着医学思维，更多的是针对遗传性残疾、发育缺陷等先天性残疾、创伤及伤害致残导致的肢体残疾等获得性残疾。的确，残疾的承受主体是人。但是，残疾的发生是与不同的致因，不同的致因与干预方式的互动，以及互动的时间节点、彼此强度、策略选择等因素相关联的。残疾现象的确是不确定的,这种不确定既意味着残疾风险的强化与多发,也意味着残疾风险的可控、可干预和可预防。这样,"残疾预防"作为重要的残疾干预理念,对消解残疾带来的脆弱性、减少残疾现象的发生、弱化"残疾恐惧"、增强抵抗残疾的能力具有重要的作用。因此,对残疾人的服务与支持重要,但针对"残疾"的潜在风险的防治更为重要。

(二)能动性:体现主动,积极干预

对残疾现象可以有不同的干预策略。倡导积极责任/义务的残疾治理是能动性理念的切实体现。其一,化被动为主动。将以往对残疾现象更多的是提供残疾"后服务",转变为对残疾的"前预防"。在残疾发生之前就积极主动地介入。其二,化客体为主体。不仅建构预防机制和保障系统,而且动员"残疾脆弱"人员及其相关群体参与到残疾预防体系中,从而降低残疾潜在风险的发生。其三,化自发为自觉。围绕残疾预防组织体系建设主动开展行动干预,将残疾预防作为制度化的一项探索。

(三)参与性:残联主导,跨部门协同

多元治理和多方联动是实现残疾预防的关键要素和成功保障。相关研究认为,要建立设计合理、行动迅速高效的职业化、专业化的残疾预防组织体系,有必要建立一个政府、残联、残疾人协会、社区(村)残疾人服务组织四位一体的残疾人预防组织体系,充分发挥残疾人组织在残疾预防方面的作用[①]。宝鸡残联正是基于这样的考量,在实践中,将笼统的政府和社区,落实到卫生、计生、安监、公安、交通、教育、宣传媒体管理等职能部门,以及各级、各类医院等医疗机构,整合不同部门、不同层面资源,建立起完善的包括宣传教育、出生缺陷干预、疾病防治、药物和环境污染致残防御、生产交通事故防控、残疾人康复等在内的残疾预防六大体系,在体现残联主

---

① 葛忠明、李锦绣:《不同视角下的残疾预防及其组织体系建设》,《残疾人研究》2011年第3期。

导作用的同时,达成信息采集的集中化、残疾预防的社会化和服务主体的多元化,在互相依赖和互动中,实现政府、市场、社会力量在残疾预防中的资源共享与互补。

(四)专业性:依托技术,统合信息

信息化是回应以证据为基础的残疾预防战略和政策的重要支撑。宝鸡残联依托现代信息技术,制定和实施了以残疾信息随报与管理为纽带的残疾预防行动体系,体现了专业化和职业化的残疾预防取向。通过疑似残疾数据的采集和分析,不仅能达到对潜在残疾的预防和治疗,减少残疾发生,而且在这一过程中,将专业医疗机构及其相关人才动员起来,使其成为残疾预防之力的主体,最终为监测和评估残疾预防行动的实施效果,为建立、健全宝鸡市残疾预防监测网络,提高残疾预防的科学性、有效性和可及性提供支撑。

宝鸡残疾预防的实践内涵在于,将"残疾预防"落实在"未残先防"、"积极预防"和"建制预防"上。强调残疾现象的社会性,将"医学模式"与"社会模式"融合,跳出了"残疾预防"的"残疾人"局限,消除将残疾预防等同于残疾人康复、残疾人治疗、残疾人融合和残疾人回归的思维误区,凸显残疾前预防的必要性和重要价值。在实践中,以制度化残疾预防为核心,探索跨部门、多机构、多致因干预的综合残疾预防策略,依托专业技术、专业人员和政府部门、社会力量,以及残疾脆弱群体整合性地实践"残疾预防"。

三 "残疾预防"的主要做法

"残疾预防"的概念虽然已经提出多年,但在实践中,显然还没有完全脱离"残疾人两个体系建设"的工作思维和实践模式,即便是一些具有理论前瞻性的研究报告中,也是在有意或无意地模糊"残疾人预防"和"残疾预防"的本质区别,将残疾的可预防性、可控性直接或间接地转化为对残

疾人的可恢复性和保障性上，将预防与康复相提并论。宝鸡残联与中残联合作开展的残疾预防体系综合试点工作，在机制建构上，以"残疾预防六大体系"为核心，探索以残联、政府各职能部门、主导医院为主体的"一体三翼"残疾预防治理的制度化架构。实行明确地将"残疾预防"理念置于核心位置并"下沉"、"落地"，制定出多部门协同、体现"残疾预防"主旨的《残疾预防六大体系建设》和《残疾预防综合试点工作总体方案及七大配套方案》，并将"残疾预防"理念的实践精准化、操作化，定位在"疑似残疾筛查"和"信息随报制度"的实施上，取得了阶段性成效，主要做法如下。

（一）健全残疾预防领导、组织体系

健全的残疾领导和组织体系是残疾预防六大体系、七套方案实施的组织保障。因此，宝鸡成立了市残疾预防体系建设工作领导小组，协同市卫生、民政、财政、人社、环保、人口计生、药监、安监、公安、市委宣传部、残联等单位开展工作，并选取典型县（区）试点积极推动各项工作开展；成立宝鸡市残疾预防指导中心，组织专家团队，作为技术支持，组织召开研讨会、论证会，通报试点进展，纠正偏颇；并以陕西省社会科学院作为第三方机构纳入残疾预防实践的观察者、参与者，对残疾预防治理进行社会研究和监测评估，不断反思完善其实践过程。这些举措既改变了传统残疾预防条块分割严重、力量分散的"碎片化"现象，更将多个部门集中到残疾预防体系中，形成有效的"残疾预防链"。

（二）以点带面，积极突破

选取渭滨区、陈仓区、千阳县、凤翔县代表主城区、川原县和南北山区县等不同地域特征的县（区）先行开展残疾预防体系建设试点。并对不同类型社区采取不同的残疾预防探索。将儿童残疾预防作为重点治理目标，在陈仓区巩固提升残疾儿童随报及早期干预工作试点成果，完善"早预防、早检查、早转介、早康复"工作机制；在渭滨区、千阳县开展0~6岁残疾儿童视力、听力、肢体、智力、孤独症逐级残疾筛查，正确评估诊断，转介

康复指导和预防；在扶风县、陇县、千阳县、麟游县、太白县的14个乡镇对农村新生儿免费进行两种遗传代谢病筛查及新生儿听力筛查，促进残疾预防和随报的突破。分层、分类的残疾预防模式有效地识别了相关人群，提升了残疾预防的实效。

（三）打造以精细化、信息化为特征的残疾预防数据库

试点的核心是建立残疾预防随报制度。因此，宝鸡借鉴全国残疾人二代证办理和全国疾病预防控制系统模式，学习国家疾病防控中心有关传染病信息报告的工作方式，探索开发了"宝鸡市残疾报告登记信息管理系统"软件，主要依托各级、各类医疗单位和残联基层组织这两个途径，对残疾发生、早期干预和治疗、跟踪回访、转介康复服务等数据进行采集上报，建立市、县两级数据库，完成数据的筛查、审核、汇总、统计。同时，由市级民政、环保等职能部门汇总上报相关辅助参考数据信息，最终形成反映全市新增残疾、残疾发生发展原因及预防成效的数据库。在残疾预防体系中，不断探索和尝试管理和服务的新技术、新手段，打造以数字化、精细化为特征的残疾预防体系。

（四）重视残疾预防能力建设

残疾预防体系能力决定残疾预防水平。宝鸡主要加强了残疾预防体系专业人才建设和志愿者队伍培养等。在专业人才建设方面，按照分级培训的原则，结合实际，开展多种形式的培训班及进修班。结合残疾预防六大体系的技术要求和管理要求，针对相关残疾预防技术人员，设计了通用培训、专业培训、技术培训、岗位培训等四项培训内容，建立资格认证及上岗制度，重点对相关人员等进行疑似残疾信息随报软件开发业务培训等，形成一支专兼职结合稳定的残疾预防队伍。在残联基层干部提升班增加残疾预防试点工作培训内容等，同时加强对残疾预防志愿工作者及公众进行残疾预防和发现培训。

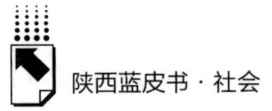

（五）以信息随报系统管理为抓手推动残疾预防

在推动整个残疾预防治理体系中，宝鸡残联确定将重点放在残疾随报制度的建设上，确定残疾预防的定点医疗机构，以便及时发现、及时治疗，尽最大可能减少致残可能性，以使残疾人能够得到更好的治疗和关怀。建立支持性环境，以主导医院牵头，推进信息随报运作。残疾随报主导医院如市妇幼保健院、解放军第三医院、市精神病医院等都建立了疾病筛查领导小组、技术指导小组，健全了疾病筛查管理网络组织，制定并在实践中不断完善疾病筛查各项工作流程，扩大信息随报可及性。将监测、预防的范围、人群、领域扩大，涵盖不同致因的人群，同时结合康复，推进残疾早期干预。对相关医院医务人员要求疾病治疗与康复同时进行，对后期的康复治疗提供优质服务，对患者家属进行康复培训，提升能力，增强患者的康复信心，从而实现由支持性康复治疗扩展到预防性发现与干预的综合性预防，促进减少、减缓、减轻残疾的发生目标的实现。

（六）强化宣传，营造残疾预防的社会支持性环境

社会参与和支持程度决定着残疾预防的成效。因此，宝鸡开展了丰富多样的残疾预防宣传倡导活动。利用各种媒体宣传报道残疾预防体系，积极营造残疾预防舆论氛围；通过组织残疾人艺术团围绕残疾预防六大体系多台综合类节目、印制《残疾预防宣传知识手册》分发给各县区、举办残疾儿童文艺晚会制作残疾预防公益宣传片等活动广泛宣传手段，促进残疾预防的社会公众共识；通过医院等医疗机构有针对性地对相关群体进行残疾发生、发展的知识宣讲，营造"残疾预防"的良好社会氛围。

四 "残疾预防"的主要特点

残疾预防理念的操作化体现了宝鸡残联建设性的探索。在残疾预防治理

体系中，由于残疾预防意识还不到位，突发事件带来的不确定，以及各部门协调度不够，使残疾预防举步维艰，部门间错位、缺位、虚位时有发生。同时，残疾预防"燃点多"、"燃点低"，稍有不慎就可能造成漏报、误报、错报现象的发生。因此，要强调残疾预防理念的操作化，使残疾预防体系由"无感的残疾预防"落在"有感的残疾预防"。

（一）合作共治：残疾预防体制一体化

体制问题是制约残疾预防最根本的议题。残疾预防就是要寻求体制上的突破，从残联的一元化管理或单一部门的碎片化预防转向多元主体合作共治的残疾预防治理。残疾工作和预防残疾的过度部门化和专业化，不仅制约残疾预防资源配置和使用的效率，而且与残疾预防的定位背道而驰。所谓合作共治，就是在宝鸡残疾预防过程中，形成整合的组织架构，发挥残联、政府部门、主导医院、市场和社会的优势力量，形成合力，共同参与残疾预防，构建"残疾预防复合体"。将行政协调、服务流程、信息资源、技术支持和网络渠道等方面加以整合，形成有效的"残疾预防链"，使残疾预防从原有条块分割的"碎片化管理"到残疾预防的"整合体系管理"。

（二）分类管理：残疾预防方式类型化

遵循残疾预防六大体系的设计，结合相关部门、机构的工作重点和工作内容，根据预防六大类型进行分类管理，明确提出分级管理、分类负责，重点关注、严格监管的要求。主要表现在：对不同类型的致残事件，如出生缺陷和儿童发育残疾、疾病致残、药物和环境污染致残、生产交通事故致残等进行分类管理。对市（县、区）内不同社区进行分类管理。整体上，分为城市社区和农村社区两种类型。在实践中，对不同类型社区采取不同的残疾预防探索。分层、分类的残疾预防模式有效地识别了相关人群，增强了残疾预防的实效。

（三）信息管理：残疾预防运作机制化

有研究认为，建立一个以人群为基础的残疾监测系统，将成为对残疾预防措施策略和社会保障效果评价的一个重要组成部分，也是未来残疾人事业发展的基础平台①。因此，信息化对回应残疾预防提出了新的命题，同时也带来了挑战。围绕六大领域的预防工作，相关部门都拥有信息采集、汇总、上报权，同样，工作稍有错误就会导致漏报。而且，由于在实践中，潜在残疾事件的发生等，事件人初期往往匿名，使信息的获取更为困难，这都增加了预防信息管理的难度。利用信息化对残疾预防进行管理可提高资源整合的效率，增加沟通的便捷性，提高防控水平。

（四）能力提升：残疾预防介入专业化

残疾预防既是一项技术活动，更是一个能力建设的过程。在构建残疾预防体系进程中，残疾预防策略的实施需要高效的职业化、专业化残疾预防队伍。因此，宝鸡在残疾预防体系能力建设、专业人才建设和志愿者队伍培养方面所做的努力，为残疾预防各项工作的效能提升提供了人才保障。

五 "残疾预防"面对的脆弱性和挑战

残疾预防行动是在致残原因多样化、社会风险多元化、预防治理人性化、残疾信息碎片化的背景下开展的。因此，对其进行分析，不仅必须同时关注国家视野与本土特质这两个维度，也要同时关注残联部门内部的实践探索和残联外部相关部门的残疾预防服务工作两个维度。在实践中，宝鸡残疾预防面临着极其复杂的问题、矛盾和挑战，突出地表现为以下四个方面。

---

① 裴丽君：《建立以人群为基础的残疾监测系统，为残疾人事业发展提供基础平台》，《人口与发展》2013年第2期。

（一）预防体系建设与现实政策的冲突

从整体来看，各地都在面对残疾风险加大的残疾活跃期和致残事故多发期。但一些现行的专项政策规定，比如婚检政策、地方法规、部门要求等对残疾预防带来了阻碍，甚至导致相关残疾呈现高风险和高发态势。同时，不论是残疾分布，还是致残原因都存在较大的地区差异、城乡差异和性别差异，残疾预防也几乎涉及不同的原因识别和个人意愿的困境。从不查、漏查、无法查等引发的大量问题中可以看出，残疾预防体系的确存在着隐藏的诸多查不准风险。在这样的格局下，如何实现残疾预防统筹兼顾，绝对不是简单的问题。

（二）部门认同与社会共识的矛盾

公众是完善残疾预防体系的根本。围绕残疾预防工作，大部分人对此意义并不清晰，参与意识更为薄弱，对残疾预防体系的响应和服从度不高，公众工作的难度大大提高。同时，残疾预防体系建设还缺乏相应的动员机制，只是在部门中协调，公众的参与性还未启动。于是，出现了不愿查、不愿报、没钱查、寻求大包大揽等现象。更有甚者，社会上存在无论说什么、做什么，部分公众总是不信任，心态上的脆弱一定程度上制约了残疾预防体系的效能。如何提高公众对残疾预防的参与度，是促进残疾预防理念和行动真正落地生根的关键。

（三）信息随报系统与跨部门、行业信息整合的冲突

"数字化管理"已成为残疾预防体系的常态管理方式。的确，残疾预防体系建设的信息化既有统筹和协调功能、网络组织功能、有效控制功能，也突破了部门管理空间的边界局限，使残疾预防的相关信息能得到迅速汇集、深度研判、统一治理等。但同时，它也因硬件规格、软件质量和技术掌握水平的局限，尤其对一些特殊案例，加之一些工作人员受工作态度、技术掌握等能力制约，难以判断类型、捕捉有效信息和把握准确的时机。于是，带来了信息不一定准确，各部门、行业间信息传递"卡口"不兼容的负面效果。

可见，残疾预防体系的信息化也是一把"双刃剑"，应用得好可以完善残疾预防体系建设，应用不当，也会导致误差和失序。如何完善残疾预防体系信息开发、指标标准化是关键的考验。

（四）残疾预防介入空间的扩大与残联传统角色的冲突

残联组织曾经是残疾人自我服务、自我管理的共同体。近年来，尽管残联组织的行政职能和资源有所扩大和增强。但是，面对需要整合不同拥有较大权力和众多资源的其他部门一同建构残疾预防体系，推进综合的残疾预防行动，外在权力有限性和内在能力的不足状况十分明显。尤其是随着残疾预防体系的实践越来越操作化、具体化，相应的协调、统筹的能力和资源要求变得更加凸显。面对大量繁重的行政性、协调管理工作，残联使不上劲、没劲、不知如何用劲的状况时有发生。这些都会导致残联在推进残疾预防工作中不堪重负，"小马拉大车"的状况，制约了残疾预防体系的发展水平，行政化困境与边缘化危机成为残联扮演残疾预防体系建设关键性角色最主要的制约因素。

此外，在推进残疾预防的实践中还存在不同层面的脆弱性。在技术、资源层面上，存在残联面对综合预防控制与协调能力的矛盾，信息平台技术支持和数据采集能力的困扰，残疾预防与控制专家指导组人员和专业技术人员队伍缺乏的问题。在组织和制度层面上，各个利益群体对自己在残疾预防控制体系中责任认知存在误区和盲点，残联、政府职能部门、医疗机构、学校、社区、残疾人社会组织和其他群团组织等共青团、妇女、老年人社会组织在跨界的服务体系中角色和能力要求不一，能力有限。在观念态度层面上，相关部门对工作措施和目标的认知、认同度不一，公众的残疾预防意识不强，也存在残联、医疗卫生机构态度积极与相关职能部门如交通、安监等部门对残疾预防控制的态度不够积极的问题。

六 完善残疾预防行动的对策与建议

残疾预防实践中的体制机制障碍只有依靠国家行动才能真正消除。应对宝鸡残疾预防探索性实践中遭遇的困境与挑战，需要国家层面的支持，需要在残疾预防的顶层制度设计中强化国家的角色和动力，以推动残疾预防体系的健全和能力提升，从而真正减少、减缓、减低残疾的发生与影响。

（一）体现残疾治理理念，将残疾预防提升到残疾治理体系的高度

需要改变我国残疾治理的政策和组织话语体系，将原来以"残疾人"为聚焦点的残疾服务改变为以"残疾"为聚焦点的残疾治理。在组织体系上，需要反思政府"残疾人工作委员会"在残疾治理体系中的角色、功能和作用，有必要从其名称上体现残疾预防治理的理念，"残疾治理工作委员会"可以成为备选的方案；制定和完善残疾预防的相关法律法规，形成残疾发生前、中、后期完整的残疾社会政策体系。

（二）实现有效的残疾治理，形成整合、多元主体的组织架构

自上而下地建立由残联、人社、卫计、文教、民政、安监、环保、公安等职能部门组成的残疾预防工作领导机构，发挥残联、政府部门、主导医院、市场和社会的优势力量，形成合力，共同参与残疾预防，构建"残疾预防复合体"，形成工作合力和长效机制，为在全国范围内启动实施残疾预防行动创造条件。

（三）建立国家层面的残疾预防监测网络数据库，确立疑似残疾标准

依托现代信息技术，建立以医院为主导的残疾管理随报系统、以社区为依托的监测网络。同时，建立残疾人预防服务监测评价指标体系，促进残疾预防服务的不断完善。

（四）有效识别相关人群，完善分层、分类残疾预防模式

对不同的致残原因、不同社区实行分层、分类的残疾预防模式和治理模

式，从而使残疾预防能够有效地回应不同人群的实际需求，实现相关资源的有效链接。

（五）健全相关法规，倡导公民参与，营造残疾预防的社会支持性环境

将全面残疾预防纳入公共卫生服务范畴，康复治疗纳入医疗社会保障范畴，并将残疾预防落实到社区健康促进行动中。实施全方位宣传教育，提升公众残疾预防认知和意识，加强对残疾相关脆弱群体的宣传干预。

参考文献

崔斌、陈功、郑晓瑛：《中国残疾预防的转折机会和预期分析》，《人口与发展》2012年第1期。

曲相霏：《〈残疾人权利公约〉与中国的残疾模式转换》，《学习与探索》2013年第3期。

葛忠明、李锦绣：《不同视角下的残疾预防及其组织体系建设》，《残疾人研究》2011年第3期。

裴丽君：《建立以人群为基础的残疾监测系统，为残疾人事业发展提供基础平台》，《人口与发展》2013年第2期。

王晓峰、冯玉双：《残疾人口致残原因及干预防控的社会对策》，《医学与社会》2009年第11期。

郑晓瑛等：《对我国残疾预防的再思考》，《残疾人研究》2013年第1期。

何侃：《中国给力残疾预防》，《南京特教学院学报》2010年第4期。

B.23
铜川市社会救助状况分析及发展对策

陕西省社会科学院课题组*

摘　要： 社会救助制度是社会保障体系的重要基石，铜川市作为关中经济带的重要组成部分，各级政府加强经济社会发展的同时也高度重视社会救助各项工作，本文通过全面梳理铜川市民政社会救助政策发展状况、取得的显著成效，为社会救助政策设计和实施积累了经验，并提出了铜川民政社会救助政策的发展思路与对策建议。

关键词： 铜川　社会救助　应保尽保　信息比对

我国社会救助制度经过十多年的发展，筹资渠道、救助标准、救助内容都得到了快速发展，实现了从单一生活救助到多样性综合救助的转变。由中央和地方制定实施的社会救助制度已达十多项，形成了保障城乡困难群众基本生活的全方位、多层次的安全网。特别是2014年5月1日施行的《社会救助暂行办法》，从国家法律上确立了社会救助的地位作用、基本原则、主体责任、制度安排、基本程序等，既为保障公民基本生活、维护公民基本生存权益提供了法制保障，也为政府各部门依法救助和社会力量有序参与社会

---

* 课题组成员：聂翔，陕西省社会科学院社会学研究所助理研究员；谢雨锋，陕西省社会科学院社会学研究所副研究员；杨红娟，陕西省社会科学院社会学研究所副研究员；江波，陕西省社会科学院社会学研究所研究员。

救助提供了法规依据，明确了行为规范。近年来，铜川市在中央和陕西省社会救助政策框架下，结合铜川经济社会发展的实际，着力完善社会救助制度体系。本文通过全面梳理铜川市民政社会救助政策发展状况、取得的经验与面临的挑战，以期寻找更适合当地民政社会救助政策的发展思路与对策建议。

一 社会救助政策发展状况

近年来，铜川市经济社会快速发展，人民生活水平与幸福感不断增强。据陕西信息中心发布的全省各市综合竞争活力水平的综合评价显示，2013年铜川城市综合竞争活力在全省排名第六，其中经济发展能力和公共服务能力更具优势，均排全省第三位。据《2012~2013年度陕西省各市居民幸福指数评价报告》显示，铜川市居民幸福指数高于全省平均值，属于典型的生活质量型幸福，其中居民生活质量、居民生活条件连续位居全省第二，社会保障水平、教育条件位居全省首位，公共卫生条件位居全省第二，出行条件和人居环境均位居全省第三，公共卫生质量中的农村卫生厕所普及率全省第一。在社会救助方面铜川市各项工作也有明显的进步，主要表现在以下几个方面。

（一）经济与财政收入增长促进了社会救助事业发展

近年来铜川市经济获得快速发展，数据显示（见表1），2010~2013年经济总量同比增长速度剔除价格因素保持在13%以上，2010~2012年甚至在15%以上，财政总收入也有较快增长，社会保障和就业支出逐年提高，2013年支出比例甚至达到了28.8%的水平，社会保障水平的提高为社会救助事业发展提供了最重要的资金保障。

近年来，铜川市民政部门以保障和改善民生为重点，建立健全了以城乡最低生活保障制度为基础，救灾救济、五保供养、医疗救助为补充，其他专

表1 2010~2013年铜川市经济发展与社会保障支出状况

年份	当地经济总量（亿元）	剔除价格因素同比较增长（%）	财政总收入（亿元）	社会保障和就业支出（亿元）
2010	187.73	15.6	28.28	6.64
2011	234.53	16	38.36	7.58
2012	282.92	15.8	41.59	9.40
2013	321.98	13.8	40.82	11.6

资料来源：2010~2014年国民经济与社会发展统计公报。

项救助制度相配套的覆盖城乡的新型社会救助体系，使城乡各类困难群众的生活得到有效保障。据铜川民政部门数据统计（见表2），截至2014年9月底全市民政社会救助人口总数为93767人，约占全市总人口的11.3%，全市"四县一区"救助人口比重印台区、王益区较多，耀州区与新区救助比重较低。

表2 2010~2014年铜川市各地财政收入与民政社会救助状况

地区	当地总人口（万人）	2010~2014年社会救助总量（户/人）	2014年9月社会救助总量（户/人）	救助人口占总人口的比重（%）
市 级	83	111422/262092	40389/93767	11.3
耀州区	24.6	55165/123660	8276/17887	7.3
新 区	8.98	7300/22019	2034/4351	4.8
印台区	21.88	10969/28888	12969/30889	14.1
王益区	21	12555/30514	12464/30503	14.5
宜君县	9.8	25433/57011	5096/10137	10.3

资料来源：2010~2014年民政救助统计资料。

民政救助资金主要来源于中省划拨、市级配套和县级配套，其中以中省划拨为主，平均占比为70%~80%，市级与县级资金配套比各为10%左右。从数据上看（见表3），中省划拨、市级配套和县级配套都保持了逐步增长的态势。

表3　2010～2014年铜川市社会救助资金来源分布

单位：万元

项目 \ 年份	2010	2011	2012	2013	2014(10月份的)
中省划拨	17237	26378.3	31859.1	24874.47	13076
市级配套	2495	2843.25	3807	3851.15	2020
县级配套	2076.99	2507.12	3095.2	3116.17	3054.09
合计	21808.99	31728.67	38761.3	31841.79	18150.09

资料来源：2010～2014年民政救助统计资料。

（二）"应保尽保、按标施保"的低保制度不断完善

铜川市民政部门在上级民政部门指导下，主动适应社会发展需要与城乡贫困人群的实际情况，加强最低生活保障制度建设与措施创新，夯实社会救助政策基石，主要做法有以下几点。

在低保制度完善方面，2013年在全省率先以市政府名义出台了《铜川市关于进一步加强和改进最低生活保障的实施意见》，进一步加强对最低生活保障规范化管理工作和能力建设，同时结合实际制定了《铜川市城乡居民最低生活保障工作规程》，从保障对象的认定条件、申请、受理、审核、审批、公示、家庭经济状况核定、资金的管理与发放、日常管理、监督监管等方面都做出了详细的规定。

在具体政策完善方面，一是印发了《关于对城乡低保对象中的特困人员实施分类施保有关问题的通知》（铜民发〔2014〕7号），对城乡低保家庭中的城市三无人员、70周岁以上老年人、儿童、重度残疾人、重病患者、单亲未成年人、哺乳期妇女及非义务教育阶段学生等8类人群实行分类施保，使有限的低保金发挥最大的使用效率。二是制定下发了《铜川市最低生活保障对象复审排查工作方案》，明确全市各区县低保复审排查工作任务与对低保对象家庭入户走访。三是重新修订完善了《最低生活保障诚信承诺书》、《低保家庭经济状况信息核对授权书》和《低保工作人员服务承诺书》。四是明确由乡镇（街办）直接受理群众的最低生活保障申请的主体责

任,乡镇(街办)无正当理由不得拒绝受理,确保了群众的最低生活保障申请权。

民政部门严格按照低保各项规章制度,以精准低保救助为理念,坚持"应保尽保、应退尽退"的救助原则,实施动态救助。数据显示(见图1),近五年来城乡低保救助人口保持一定总量并有一定程度的下降,截至目前各市低保救助人口达85849人。在低保救助标准上,坚持与物价上涨同步、共享社会发展成果的原则,从2010年起,城市低保救助标准从人均月补差200元,持续提高到310元、340元、360元,农村低保救助标准人均月补差从85元持续提高到每年1600元/人、2020元/人。

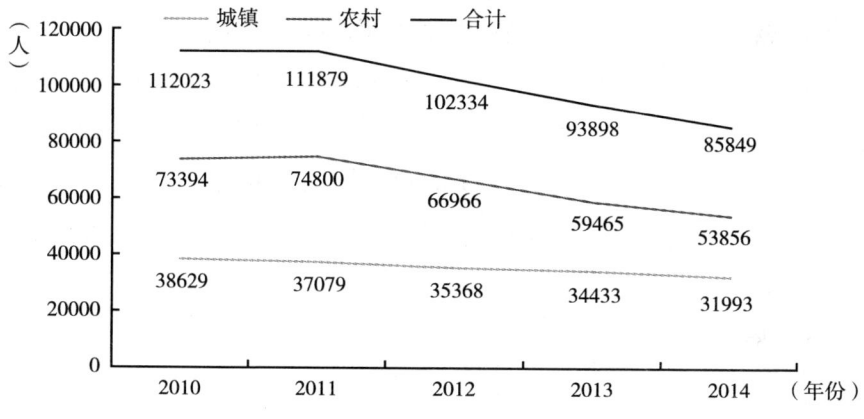

图1 2010~2014年铜川市低保政策覆盖量

资料来源:2010~2014年民政救助统计资料。

(三)城乡医疗救助范围不断扩大,救助标准不断提高

医疗救助是社会救助体系的重要组成部分,是指国家和社会针对那些因病致贫、家庭贫困而没有经济能力进行治病的群体而实施的专门帮助和支持。在医疗救助政策完善方面,铜川市民政、财政、卫生、人社局联合下发了《铜川市城乡医疗救助暂行办法》(铜民发〔2014〕35号),实施"资助参合参险、慢性病救助、住院救助、重特大疾病救助"四位一体的医

疗救助模式，对城乡医疗救助资金实行统筹使用，对城乡低保对象实行统一救助标准。在医疗救助范围上，开展了对慢性病的救助工作，同时推进重大疾病医疗救助试点工作。在救助标准上，对城乡低保对象、重度残疾人、重点优抚对象、低收入家庭中的老年人等对象患病住院在政策范围内的自付费用由2013年的60%的救助比例提高到2014年的65%的比例进行医疗救助，每人每年最高救助2万元。同时，积极开展资助参合参险工作，按照城乡低保对象每人30元、农村五保对象每人80元的标准资助参合参险。在救助工作上，加大"一站式"医疗救助工作力度，将矿务局中心医院、陕煤建司总医院、市人民医院、市中医医院、市妇幼保健院、市新区医院六家市级医院及乡镇卫生院全部纳入"一站式"服务定点范围，从而使患病城乡困难群众在市级医院均能享受便捷的"一站式"服务，同时逐步扩大定点药店范围，在原有的5个定点药店的基础上，又新增加8个定点药店，极大地方便了群众看病买药。数据显示（见图2），近五年来医疗救助覆盖人数在2012年和2013年激增，同时救助金额保持逐年增加，2012年为1036.35万元，2013年为5086万元，截至2014年上半年就达到901.9万元。

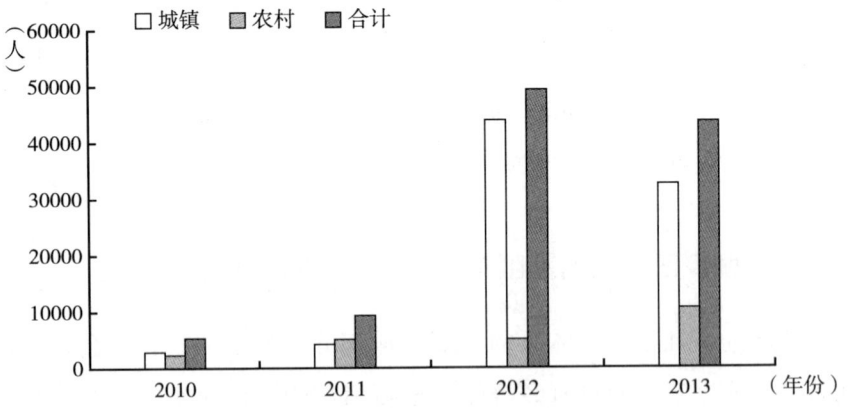

图2　2010~2014年铜川市医疗救助政策覆盖量

资料来源：2010~2014年民政救助统计资料。

（四）"急救难"城乡临时救助工作与效果稳步提升

临时救助是国家对遭遇突发事件、意外伤害、重大疾病或其他特殊原因导致基本生活陷入困境，其他社会救助制度暂时无法覆盖或救助之后基本生活暂时仍有严重困难的家庭或个人给予的应急性、过渡性的救助，是社会救助体系的重要组成部分，主要解决急难性贫困，支出型贫困，以及流动人口遇到的突发性、临时性、紧迫性基本生活困难等三类问题，2014年10月国务院专门就社会临时救助政策召开国务院会议，并印发了《关于全面建立临时救助制度的通知》（国发〔2014〕47号），为临时救助政策明确救助范围与救助标准。铜川市民政局根据《陕西省临时救助办法（暂行）》等政策，明确救助对象范围，严格申请审批程序，防止救助工作的随意性和不规范操作，突出"救急救难"的特点，以减轻城乡低保工作的压力，进一步健全了铜川市的社会救助体系。数据显示（见图3），近年来铜川市民政临时救助人次2011年最高，其他年份有一定波动。在救助资金上，2012年发放临时救助资金74.53万元，2013年发放救助资金228.09万元，截至2014年上半年发放救助资金134.55万元，救助资金有一定程度的增加。

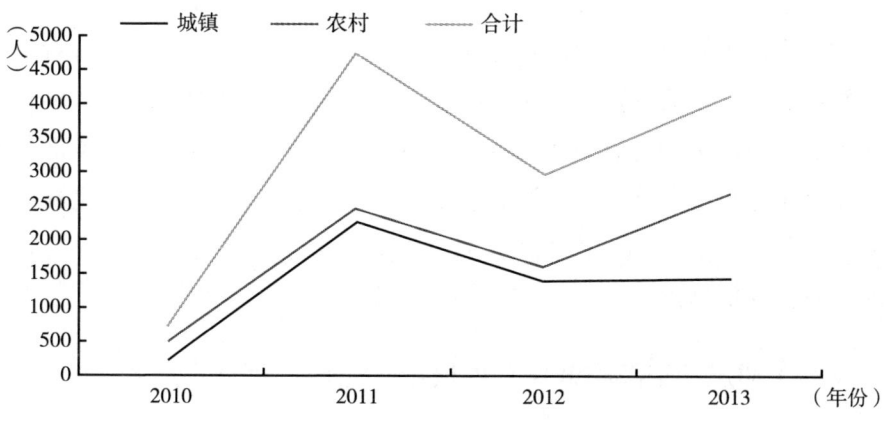

图3　2010~2014年铜川市临时救助政策覆盖量

资料来源：2010~2014年民政救助统计资料。

（五）农村五保对象供养机构与制度建设逐步完善

农村五保对象是农村最困难的群体，保障好他们的基本生活，是各级党委政府的主要职责，是改善民生、构建和谐社会的必然要求。铜川市按照全面实现动态管理下的"应保尽保、按标施保"的农村五保救助思路，印发了《关于做好2014年度农村五保供养对象年检工作的通知》，各区县逐村逐户对五保对象进行排查摸底，采取重新建档，专人登记造册，谁签字谁负责的制度，严格申请、审核、审批程序，对符合五保供养条件的，及时纳入供养范围。同时，全面建立农村五保供养标准自然增长机制，适时提高农村五保供养标准，五保对象集中供养标准达到5200元/人年（含实物补贴200元）；分散供养标准达到4700元/人年（含实物补贴200元）。截至2014上半年，铜川市共保障农村五保对象1494户1561人，下拨五保供养金354.92万元。同时，积极开展五保供养服务机构登记评定工作和农村散居五保供养对象管理工作，明确区县、乡镇（街办）政府的工作责任和法律责任。

二　主要经验、困难与挑战

铜川市民政局作为社会救助工作主要负责的职能管理部门，围绕着中省社会救助制度与救助政策的安排，近年来根据当地实际不断加强政策创新与措施创新，使之更加符合贫困群体的实际需求。在工作上以"精准化"为社会救助工作总体思路，以简化工作流程为制度建设出发点，以严把社会救助对象"关口"为各项工作重点，通过救助对象"公开化"促进社会救助公平与社区和谐稳定。

（一）通过"干部吃低保专项报告"提升社会救助公平

腐败侵入社会救助现象使老百姓深恶痛绝，部分群众反映少数干部职工利用职权或职务影响使配偶、父母、子女"吃低保"的问题，既有损于社会公平公正，更有害于政府公信力和党的形象。2014年6月，铜川市纪委、市监察局、市民政局联合下发了《关于在全市干部职工中开展配偶子女"吃低保"专项报告活动的通知》（铜纪发〔2014〕17号），在全市开展干部职工家属"吃低保"专项报告活动，加大对全市干部职工配偶、父母、子女违规"吃低保"专项整顿治理行动，全市财政供养的行政及事业单位所有在职干部职工和乡镇政府（街道办事处）及"村三委会、社区两委会"的主要负责人员均属检查报告范围。

此次整顿实行逐级报告制度，由各单位自行安排组织，干部职工个人按照报告纪律规定及活动要求向本单位报告在职干部职工配偶、父母、子女享受低保情况。针对个人自查认为符合低保条件的，要向乡镇政府（街道办事处）申请复审，并作"享受低保政策"报告，且本人写出书面声明，区县民政部门、乡镇政府（街道办事处）将组织专人，从户籍、家庭收入、家庭财产状况等方面按照信息核对、入户调查、民主评议、张榜公示等程序对其家庭进行认定，符合条件的继续享受低保，不符合条件的坚决予以清退，并追究相关人员责任，对隐瞒不报、核查不准、继续违规享受低保的，要按照《中国共产党党员领导干部廉洁从政若干准则》和《农村基层干部廉洁履行职责若干规定》的规定，从严查处。专项报告活动以来，不仅使全市低保工作切实做到了公开、公正与公平，也树立了社会正气，有效杜绝了"关系保、人情保"等顽疾，群众舆论对此反响也积极热烈，纷纷称赞这是一项增民心、达民意的"民心工程"。

（二）通过"救助对象的信息比对"加强救助对象审核

坚持"应保尽保、应退应退"的动态管理工作原则，严把"社会救助对象关"。率先在全省建立了低保申请家庭经济状况核对长效机制，每年对新申请低保家庭人员从车辆、地税、国税、工商、市级养老退休、区县级养老、死亡火化、公安户口注销、住房公积金、全市劳动协理、市级公益性岗位、市级小额贷款、市级行政事业单位退休等13类信息进行逐项核对，每季度开展一次，通过信息化技术手段大大解决了低保对象审查认定的"老大难"问题，增强了"保、退"救助对象的事实依据，进一步提高了社会救助工作瞄准率。2013年,对在册的10.23万城乡低保对象的6类13项信息进行了核对,运用信息清退5053户14702人,并对新申请低保的9781人的信息进行了核对,保障了对低保对象的动态管理。

(三)通过"信息栏长期末端公示"促进社会救助公开

阳光是最好的防腐剂,坚持公开原则也是社会救助制度坚守的原则之一。铜川市民政局把信息公开作为把好关口的重要举措,在全市70个城市社区设置了178块"社会救助公示栏"并长期公示,在农村利用村务公开栏及墙体板报对享受最低生活保障的家庭人员相关信息进行公示,同时在公开宣传栏上公布市、区县、乡镇(街办)三级低保监督举报咨询电话,接受群众的监督。通过对铜川市民政局低保处的电话访谈了解到,全市从2010~2014年共接到电话来访2000余次,绝大多数是政策信息咨询方面的电话来访,举报监督电话很少,从侧面也反映了社会救助信息的公开获得了绝大多数群众的好评。

(四)落实"农村低保评审委员会制度",加大透明公开力度

根据制度安排农村低保对象的审查认定需要通过村评议委员会,村评议委员会由15名村集体两委委员、村民代表、包片干部、乡镇驻村干部组成,组成成员广泛代表村民意见,低保对象审查认定必须由村评议委员会的认可才可以上报给乡镇,其中入户调查对象和调查人员均由村民提名,实行"谁入户、谁调查、谁签字、谁负责"的责任追究制度,有效避免"暗箱操作"、"优亲厚友"等违规行为的发生。农村低保评议制度通过协商民主,汇集多方面的意见建议,最大限度地保证了农村低保对象产生的公平、公正、公开性,一定程度上缓和了社区矛盾,增强了社区凝聚力。

(五)通过"一卡通"、"一厅式"、"一站式"简化工作流程

从低保对象的产生到给低保对象资金发放,中间需要经过多个流程,铜川市民政局联合多个职能部门通过流程简化再造,大大提高了服务群体的便

捷性。如2013年初民政局联合与市财政、市信用联社等单位,对最低生活保障资金全部实行"一卡通"按月社会化发放,确保最低生活保障对象及时足额领到低保金,从发放到资金领取中间无缝衔接,杜绝中间过程的不规范行为与渎职腐败行为。"一厅式"大厅受理社会救助,社会救助对象可以在大厅内走完所有的流程,减少了救助对象申请过程的环节与麻烦,提高了救助对象的满意度。健全完善了救助联席会议制度,强力推进了重大疾病医疗救助力度,建立起了乡镇、区县、市三级"一站式"服务定点医院网络体系,耀州区已将乡镇中心卫生院全部纳入定点医疗机构,印台区等将市级各大医院全部纳入定点医疗机构。

(六)强化政策宣传,严把救助对象审核审批程序"关口"

政策宣传是发挥社会救助功能的有力舆论工具,起到防范"审批关口"阻塞的重要作用。通过在铜川电视台滚动播出了《铜川市民政局关于城乡居民最低生活保障工作有关问题的通告》,并在各乡镇(街办)、村组(社区)进行张贴,同时以开展"民政政策宣传周"活动为契机,向群众发放政策宣传彩页3万余份等办法,深入宣传社会救助各项政策的覆盖范围、适合条件,既保证了需要社会救助对象能够及时救助,同时也形成了强大的舆论监督力量,守住享受政策的"关口"。在具体政策上加强入户调查与走访,对新增社会救助对象实行百分百入户,对原有对象实行月度、季度入户等,及时了解救助对象的状况,有效保证了救助对象"应保尽保、应退尽退"的动态管理。

同时,在与铜川市民政救助工作人员、低保救助对象的座谈走访中,也发现了政策落地与具体执行过程中面临的一些困难,既有政策本身执行过程面临的困难,也有政策具体执行过程中由于人员素质和各地实际情况造成的困难,主要表现为以下几点。

第一,以低保政策捆绑其他配套政策的社会救助政策体系放大了"低保价值"。截至目前,社会救助制度相关的政策内容已达十多项,如城乡低保、农村五保、特困人员供养、受灾人员救助、城乡医疗救助、教育救助、廉租住房救助、就业救助、司法救助、取暖救助（北方地区）、临时救助等。实际政策操作过程中均以低保救助政策为核心，其他配套政策之间相互衔接、互为补充，这样形成的保障城乡困难群众基本生活的全方位、多层次的安全网，使"是否享受低保"成为享受配套救助的标准，无形中增加了低保政策的含金量，并且随着经济社会发展，配套政策愈加完善。社会救助体系难以准确切割低保政策与配套措施，导致一些低保对象在已经不符合政策要求的情况下不愿意退保，部分不符合条件的群体想尽办法去争"吃低保"，可能导致低保政策在群众印象中的"变质"，引发社会新的不公和社会冲突。

第二，低保认定标准在具体政策实践中难以操作化和落地化。《社会救助暂行办法》已有明文规定，所在户籍、家庭收入和家庭财产是认定是否应该享受低保政策的唯一标准，三项标准只有同时符合才能划定为低保对象。但在具体政策实践过程中，家庭收入与财产难以精确计算，且部分人员从事的工作不固定，工资水平无法核定，"隐形收入"、"隐形财产"等的出现给核查人员带来巨大困难，如在外地打工无法去当地核查工资收入水平。再则家庭财产这项指标中也有很大变数，有些登记的小商店经营不好，甚至信息比对时有财产但过几个月后已经关门等等。同样情况，相对城市财产与收入难以核定外，由于农村货币化程度较低，财产与收入更难以核定，这样造成了实际政策执行过程中巨大的模糊空间，甚至出现了一些"土办法"，如审定是否应该享受低保标准，在访问中得到的回答是看看"是否可怜"，具体就以家庭当中的人口年龄、身体、工作状况等为衡量标准，出现了"凡是80岁以上老人都可以吃，35岁以下不能吃"的土办法，再比如设定享受政策指标时"比一比看看谁更穷"的办法，无形中制造了群众之间的矛盾。还有一些农村由于不同家庭之间差异不大、情况类似，在保与不保之间难以衡量，出现抓阄、轮流享受的办法。有时还会出现把享受救助政策作为维稳工具。在信息比对的过程中，总有一些信息暂时纳入信息比对系统，造成群体之间不公。

第三，医疗救助和临时救助过程麻烦且救助力度不够。根据现有制度安排，医疗救助与临时救助是先自费垫付再申请救助，医疗救助的自费比例较高，碰到一些花费巨大的重病救助对象，封顶为2万元，在申请救助金的过程中等待时间较长、程序较多，有的区县对常见病、慢性病尚未开展救助工作。特别是临时救助政策全市总量统筹资金较少，一般救助只能享受到几百元、几千元，对缓解其"危难"作用不是很大，同时申请者必须根据制度安排要逐级申请然后通过"一卡通"发放个人账户，碰到急需资金的时候街办、乡镇又没有资金，访谈中很多工作人员表示"鼓不上劲干着急"，又不能违规办理，导致政策时效性差、救助能力非常不足。

第四，救助工作人员数量不足导致难以精细化管理。从铜川市民政局提供的资料看，全市市级、区县级和乡镇街办三级工作人员总人数为162人，外加每个基层社区和村委1~2名，要负责全市9万多救助对象的审核、审批、入户调查、信息比对、公示等多个环节，由于政策规定所有救助对象受理申请权利都属于乡镇街办，全市162名工作人员每人要负责580名救助人员，工作量非常大而且大多没有专门办公经费，基层工作人员待遇较差，特别是有些公益性岗位人员从事社会救助，入户调查没有交通补助，导致很多人不愿从事基层救助工作，工作积极性、荣誉感不强。有位从事乡镇救助工作的人说入户调查自己经常下乡，不是"公车私用"而是"私车公用"，加油费都报销不了，完全是靠热情在工作。

第五，有些居民诚信意识不足，甚至故意钻政策漏洞造成社会不公。由于低保救助标准无法准确认定，社会救助政策正常有序运转较大程度上依赖于居民个人的诚信意识，有些低保对象故意隐瞒收入，甚至转移收入，要求相关用人单位出假证明、假信息。在对低保对象进行入户调查时有些故意不配合，导致基层工作比较难做，特别是一些低保对象被清退的时候情绪较大、不理解，缠保闹保的情况时有出现，增加了工作人员的精力和心理负担。

上述大多数困难可以通过政策创新和机制创新加以克服，但还有一些困难不是政策本身的原因，而是政策设计固有缺陷或社会大环境的原因而出现政策风险，主要表现有以下几点。

其一，社会救助标准仿佛永远难以满足需要。社会救助制度坚持托底线、救急难、可持续等原则，但在具体标准线制定时要依据当地经济与社会发展水平。总有些低保对象认为，低保救助标准尤其是农村的救助标准较低，认为年均全额救助资金为2020元，合计一个月不到200元，根本"不顶事"。在医疗救助与临时救助时总能出现认为标准水平不高，难以保障基本生活需要的舆论。

其二，出现为享受政策冲破道德底线的情况。实地访谈中从一些地方了解到，因为符合低保政策须以家庭户籍为单位，客观上造成了一些人为了享受低保而把老人单独立户的现象，从而把老人的赡养义务从家庭中脱离出去，破坏了传统家庭养老"孝"的风气，引发社区群众之间的相互追随与攀附。

其三，入保容易退保难导致"福利懒汉"。由于家庭收入与家庭财产核定难，一些具有就业能力的低保对象，宁愿享受低保而不愿意就业。有些工作人员反映，"低保养懒汉"不仅增加了低保工作的难度，也会造成社会新的矛盾。特别是与配套政策相互衔接时，更容易出现"不愿挪窝者"。

其四，人员流动出现的人户分离导致认定困难。社会救助符合特征核心三要素之一的属地申请，有工作人员反映原本从不住在社区的人申请社会救助时，需要入户调查了解情况，而实际工作中发现难以真实了解情况，隔壁邻居也不熟悉，加之工作经费紧张、人手不足，让基层工作人员对此感到非常棘手，而且这种情况呈逐年增多的态势。

其五，制造了社会救助对象与低收入者间的矛盾。由于社会救助总有一条标准线，在标准线外就容易出现"断崖效应"，这让刚过标准线的低收入者感到心理不平衡，且由于低保边缘人群缺乏应有的政策保障，反而会比低保家庭生活更加困难，容易把矛头对准基层工作人员或与此相似的政策受益者，增加社区间的矛盾隐患。

其六，社会救助政策极易引发舆论关注。由于社会救助政策所覆盖的对象，绝大多数是社会中最底层的弱势群体，这样的话题容易引发媒体舆论的关注与追逐，如从致贫现象联系致贫原因，又很容易联系到当地社会救助管理工作不力。近些年来，干部吃低保、开宝马吃低保、贫困被逼自杀、贫困家庭儿童发生意外等话题特别容易引发舆论关注，对当地社会救助工作造成较大负面影响。

三 发展对策

加强和改进当地社会救助政策，需要坚持把救助信息公开作为政策执行的出发点和落脚点，以"精准救助"为政策目标促进社会公平正义，从而建立起社会体系当中最安全、最牢靠的一道安全网。

（一）加大基层工作的经费支持与人员保障

基层工作人员素质与工作认同是社会救助政策公平、公正的关键所在，要从社会救助事业经费中专门列支人员办公经费，加大基层工作人员的待遇支持力度，同时创造制度条件吸引有专业社工经历的人员从事基层社会救助工作，对现有人员要加大业务培训与职业认同教育。要积极创造多种条件加强新政策的学习教育，要建立依法依规从事社会救助的思路，切忌以"良心"、"好人"等情感道德冲淡依法从事社会救助的使命感。

（二）加大信息系统建设与"硬核查"措施

充分创造条件，加大信息比对数据库建设的力度，让更多的信息数据加入信息数据库当中，从而为救助对象核查提供硬条件，缩短对象申请到对象认定的时间。在基层社区中、在有条件的地方设立从事救助工作信息员岗位，从而保证信息数据的真实性、时效性。在核查措施上，还要充分吸引当地有创造性的坚持制度原则的"本土化经验"，解决基层社区的对象核查难、收入核查难等顽疾。

（三）增强医疗救助与临时救助范围及力度

在坚持政策原则下，充分创造条件，简化医疗救助流程，加强城镇医疗保险和农村合作医疗等制度衔接，扩大医疗救助的范围与报销比例，缓解因病致贫而出现新的贫困。下更大力度解决临时救助政策面临的困难，借当前国家加强临时救助政策的时机，作为下一步工作的主攻方向与立足点，从而为当地赢得更多的政策红利与支持，在制度建设上要尽量缩短政策从申请到享受的时间，提高政策的时效性，最大限度发挥政策原有的"救急难"功能。

（四）加大政策宣传力度与针对性宣传策略

加强公共政策宣传力度，形成社会舆论监督力量，要把宣传工作重点放在农村乡镇，让公众清楚政策的坚持原则与适用范围。同时，要注重加强政策宣传的针对性与贴身化，重点加强信息公开栏建设，让救助信息长期停留在目标人群的视线当中，形成看得见、想得上、能监督的信息公开监督机制。在媒体宣传过程中，要突出强调政策公开性与透明性，弱化低保人群数量特别是清退人员数量等可能引发负面舆论的报道，在可能引发舆论关注的话题上尽量夯实工作基础的同时，以积极心态回应媒体舆论关注。

B.24 延安新区文化建设发展报告

陈静义 高志奇**

> **摘　要：** 延安的现代化建设和城镇化速度非常之快，已经使延安的发展空间受到了挑战，为使延安良性发展和可持续发展，拓展延安的发展空间就成为一种必然。延安新区建设已经在进行当中，新区的物质形体已经成形，但是新区的文化应该怎样建设，什么样的文化才符合延安新区，能体现出延安的特色？通过调查研究和走访，对延安新区文化建设可能存在的问题进行了分析，在分析的基础之上，对延安新区文化的特性做了梳理和归类，认为延安新区文化的特性应该是传统性、现代性、革命性和丰富性四个方面。同时，针对目前延安的文化建设现状，提出如何建设延安新区文化的建议对策。最后认为，只要我们能够把握住延安新区文化应有的特性，千方百计地做好延安新区的文化建设工作，相信延安新区一定会有一个优良的文化环境，也相信延安新区定会成为凸显延安革命圣地特色的另一块红色热土。
>
> **关键词：** 延安新区　文化特性　问题　对策

---

* 本文系延安市社会科学专项资金2014年度规划项目"延安新区文化建设研究"的阶段性成果，项目编号：14BSRG17。
** 陈静义，延安职业技术学院副教授；高志奇，延安大学公共管理学院教师。

延安的发展速度是非常快的，尤其是近十年来，延安的面貌得到了巨大的改善，成为一个现代化都市。然而，延安在发展过程中也出现了不可避免的问题，那就是发展空间太过狭小，出现了蚕食革命旧址的现象，更为重要的是，发展空间太过狭小，会严重制约延安的城镇化进程和现代化建设。要从根本上解决延安的发展问题，就必须拓展延安的发展空间，修建新区。由此可见，修建新区是延安社会发展的客观要求，也是解决延安目前在发展过程中所面临问题的一个最有效性的办法。延安新区建设是一项利民的伟大工程，同时延安新区建设也有利于保护延安旧城区，这对于保护革命旧址，使延安革命圣地的名号与实际相符合有着巨大的帮助作用。延安的文化是独特的，除了传统的民间文化，如剪纸、秧歌、饮食等之外，另一个就是延安的革命文化，延安的革命文化是伟大的，值得每一个中国人学习。但是，延安的传统文化和革命文化主要集中于旧城区，为了加快延安发展，解决因为城市发展过快所带来的交通拥堵、住房紧张、生活服务无法满足人民的需求等问题，延安正在加紧进行新区建设。关于延安新区建设的研究，可以说有很多内容，但文化方面应该是最重要的，因为文化反映着人文。延安新区的文化不仅要能反映出新区的人文，更要能反映出延安的人文。延安新区的文化应该是什么样，什么样的新区文化既能体现延安特色，又能体现新区特色；既能体现延安是革命圣地，又能体现延安是现代化城市；既能体现延安的快速发展，又能体现延安的和谐？关注延安新区建设，需要优先考虑延安新区的文化建设，不断努力做好延安新区的文化建设工作，使延安新区有一个优良的文化环境，继而通过文化塑造延安新区，塑造延安。

一 延安新区建设的必要性

延安新区建设到底有没有必要，如果让大家去讨论，肯定会有反对意见。当然，这属于正常现象，如果没有人持异议，反而不正常。"就新城新区而言，通过建设新城新区解决城市发展的空间矛盾，是世界各国20世纪以来的普遍选择和基本手段。在西方新城建设中，同样出现过规划滞后、功能单一、公共服务不足、'睡城'、'鬼城'等问题。对此正确的态度和做法是，发现什么问题就解决什么问题，而不应以大批判的方式对新城新区全盘否定。"① 也就是说，从城市建设与发展的角度讲，建设新区是没有什么大问题的，而从延安现在的发展状况来看，我们不难发现，延安的发展已经受到了严重制约，再不拓展延安的发展空间，延安将难以发展。谈发展，必然要有物质载体，城市发展的物质载体无疑是其发展空间。然而，延安受其特殊的地理环境所限，其发展的空间已经基本用尽，为了发展，已经出现蚕食延安革命旧址的现象，再不拓展延安的发展空间，只能出现两种结局，要么延安停滞不前，要么革命旧址被蚕食殆尽，革命圣地不再有标志和特色。在这种情况下，在延安建新区就显得非常有必要。诚然，很多城市在修建新区时，没有完全考虑实际情况，带有盲目扩建城市的嫌疑，致使很多城市的新区变成鬼城。但是，延安的情况是截然不同的，延安现在的发展空间已经成为延安发展的制约瓶颈，因为延安的特殊地域决定了延安是不可能有足够的发展空间的。事实证明，延安修建新区是非常有必要的。

延安新区建设除了从社会发展的角度看非常有必要，从眼前面临的问题和困难来看，更是非常必要的。可以通过三个方面简单说明：一是延安的交通拥堵问题，延安的汽车数量随着人们收入的增加而不断增多，但是延安的车道却没有增加，这使得延安的交通非常拥堵，在上班高峰期，可以说是寸步难行，整个车道上密密麻麻全是车，开车起不到方便作用，反而成为交通拥堵的直接原因。延安的现状表明，要从根本上解决交通拥堵问题，只能通过建新区，缓解老城区的行车压力。二是延安人民的住房问题，马克思说过，"人们必须先解决衣食住行，然后才能从事其他社会活动"，所以住房问题是一个没有商量余地的问题，必须优先解决。最近几年，延安的气候也发生了很大变化，最明显的就是夏秋季雨水过多，导致依山而建的房子或窑洞基本都变成了危房和险窑，根本不能居住，老城区无处可建，就算有地可建，也并不是所有人，尤其是普通老百姓能够修建起的。所以，要解决延安

---

① 刘士林：《中国的新城新区建设的正确认识和评价》，《学术界》2014年第2期。

人民的住房问题，尤其是依山而建的人民群众的住房问题，就必须修建新区。另外，延安的地理特征决定了很多房子或窑洞都是依山而建的，解决依山而建房子或窑洞人民群众的住房问题，就基本上解决了延安人民的住房问题。三是延安的社会生活服务问题，说到延安的社会生活服务，可以说是非常差的，一方面是因为延安是革命圣地，游客较多，再加上当地居民的需求量也不小，所以延安物资相对短缺，其他社会服务行业的服务能力也比较低，供不应求；另一方面是因为延安地域太小，提供社会服务或做生意的人，成本都比较高，导致享用社会生活服务的成本也非常高，应该说不是延安人民不需要社会生活服务，而是由于消费太高，很多人消费不起。所以，要满足人们的社会生活服务需求，就要改变供求关系，降低成本，从这个角度考虑，延安修建新区是非常有必要的。

通过以上论述，不难发现，无论从长远发展来看，还是目前面临的现实困难和问题来看，延安修建新区都是非常有必要的。不过，从实际的角度来看，有必要未必就能成为现实，因为现实存在的制约因素往往使一些必要变成空想。延安修建新区也存在这个问题，从延安的历史和实际情况来讲，修建新区只能选择上山建城。延安新区与旧城区通过修路可以建立联系，互通有无，但是新城区在山上，又是新建区，道路上的畅通，未必会使延安新区有较好的文化环境与氛围。因此，延安在修建新区时，除了要做好基础设施建设，更要做好文化建设，使延安新区有延安的文化，能够体现延安的特色，同时也能体现出延安新区的新。

二 延安新区文化建设存在的问题

（一）新区文化建设重视程度低

文化是一种软实力，它不像经济发展能很快给人们的生活带来好处，所以对文化建设的重视程度一般情况下是不高的，至少没有经济建设重视程度高。延安新区又是刚开始建设，大家把注意力主要集中于新区的物质形体和硬件设施上,对文化的关注程度目前来讲还是比较低的。"在工作实践中,人们往往把经济建设和文化建设对立起来、分割开来,将它们视为互相对立的、不可调和的、非此即彼的关系。认为如果投入很多精力搞文化建设,势必会干扰经济建设这个中心。"① 延安新区的角度讲,可能存在过分关注新区文化建设,会影响到新区物质形体和硬件设施建设。其实,这种看法是非常错误的,更是不可取的。它忽略了文化对社会发展和经济发展的作用。其实,文化建设与经济建设是辩证统一的关系,而不是对立关系。一定要防止这种错误思想的蔓延,重视延安新区的文化建设工作。

(二)新区文化没有新颖性

延安新区毕竟与旧城区是不同的,其文化也应该有其新颖性,尤其不能把旧城区的文化和其他文化盲目复制到新区。这样做,会使延安新区没有特色。但是从实际的走访调查过程当中,发现有近50%的人认为,延安文化的影响力已经够大了,新区根本不需要什么文化,即便是需要,也只需将旧城区的文化复制过去,还有30%的人认为,新区只是一个居住地,不需要什么特色的文化。试想一下,没有文化的城市,又怎么会有活力,没有自己特色文化的城市,又拿什么塑造和影响生活于这个城市的人。在文化建设过程中,"邯郸学步"一定是不可取的,盲目复制又岂能使文化得到发展。"城市文化建设的趋同性是城市文化建设的瓶颈。"② 之所以会产生这样一个制约瓶颈,其根本原因就在于大家对文化的理解过于狭隘。不同的地方,一定有其不同的文化。延安新区虽然是延安的,但毕竟是新区,与旧城区有很大不同,所以文化也应有所区别,至少要突出其新颖性。

(三)新区文化脱离延安文化

突出延安新区文化的新颖性是没有问题的,但这并不是说,就应该完全

---

① 徐景田:《当前城市文化建设中存在的问题及对策思考》,《理论前沿》2002年第15期。
② 戴庆锋:《当前城市文化建设中的问题与对策》,《社会科学评论》2009年第1期。

抛弃延安的文化，将延安新区建设成一个类似于西安，甚至于北京、上海这样的大城市。延安新区是延安的新区，其根本文化特性是不能脱离延安文化的。在走访调查过程中，发现有约30%的人认为，延安虽然叫城市，可是根本就不像个城市，旧城区只能这样了，那就把新城区好好建设，将延安新区打造成一个大城市的样子，让人觉得延安新区才是真正的延安城。诚然，延安新区的面积是比较大的，"延安新区规划分为三大片区，控制面积78.5平方公里，承载人口40万以上"。这与现在老城区承载的人口量基本可以持平。即便是这样，延安新区的文化也不可能脱离延安的文化。延安新区毕竟是在山上修建的，无论其规模还是其文化，都不可能脱离延安地域的限制和延安的特色。如果脱离延安的文化，进行新区文化建设，就会使延安新区丧失延安文化的内涵，新区也将无法彰显延安特色，更无法聚集人气。一个城市要有自己的品牌，延安的品牌就是延安的文化，对延安新区来讲，也必须要有延安文化的内涵。

（四）新区文化人文性不突出

"在'经济'和'政绩'优先的认知前提下，城市文化建设在实践上必然是错位的。"[①] 这种错位主要集中体现在重经济建设、轻文化建设，重面子文化建设、轻文化的人文性建设。城市社会由于生活节奏快，而且人与人之间的关系相对较为冷漠，信任感不强。在文化建设过程中，如果不突出文化的人文性，不以人为本，进行文化建设，只会使城市变得更加冷漠。"人的需要和以人为出发点是考虑城市一切问题的根本点，是城市文化建设的核心价值观。"[②] 这种理念对延安新区的文化建设也是适用的。延安新区对延安可以说是前所未有的一项伟大的利民工程，但也要防止给延安新区戴过大的帽子，而忘掉延安的实际情况。无论我们怎么想，延安新区的文化都要与

---

① 朱玲：《城市文化建设核心价值问题研究——"以人为本"价值观的确立》，《甘肃社会科学》2008年第6期。
② 朱玲：《城市文化建设核心价值问题研究——"以人为本"价值观的确立》，《甘肃社会科学》2008年第6期。

延安的人文性相结合,要以延安人民为本,建设富有人文性的新区文化,切不可好大喜功,忽略文化的人文性建设,忽略延安人民的文化需求。在调查过程中发现,延安文化的人文性其实是不强的,至少从实际的角度看是这样,人们将文化更多停留于观念层面,而没有真正将文化理念付诸社会行动。因此,延安新区"文化建设一定要务实,无论规划、设计、施工都要以提高城市人民群众的生活质量和幸福指数为根本目的"。①

三 延安新区文化的特性

延安的新区是独特的,那么延安新区的文化也要有自己的特性,因为独特的新区要通过独特的文化来塑造。通过调查研究和走访,对延安新区文化的特性做了梳理和归类,认为延安新区文化的特性应该要具有传统性、现代性、革命性和丰富性四个方面。延安新区文化的传统性、现代性、革命性和丰富性并不是孤立的,而是相互联系、相互影响的。在延安新区文化建设过程中,一定要妥善处理这四个特性之间的关系,力争使延安新区的文化不仅成为体现延安特色的文化,同时为延安新区,以至于为整个延安营造一个优良的文化氛围和环境。

(一)传统性

延安有很多优良的传统文化,从人们的德行到社会生活,无不体现出圣地的独特性。但是随着社会变迁,延安的很多优良传统文化也在不断丧失,延安的民风也没有原来淳朴,人们变得更加势利和功利,德行开始以自己的利益和嗜好为中心,不愿意考虑他人的感受和利益。"观察中国人对传统文化的态度转变过程,有一点非常明显,那就是在现代性的追求中,'现代/传统'的二元对立范畴进入了中国人的思想观念中,'传统'逐渐成了一种

---

① 陶晖、何文珍:《城市文化建设中应注意的三个问题》,《湖南城市学院学报》2014年第3期。

话语，被意识形态化了。"① 诚然，社会的快速发展，使很多传统的东西开始退出历史舞台，但是传统的东西并不等于是落后的东西，而现代的东西也不见得都是先进或良好的东西，因为传统里也包含先进因子，现代里也包含落后因子。社会不管发展到什么时候，优良的传统文化和美德都不能丢。延安新区需要继承并发扬延安优良的传统文化和美德，只有这样，延安新区才是真正的新区，也只有这样，延安新区才能体现延安的特色。"站在世界文化的角度来看中国的传统文化，它不仅是中华民族生存和发展的基础，对于整个人类也是有意义的。"② 站在中国的角度看延安的发展，延安的传统文化也是延安发展的基础，同时对整个中国的发展也具有非常大的影响，因为延安是中国的革命圣地，同时延安也是中国的红色教育基地。新旧只有时间之别，并没有先进与落后之分，在建设延安新区时，我们始终要把延安新区的文化建设放在首位，把有益于延安发展的优良传统文化在延安新区继续发扬光大。

在研究社会现代化的过程中，有不少学者，尤其是现代化理论研究者，都将传统与落后等同，比如帕森斯就认为未实现现代化的不发达国家，其特性主要是传统性，而且其不能实现现代化的根本原因就是传统性的制约，即正是由于落后国家内部传统文化的制约，这些国家才无法实现现代化。然而，无论从理论来分析，还是从实际情况来看，传统与落后一定是不等同的，传统的并不等于落后的，如果传统等于落后，那么传统一定是制约社会发展的主要因素。"中国传统文化在坎坷跌宕中始终未曾终绝，这是对中国传统文化的文化适应力和抗震性的最好说明。"③ 文化具有很强的适应力和抗震性，从另一个侧面也说明文化并没有落后，因为它能够与社会发展相适应。延安的城镇化建设速度非常快，但这与延安的优良传统文化并不冲突，

---

① 邢朝国、郭星华：《从摒弃到尊重：现代法治建设与传统文化》，《中国人民大学学报》2012年第4期。
② 郑敬高：《寻找传统文化的价值》，《开放时代》1997年第2期。
③ 邹顺康：《论中国传统文化的特征》，《西南师范大学学报》（人文社会科学版）2002年第2期。

尤其是延安新区的建设，并不会影响到延安传统文化的发展，反而会为延安传统文化的发展提供更大的发展空间。所以，延安新区的文化一定要有延安的传统性，这种认可态度不仅是对延安优良文化的肯定，更是对延安的认可与肯定。延安新区是延安的新区，延安新区再新也不能失去延安的本色，即延安文化的传统性在延安新区不能丢。社会在现代化过程一定会出现传统与现代对立的现象，甚至会出现冲突，这是正常的，也是社会发展必然会出现的结果，但是这并不能说明传统的完全落后了，传统文化不能适应社会发展了，而是社会发展对文化发展提出了新要求。因此，延安新区除了要继承延安的传统文化之外，还需要使延安新区的文化具有现代特性。

（二）现代性

"从传统走向现代是人类社会不可逆转的趋势，但现代性总是与特定语境相关联——在不同社会、不同时代，现代性有着不同的具体内容。"[①] 对于延安新区文化来讲，也要有其现代性，而且还要体现延安的特性。之所以要体现延安新区文化的现代性，是因为延安现在已经是一个现代化都市，尽管并不是大城市。社会的快速发展促使延安变成现代化都市，但是延安的现代性体现是有限的，其根本原因就是地理环境所限。所以，社会发展要求延安要有能力体现现代城市的现代性，而延安的发展空间严重不足，制约着延安的发展，现代性在延安没有足够的展示空间。城市的发展一定要考虑它的规模与基础设施，这两个指标的凸显最能反映出城市的现状与未来发展。延安旧城区的现代化发展是有限的，因为旧城区有很多革命旧址，我们要做的是保护革命旧址，这样便会阻碍现代性在旧城区的扩展，但是延安的现代化是不能阻挡的，也不可能阻挡住。在这种情况下，要加快延安的现代化建设，体现延安的现代性特征，就只能在延安新区上下功夫。没有现代性的城市不是现代化城市，对延安这样的小城市来讲也不例外，同时延安建新区也

[①] 黄家亮：《中国现代性的探寻与中国社会学的理论建构——以郑杭生社会学学术历程为例》，《西北师范大学学报》（社会科学版）2012 年第 3 期。

说明保留优良传统,并不等于盲目排斥现代。虽然在城市化过程当中,尤其是在建设新城或新区时,也产生了很多城市弊病,但我们不能因噎废食,不搞城市现代化建设,而是要吸取国内外城市新区建设的经验与教训,做好延安新区的现代化建设,最终使延安成为具备现代性特征的现代化都市。

"现代性早已不再是西方社会的专利,而是一个超越时空界限的世界性现象,它既可以在最宽泛的艺术层面上被视为一种文学艺术精神(即现代主义文学艺术),同时也可以在最广义的文化和知识的层面上被定义为一种文化启蒙大计(即我们通常所说的文化现代性)。"[1] 对延安来讲,既然已经是一个现代化都市,那么其必然要具有现代性特征。现代性没有时空界限,而与社会发展的程度紧密相关。延安建设新区,一方面说明延安的发展速度很快,需要更大的发展空间继续发展,另一方面也说明延安需要现代化,延安不能停留在传统的过去,因此,延安新区就为延安的现代性特征提供了物质载体。在建设延安新区文化时,一定要使延安新区文化能够体现延安的现代性。一个社会的发展程度,要通过其现代性特征的凸显程度来衡量,尽管现代性也不是完美的,需要反思,甚至需要批判,但是社会的发展是阻挡不住的。换句话说,现代性也是我们所追求的。"现代性不是一种可以通过讨论来决定是捍卫还是抛弃的给定的历史状态。现代性是一经产生,就会在各种文化的学习和选择机制中获得在全球扩张和布展的能力。"[2] 在这样一个前提下,建设延安新区就一定要考虑延安新区文化的现代性,不仅要体现出延安的特色,也要体现出延安新区的不同之处和新。

(三)革命性

因为革命,延安成为圣地;因为革命,延安才是延安;因为革命,延安才成为大家向往学习的地方。党中央在延安的 13 年历史,不仅是延安的,

---

[1] 王宁:《翻译文学与中国文化现代性》,《清华大学学报》(哲学社会科学版)2002 年第 1 期。
[2] 姜华:《重现历史与文化的丰富性——评〈现代性的维度〉的贡献》,《中国社会科学报》2012 年 4 月 25 日,第 B02 版。

更是中国的,甚至是世界的。延安的革命性不能丢,我们永远不能忘却延安那段曾经光荣的革命历史,要用延安革命精神教育每一个中国人。延安旧城区有很多革命旧址,而新区是没有的,要体现出延安新区的延安特色,就必须将旧城区的革命性文化移植到新区。革命旧址是不能移动的,只有移动革命旧址所包含的文化,所以延安新区的文化要带有延安的革命性。虽然延安旧城区与新城区在交通道路上是畅通的,但是在文化上并不一定就能衔接好,因为旧城区与新城区之间有非常大的差别。但无论如何,延安新区都不能失去延安文化革命性的本色。如果延安新区与旧区给人一种没有联系、完全是两个世界的感觉,那么延安的新区建设一定是不成功的,因为新区没有它该有的文化。没有文化的城市,就不能吸引人,没有人的城市,又怎么会有人气,很多地方的城市新区变成鬼城,除了因为没有提前规划设计好之外,一个非常重要的原因就是城市新区没有自己城市应有的文化。因此,延安新区一定要把延安的革命性文化继承发扬好,让新区成为红色教育、体现延安特色的另一块"热土"。

延安新区文化的革命性,就是要把延安的红色文化在新区也要体现出来,否则新区就无法体现延安的特色。延安新区依赖延安的传统文化,尽管也能体现延安的特色,但是却无法体现延安的特殊地位和贡献。延安的特殊地位和对中国革命的贡献只能通过延安革命性的文化来体现。一个城市的新区或新城,总给人一种与旧城区截然不同的感觉,但是延安新区不同,它既要与延安社会发展相适应,同时更要体现延安的特色和地位,这是由延安的特殊性决定的。尽管延安建新区也有一个特殊的原因,就是保护旧城区,使旧城区的革命旧址能够完整地保存下来,不被蚕食,但是延安新区必须要把延安旧城区的革命性文化继承下来并发扬光大。不能认为是修建新区,就可以不要旧城区的红色文化,丢掉旧城区的革命性,如果是这样的话,延安新区便不能成为延安的亮点,也不能体现延安的特色,更不能体现延安的特殊地位和贡献。延安修建新区,无论怎样,其文化目标都要使延安新区成为一个与众不同的新区,使延安新区有延安的特色和延安红色革命圣地的特色。"任何一个民族文化的发展都遵循这样一个规律:观念的产生是思想形成的先导",①延安革命性的思想观念产生于党中央在延安13年的那段历史时期，经过不断继承发扬和研究，延安革命性的思想已经形成了革命性的文化，这种文化不再是让人们继续革命，而是要让现在的人们牢记过去的历史，珍惜现在的生活，并为美好的生活而继续努力奋斗。因此，延安革命性的文化，已经成为教育和鼓舞现代人的一种非常重要的思想武器。

（四）丰富性

现代社会的发展，使社会事物和社会现象越来越多，之所以会这样，就是因为社会的包容性越来越强，即只有这样，才能使社会显得丰富多彩。"世界已进入现代化、全球化的时代。现代化意味着人类文明和文化的发展已经从传统向现代转型，在这一转型过程中，一方面出现和形成以现代文化为中心的社会与文化系统，另一方面也涌现出多种多样的文化形态。"② 多种多样的文化形态，意味着文化的丰富性，也反映了文化的复杂性。延安新区建成之后，除了要体现其文化的传统性、现代性、革命性之外，也要突出其包容性，使延安新区文化丰富多彩。没有包容的城市，是不能发展的，延安正是因为其包容性，才成为革命圣地。现代社会的文化是丰富多彩的，通过一个小地方、一个小城市的发展状况，是可以看出整个国家或社会的发展状况的，这就是我们所说的以小见大。除此之外，也可以看出这个城市与其他地方的联系程度，不是孤立发展的。从社会快速发展的角度看，延安显然还是比较传统与保守的，其文化依然相对比较单一，不能反映出延安已经是一个真正的现代化都市。一般情况下，一个城市文化的丰富程度，主要取决于两个因素：一是这个城市与其他城市或地方的联系程度，当然联系程度与交通发达程度有着直接关系；二是这个城市对外来文化的包容性，包容性与人们的思想观念有直接联系。对延安来讲，显然这两个因素已经不是制约延安文化丰富性的直接原因。因为延安与外界的交通现在也很便利，人们的思

---

① 黄高才：《中国文化概论》，北京大学出版社，2011，第67页。
② 陆益龙、邢朝国：《文化多元化与社会认同》，中国社会学网，2009年9月25日。

想观念也不再像过去那样保守，而是变得开放、大度和包容。延安文化之所以难以丰富，主要原因是，很多文化没有物质载体和生存空间，所以延安新区建设就为众多文化提供了物质载体，现在要做的就是如何引导更多优良文化进入延安新区，最终使延安的文化丰富多彩。

延安新区文化的丰富性，除了要发扬自己的文化和吸收其他外来文化外，还需要对延安的文化进行创新。有创新才能有丰富。如果文化不进行创新，势必使文化发展停滞不前，没有生命力，自然就不会产生丰富多彩的文化。所以，"无论从创新文化的类型，还是从创新文化的层次，抑或从创新文化的具体内涵来看，自主创新文化都赋予其内涵应然上与实然上的丰富性"。[1] 由此可以看出，要使延安新区的文化丰富起来，就必须进行文化创新，使文化在创新中发展和丰富。"文化是社会系统的重要构成之一，在维系社会运行和发展上，文化系统起着独特的作用。"[2] 文化系统之所以能发挥其独特的功能，主要在于文化的丰富性。在一个文化系统当中，有各种各样的文化，每一种文化都会相应地发挥其塑造人、影响社会的作用，继而使社会文化发生变迁，最终使社会发生变迁。文化对于社会的功能不仅非常大，而且非常重要。延安新区文化在影响延安发展时，要使文化的功能得到最大限度的发挥，首先必须要有丰富的文化，因为不同的文化所发挥的功能是不一样的，而社会本身是复杂的，需要多样性的文化来塑造。因此，延安新区要具有丰富的文化，这是延安新区在建设和发展过程中的一个客观要求。

四　建议对策

（一）政府重视新区文化建设工作，设立新区文化建设办公室

延安新区是在延安市委市政府的领导下进行修建的，文化建设当然也不

---

[1] 胡长生、王雄青：《论自主创新系统的复杂性及其文化构建的丰富性》，《求实》2013年第3期。
[2] 郑杭生：《社会学概论新修》（精编版），中国人民大学出版社，2009，第99页。

例外。对于新区文化建设,不能仅仅停留在口头或者是领导的讲话里,而是要真正贯彻和落实。延安应设立专门的新区文化建设办公室,针对新区文化展开分析和研究。"要把城市文化建设放在大背景下进行,建立协调机制,文化部门结合城市发展目标,与规划、财政、计划、城建等部门一同思考文化建设问题,实现文化建设与城市发展的同步进行。要高度重视城市文化建设的连续性,凡事关城市定位、个性风格等重大问题,都要专题论证,广泛征求居民意见,最大限度地避免长官意志和短期行为。"① 由此可以看出,文化建设需要设立一个专门的协调机构,而新区文化建设办公室即是这样一个协调机构。延安政府各部门之间只有互相配合、通力合作,才能真正做好延安新区的文化建设工作。相反,如果政府不重视,没有这样的常设机构,文化建设就会没有方向,或者部门之间互相扯皮,最终影响延安新区的文化建设。

(二)重视民间文化建设,展现延安新区特色

延安的民间文化是非常丰富的,诸如秧歌文化、剪纸文化、居住文化、民歌文化等等,这里以居住文化为例做一简单说明。延安的居住过去主要是依山挖窑,窑洞是延安人民的主要住所。随着延安城镇化的建设速度不断加快,延安的窑洞越来越少,都被高楼大厦或平房所替代,现在在延安能见到的窑洞已经不多了,窑洞文化在延安已经慢慢地被人遗忘。窑洞最大的特点是冬暖夏凉,正是因为这样的优势,窑洞是延安人民,甚至于陕北人民居住的最佳选择。而窑洞文化也成为一个体现延安特色和陕北特色的亮点,所以窑洞文化不能丢掉。在走访过程中发现,很多游客都喜欢选择在窑洞里居住,但窑洞难找,即便是找到窑洞居住,也不是他们想象中的窑洞,空有窑洞的外形,没有窑洞的实质。因此,在延安新区文化建设中,我们要继续重视延安的民间文化建设,以延安民间文化彰显延安新区特色,如果我们放弃延安的民间文化,定会使延安新区,甚至于延安失去个性和吸引力。

---

① 徐景田:《当前城市文化建设中存在的问题及对策思考》,《理论前沿》2002年第15期。

(三)坚持走出去和迎进来,提高延安文化的知名度和美誉度

由于延安新区是新建的,所以文化需要进行重新规划和建设。走出去就是要把延安的文化向外宣传,让外面的人了解延安文化,认可延安文化,接受延安文化。迎进来就是要学习外面的优良文化,使延安有更加丰富的文化,以塑造延安新区,促进延安发展。延安人的性格比较粗犷和直爽,即便是今天,这种过于直的性格也是屡见不鲜的,有时候在公交车上就会粗口对骂,这给人非常不好的感觉,而且有些女同志也是这样,比男同志还显得更加野蛮与不文明,这直接影响到延安的形象,使外来游客对延安的印象极为不好。"城市文化是一种能够被感知的存在,借助更多的外部关注,为城市竖一面镜子,是挖掘和体验城市文化的重要途径。"① 所以延安的知名度与美誉度是不匹配的,知名度大,但是美誉度低。在这种情况下,加强延安的文化建设,就极为重要。延安新区正在修建,所以应从一开始就着力加强文化建设,为延安新区打造一个优良的、人文的文化环境,从而为延安竖起一面亮堂堂的镜子。

(四)拓宽文化建设主体,让更多人参与新区文化建设

在以往的文化建设和研究过程中,政府是主体,其次就是一些研究机构、高校等研究人员,而大部分的普通民众基本上是不参与的,这样就无法让更多的人参与到文化建设当中,使一部分人的文化需求得不到满足。延安新区的文化建设要避免这种误区,要不断拓宽文化建设主体,让更多的人参与到延安新区的文化建设中来,为新区文化建设建言献策,继而促进延安新区文化向更加良性的方向发展。拓宽文化建设主体,让普通市民参与到文化建设当中,"不仅可以就城市重大的经济与社会事务发表自己的看法,而且

---

① 文倩:《竖一面城市文化的镜子 关注度与城市文化构建》,《佛山日报》2014年7月7日,第F02版。

还可以通过决策参与、执行参与和监督参与实现自己的主体地位"。① 城市市民主体地位的实现,有利于市民表达自己的文化需求,刺激文化供给,缩小文化供需之间的矛盾,这在客观上必然会促进文化建设和文化发展。

独特的文化才能体现出地方的独特性。延安新区的文化应该有很多特性,但是延安文化的传统性、现代性、革命性与丰富性应该是延安新区文化最基本和最需要的特性,只要我们能够把握住这四个特性,千方百计地做好延安新区的文化建设工作,相信延安新区一定会有一个优良的文化环境,也相信延安新区定会成为凸显延安革命圣地特色的另一块红色热土。

---

① 向德平、田北海:《论我国城市文化建设存在的问题及对策》,《武汉大学学报》(社会科学版) 2003 年第 2 期。

B.25
商洛市社会救助实施现状与对策建议

姚 萍 康喜平*

摘 要： 商洛市位于陕西省东南部，地处秦岭南麓，是一个经济相对落后和自然灾害多发的地区。因此，商洛市委市政府高度重视社会救助工作，先后实施了包括城乡最低生活保障、城乡医疗救助等在内的多项救助制度，基本建成了相对完善的社会救助体系。然而，商洛市现行社会救助政策措施还有不完善之处，如财政投入不足、人员办公经费欠缺、城乡不平衡、救助标准差别大、财政投入比例不合理等问题。这需要建立健全财政投入机制，确立科学的救助标准，合理分配救助资金，完善救助制度。

关键词： 商洛 社会救助 救助标准 最低生活保障

党的十八大报告强调指出，要"多谋民生之利，多解民生之忧，解决好人民最关心最直接最现实的利益问题，努力让人民过上更好生活"，这也是各级地方党委政府一直努力的方向和目标。近年来，商洛市委市政府紧密结合当地经济相对落后、自然灾害易发多发的区域特殊情况，一直把社会救助作为各项社会建设事业的重中之重，下大力气、花大功夫，通过政府引导，广泛吸纳其他社会主体，利用多种方式和渠道，对或遭受自然灾害或失去劳动能力及其他各类低收入人群，从物质生活上、精神上给予帮助和救

---

* 姚萍，陕西省商洛市镇安县高峰镇；康喜平，陕西省委党校经济研究所教授。

助，以维持其最低生活水平，保障其最基本的生活需求。长期以来，我国实行的社会救助制度是一种事后补救型的救助，即只有当救助对象的生活陷入难以靠自身力量改变的困境时，才能得到政府或相关机构的援助。随着我国经济社会的发展和社会保障能力的整体提升，社会救助制度的实施无论在服务理念上，还是工作思路上，都应与时俱进，把工作目标从保障基本生活转变到保障基本生活和促进发展相结合上来，在保障救助对象基本生活的同时，通过多种救助政策和措施的实施，提高自我的生存发展能力，帮助其摆脱贫困。面对社会救助保障基本生活与转型升级的艰巨任务，商洛市委市政府一直把此项工作摆在突出位置，重点安排部署，努力建设完善的社会救助体系。

一 商洛市社会救助实施现状

近年来，商洛市紧紧抓住建设"三个陕西"的重大机遇，不断深化各领域的改革，加快经济社会发展，社会建设成效显著。但由于商洛市处于西部地区，受社会经济条件的限制，人民生活水平低于全国和全省平均水平。据统计，截至2013年底，商洛市约有低保对象258529人，农村五保对象18606人，社会救助面临着经济实力相对薄弱与救助对象数量大、覆盖面广的现实困境。尽管如此，商洛市委市政府始终以解决困难群众的基本生活需要为己任，切实加强社会救助与保障工作的力度。经过几年的实践和探索，按照救助内容与救助对象的不同，在全市范围内实施了包括城乡居民临时救助、城乡医疗救助、城市居民最低生活保障、农村居民最低生活保障和五保户供养等在内的多种类、多层次救助政策措施，不仅有效改善了特殊困难人群的生活状况，也在推进和完善社会救助体系建设方面取得了一定成效。

（一）分类制定相关工作细则和实施办法，基本建立起社会救助体系

近年来，陕西先后制定和出台了《陕西省最低生活保障工作规程》、

《陕西省民政厅陕西省财政厅关于对城乡低保对象中特困人员实施分类施保有关问题的通知》、《陕西省实施〈农村五保供养工作条例〉办法》《陕西省临时救助办法（暂行）》以及《陕西省城乡医疗救助暂行办法》等一系列政策措施和实施细则。商洛市在这些政策和办法的指导下，并以此为依据，紧密结合商洛经济发展的实际水平和困难群体的现实需求，制定下发了《商洛市民政局关于统一全市农村低保救助标准的通知》、《商洛市民政局关于统一全市医疗救助标准的通知》、《商洛市城市居民最低生活保障工作细则》、《商洛市农村居民最低生活保障工作细则》、《商洛市城乡居民临时救助暂行办法》、《商洛市农村五保户供养条例》，这些办法、条例的出台与实施，极大地推动了商洛市社会救助工作全面、有效的实施，也进一步促进了商洛社会救助工作的制度化、科学化运行。

（二）城乡低保工作有序推进，保障水平稳步提高

商洛市自启动城乡社会救助体系建设工作以来，不断制定和完善相关政策法规，以此来确保救助工作规范有序开展，使全市城乡低保标准和补助水平稳步提高，有效地保障了困难群众的生活。早在2005年，商洛市就启动实施了农村居民最低生活保障制度，按照"低标准起步，小范围运作，逐步提高保障标准，扩大救助范围"的原则，经过调查摸底，当年有农村低保对象8.6万人，占农村人口的4.5%，共发放低保金575.2万元。2007年有农村低保对象23.9万人，占农村人口的11.6%，共发放低保金3022万元，2008年有农村低保对象29万人，占农村人口的13.7%，共发放低保金14636.7万元，月人均补差标准45.34元，截至2009年底，全市享受保障的有102379户291479人，共发放低保金10991万元，占全市农业人口的13.7%，月人均补差标准50元，到2010年1月再次提高，月人均补差标准为65元，2010年10月提高至85元，2012年10月，月人均补差标准已经达到120元，保障水平明显提高。

（三）城乡医疗救助工作快速推进，享受人群持续扩大

商洛市民政部门依据陕西省的相关政策规定，结合当地实际情况，制定了《商洛市城乡医疗救助暂行办法》，对城乡困难群众实施救助。近年来，随着全市医疗救助专项补助资金的不断增加，救助覆盖面持续扩大，同时，严格按照救助暂行办法的要求执行，不断规范并简化救助操作程序。截至2013年5月，全市累计救助城乡困难患病群众7.4万人次，其中一站式救助4566人次，医后救助3486人次，门诊救助2785人次，资助参合参保6.3万人次，累计支出医疗救助资金3877.04万元。

（四）农村五保供养水平全面提升，切实解决受助人员的生活困难

商洛地处秦巴山区，也是一个跨区域的集中连片特困地区。当地农村基础条件差，困难人群数量大，分布面广。按照《农村五保供养工作条例》的要求，商洛市不断健全和完善五保供养经费保障机制，着力解决好五保老人生活、住房、医疗问题。据统计，截至2014年第一季度末，全市共供养农村五保对象（特困人员）18696人，其中集中供养6757人，年供养金5200元，分散供养11939人，年供养金4700元。针对商洛农村五保供养人员的实际情况，不断加大集中供养的投入，全市目前共有敬老院88座，已经建成并投入使用的76座，其中县级中心敬老院5座、区域敬老院23座、乡镇敬老院48座；正在建设的有12座，床位数合计7918张。此外，对五保老人的住院费用实行全额报销。这些措施有效解决了农村五保老人的生活、住房、医疗等问题。

（五）多种类社会救助政策同步推进，各项工作有序开展

商洛属自然灾害多发易发地区，突如其来的各种自然灾害往往会给当地群众的生命财产安全带来极大的破坏和心理上的伤害。近年来，商洛市通过实施灾害救助，积极主动解决受灾群众在生产、生活以及心理上遇到的各种

问题和困难；同时，依据《城市生活无着的流浪乞讨人员救助管理办法》，商洛市加大了对城区流浪乞讨人员的排查力度，变被动救助为主动救助，妥善安置了城镇各类流浪乞讨人员。几年来，经过商洛市各部门的通力合作，构建起相对完善的社会救助体系，救助网络覆盖到多个领域和不同人群，从整体上提升了社会救助的保障功能。在各项救助政策稳步推进的基础上，最终确立了以城乡最低生活保障制度为基础，以农村五保供养制度、灾害救急制度、医疗救助、流浪乞讨人员救济为主要内容，住房救助、教育救助、司法援助制度相配套的社会救助体系，在保障困难群众基本生活、建设和谐商洛等诸多方面发挥了重要的作用。

二 商洛市社会救助存在的问题与困难

商洛市社会救助工作在各方面的共同努力下，无论是保障能力还是保障水平都已经取得较大进展，但从整体来看，由于经济基础薄弱，需要救助的人群面广量大，再加之社会救助起步晚、推行的时间短等诸多因素的制约，在实践过程中还面临着一些问题。

（一）法律依据不足，救助申请核对机制欠缺

商洛市实施社会救助的依据主要来源于相关的政策法规，但由于目前的相关政策规定还不够细致深入，因此，在具体的实施过程中，往往是依靠行政手段推进，由此导致救助工作中存在较大的随意性和主观性。同时，在具体操作过程中，相关部门和单位掌握的户籍、机动车、就业、保险、住房、存款、证券、个体工商户、纳税、公积金等信息难以互连互通和共享共用，民政部门无法准确掌握救助申请家庭经济状况信息，加之审核审批程序不严密、个别工作人员素质不高，造成一些地区出现"人情保"、骗保等问题。

（二）财政投入有限，救助资金相对不足

目前，商洛市社会救助资金主要来源于政府公共财政的投入，社会捐助

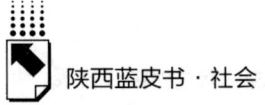

等其他渠道的投入所占比例较小。由于救助资金来源单一、救助资金不足、救助标准偏低，救助水平很难随着经济社会同步提高。

近年来，尽管中央及省财政加大了对社会救助的转移支付力度，而按照国家有关规定，社会救助的责任主体为地方政府，因此，市、县仍然需要安排数额巨大的配套资金，虽然商洛市各级财政不断加大投入力度，但整体上还处于低位运行，供需矛盾十分突出。例如，新农合的筹资标准，2013年商洛市人均为197元，位于全省11个地市倒数第2位。同时，对涉及困难群体的医疗、教育、住房等救助急需的专项资金也明显不足，尤其是对于新开发的救助项目，更是捉襟见肘，无法保证救助工作的健康发展。社会救助资金来源单一，还没有建立起以政府为主、社会力量积极参与、受助对象互助共济的多元化社会救助格局，极大地制约着社会救助工作的有序协调发展。

（三）城乡救助标准差别大，资源配置不够合理

从城乡社会救助资金投入的比例来看，这几年对农村社会救助资金的投入有大幅度的增加，但同农村对社会救助的需求相比，用于农村社会救助的财政投入总量依然十分有限。2013年，商洛市农村居民的低保平均补助标准为120元/月，比城镇240元/月的低保平均补助标准少120元，城乡低保标准之比约为1∶2，差距高达100%。目前，全市城乡医疗救助标准由各县区自行制定，差异较大，严重影响了困难群众享受医疗救助的公平性。就社会救助资金城乡投入的整体情况来看，存在着严重的偏重城镇的问题。一是城乡救助资金分配单边倾斜，主要体现在城乡最低生活保障救助标准上。目前，商洛城镇低保标准根据上年度最低工资的40%来确定，农村低保按城镇低保标准的60%来确定。2010年，全市城镇低保标准为每人每月350.56元，农村低保标准为每人每月217.36元，城乡低保标准之间差距明显。二是存在多头管理的弊端。有限的社会救助资源分散在众多部门，社会救助工作除民政部门外，劳动、教育、卫生、建设、司法等部门及群众团体也都在参与，由于缺乏统筹协调，相关部门往往各自为政，容易产生救助资金、物品重复配置和救助对象过于集中等问题。例如，同属居民医疗保障范畴的新

农合由卫生部门管理，城镇居民医保由社保部门管理，出现了同一对象重复参保、重复领取保费的现象。

（四）救助保障方式单一，进退机制不够健全

当前，社会救助往往以维持贫困群众的基本生活为目标，多为现金、物品救助和应急式救助，缺少精神关怀和后续发展方面的救助。这种单一的救助方式不能满足贫困群众对社会救助多层次的需求，不能从根本上解决贫困问题，救助过后，很容易返贫，从而形成"救助—缓解—返贫—救助"的恶性循环。民政部门对低保对象的界定，普遍采用"家庭人均收入"测算法。由于农民收入中很大一部分是粮食等农作物，不易直接估算价值，需要货币转换；同时，一些外出务工人员收入缺少稳定性；再者，房租等隐性收入难以统计等原因，造成测算方法不够科学，"应保尽保"、"应退尽退"的要求没有真正落实到位。少数工作人员碍于人情关系，没有如实测算，部分收入不是很低的家庭也被列入低保范围，这部分人员进保后往往不愿退保，给清理工作带来困难。

（五）管理力量单薄，救助经办经费紧缺

目前，商洛社会救助队伍建设相对滞后，尤其是基层救助工作力量十分薄弱，面对社会救助大量的具体事务性工作，基层民政部门尤其是镇民政办人员不足、年龄老化、无办公经费等问题，一定程度影响了社会救助工作的整体有效推进。虽然全市126个乡镇（街道）社会救助服务机构基本上都有民政助理员，但年龄偏大，大都属于兼职，文化水平相对较低。村（居）和社区社会救助工作力量更弱，面对量大面广、政策性强、办理难度高的医疗救助、临时救助、低保、"五保"等工作，人少事多的矛盾十分突出，此外，商洛市社会救助管理服务信息化网络建设也相对滞后，需要进一步建立健全科学高效的社会救助信息报送及管理服务制度。

（六）信息更新滞后，监督管理不规范

社会救助工作信息化建设是全面提升救助水平的重要手段，可靠准确的

救助信息成为社会救助工作得以有效进行的前提。就目前商洛市社会救助信息化建设而言，信息收集机构的不健全、信息化工作的基础设施不配套、信息化建设经费严重短缺等，这些都已经影响到社会救助信息的准确性和完整性，同时，也导致部门间救助信息沟通不畅、效益不高。社会救助的监督体系不完善，监督效率低下，与现在的社会救助工作不匹配。监管机制不规范，一些监督部门工作的公开性较低、透明度不够，加之民众的社会监管意识薄弱等，致使社会监督乏力，未能发挥应有的作用。

三 进一步完善商洛市新型城乡社会救助体系的对策建议

建立和完善覆盖城乡的新型社会救助体系，不仅事关商洛经济社会发展的大局，更事关商洛社会的稳定和谐与长治久安。因此，进一步加快商洛市社会救助体系建设，做到城乡统筹谋划、同步有序推进，完善全市统一的城乡贫困群众救助工作机制，切切实实维护好广大弱势群体的生存和发展，增进人民福祉。

（一）细化法律法规，规范社会救助工作程序

商洛市应当根据社会救助工作实际需要，适时制定、修改社会救助规章及政策，既保持与上位法的衔接，又实事求是。用规范化的社会救助工作程序，使此项工作真正实现公开、公平、公正。市政府应尽快出台"商洛市居民家庭经济状况核对工作实施方案"和"商洛市居民家庭经济状况核对操作暂行办法"，确保准确、高效、公正认定最低生活保障等社会救助对象，成立"商洛市居民家庭经济状况核对工作领导小组"，负责协调各部门的信息沟通，从而建立跨部门、多层次、信息共享的救助申请家庭经济状况核对机制。

（二）建立健全财政投入机制，积极拓展社会救助筹资渠道

加大政府救助资金投入。各级政府作为社会救助的主体，通过调整

财政支出结构，加大对社会救助资金的投入比例，将社会救助资金足额纳入同级财政预算。同时，广泛动员社会力量参与社会救助，积极拓展社会救助筹资渠道，应用多种办法鼓励和支持企业家、社会名人等以企业或个人名义设立民办社会救助慈善基金，并通过落实各项税收减免政策，保护公众慈善捐赠的积极性。加强宣传教育，提高群众对社会救助的认识，加强互助共济，积极参与社会保障。运用财政等多种手段，多渠道引入资金进行社会救助，投资社会救助设施建设，使越来越多的弱势群体得到帮助。加强统筹协调，努力优化社会救助的资源配置。注重城乡社会救助的均衡推进，统筹协调发展。随着农村城市化进程的加快和农村产业结构的调整，城乡最低生活保障救助标准的差距进一步缩小。各级政府通过建立联席会议制度，定期召开会议，加强各部门、各项救助制度之间的衔接，加强对资金、物品、设施、人力等资源的整合，将分散在各相关部门的救助资金纳入社会救助资金的总盘子，合理调度，有序使用，避免出现因重复救助引起的浪费和不均衡现象，完善"一口上下"的运行机制。真正形成民政部门主管，劳动、教育、卫生、建设、司法等部门，以及工会、共青团、妇联、残联、慈善等组织共同参与的社会救助工作格局。

（三）统筹兼顾城乡救助需求，科学设定救助标准

针对商洛市农村救助对象面广量大的实际情况，社会救助工作必须始终坚持城乡统筹协调发展。通过建立专项社会保障基金统一调配制度，有效解决农村社会救助资金投入不足的问题，将生活困难人群的生活保障、服务保障以及常态化救助与应急性救助共同协调推进，逐步缩小城乡保障范围、保障标准和补助水平的差别，从而推进城乡社会救助制度一体化目标的实现。根据不同地区经济社会发展水平的差异，科学设定合理的救助标准，一方面，应以社会平均收入为基础，以城乡居民人均可支配收入和支出、家庭人均收入和支出等为参数，确立最低生活保障标准。另一方面，应根据居民生活水平的变动和物价的波动以及家庭支出等情况，每年进行相应调整，切实

保障困难群众的基本生活,体现社会救助作为二次分配的公平正义性,缓解贫富不均带来的各种社会问题。

(四)健全社会救助网络,建设高效有序的救助运行机制

紧紧抓住社会救助与群众面对面的工作特性,不断完善管理体制和运行机制,确保每项救助政策能落到实处。首先是健全社会救助网络。要进一步健全三级社会救助网络。特别要加快乡镇(街道)社会救助服务机构建设,充实人员,落实经费和办公场地;要加强村(居)、社区社会救助平台建设,整合劳动部门劳动保障和社会救助工作职能,设立兼职救助员,落实工作经费,确保有人管事。加大信息化建设力度,优化组织网络,降低行政成本,提高工作效率。统筹部门资源参与社会救助工作,通过细化工作内容,将社会救助工作任务分解到民政、人社、医疗、教育等相关部门,充分发挥各部门的管理职能。动员社会各方力量,尤其是大力发展社会志愿者队伍,完善社区公共服务网络,为困难群众提供更多的关怀和救助。坚持以人为本,不断提升服务能力和服务水平,使服务设施更加人性化、服务工作更加精细化,充分体现以人为本,提升人文关怀的水平,促进民政事业与经济社会的同步发展。

(五)建立社会救助贫困评估体系,确保救助的公平和高效

一是对申请低保的对象进行民主评议,接受群众的监督,做到公开、公正。二是建立梯度贫困等级,减少救助落差。在实行最低生活保障的同时要兼顾低保边缘户的救助,把彼此之间的政策断层变为政策斜坡,根据低收入的不同层次设立梯度贫困等级,各种救助项目根据贫困等级分别确定合理的救助额度,进行分层分类援助。三是实行动态管理,及时调整低保对象。通过定期抽查和信息网络跟踪,对家庭收入发生变化的,按程序及时减发或增发保救助金;对家庭人均收入高于最低生活保障标准的救助对象,按规定办理退保手续。

（六）开展多种形式的救助，推动社会救助可持续发展

建设新型社会救助体系，要不断充实救助内容，增加救助项目，加大对重点困难群体的跟踪救助。要特别注重发掘救助对象的劳动潜能，对有劳动能力的低收入农户，可以采取政府补助和奖励的形式，鼓励企业吸纳他们转移就业；对年老体弱、身体残疾等无法实现转移就业的，可结合各地产业特点，鼓励企业在发展来料加工等业务时，向他们提供力所能及的业务，使他们能够自力更生，依靠自身的努力提高生活水平。

（七）建立监管长效机制，确保社会救助资金安全、规范、有效使用

建立全方位的监督检查机制，形成财政监管、审计检查、人大政协以及新闻媒体等在内的监督机构，对救助工作决策、执行以及资金运行情况进行全面监督，确保救助资金运行安全。尤其是财政部门要进一步加强对救助资金的监管，确保专款专用。审计部门要定期对社会救助资金使用情况进行审计，防止挤占、挪用、滞留情况的发生。同时，要加大联合检查力度，突出检查重点领域和重点环节。此外，要充分发挥特约监察员和行风监督员的作用，通过他们的履职活动进行监督；依托各种新闻媒体，实行舆论监督；通过政务公开、村务公开等，加大群众的监管力度。

弱势群体是我们社会的重要组成部分，也是我国现代化建设的重要力量。"去弱变强"，不仅仅需要政府的社会救助，更需要整个社会的不懈努力与大力支持，如此才能构建一个真正意义上的社会救助体系。

附 录

Appendix

B.26
2014～2015年陕西省社会发展九大热词

史小筠*

1. 改革年

缘起：国家主席习近平在2014年新年除夕发表了新年贺词，向国民发出祝福，并希望在新一年里深入改革，国家富强，世界和谐。外媒普遍认为：2014年对中国来说是个改革年，中国的改革将彻底消除经济增长道路上的障碍，改变中国经济增长模式，到2020年中国的GDP将超过美国，成为世界第一经济大国。

背景：在既得利益群体已然存在、利益藩篱日趋固化的当下，改革再成各界共识。2013年，中国共产党十八届三中全会突破性地为中国改革"升级"，提出"全面深化改革"的全新主张。

---

* 史小筠，陕西省社会科学院当代马克思主义研究所。

2013年岁末,中共中央政治局决定成立中央全面深化改革领导小组,由习近平任组长。在全会决定涉及的15个领域60项任务中,目前已经有至少23项陆续出台了相关措施或已着手细化改革内容。因此,2014年,被视为中国全面深化改革元年。

改革的重点内容:从《决定》看,深化改革任务涉及面广,涵盖了经济、政治、文化、社会、生态文明、国防和军队7个方面。

从改革内容重点实施看,包含了:

——收入分配制度改革。"提低、扩中、控高"被公认为是中国收入分配改革的基本思路。在收入分配改革中,饱受争议的养老金双轨制有望在今年破题。

——计划生育政策改革。2013年,十八届三中全会决定启动实施"单独二孩"政策。随后,十二届全国人大常委会第六次会议表决通过,"单独二孩"政策正式获批。

——推出不动产统一登记制度。按照既定时间表,中国在2014年将迎来不动产登记条例和不动产统一登记制度的出台。不动产统一登记制度将为房产税的开征奠定基础,同时也可能为反腐败添上一柄利器。

——以市场化为核心的国企改革。遵循以下三项基本原则:第一,坚持基本经济制度;第二,坚持市场化改革方向;第三,坚持政企分开、政资分开,所有权与经营权分开。2014年将成为国企改革的关键之年。

——高考招考制度改革。普通高校将逐步推行基于统一高考和高中学业水平考试成绩的综合评价、多元录取机制。根据新一轮教改"三步走"的时间表设置,2014年出总体方案,各省区在年底出具体实施办法,开始综合改革试点或专项改革试点,2017年总结推广实施,2020年基本形成新招生制度。

——反腐制度化、常态化。按照依法治国、依法执政的思路,在全面深化改革征程起步的第一年,升级反腐、强化整风的态势将持续,"打老虎拍苍蝇"将逐渐制度化、常态化。

——大国外交。适应国际形势新变化,领导人密集出访,密集展开大国外交新攻势，掌握对外关系主动权。国家安全委员会，这一被视为加强中央对外事工作的集中统一领导和统筹协调的最新举措，应在2014年有实质性进展。

——军队改革加速。新年开启，在"能打仗、打胜仗"的要求下，中国军队如何优化军队规模结构，减少非战斗机构和人员；如何在军队政策制度调整改革上，建立军官职业化制度；如何更加注重联合地方，推动形成军民融合深度发展的格局等深层改革引人关注。新的一年里，包括反腐治贪在内，解放军在整肃军风军纪方面的力度料将持续。

——两岸关系。2013年，两岸关系可谓在"深水区"难中求进。这样的攻坚脚步在2014年不会止步。

设计区间：按6年左右时间段提出改革任务，到2020年在重要领域和关键环节改革上取得决定性成果。

2. 新型城镇化

问题的提出：改革开放30年时间中，城市空间扩大了二三倍，城镇化率也达到了52.6%。但是，空间城市化并没有相应产生人口城市化。中国有2.6亿农民工，户籍问题把他们挡在了享受城市化成果之外，他们是被城镇化、伪城镇化的。如果挤掉水分的话，我国只有36%的城镇化率。

世界最多人口的城镇化。五年转移农村人口8463万人，城镇化率由45.9%提高到52.6%。这种变化得益于两个因素：一是工业化、信息化、农业现代化的推动，二是有关户籍等政策逐步调整，公平的"城门"在制度层面逐渐打开。

城镇化是中国发展的重头戏。这不仅因为美国城镇化率达到90%、韩国达到80%等现实差距，更因为城镇化背负着扩大内需、拉动增长的重任。

内涵。新型城镇化是以城乡统筹、城乡一体、产城互动、节约集约、生态宜居、和谐发展为基本特征的城镇化，是大中小城市、小城镇、新型农村社区协调发展、互促共进的城镇化。核心在于不以牺牲农业和粮食、生态和环境为代价，着眼农民，涵盖农村，实现城乡基础设施一体化和公共服务均等化，促进经济社会发展，实现共同富裕。新概念经济、社会方方面面关系到大至都市，小到农户的产销、合作、互动、和谐的新型社会关系。

高层声音：

习近平："积极稳妥推进城镇化，合理调节各类城市人口规模，提高中小城市对人口的吸引能力，始终节约用地，保护生态环境；城镇化要发展，农业现代化和新农村建设也要发展，同步发展才能相得益彰，要推进城乡一体化发展。"

李克强："统筹'新四化'发展，需要平衡多方面关系。推进城镇化，核心是人的城镇化，关键是提高城镇化质量，目的是造福百姓和富裕农民。要走集约、节能、生态的新路子，着力提高内在承载力，不能人为'造城'，要实现产业发展和城镇建设融合，让农民工逐步融入城镇。要为农业现代化创造条件、提供市场，实现新型城镇化和农业现代化相辅相成。"

住房和城乡建设部副部长仇保兴：从概念到行动：第一，传统的城镇化，是城市优先发展的城镇化，而新型城镇化讲求城乡互补、协调发展。第二，城乡一体化发展，绝对不能搞成"一样化"发展，不能把农村都变为城市，而是要走城乡协调发展的道路。第三，推进新型城镇化，不能盲目克隆国外建筑，而是要传承自身的文脉，重塑自身的特色。没有自己的文脉，形不成自己的特色，自身优势就发挥不出来，就会千城一面。

"新"在何处。新型城镇化的"新"就是要由过去片面注重追求城市规模扩大、空间扩张，改变为以提升城市的文化、公共服务等内涵为中心，真正使我们的城镇成为具有较高品质的适宜人居之所。城镇化的核心是农村人口转移到城镇，完成农民到市民的转变，而不是建高楼、建广场。农村人口转移不出来，不仅农业的规模效益出不来，扩大内需也无法实现。所以，新型城镇化也叫作"人的城镇化"。

焦点。农村土地产权制度改革。

3. 群众路线教育实践

党的群众路线教育实践活动，第一批于2013年6月18日启动，教育活动时间一年左右，活动将紧紧围绕保持和发展党的先进性和纯洁性，以"为民、务实、清廉"为主题，按照"照镜子、正衣冠、洗洗澡、治治病"的总要求，自上而下在中共全党深入开展。教育活动指导思想是：全面贯彻党的十八大精神，高举中国特色社会主义伟大旗帜，坚持以马克思列宁主义、毛泽东思想、邓小平理论、"三个代表"重要思想、科学发展观为指导，紧紧围绕保持党的先进性和纯洁性，以为民务实清廉为主要内容，以县处级以上领导机关、领导班子和领导干部为重点，切实加强全体党员马克思主义的群众观点和党的群众路线教育。切入点是贯彻落实中央八项规定；教育活动重点对象是县处级以上领导机关、领导班子和领导干部。

党的群众路线教育实践活动第二批活动于2014年1月开始，预计于2014年10月结束，这次活动更为贴近基层。根据中央统一安排，中央政治局常委在第二批教育实践活动中分别联系一个县，习近平联系兰考县。

深入开展党的群众路线教育实践活动，对于教育引导党员干部牢固树立宗旨意识和马克思主义群众观点，改进工作作风，赢得人民群众信任和拥护，夯实党的执政基础，提高为人民服务的本领。

主要任务：教育引导党员干部树立群众观点，弘扬优良作风，解决突出问题，保持清廉本色，使干部作风进一步转变，干群关系进一步密切，为民务实清廉形象进一步树立。

总体要求：要坚持围绕中心、服务大局，全面贯彻落实党的十八大提出的各项任务要求，把作风建设放在突出位置，以作风建设的新成效凝聚起推动事业发展的强大力量。要落实为民务实清廉的要求，要牢牢把握基本原则，要着力解决突出问题。

要落实为民务实清廉的要求。

为民，就是要坚持人民创造历史、人民是真正英雄，坚持以人为本、人民至上。

务实，就是要求真务实、真抓实干，发扬理论联系实际之风。

清廉，就是要自觉遵守党章，严格执行廉政准则，主动接受监督。

要牢牢把握基本原则：正面教育为主、批评和自我批评、讲求实效、分类指导和领导带头。

要着力解决突出问题：坚决反对形式主义，坚决反对官僚主义，坚决反对享乐主义，坚决反对奢靡之风。

2014年10月8日,党的群众路线教育实践活动总结大会在北京召开,中共中央总书记、国家主席、中央军委主席习近平出席会议并发表重要讲话。

群众路线是党的生命线和根本工作路线。深入开展党的群众路线教育实践活动,对于教育引导党员干部牢固树立宗旨意识和马克思主义群众观点,切实改进工作作风,赢得人民群众的信任和拥护,夯实党的执政基础,巩固党的执政地位,具有十分重大而深远的意义。

4. 丝绸之路经济带

丝绸之路是西汉时张骞出使西域开辟的以长安(今陕西西安)为起点,经关中平原、河西走廊、塔里木盆地,到锡尔河与乌浒河之间的中亚河中地区、大伊朗,并连接地中海各国的陆上通道。在这条具有历史意义的国际通道上,五彩丝绸、中国瓷器和香料络绎于途,为古代东西方之间经济、文化交流做出了重要贡献。作为经济全球化的早期版本,这条贸易通道被誉为全球最重要的商贸大动脉。

经过岁月变迁,21世纪初,贸易和投资在古丝绸之路上再度活跃。中亚各国希望与中国扩展合作领域,在交通、邮电、纺织、食品、制药、化工、农产品加工、消费品生产、机械制造等行业对其进行投资,并在农业、沙漠治理、太阳能、环境保护等方面进行合作,为这块沃土注入"肥料"和"生机"。

在现代交通、资讯飞速发展和全球化发展背景下,促进丝绸之路沿线区域经贸各领域的发展合作,既是对历史文化的传承,也是对该区域蕴藏的巨大潜力的开发。

2013年9月7日上午,中国国家主席习近平在哈萨克斯坦纳扎尔巴耶夫大学作重要演讲,提出共同建设"丝绸之路经济带"。为了使欧亚各国经济联系更加紧密、相互合作更加深入、发展空间更加广阔,可以用创新的合作模式,共同建设"丝绸之路经济带",这是一项造福沿途各国人民的大事业。

丝绸之路经济带,是在古丝绸之路概念基础上形成的一个新的经济发展区域,包括西北五省区(陕西、甘肃、青海、宁夏、新疆)和西南四省区

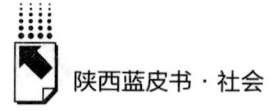

市（重庆、四川、云南、广西）。

新丝绸之路经济带，东边牵着亚太经济圈，西边系着发达的欧洲经济圈，被认为是"世界上最长、最具有发展潜力的经济大走廊"。

围绕新丝绸之路的概念，中国与中亚国家在能源合作、经济贸易、互联互通、区域合作、金融合作等方面取得积极进展，并且筹划以加强政策沟通、加强道路联通、加强贸易畅通、加强货币流通、加强民心相通为目标的更加紧密的合作前景。

自1992年中国与中亚五国建交以来，双边经贸合作取得了快速发展。据统计，建交之初中国与五国的贸易总额仅为4.6亿美元。

21世纪是新丝绸之路经济带发展合作的"黄金世纪"。

2001年，上海合作组织成立以后，双边贸易额保持快速增长态势。

2008年的贸易额已达308亿美元，受国际金融危机影响，2009年中国与中亚五国双边贸易有所回落，为235亿美元。此后，双边贸易再次发力，呈加速发展趋势。

2012年中国同中亚国家贸易额已高达460亿美元，20年间增长了100倍。

陕西作为古丝绸之路起点，在建设丝绸之路经济带上具有独特优势。省委省政府审时度势，抓住机遇，做出加快建设丝绸之路经济带新起点的决策部署，立足区位优势，发挥西安国际港务区、综合保税区等作用，加强现代物流集散地和区域性金融中心建设，深化与中亚国家在能源、旅游等领域的合作；积极扩大教育、科技、文化等方面的交流，加快构建内陆型经济开发开放战略高地；依托西安国际化大都市建设，建立省市联动协调机制，加强与国家战略对接，明确发展定位、重点任务和政策措施，努力把陕西打造成丝绸之路经济带新起点。

5. 治理灰霾

"灰霾"是指大气中直径小于或等于2.5微米的颗粒物（PM2.5），不到人的头发丝的1/20，也称为可入肺颗粒物。

这些空气中的超细悬浮粒子（包括PM2.5）最直接的副作用，就是造成灰霾天气，浓度越高，则灰霾天气愈多。较小的 PM2.5 颗粒可以穿透人体呼吸道的防御毛发状结构，也就是鼻腔中的鼻纤毛，进入人体内部，引发人体整个范围的疾病。例如心脏病、动脉硬化、肺部硬化、肺癌、哮喘和慢性支气管炎等。

PM2.5 最主要是人为产生的，煤炭、石油及其他矿物燃烧产生的工业废气，以及机动车产生的尾气排放，包括散播到空气中的灰尘、硫酸、硝酸、有机碳氢化合物等粒子，经过一系列光化学反应形成了二次污染物。

尽管没有关于 PM2.5 的具体统计数据，但各种信息却充分表明，大陆地区无论东西南北，此杀手已经日益肆虐：超细颗粒，南京十年里增加了五倍；长三角地区大气气溶胶浓度逐年增加；广州灰霾天气日益增多，已经极度不适合居住；东南沿海的福建、浙江、江苏、汕尾、深圳、香港也不能幸免，中西部地区的内陆城市如兰州、西安和其他一些大城市，受空气中超细污染颗粒困扰，灰霾天气逐年增多。

灰霾治理是一项系统的环保工程，目前还处于初级阶段。当务之急是有好的政策设计，谋划治理阴霾天气的路线图和时间表，脚踏实地，一步步来；然后才是有序执行，而且执行到位。就现实而论，则是现在一二线城市进行"灰霾"元凶的监测，随后推展到各城各市，实行城市和乡村的监测全覆盖；在形成全国监测网络的基础上，进行有效监管和治理，这才是客观科学的。总之，灰霾治理，需要时间，既不可能一蹴而就，也不能无所作为，即需要政策耐力。2013 年底，国务院印发了《重点区域大气污染防治"十二五"规划》，强调京津冀、长三角、珠三角三大区域要同步采取治理措施。

我国污染物排放强度大，一个原因是长期粗放式发展经济。2013 年我国 GDP 占全球的 10.48%，然而却消耗了世界 60% 的水泥、49% 的钢铁和 20.3% 的能源。其次是能源结构不合理，煤炭消耗量超 35 亿吨，在我国能源消费中的比重为 70% 左右，清洁能源比重偏低。最后是机动车污染日益突出，1 亿辆机动车排放的氮氧化物占全国排放总量的 1/4 左右。因此，治理大气污染首先要转变增长方式，树立科学发展观，改善经济结构和能源结构，减轻对环境的影响。

环保部文件指出：汽车是污染物总量的主要贡献者，其排放的氮氧化合物和PM超过90%，碳氢和一氧化碳超过70%。其中，柴油车排放的氮氧化合物接近汽车排放总量的70%，PM超过90%；而汽油车一氧化碳和碳氢排放量超过总量的70%。占汽车保有量16.4%的"黄标车"却排放了63.7%的氮氧化合物、86.6%的PM、55.9%的一氧化碳和60.4%的碳氢。所以，减少汽车排放的重点是加速淘汰老旧车辆，提高燃油清洁标准，提倡更多使用公共交通工具，并采取措施减少拥堵。

既然欧美国家治理灰霾天气用了半个世纪，中国分阶段进行（检测、政策设计、有效治理）用个20年，总能让中国天空中2.5微米微粒消弭无形了吧。公众有足够的耐心，也对中国公共治理有相当的信心，一个能够制造航天飞船的国家，应该有足够的办法去治理2.5微米微粒，还公众以澄碧清澈的天空和大气环境。

6. 三个陕西

"三个陕西"即为建设"富裕陕西、和谐陕西、美丽陕西"。陕西省委书记赵正永在2013年3月11日全国"两会"上接受媒体采访时，提出建设"三个陕西"的构想。2013年5月3日在《陕西日报》上发表署名文章，系统论述了"三个陕西"内涵。省委十二届三次全会将建设"三个陕西"作为陕西省发展战略目标；省委十二届四次全会审议通过了《关于建设富裕陕西、和谐陕西、美丽陕西的决定》。

富裕陕西，是实现"陕西梦"的物质基础。就是要以科学发展为主题，以加快转变发展方式为主线，"四化"同步发展，经济持续健康快速增长，城乡统筹推进，城镇化质量明显提高，区域协调互动，科技创新能力显著增强，文化强省建设加快推进，教育现代化基本实现，就业质量更高更充分，城乡居民收入大幅提升，三秦大地步入繁荣富强的新时代。

和谐陕西，是实现"陕西梦"的根本保障。就是社会矛盾和利益关系不断调整，法制社会更加健全，社会公平正义充分体现，民生切实得到改善和保障，实现基本公共服务均等化，建成完善优孕、优生、优教、优业、优养的终身保障体系，做到学生上好学、家家乐就业、户户住好房、人人享健康、老人有赡养，社会和谐稳定，人民更加自尊自信，三秦百姓过上幸福安康的新生活。

美丽陕西，是实现"陕西梦"的重要支撑。就是人与自然相和谐，实现绿色、循环、低碳可持续发展，主体功能区基本形成，绿色空间格局、产业结构、生产生活方式全面确立，资源节约型和环境友好型社会基本建成。西安大都市建设成为我国北方最具南方特点的城市。陕北高原大绿化，关中平原园林化，陕南山区森林化。全省人民呼吸洁净的空气，喝上干净的水，吃上安全的食品，三秦家园真正成为天蓝、水碧、地绿的新乐土。

建设"三个陕西"，是"中国梦"在陕西的具体实践，分为两个阶段。第一阶段，经过2017年到建党100周年时，全面实现省第十二次党代会确定的"三强一富一美"目标，进入全国中等发达省份行列，与全国同步全面建成小康社会；第二阶段，到新中国成立100周年，全面建成"三个陕西"，使全省经济发展、民主健全、文化繁荣、社会和谐、生态美好，实现发达强省的宏伟蓝图。当前陕西正站在跨越发展、蓄势腾飞的新起点上，"富裕陕西"意味着陕西的综合实力将进一步跃升。"和谐陕西"就是在经济成长的基础上使人们获得幸福感，创造出真正的和谐社会。"美丽陕西"就是把生态文明建设放在突出地位，融入经济建设、政治建设、文化建设、社会建设各方面和全过程，进而实现可持续发展。

建设富裕陕西、和谐陕西、美丽陕西，是"中国梦"在陕西的具体实践，是陕西人实现"中国梦"的"陕西梦"，是全省人民的共同期盼和为"中国梦"增添浓墨重彩的陕西华章。

7. 陕西好人

为深化群众性精神文明创建活动，不断提高全省公民思想道德素质和社会文明程度，推动全社会形成"发现好人、推荐好人、崇尚好人、争做好人"的良好风尚。2014年5月，陕西省文明办制定了《"陕西好人"推荐评选活动实施方案》旨在通过广泛发动广大干部群众在熟悉的人群中推荐好人，在日常生活中发现好事，选树先进，培养典型，引导人们见贤思齐，崇尚美德，知荣辱、讲正气、学先进、做好人，弘扬社会正气，倡导文明新风，促进社会公德、职业道德、家庭美德和个人品德建设，促进好人好事不断涌现，为"三个陕西"建设提供强大道德支撑和精神动力，为培育和践行社会主义核心价值观树立鲜活典型，为两年一届的道德模范评选做好铺垫和基础性工作。

《方案》规定，凡在陕西省生活、工作、学习一年以上的陕西籍或外省籍年满16周岁的公民，均可参与"陕西好人"的推荐评选活动或作为"陕西好人"被推荐人选。"陕西好人"分为"助人为乐好人"、"见义勇为好人"、"诚实守信好人"、"敬业奉献好人"、"孝老爱亲好人"五种类型。入选"陕西好人"的基本条件是：遵纪守法，爱党爱国，自觉践行社会主义核心价值观，模范遵守道德规范，在助人为乐、见义勇为、诚实奉献、孝老爱亲等方面有突出表现，事迹鲜活感人，影响力大，被身边群众广泛认可。"陕西好人"的推荐将由村组（站、所、班、组）、乡镇（部门、单位）、县文明办、市文明办（省级部门、单位）、省文明办逐级向上推荐。省文明办对基层逐级推荐的好人事迹材料进行审核后，提出考察名单，并召开专家评委会，对候选人进行评审，形成评审结果。

"陕西好人"推荐评选活动旨在深化群众性精神文明创建活动，不断提高全省公民思想道德素质和社会文明程度，推动全社会形成"发现好人、推荐好人、崇尚好人、争做好人"的良好风尚。省文明办将在每年年底对当年推选出的所有"陕西好人"进行表彰，颁发"陕西好人"证书，对当年入选的"陕西好人"和"中国好人榜"的人选给予一定的物质奖励。

从2014年5月起，省文明办将在全省范围内开展"陕西好人"推荐评选活动，每月评出10~15名。入选"陕西好人"的将优先作为各级道德模范评选的候选人，并同时作为"中国好人榜"的推荐人选。

"陕西好人"体现了陕西人忠厚质朴的传统美德，也展现了陕西人豪放宽厚的时代特征。陕西好人的形象塑造，对引领社会新风尚、传递社会正能量和普通公民的道德建设都具有极大的示范效应和时代意义。能使好人获得成就感，显现人生的价值。他们是陕西优秀文化的传承者，是陕西精神的实践者，是核心价值观的践行者。大力弘扬陕西好人的优良品质和精神，形成"陕西好人"的品牌效应，为"三个陕西"建设提供坚强的精神动力。

如今社会复杂多元，总需要通过一定的载体，映照社会的真实。而一个一个"陕西好人"组合起来、坚持下去，就能以微观真实折射宏观真实，展示社会的本质，凝聚出进步的力量。"陕西好人"推荐评选，就具有映照、折射的作用。

8. 陕西县级公立医院改革

2010年，陕西省政府制定下发了《关于县级公立医院综合改革试点工作的指导意见》，并确定在37个县区开展试点。为进一步加快改革步伐，从2012年起在全省全面推进县级公立医院改革。希望通过综合改革，为县域居民提供健全有效的基本医疗服务保障，建立体制合理、机制灵活、功能完善、效率较高的服务体系，使90%左右的患者在县域内就诊，实现"小病不出乡镇，大病不出县城，预防在基层"的目标。

陕西县级公立医院改革从2010年开始在5个县进行试点，2011年扩大到37个县，并在全省107个县区全面推行。通过政府财政保障、改革医药购销体系、强化医院运行管理等措施，患者医药费用总额和次均费用明显下降。

经过3年的医改实践，各地探索出一批因地制宜的好经验和好做法，涌现了以构建"平价医院"为特点的子长模式，以"供需双方并补"为特点的府谷模式，以"全民免费医疗"为特点的神木模式，以"区镇医疗卫生一体化"管理为特点的阎良模式，以基层医疗卫生机构综合改革为特点的镇安模式和以城市医院托管县医院为特点的洛川、太白经验。通过试点县级公立医院改革，陕西的县级医院提升了服务水平，降低了医药费用，初步缓解了老百姓看病难、看病贵。

2014年6月，陕西省政府出台深化县级公立医院综合改革的实施意见，推进县级公立医院去行政化。在新出台的《关于深化县级公立医院综合改革的实施意见》中，改革将从管理体制、补偿机制、收入分配等全方位推进，保障可持续的公立医院运行新机制，大力推进县级公立医院去行政化。还将放宽社会资本办医准入范围，优先支持举办非营利性医疗机构，鼓励社会资本投向资源稀缺及满足多元需求服务领域，形成与县级公立医院相互竞争、共同发展格局，并制定医生多点执业实施细则，允许公立医院医生到非公立医疗机构执业。

为确保改革取得实效，陕西省政府要求，市县政府主要负责同志担任同级医改领导小组组长，省市有关部门进一步简政放权，为改革创造良好条件。同时，建立督促检查、考核和问责机制，把改革实施情况作为政府目标责任考核的重要内容，做到按月通报、按季度考核、全年评估，考核结果与省级财政补助资金挂钩。

公立医院改革是深化医药卫生体制改革的一项重点任务，而县级公立医院又是县域内的医疗卫生服务中心和农村三级医疗卫生服务网络的龙头，所以深化县级公立医院综合改革试点是解决群众"看病贵、看病难"问题的必然要求，是巩固基层医改成效的关键支撑，也能为城市公立医院改革积累经验并奠定基础。随着县级公立医院改革步伐的加快，公立医院改革也由点向面推进。通过体制机制不断创新，深化人事制度改革及监管机制，建立政府财政投入机制、完善现代医院的管理制度，"看病难、看病贵"的局面必将得到彻底改变，县级公立医院必将逐步恢复公益性质，面貌焕然一新。

9. 陕南移民

陕南即陕西省南部地区，北靠秦岭，南倚巴山，包括汉中、安康、商洛三市。因地处山区，经济基础薄弱，自然灾害频发，制约了当地经济发展，并威胁到山区群众的生命安全。这三个市涉及搬迁的28个县（区）中，有21个属于国家或省级贫困县。地质灾害频发导致一般年份平均死亡人数在30人左右。

陕南频发的地质灾害及难以脱贫的现状，使陕西省政府下定了扶贫避灾移民的决心。2011年5月，陕西省委、省政府发布了《陕南地区移民搬迁安置总体规划》和《陕南地区移民搬迁安置工作实施办法（暂行）》，启动了新中国成立以来最大的一次移民搬迁。该规划指出，2011～2020年，汉中、安康、商洛3市的28个县（区）将搬迁240万人，超过这3个市总人口的25%。《规划》指出，2011～2015年，将重点安排陕南地区地质灾害和洪涝灾害频发易发区、贫困山区以及生态移民搬迁安置38万户约140万人；2016～2020年，安置移民搬迁22万户约100万人。移民搬迁以集中安置为主，分散安置为辅；以集镇建设为中心，以促进人口聚集为目的，确立了向城镇迁移、向移民新村迁移、小村并大村迁移、自主分散迁移四种移民方式，既有建好的安置房供移民户选择，也有划拨好的宅基地供移民自建。

这项持续10年的宏伟工程在各级政府的高度重视下，很快步入正轨，有序推进。经过三年的努力，陕南移民搬迁安置房开工及进度已初步实现定期化、常态化，群众入住率不断提高，三年共搬迁20万户约77万人。其中，三市实现城镇安置移民44万余人，城镇化率提高了4.78个百分点。陕南移民搬迁工程已累计完成投资359亿元，建设集中安置项目2014个，22万群众接受就业培训，7万余人到产业园就业。仅商洛市就有53000多户近20万人搬进新居。预计到2015年，陕西省将在陕南三市建成规模在500户以上的大型安置点40多个，规模在100~500户的中型安置点360多个，规模100户以内的小型安置点800多个，集中安置率达到80%以上。

"搬得下，稳得住，要致富"是陕南移民搬迁安置所有工作的检验标准。自2011年启动陕南移民搬迁工程以来，陕西省在省级财政每年安排补助资金29.6亿元的基础上，采取中央统筹、地方配套、项目支持、对口支援、群众自筹等多种途径，捆绑资金，向移民搬迁安置点集中安排。在解决搬迁群众最为关注的就业生存问题上，要求移民搬迁要与园区建设相结合，将移民安置点建设与工业园区、农业现代化产业园区统一规划，通盘考虑，努力探索促进移民就业安置和园区企业发展的双赢模式。并先后通过采取增加补助资金、发放贴息贷款、提供创业咨询等方式引导群众创业。

陕南移民搬迁是陕西省委省政府实施的一项重大惠民工程，是一个从根本上解决陕南环境恶劣地区群众居住安全和生存发展的工程，也是一个加快推进城镇化进程和城乡经济一体化发展的重大战略举措。这一战略决策将为陕南地区汉中、安康、商洛三市64万农户240万人走出环境恶劣的深山区、开启富足安全的新生活揭开历史新篇章。陕南移民搬迁不仅对富民强省和推进陕西经济社会协调发展具有重大意义，对推进陕南城镇化建设快速发展、整体提升人民生活水平具有重大意义。而且有利于陕南一带自然生态的恢复和保护，对全国同类地区推行生态移民也具有示范价值。

法律声明

"皮书系列"(含蓝皮书、绿皮书、黄皮书)之品牌由社会科学文献出版社最早使用并持续至今,现已被中国图书市场所熟知。"皮书系列"的LOGO( )与"经济蓝皮书""社会蓝皮书"均已在中华人民共和国国家工商行政管理总局商标局登记注册。"皮书系列"图书的注册商标专用权及封面设计、版式设计的著作权均为社会科学文献出版社所有。未经社会科学文献出版社书面授权许可,任何使用与"皮书系列"图书注册商标、封面设计、版式设计相同或者近似的文字、图形或其组合的行为均系侵权行为。

经作者授权,本书的专有出版权及信息网络传播权为社会科学文献出版社享有。未经社会科学文献出版社书面授权许可,任何就本书内容的复制、发行或以数字形式进行网络传播的行为均系侵权行为。

社会科学文献出版社将通过法律途径追究上述侵权行为的法律责任,维护自身合法权益。

欢迎社会各界人士对侵犯社会科学文献出版社上述权利的侵权行为进行举报。电话:010-59367121,电子邮箱:fawubu@ssap.cn。

社会科学文献出版社

权威报告·热点资讯·特色资源

皮书数据库
ANNUAL REPORT(YEARBOOK) DATABASE

当代中国与世界发展高端智库平台

皮书俱乐部会员服务指南

1. **谁能成为皮书俱乐部成员？**
   - 皮书作者自动成为俱乐部会员
   - 购买了皮书产品（纸质书/电子书）的个人用户

2. **会员可以享受的增值服务**
   - 免费获赠皮书数据库100元充值卡
   - 加入皮书俱乐部，免费获赠该纸质图书的电子书
   - 免费定期获赠皮书电子期刊
   - 优先参与各类皮书学术活动
   - 优先享受皮书产品的最新优惠

3. **如何享受增值服务？**

   （1）免费获赠100元皮书数据库体验卡
   第1步 刮开附赠充值的涂层（右下）；
   第2步 登录皮书数据库网站（www.pishu.com.cn），注册账号；
   第3步 登录并进入"会员中心"—"在线充值"—"充值卡充值"，充值成功后即可使用。

   （2）加入皮书俱乐部，凭数据库体验卡获赠该书的电子书
   第1步 登录社会科学文献出版社官网（www.ssap.com.cn），注册账号；
   第2步 登录并进入"会员中心"—"皮书俱乐部"，提交加入皮书俱乐部申请；
   第3步 审核通过后，再次进入皮书俱乐部，填写页面所需图书、体验卡信息即可自动兑换相应电子书。

4. **声明**
   解释权归社会科学文献出版社所有

皮书俱乐部会员可享受社会科学文献出版社其他相关免费增值服务，有任何疑问，均可与我们联系。

图书销售热线：010-59367070/7028
图书服务QQ：800045692
图书服务邮箱：duzhe@ssap.cn

数据库服务热线：400-008-6695
数据库服务QQ：2475522410
数据库服务邮箱：database@ssap.cn

欢迎登录社会科学文献出版社官网
（www.ssap.com.cn）
和中国皮书网（www.pishu.cn）
了解更多信息

社会科学文献出版社 皮书系列

卡号：563913166620
密码：

子库介绍
Sub-Database Introduction

中国经济发展数据库

涵盖宏观经济、农业经济、工业经济、产业经济、财政金融、交通旅游、商业贸易、劳动经济、企业经济、房地产经济、城市经济、区域经济等领域，为用户实时了解经济运行态势、把握经济发展规律、洞察经济形势、做出经济决策提供参考和依据。

中国社会发展数据库

全面整合国内外有关中国社会发展的统计数据、深度分析报告、专家解读和热点资讯构建而成的专业学术数据库。涉及宗教、社会、人口、政治、外交、法律、文化、教育、体育、文学艺术、医药卫生、资源环境等多个领域。

中国行业发展数据库

以中国国民经济行业分类为依据，跟踪分析国民经济各行业市场运行状况和政策导向，提供行业发展最前沿的资讯，为用户投资、从业及各种经济决策提供理论基础和实践指导。内容涵盖农业，能源与矿产业，交通运输业，制造业，金融业，房地产业，租赁和商务服务业，科学研究环境和公共设施管理，居民服务业，教育，卫生和社会保障，文化、体育和娱乐业等 100 余个行业。

中国区域发展数据库

以特定区域内的经济、社会、文化、法治、资源环境等领域的现状与发展情况进行分析和预测。涵盖中部、西部、东北、西北等地区，长三角、珠三角、黄三角、京津冀、环渤海、合肥经济圈、长株潭城市群、关中—天水经济区、海峡经济区等区域经济体和城市圈，北京、上海、浙江、河南、陕西等 34 个省份及中国台湾地区。

中国文化传媒数据库

包括文化事业、文化产业、宗教、群众文化、图书馆事业、博物馆事业、档案事业、语言文字、文学、历史地理、新闻传播、广播电视、出版事业、艺术、电影、娱乐等多个子库。

世界经济与国际政治数据库

以皮书系列中涉及世界经济与国际政治的研究成果为基础，全面整合国内外有关世界经济与国际政治的统计数据、深度分析报告、专家解读和热点资讯构建而成的专业学术数据库。包括世界经济、世界政治、世界文化、国际社会、国际关系、国际组织、区域发展、国别发展等多个子库。

权威·前沿·原创

社会科学文献出版社

皮书系列

2015年

盘点年度资讯 预测时代前程

社会科学文献出版社
SOCIAL SCIENCES ACADEMIC PRESS (CHINA)

社会科学文献出版社成立于1985年,是直属于中国社会科学院的人文社会科学专业学术出版机构。

成立以来,特别是1998年实施第二次创业以来,依托于中国社会科学院丰厚的学术出版和专家学者两大资源,坚持"创社科经典,出传世文献"的出版理念和"权威、前沿、原创"的产品定位,社科文献立足内涵式发展道路,从战略层面推动学术出版的五大能力建设,逐步走上了学术产品的系列化、规模化、数字化、国际化、市场化经营道路。

先后策划出版了著名的图书品牌和学术品牌"皮书"系列、"列国志"、"社科文献精品译库"、"全球化译丛"、"气候变化与人类发展译丛"、"近世中国"等一大批既有学术影响又有市场价值的系列图书。形成了较强的学术出版能力和资源整合能力,年发稿5亿字,年出版图书1400余种,承印发行中国社科院院属期刊70余种。

依托于雄厚的出版资源整合能力,社会科学文献出版社长期以来一直致力于从内容资源和数字平台两个方面实现传统出版的再造,并先后推出了皮书数据库、列国志数据库、中国田野调查数据库等一系列数字产品。

在国内原创著作、国外名家经典著作大量出版,数字出版突飞猛进的同时,社会科学文献出版社在学术出版国际化方面也取得了不俗的成绩。先后与荷兰博睿等十余家国际出版机构合作面向海外推出了《经济蓝皮书》《社会蓝皮书》等十余种皮书的英文版、俄文版、日文版等。截至目前,社会科学文献出版社共推出各类学术著作的英文版、日文版、俄文版、韩文版、阿拉伯文版等共百余种。

此外,社会科学文献出版社积极与中央和地方各类媒体合作,联合大型书店、学术书店、机场书店、网络书店、图书馆,逐步构建起了强大的学术图书的内容传播力和社会影响力,学术图书的媒体曝光率居全国之首,图书馆藏率居于全国出版机构前十位。

上述诸多成绩的取得,有赖于一支以年轻的博士、硕士为主体,一批从中国社科院刚退出科研一线的各学科专家为支撑的300多位高素质的编辑、出版和营销队伍,为我们实现学术立社,以学术的品位、学术价值来实现经济效益和社会效益这样一个目标的共同努力。

作为已经开启第三次创业梦想的人文社会科学学术出版机构,社会科学文献出版社结合社会需求、自身的条件以及行业发展,提出了新的创业目标:精心打造人文社会科学成果推广平台,发展成为一家集图书、期刊、声像电子和数字出版物为一体,面向海内外高端读者和客户,具备独特竞争力的人文社会科学内容资源供应商和海内外知名的专业学术出版机构。

社长致辞

我们是图书出版者,更是人文社会科学内容资源供应商;

我们背靠中国社会科学院,面向中国与世界人文社会科学界,坚持为人文社会科学的繁荣与发展服务;

我们精心打造权威信息资源整合平台,坚持为中国经济与社会的繁荣与发展提供决策咨询服务;

我们以读者定位自身,立志让爱书人读到好书,让求知者获得知识;

我们精心编辑、设计每一本好书以形成品牌张力,以优秀的品牌形象服务读者,开拓市场;

我们始终坚持"创社科经典,出传世文献"的经营理念,坚持"权威、前沿、原创"的产品特色;

我们"以人为本",提倡阳光下创业,员工与企业共享发展之成果;

我们立足于现实,认真对待我们的优势、劣势,我们更着眼于未来,以不断的学习与创新适应不断变化的世界,以不断的努力提升自己的实力;

我们愿与社会各界友好合作,共享人文社会科学发展之成果,共同推动中国学术出版乃至内容产业的繁荣与发展。

社会科学文献出版社社长
中国社会学会秘书长

2015 年 1 月

社会科学文献出版社　**皮书系列**

❖ 皮书起源 ❖

"皮书"起源于十七、十八世纪的英国,主要指官方或社会组织正式发表的重要文件或报告,多以"白皮书"命名。在中国,"皮书"这一概念被社会广泛接受,并被成功运作、发展成为一种全新的出版形态,则源于中国社会科学院社会科学文献出版社。

❖ 皮书定义 ❖

皮书是对中国与世界发展状况和热点问题进行年度监测,以专业的角度、专家的视野和实证研究方法,针对某一领域或区域现状与发展态势展开分析和预测,具备权威性、前沿性、原创性、实证性、时效性等特点的连续性公开出版物,由一系列权威研究报告组成。皮书系列是社会科学文献出版社编辑出版的蓝皮书、绿皮书、黄皮书等的统称。

❖ 皮书作者 ❖

皮书系列的作者以中国社会科学院、著名高校、地方社会科学院的研究人员为主,多为国内一流研究机构的权威专家学者,他们的看法和观点代表了学界对中国与世界的现实和未来最高水平的解读与分析。

❖ 皮书荣誉 ❖

皮书系列已成为社会科学文献出版社的著名图书品牌和中国社会科学院的知名学术品牌。2011年,皮书系列正式列入"十二五"国家重点出版规划项目;2012~2014年,重点皮书列入中国社会科学院承担的国家哲学社会科学创新工程项目;2015年,41种院外皮书使用"中国社会科学院创新工程学术出版项目"标识。

经济类 皮书系列 重点推荐

经 济 类

经济类皮书涵盖宏观经济、城市经济、大区域经济，提供权威、前沿的分析与预测

经济蓝皮书
2015年中国经济形势分析与预测
李 扬 / 主编　　2014年12月出版　　定价:69.00元

◆ 本书课题为"总理基金项目"，由著名经济学家李扬领衔，联合数十家科研机构、国家部委和高等院校的专家共同撰写，对2014年中国宏观及微观经济形势，特别是全球金融危机及其对中国经济的影响进行了深入分析，并且提出了2015年经济走势的预测。

城市竞争力蓝皮书
中国城市竞争力报告 No.13
倪鹏飞 / 主编　　2015年5月出版　　估价:89.00元

◆ 本书由中国社会科学院城市与竞争力研究中心主任倪鹏飞主持编写，汇集了众多研究城市经济问题的专家学者关于城市竞争力研究的最新成果。本报告构建了一套科学的城市竞争力评价指标体系，采用第一手数据材料，对国内重点城市年度竞争力格局变化进行客观分析和综合比较、排名，对研究城市经济及城市竞争力极具参考价值。

西部蓝皮书
中国西部发展报告（2015）
姚慧琴　徐璋勇 / 主编　　2015年7月出版　　估价:89.00元

◆ 本书由西北大学中国西部经济发展研究中心主编，汇集了源自西部本土以及国内研究西部问题的权威专家的第一手资料，对国家实施西部大开发战略进行年度动态跟踪，并对2015年西部经济、社会发展态势进行预测和展望。

3

经济类

中部蓝皮书
中国中部地区发展报告（2015）

喻新安 / 主编　　2015 年 5 月出版　　估价 :69.00 元

◆ 本书敏锐地抓住当前中部地区经济发展中的热点、难点问题，紧密地结合国家和中部经济社会发展的重大战略转变，对中部地区经济发展的各个领域进行了深入、全面的分析研究，并提出了具有理论研究价值和可操作性强的政策建议。

世界经济黄皮书
2015 年世界经济形势分析与预测

王洛林　张宇燕 / 主编　　2014 年 12 月出版　　估价 :69.00 元

◆ 本书为"十二五"国家重点图书出版规划项目，中国社会科学院创新工程学术出版资助项目，作者来自中国社会科学院世界经济与政治研究所。该书总结了 2014 年世界经济发展的热点问题，对 2015 年世界经济形势进行了分析与预测。

中国省域竞争力蓝皮书
中国省域经济综合竞争力发展报告（2015）

李建平　李闽榕　高燕京 / 主编　　2015 年 3 月出版　　估价 :198.00 元

◆ 本书充分运用数理分析、空间分析、规范分析与实证分析相结合、定性分析与定量分析相结合的方法，建立起比较科学完善、符合中国国情的省域经济综合竞争力指标评价体系及数学模型，对 2013~2014 年中国内地 31 个省、市、区的经济综合竞争力进行全面、深入、科学的总体评价与比较分析。

城市蓝皮书
中国城市发展报告 No.8

潘家华　魏后凯 / 主编　2015 年 9 月出版　　估价 :69.00 元

◆ 本书由中国社会科学院城市发展与环境研究中心编著，从中国城市的科学发展、城市环境可持续发展、城市经济集约发展、城市社会协调发展、城市基础设施与用地管理、城市管理体制改革以及中国城市科学发展实践等多角度、全方位地立体展示了中国城市的发展状况，并对中国城市的未来发展提出了建议。

经济类 | 皮书系列 重点推荐

金融蓝皮书

中国金融发展报告（2015）

李 扬 王国刚/主编　2014年12月出版　估价：69.00元

◆ 由中国社会科学院金融研究所组织编写的《中国金融发展报告（2015）》，概括和分析了2014年中国金融发展和运行中的各方面情况，研讨和评论了2014年发生的主要金融事件。本书由业内专家和青年精英联合编著，有利于读者了解掌握2014年中国的金融状况，把握2015年中国金融的走势。

低碳发展蓝皮书

中国低碳发展报告（2015）

齐 晔/主编　2015年3月出版　估价：89.00元

◆ 本书对中国低碳发展的政策、行动和绩效进行科学、系统、全面的分析。重点是通过归纳中国低碳发展的绩效，评估与低碳发展相关的政策和措施，分析政策效应的制度背景和作用机制，为进一步的政策制定、优化和实施提供支持。

经济信息绿皮书

中国与世界经济发展报告（2015）

杜 平/主编　2014年12月出版　估价：79.00元

◆ 本书由国家信息中心继续组织有关专家编撰。由国家信息中心组织专家队伍编撰，对2014年国内外经济发展环境、宏观经济发展趋势、经济运行中的主要矛盾、产业经济和区域经济热点、宏观调控政策的取向进行了系统的分析预测。

低碳经济蓝皮书

中国低碳经济发展报告（2015）

薛进军 赵忠秀/主编　2015年5月出版　估价：69.00元

◆ 本书是以低碳经济为主题的系列研究报告，汇集了一批罗马俱乐部核心成员、IPCC工作组成员、碳排放理论的先驱者、政府气候变化问题顾问、低碳社会和低碳城市计划设计人等世界顶尖学者，对气候变化政策制定、特别是中国的低碳经济经济发展有特别参考意义。

皮书系列重点推荐　社会政法类

社会政法类

社会政法类皮书聚焦社会发展领域的热点、难点问题，提供权威、原创的资讯与视点

社会蓝皮书
2015年中国社会形势分析与预测

李培林　陈光金　张　翼/主编　2014年12月出版　定价:69.00元

◆ 本报告是中国社会科学院"社会形势分析与预测"课题组2014年度分析报告，由中国社会科学院社会学研究所组织研究机构专家、高校学者和政府研究人员撰写。对2014年中国社会发展的各个方面内容进行了权威解读，同时对2015年社会形势发展趋势进行了预测。

法治蓝皮书
中国法治发展报告 No.13（2015）

李　林　田　禾/主编　2015年2月出版　估价:98.00元

◆ 本年度法治蓝皮书一如既往秉承关注中国法治发展进程中的焦点问题的特点，回顾总结了2014年度中国法治发展取得的成就和存在的不足，并对2015年中国法治发展形势进行了预测和展望。

环境绿皮书
中国环境发展报告（2015）

刘鉴强/主编　2015年5月出版　估价:79.00元

◆ 本书由民间环保组织"自然之友"组织编写，由特别关注、生态保护、宜居城市、可持续消费以及政策与治理等版块构成，以公共利益的视角记录、审视和思考中国环境状况，呈现2014年中国环境与可持续发展领域的全局态势，用深刻的思考、科学的数据分析2014年的环境热点事件。

社会政法类　皮书系列 重点推荐

反腐倡廉蓝皮书
中国反腐倡廉建设报告 No.4

李秋芳／张英伟／主编　2014年12月出版　定价:79.00元

◆ 本书抓住了若干社会热点和焦点问题，全面反映了新时期新阶段中国反腐倡廉面对的严峻局面，以及中国共产党反腐倡廉建设的新实践新成果。根据实地调研、问卷调查和舆情分析，梳理了当下社会普遍关注的与反腐败密切相关的热点问题。

女性生活蓝皮书
中国女性生活状况报告 No.9（2015）

韩湘景／主编　2015年4月出版　估价:79.00元

◆ 本书由中国妇女杂志社、华坤女性生活调查中心和华坤女性消费指导中心组织编写，通过调查获得的大量调查数据，真实展现当年中国城市女性的生活状况、消费状况及对今后的预期。

华侨华人蓝皮书
华侨华人研究报告 (2015)

贾益民／主编　2015年12月出版　估价:118.00元

◆ 本书为中国社会科学院创新工程学术出版资助项目，是华侨大学向世界提供最新涉侨动态、理论研究和政策建议的平台。主要介绍了相关国家华侨华人的规模、分布、结构、发展趋势，以及全球涉侨生存安全环境和华文教育情况等。

政治参与蓝皮书
中国政治参与报告（2015）

房　宁／主编　2015年7月出版　估价:105.00元

◆ 本书作者均来自中国社会科学院政治学研究所，聚焦中国基层群众自治的参与情况介绍了城镇居民的社区建设与居民自治参与和农村居民的村民自治与农村社区建设参与情况。其优势是其指标评估体系的建构和问卷调查的设计专业，数据量丰富，统计结论科学严谨。

行业报告类

行业报告类皮书立足重点行业、新兴行业领域，提供及时、前瞻的数据与信息

房地产蓝皮书
中国房地产发展报告 No.12（2015）

魏后凯 李景国 / 主编　2015 年 5 月出版　估价：79.00 元

◆ 本书汇集了众多研究城市房地产经济问题的专家、学者关于城市房地产方面的最新研究成果。对2014年我国房地产经济发展状况进行了回顾，并做出了分析，全面翔实而又客观公正，同时，也对未来我国房地产业的发展形势做出了科学的预测。

保险蓝皮书
中国保险业竞争力报告（2015）

姚庆海　王力 / 主编　2015 年 12 出版　估价：98.00 元

◆ 本皮书主要为监管机构、保险行业和保险学界提供保险市场一年来发展的总体评价，外在因素对保险业竞争力发展的影响研究；国家监管政策、市场主体经营创新及职能发挥、理论界最新研究成果等综述和评论。

企业社会责任蓝皮书
中国企业社会责任研究报告（2015）

黄群慧　彭华岗　钟宏武　张蒽 / 编著
2015 年 11 月出版　估价：69.00 元

◆ 本书系中国社会科学院经济学部企业社会责任研究中心组织编写的《企业社会责任蓝皮书》2015年分册。该书在对企业社会责任进行宏观总体研究的基础上，根据2014年企业社会责任及相关背景进行了创新研究，在全国企业中观层面对企业健全社会责任管理体系提供了弥足珍贵的丰富信息。

行业报告类 皮书系列 重点推荐

投资蓝皮书
中国投资发展报告（2015）

杨庆蔚 / 主编　　2015年4月出版　　估价:128.00元

◆ 本书是中国建银投资有限责任公司在投资实践中对中国投资发展的各方面问题进行深入研究和思考后的成果。投资包括固定资产投资、实业投资、金融产品投资、房地产投资等诸多领域，尝试将投资作为一个整体进行研究，能够较为清晰地展现社会资金流动的特点，为投资者、研究者、甚至政策制定者提供参考。

住房绿皮书
中国住房发展报告（2014~2015）

倪鹏飞 / 主编　　2014年12月出版　　估价:79.00元

◆ 本报告从宏观背景、市场主体、市场体系、公共政策和年度主题五个方面，对中国住宅市场体系做了全面系统的分析、预测与评价，并给出了相关政策建议，并在评述2013~2014年住房及相关市场走势的基础上，预测了2014~2015年住房及相关市场的发展变化。

人力资源蓝皮书
中国人力资源发展报告（2015）

余兴安 / 主编　　2015年9月出版　　估价:79.00元

◆ 本书是在人力资源和社会保障部部领导的支持下，由中国人事科学研究院汇集我国人力资源开发权威研究机构的诸多专家学者的研究成果编写而成。作为关于人力资源的蓝皮书，本书通过充分利用有关研究成果，更广泛、更深入地展示近年来我国人力资源开发重点领域的研究成果。

汽车蓝皮书
中国汽车产业发展报告（2015）

国务院发展研究中心产业经济研究部　中国汽车工程学会
大众汽车集团（中国）/ 主编　　2015年7月出版　　估价:128.00元

◆ 本书由国务院发展研究中心产业经济研究部、中国汽车工程学会、大众汽车集团（中国）联合主编，是关于中国汽车产业发展的研究性年度报告，介绍并分析了本年度中国汽车产业发展的形势。

皮书系列重点推荐　国别与地区类

国别与地区类

国别与地区类皮书关注全球重点国家与地区，提供全面、独特的解读与研究

亚太蓝皮书

亚太地区发展报告（2015）

李向阳 / 主编　　2015 年 1 月出版　　估价 :59.00 元

◆ 本书是由中国社会科学院亚太与全球战略研究院精心打造的品牌皮书，关注时下亚太地区局势发展动向里隐藏的中长趋势，剖析亚太地区政治与安全格局下的区域形势最新动向以及地区关系发展的热点问题，并对 2015 年亚太地区重大动态做出前瞻性的分析与预测。

日本蓝皮书

日本研究报告（2015）

李　薇 / 主编　　2015 年 3 月出版　　估价 :69.00 元

◆ 本书由中华日本学会、中国社会科学院日本研究所合作推出，是以中国社会科学院日本研究所的研究人员为主完成的研究成果。对 2014 年日本的政治、外交、经济、社会文化作了回顾、分析与展望，并收录了该年度日本大事记。

德国蓝皮书

德国发展报告（2015）

郑春荣　伍慧萍 / 主编　　2015 年 6 月出版　　估价 :69.00 元

◆ 本报告由同济大学德国研究所组织编撰，由该领域的专家学者对德国的政治、经济、社会文化、外交等方面的形势发展情况，进行全面的阐述与分析。德国作为欧洲大陆第一强国，与中国各方面日渐紧密的合作关系，值得国内各界深切关注。

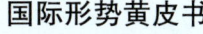

国别与地区类 | 皮书系列 重点推荐

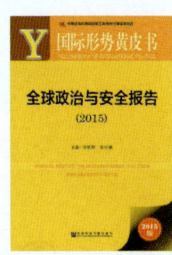

国际形势黄皮书
全球政治与安全报告（2015）

李慎明　张宇燕/主编　2014年12月出版　估价:69.00元

◆ 本书为"十二五"国家重点图书出版规划项目、中国社会科学院创新工程学术出版资助项目，为"国际形势黄皮书"系列年度报告之一。报告旨在对本年度国际政治及安全形势的总体情况和变化进行回顾与分析，并提出一定的预测。

拉美黄皮书
拉丁美洲和加勒比发展报告（2014~2015）

吴白乙/主编　2015年4月出版　估价:89.00元

◆ 本书是中国社会科学院拉丁美洲研究所的第14份关于拉丁美洲和加勒比地区发展形势状况的年度报告。本书对2014年拉丁美洲和加勒比地区诸国的政治、经济、社会、外交等方面的发展情况做了系统介绍，对该地区相关国家的热点及焦点问题进行了总结和分析，并在此基础上对该地区各国2015年的发展前景做出预测。

美国蓝皮书
美国研究报告（2015）

黄　平　郑秉文/主编　2015年7月出版　估价:89.00元

◆ 本书是由中国社会科学院美国所主持完成的研究成果，它回顾了美国2014年的经济、政治形势与外交战略，对2014年以来美国内政外交发生的重大事件以及重要政策进行了较为全面的回顾和梳理。

大湄公河次区域蓝皮书
大湄公河次区域合作发展报告（2015）

刘　稚/主编　2015年9月出版　估价:79.00元

◆ 云南大学大湄公河次区域研究中心深入追踪分析该区域发展动向，以把握全面，突出重点为宗旨，系统介绍和研究大湄公河次区域合作的年度热点和重点问题，展望次区域合作的发展趋势，并对新形势下我国推进次区域合作深入发展提出相关对策建议。

地方发展类

地方发展类皮书关注大陆各省份、经济区域，提供科学、多元的预判与咨政信息

北京蓝皮书
北京公共服务发展报告（2014~2015）

施昌奎 / 著　　2015年2月出版　估价：69.00元

◆ 本书是由北京市政府职能部门的领导、首都著名高校的教授、知名研究机构的专家共同完成的关于北京市公共服务发展与创新的研究成果。内容涉及了北京市公共服务发展的方方面面，既有综述性的总报告，也有细分的情况介绍，既有对北京各个城区的综合性描述，也有对局部、细部、具体问题的分析，对年度热点问题也都有涉及。

上海蓝皮书
上海经济发展报告（2015）

沈开艳 / 主编　　2015年1月出版　估价:69.00元

◆ 本书系上海社会科学院系列之一，报告对2015年上海经济增长与发展趋势的进行了预测，把握了上海经济发展的脉搏和学术研究的前沿。

广州蓝皮书
广州经济发展报告（2015）

李江涛　朱名宏 / 主编　　2015年5月出版　估价:69.00元

◆ 本书是由广州市社会科学院主持编写的"广州蓝皮书"系列之一，本报告对广州2014年宏观经济运行情况作了深入分析，对2015年宏观经济走势进行了合理预测，并在此基础上提出了相应的政策建议。

 文化传媒类 | 皮书系列 重点推荐

文化传媒类

文化传媒类皮书透视文化领域、文化产业，探索文化大繁荣、大发展的路径

新媒体蓝皮书
中国新媒体发展报告 No.5（2015）

唐绪军 / 主编　　2015 年 6 月出版　　估价：79.00 元

◆ 本书由中国社会科学院新闻与传播研究所和上海大学合作编写，在构建新媒体发展研究基本框架的基础上，全面梳理 2014 年中国新媒体发展现状，发表最前沿的网络媒体深度调查数据和研究成果，并对新媒体发展的未来趋势做出预测。

舆情蓝皮书
中国社会舆情与危机管理报告（2015）

谢耘耕 / 主编　　2015 年 8 月出版　　估价：98.00 元

◆ 本书由上海交通大学舆情研究实验室和危机管理研究中心主编，已被列入教育部人文社会科学研究报告培育项目。本书以新媒体环境下的中国社会为立足点，对 2014 年中国社会舆情、分类舆情等进行了深入系统的研究，并预测了 2015 年社会舆情走势。

文化蓝皮书
中国文化产业发展报告（2015）

张晓明　王家新　章建刚 / 主编　　2015 年 4 月出版　　估价：79.00 元

◆ 本书由中国社会科学院文化研究中心编写。从 2012 年开始，中国社会科学院文化研究中心设立了国内首个文化产业的研究类专项资金——"文化产业重大课题研究计划"，开始在全国范围内组织多学科专家学者对我国文化产业发展重大战略问题进行联合攻关研究。本书集中反映了该计划的研究成果。

经济类

G20国家创新竞争力黄皮书
二十国集团（G20）国家创新竞争力发展报告（2015）
著(编)者：黄茂兴　李闽榕　李建平　赵新力
2015年9月出版　／　估价:128.00元

产业蓝皮书
中国产业竞争力报告（2015）
著(编)者：张其仔　2015年5月出版　／　估价:79.00元

长三角蓝皮书
2015年全面深化改革中的长三角
著(编)者：张伟斌　2015年1月出版　／　估价:69.00元

城乡一体化蓝皮书
中国城乡一体化发展报告（2015）
著(编)者：付崇兰　汝信　2015年12月出版　／　估价:79.00元

城市创新蓝皮书
中国城市创新报告（2015）
著(编)者：周天勇　旷建伟　2015年8月出版　／　估价:69.00元

城市竞争力蓝皮书
中国城市竞争力报告（2015）
著(编)者：倪鹏飞　2015年5月出版　／　估价:89.00元

城市蓝皮书
中国城市发展报告NO.8
著(编)者：潘家华　魏后凯　2015年9月出版　／　估价:69.00元

城市群蓝皮书
中国城市群发展指数报告（2015）
著(编)者：刘新静　刘士林　2015年1月出版　／　估价:59.00元

城乡统筹蓝皮书
中国城乡统筹发展报告（2015）
著(编)者：潘晨光　程志强　2015年3月出版　／　估价:59.00元

城镇化蓝皮书
中国新型城镇化健康发展报告（2015）
著(编)者：张占斌　2015年5月出版　／　估价:79.00元

低碳发展蓝皮书
中国低碳发展报告（2015）
著(编)者：齐晔　2015年3月出版　／　估价:89.00元

低碳经济蓝皮书
中国低碳经济发展报告（2015）
著(编)者：薛进军　赵忠秀　2015年5月出版　／　估价:69.00元

东北蓝皮书
中国东北地区发展报告（2015）
著(编)者：马克　黄文艺　2015年8月出版　／　估价:79.00元

发展和改革蓝皮书
中国经济发展和体制改革报告（2015）
著(编)者：邹东涛　2015年11月出版　／　估价:98.00元

工业化蓝皮书
中国工业化进程报告（2015）
著(编)者：黄群慧　吕铁　李晓华　2015年11月出版　／　估价:89.00元

国际城市蓝皮书
国际城市发展报告（2015）
著(编)者：屠启宇　2015年1月出版　／　估价:69.00元

国家创新蓝皮书
中国创新发展报告（2015）
著(编)者：陈劲　2015年6月出版　／　估价:59.00元

环境竞争力绿皮书
中国省域环境竞争力发展报告（2015）
著(编)者：李闽榕　李建平　王金南
2015年12月出版　／　估价:148.00元

金融蓝皮书
中国金融发展报告（2015）
著(编)者：李扬　王国刚　2014年12月出版　／　估价:69.00元

金融信息服务蓝皮书
金融信息服务发展报告（2015）
著(编)者：鲁广锦　殷剑峰　林义相　2015年6月出版　／　估价:89.00元

经济蓝皮书
2015年中国经济形势分析与预测
著(编)者：李扬　2014年12月出版　／　定价:69.00元

经济蓝皮书·春季号
2015年中国经济前景分析
著(编)者：李扬　2015年5月出版　／　估价:79.00元

经济蓝皮书·夏季号
中国经济增长报告（2015）
著(编)者：李扬　2015年7月出版　／　估价:69.00元

经济信息绿皮书
中国与世界经济发展报告（2015）
著(编)者：杜平　2014年12月出版　／　估价:79.00元

就业蓝皮书
2015年中国大学生就业报告
著(编)者：麦可思研究院　2015年6月出版　／　估价:98.00元

临空经济蓝皮书
中国临空经济发展报告（2015）
著(编)者：连玉明　2015年9月出版　／　估价:79.00元

民营经济蓝皮书
中国民营经济发展报告（2015）
著(编)者：王钦敏　2015年12月出版　／　估价:79.00元

农村绿皮书
中国农村经济形势分析与预测（2014~2015）
著(编)者：中国社会科学院农村发展研究所
　　　　　国家统计局农村社会经济调查司
2015年4月出版　／　估价:69.00元

农业应对气候变化蓝皮书
气候变化对中国农业影响评估报告（2015）
著(编)者：矫梅燕　2015年8月出版　／　估价:98.00元

经济类·社会政法类 皮书系列 2014全品种

企业公民蓝皮书
中国企业公民报告（2015）
著(编)者：邹东涛　2015年12月出版 / 估价：79.00元

气候变化绿皮书
应对气候变化报告（2015）
著(编)者：王伟光　郑国光　2015年10月出版 / 估价：79.00元

区域蓝皮书
中国区域经济发展报告（2015）
著(编)者：梁昊光　2015年4月出版 / 估价：79.00元

全球环境竞争力绿皮书
全球环境竞争力报告（2015）
著(编)者：李建建　李闽榕　李建平　王金南
2015年12月出版 / 估价：198.00元

人口与劳动绿皮书
中国人口与劳动问题报告（2015）
著(编)者：蔡昉　2015年11月出版 / 估价：59.00元

世界经济黄皮书
2015年世界经济形势分析与预测
著(编)者：王洛林　张宇燕　2014年12月出版 / 估价：69.00元

世界旅游城市绿皮书
世界旅游城市发展报告（2015）
著(编)者：鲁勇　周正宇　宋宇　2015年6月出版 / 估价：88.00元

西北蓝皮书
中国西北发展报告（2015）
著(编)者：张进海　陈冬红　段庆林　2014年12月出版 / 估价：69.00元

西部蓝皮书
中国西部发展报告（2015）
著(编)者：姚慧琴　徐璋勇　2015年7月出版 / 估价：89.00元

新型城镇化蓝皮书
新型城镇化发展报告（2015）
著(编)者：李伟　2015年10月出版 / 估价：89.00元

新兴经济体蓝皮书
金砖国家发展报告（2015）
著(编)者：林跃勤　周文　2015年7月出版 / 估价：79.00元

中部竞争力蓝皮书
中国中部经济社会竞争力报告（2015）
著(编)者：教育部人文社会科学重点研究基地
南昌大学中国中部经济社会发展研究中心
2015年9月出版 / 估价：79.00元

中部蓝皮书
中国中部地区发展报告（2015）
著(编)者：喻新安　2015年5月出版 / 估价：69.00元

中国省域竞争力蓝皮书
中国省域经济综合竞争力发展报告（2015）
著(编)者：李建平　李闽榕　高燕京
2015年3月出版 / 估价：198.00元

中三角蓝皮书
长江中游城市群发展报告（2015）
著(编)者：秦尊文　2015年1月出版 / 估价：69.00元

中小城市绿皮书
中国中小城市发展报告（2015）
著(编)者：中国城市经济学会中小城市经济发展委员会
《中国中小城市发展报告》编纂委员会
中小城市发展战略研究院
2015年1月出版 / 估价：98.00元

中央商务区蓝皮书
中国中央商务区发展报告（2015）
著(编)者：中国商务区联盟
中国社会科学院城市发展与环境研究所
2015年10月出版 / 估价：69.00元

中原蓝皮书
中原经济区发展报告（2015）
著(编)者：李英杰　2015年6月出版 / 估价：88.00元

社会政法类

北京蓝皮书
中国社区发展报告（2015）
著(编)者：于燕燕　2015年6月出版 / 估价：69.00元

殡葬绿皮书
中国殡葬事业发展报告（2015）
著(编)者：李伯森　2015年3月出版 / 估价：59.00元

城市管理蓝皮书
中国城市管理报告（2015）
著(编)者：谭维克　刘林　2015年10月出版 / 估价：158.00元

城市生活质量蓝皮书
中国城市生活质量报告（2015）
著(编)者：中国经济实验研究院　2015年6月出版 / 估价：59.00元

城市政府能力蓝皮书
中国城市政府公共服务能力评估报告（2015）
著(编)者：何艳玲　2015年7月出版 / 估价：59.00元

创新蓝皮书
创新型国家建设报告（2015）
著(编)者：詹正茂　2015年3月出版 / 估价：69.00元

皮书系列 2014 全品种 — 社会政法类

慈善蓝皮书
中国慈善发展报告（2015）
著(编)者：杨团　2015年5月出版 / 估价：79.00元

大学生蓝皮书
中国大学生生活形态研究报告（2015）
著(编)者：张新洲　2015年12月出版 / 估价：69.00元

法治蓝皮书
中国法治发展报告No.13（2015）
著(编)者：李林　田禾　2015年2月出版 / 估价：98.00元

反腐倡廉蓝皮书
中国反腐倡廉建设报告No.4
著(编)者：李秋芳　张英伟　2014年12月出版 / 定价：79.00元

非传统安全蓝皮书
中国非传统安全研究报告（2015）
著(编)者：余潇枫　魏志江　2015年6月出版 / 估价：79.00元

妇女发展蓝皮书
中国妇女发展报告（2015）
著(编)者：王金玲　2015年9月出版 / 估价：148.00元

妇女教育蓝皮书
中国妇女教育发展报告（2015）
著(编)者：张李玺　2015年1月出版 / 估价：78.00元

妇女绿皮书
中国性别平等与妇女发展报告（2015）
著(编)者：谭琳　2015年12月出版 / 估价：99.00元

公共服务蓝皮书
中国城市基本公共服务力评价（2015）
著(编)者：钟君　吴正朵　2015年12月出版 / 估价：79.00元

公共服务满意度蓝皮书
中国城市公共服务评价报告（2015）
著(编)者：胡伟　2015年12月出版 / 估价：69.00元

公民科学素质蓝皮书
中国公民科学素质报告（2015）
著(编)者：李群　许佳军　2015年6月出版 / 估价：79.00元

公益蓝皮书
中国公益发展报告（2015）
著(编)者：朱健刚　2015年5月出版 / 估价：78.00元

管理蓝皮书
中国管理发展报告（2015）
著(编)者：张晓东　2015年9月出版 / 估价：98.00元

国际人才蓝皮书
中国国际移民报告（2015）
著(编)者：王辉耀　2015年1月出版 / 估价：79.00元

国际人才蓝皮书
中国海归发展报告（2015）
著(编)者：王辉耀　苗绿　2015年1月出版 / 估价：69.00元

国际人才蓝皮书
中国留学发展报告（2015）
著(编)者：王辉耀　苗绿　2015年9月出版 / 估价：69.00元

国家安全蓝皮书
中国国家安全研究报告（2015）
著(编)者：刘慧　2015年5月出版 / 估价：98.00元

行政改革蓝皮书
中国行政体制改革报告（2014~2015）
著(编)者：魏礼群　2015年3月出版 / 估价：89.00元

华侨华人蓝皮书
华侨华人研究报告（2015）
著(编)者：贾益民　2015年12月出版 / 估价：118.00元

环境绿皮书
中国环境发展报告（2015）
著(编)者：刘鉴强　2015年5月出版 / 估价：79.00元

基金会蓝皮书
中国基金会发展报告（2015）
著(编)者：刘忠祥　2015年6月出版 / 估价：69.00元

基金会绿皮书
中国基金会发展独立研究报告（2015）
著(编)者：基金会中心网　2015年8月出版 / 估价：88.00元

基金会透明度蓝皮书
中国基金会透明度发展研究报告（2015）
著(编)者：基金会中心网　清华大学廉政与治理研究中心
2015年9月出版 / 估价：78.00元

教师蓝皮书
中国中小学教师发展报告（2015）
著(编)者：曾晓东　2015年7月出版 / 估价：59.00元

教育蓝皮书
中国教育发展报告（2015）
著(编)者：杨东平　2015年5月出版 / 估价：79.00元

科普蓝皮书
中国科普基础设施发展报告（2015）
著(编)者：任福君　2015年6月出版 / 估价：59.00元

劳动保障蓝皮书
中国劳动保障发展报告（2015）
著(编)者：刘燕斌　2015年6月出版 / 估价：89.00元

老龄蓝皮书
中国老年宜居环境发展报告(2015)
著(编)者：吴玉韶　2015年9月出版 / 估价：79.00元

连片特困区蓝皮书
中国连片特困区发展报告（2015）
著(编)者：冷志明　游俊　2015年3月出版 / 估价：79.00元

民间组织蓝皮书
中国民间组织报告(2015)
著(编)者：潘晨光　黄晓勇　2015年8月出版 / 估价：69.00元

民调蓝皮书
中国民生调查报告（2015）
著(编)者：谢耘耕　2015年5月出版 / 估价：128.00元

社会政法类 — 皮书系列 2014全品种

民族发展蓝皮书
中国民族区域自治发展报告（2015）
著（编）者：王希恩 郝时远 2015年6月出版 / 估价：98.00元

女性生活蓝皮书
中国女性生活状况报告No.9（2015）
著（编）者：《中国妇女》杂志社 华坤女性生活调查中心 华坤女性消费指导中心
2015年4月出版 / 估价：79.00元

企业国际化蓝皮书
中国企业国际化报告(2015)
著（编）者：王辉耀 2015年10月出版 / 估价：79.00元

汽车社会蓝皮书
中国汽车社会发展报告（2015）
著（编）者：王俊秀 2015年1月出版 / 估价：59.00元

青年蓝皮书
中国青年发展报告No.3
著（编）者：廉思 2015年4月出版 / 估价：59.00元

区域人才蓝皮书
中国区域人才竞争力报告（2015）
著（编）者：桂昭明 王辉耀 2015年6月出版 / 估价：69.00元

群众体育蓝皮书
中国群众体育发展报告（2015）
著（编）者：刘国永 杨桦 2015年8月出版 / 估价：69.00元

人才蓝皮书
中国人才发展报告（2015）
著（编）者：潘晨光 2015年8月出版 / 估价：85.00元

人权蓝皮书
中国人权事业发展报告（2015）
著（编）者：中国人权研究会 2015年8月出版 / 估价：99.00元

森林碳汇绿皮书
中国森林碳汇评估发展报告（2015）
著（编）者：闫文德 胡文臻 2015年9月出版 / 估价：79.00元

社会保障绿皮书
中国社会保障发展报告（2015）
著（编）者：王延中 2015年6月出版 / 估价：79.00元

社会工作蓝皮书
中国社会工作发展报告（2015）
著（编）者：民政部社会工作研究中心
2015年8月出版 / 估价：79.00元

社会管理蓝皮书
中国社会管理创新报告（2015）
著（编）者：连玉明 2015年9月出版 / 估价：89.00元

社会蓝皮书
2015年中国社会形势分析与预测
著（编）者：李培林 陈光金 张翼
2014年12月出版 / 定价：69.00元

社会体制蓝皮书
中国社会体制改革报告（2015）
著（编）者：龚维斌 2015年5月出版 / 估价：79.00元

社会心态蓝皮书
中国社会心态研究报告（2015）
著（编）者：王俊秀 杨宜音 2015年10月出版 / 估价：69.00元

社会组织蓝皮书
中国社会组织评估发展报告（2015）
著（编）者：徐家良 廖鸿 2015年12月出版 / 估价：69.00元

生态城市绿皮书
中国生态城市建设发展报告（2015）
著（编）者：刘举科 孙伟平 胡文臻
2015年6月出版 / 估价：98.00元

生态文明绿皮书
中国省域生态文明建设评价报告（ECI 2015）
著（编）者：严耕 2015年9月出版 / 估价：85.00元

世界社会主义黄皮书
世界社会主义跟踪研究报告（2015）
著（编）者：李慎明 2015年3月出版 / 估价：198.00元

水与发展蓝皮书
中国水风险评估报告（2015）
著（编）者：王浩 2015年9月出版 / 估价：69.00元

土地整治蓝皮书
中国土地整治发展研究报告No.2
著（编）者：国土资源部土地整治中心 2015年5月出版 / 估价：89.00元

危机管理蓝皮书
中国危机管理报告（2015）
著（编）者：文学国 2015年8月出版 / 估价：89.00元

形象危机应对蓝皮书
形象危机应对研究报告（2015）
著（编）者：唐钧 2015年6月出版 / 估价：149.00元

医改蓝皮书
中国医药卫生体制改革报告（2015～2016）
著（编）者：文学国 房志武 2015年12月出版 / 估价：79.00元

医疗卫生绿皮书
中国医疗卫生发展报告（2015）
著（编）者：申宝忠 韩玉珍 2015年4月出版 / 估价：75.00元

应急管理蓝皮书
中国应急管理报告（2015）
著（编）者：宋英华 2015年10月出版 / 估价：69.00元

政治参与蓝皮书
中国政治参与报告（2015）
著（编）者：房宁 2015年7月出版 / 估价：105.00元

政治发展蓝皮书
中国政治发展报告（2015）
著（编）者：房宁 杨海蛟 2015年5月出版 / 估价：88.00元

中国农村妇女发展蓝皮书
流动女性城市融入发展报告（2015）
著（编）者：谢丽华 2015年11月出版 / 估价：69.00元

宗教蓝皮书
中国宗教报告（2015）
著（编）者：金泽 邱永辉 2015年9月出版 / 估价：59.00元

行业报告类

保险蓝皮书
中国保险业竞争力报告（2015）
著（编）者：王力　　2015年12月出版 / 估价:98.00元

彩票蓝皮书
中国彩票发展报告（2015）
著（编）者：益彩基金　　2015年10月出版 / 估价:69.00元

餐饮产业蓝皮书
中国餐饮产业发展报告（2015）
著（编）者：邢颖　　2015年6月出版 / 估价:69.00元

测绘地理信息蓝皮书
智慧中国地理空间智能体系研究报告（2015）
著（编）者：徐德明　　2015年1月出版 / 估价:98.00元

茶业蓝皮书
中国茶产业发展报告（2015）
著（编）者：杨江帆 李闽榕　　2015年1月出版 / 估价:78.00元

产权市场蓝皮书
中国产权市场发展报告（2015）
著（编）者：曹和平　　2015年12月出版 / 估价:79.00元

电子政务蓝皮书
中国电子政务发展报告（2014~2015）
著（编）者：洪毅 杜平　　2015年2月出版 / 估价:79.00元

杜仲产业绿皮书
中国杜仲橡胶资源与产业发展报告（2015）
著（编）者：胡文臻 杜红岩 俞锐
2015年9月出版 / 估价:98.00元

房地产蓝皮书
中国房地产发展报告No.12（2015）
著（编）者：魏后凯 李景国　　2015年5月出版 / 估价:79.00元

服务外包蓝皮书
中国服务外包产业发展报告（2015）
著（编）者：王晓红 刘德军　　2015年6月出版 / 估价:89.00元

工业设计蓝皮书
中国工业设计发展报告（2015）
著（编）者：王晓红 于炜 张立群　　2015年9月出版 / 估价:138.00元

互联网金融蓝皮书
中国互联网金融发展报告（2015）
著（编）者：芮晓武 刘烈宏　　2015年8月出版 / 估价:79.00元

会展蓝皮书
中外会展业动态评估年度报告（2015）
著（编）者：张敏　　2015年1月出版 / 估价:78.00元

金融监管蓝皮书
中国金融监管报告（2015）
著（编）者：胡滨　　2015年5月出版 / 估价:69.00元

金融蓝皮书
中国商业银行竞争力报告（2015）
著（编）者：王松奇　　2015年12月出版 / 估价:69.00元

客车蓝皮书
中国客车产业发展报告（2015）
著（编）者：姚蔚　　2015年12月出版 / 估价:85.00元

老龄蓝皮书
中国老年宜居环境发展报告（2015）
著（编）者：吴玉韶 党俊武　　2015年9月出版 / 估价:79.00元

流通蓝皮书
中国商业发展报告（2015）
著（编）者：荆林波　　2015年5月出版 / 估价:89.00元

旅游安全蓝皮书
中国旅游安全报告（2015）
著（编）者：郑向敏 谢朝武　　2015年5月出版 / 估价:98.00元

旅游景区蓝皮书
中国旅游景区发展报告（2015）
著（编）者：黄安民　　2015年7月出版 / 估价:79.00元

旅游绿皮书
2015年中国旅游发展分析与预测
著（编）者：宋瑞　　2015年1月出版 / 估价:79.00元

煤炭蓝皮书
中国煤炭工业发展报告（2015）
著（编）者：岳福斌　　2015年12月出版 / 估价:79.00元

民营医院蓝皮书
中国民营医院发展报告（2015）
著（编）者：庄一强　　2015年10月出版 / 估价:75.00元

闽商蓝皮书
闽商发展报告（2015）
著（编）者：王日根 李闽榕　　2015年12月出版 / 估价:69.00元

能源蓝皮书
中国能源发展报告（2015）
著（编）者：崔民选 王军生　　2015年8月出版 / 估价:79.00元

农产品流通蓝皮书
中国农产品流通产业发展报告（2015）
著（编）者：贾敬敦 张东科 张玉玺 孔令羽 张鹏毅
2015年9月出版 / 估价:89.00元

企业蓝皮书
中国企业竞争力报告（2015）
著（编）者：金碚　　2015年11月出版 / 估价:89.00元

企业社会责任蓝皮书
中国企业社会责任研究报告（2015）
著（编）者：黄群慧 彭华岗 钟宏武 张蒽
2015年11月出版 / 估价:69.00元

行业报告类

皮书系列 2014全品种

汽车安全蓝皮书
中国汽车安全发展报告（2015）
著(编)者：中国汽车技术研究中心　2015年4月出版 / 估价：79.00元

汽车蓝皮书
中国汽车产业发展报告（2015）
著(编)者：国务院发展研究中心产业经济研究部
　　　　　中国汽车工程学会　大众汽车集团（中国）
2015年7月出版 / 估价：128.00元

清洁能源蓝皮书
国际清洁能源发展报告（2015）
著(编)者：国际清洁能源论坛（澳门）
2015年9月出版 / 估价：89.00元

人力资源蓝皮书
中国人力资源发展报告（2015）
著(编)者：余兴安　2015年9月出版 / 估价：79.00元

软件和信息服务业蓝皮书
中国软件和信息服务业发展报告（2015）
著(编)者：陈新河　洪京一　2015年12月出版 / 估价：198.00元

上市公司蓝皮书
上市公司质量评价报告（2015）
著(编)者：张跃文　王力　2015年10月出版 / 估价：118.00元

食品药品蓝皮书
食品药品安全与监管政策研究报告（2015）
著(编)者：唐民皓　2015年7月出版 / 估价：69.00元

世界能源蓝皮书
世界能源发展报告（2015）
著(编)者：黄晓勇　2015年6月出版 / 估价：99.00元

碳市场蓝皮书
中国碳市场报告（2015）
著(编)者：低碳发展国际合作联盟
2015年11月出版 / 估价：69.00元

体育蓝皮书
中国体育产业发展报告（2015）
著(编)者：阮伟　钟秉枢　2015年4月出版 / 估价：69.00元

投资蓝皮书
中国投资发展报告（2015）
著(编)者：杨庆蔚　2015年4月出版 / 估价：128.00元

物联网蓝皮书
中国物联网发展报告（2015）
著(编)者：黄桂田　2015年1月出版 / 估价：59.00元

西部工业蓝皮书
中国西部工业发展报告（2015）
著(编)者：方行明　甘犁　刘方健　姜凌　等
2015年9月出版 / 估价：79.00元

西部金融蓝皮书
中国西部金融发展报告（2015）
著(编)者：李忠民　2015年8月出版 / 估价：75.00元

新能源汽车蓝皮书
中国新能源汽车产业发展报告（2015）
著(编)者：中国汽车技术研究中心
　　　　　日产（中国）投资有限公司　东风汽车有限公司
2015年8月出版 / 估价：69.00元

信托市场蓝皮书
中国信托业市场报告（2015）
著(编)者：李旸　2015年1月出版 / 估价：198.00元

信息产业蓝皮书
世界软件和信息技术产业发展报告（2015）
著(编)者：洪京一　2015年8月出版 / 估价：79.00元

信息化蓝皮书
中国信息化形势分析与预测（2015）
著(编)者：周宏仁　2015年8月出版 / 估价：98.00元

信用蓝皮书
中国信用发展报告（2015）
著(编)者：田侃　2015年4月出版 / 估价：69.00元

休闲绿皮书
2015年中国休闲发展报告
著(编)者：刘德谦　2015年6月出版 / 估价：59.00元

医药蓝皮书
中国中医药产业园战略发展报告（2015）
著(编)者：裴长洪　房书亭　吴潇心　2015年3月出版 / 估价：89.00元

邮轮绿皮书
中国邮轮产业发展报告（2015）
著(编)者：汪泓　2015年9月出版 / 估价：79.00元

支付清算蓝皮书
中国支付清算发展报告（2015）
著(编)者：杨涛　2015年5月出版 / 估价：45.00元

中国上市公司蓝皮书
中国上市公司发展报告（2015）
著(编)者：许雄斌　张平　2015年9月出版 / 估价：98.00元

中国总部经济蓝皮书
中国总部经济发展报告（2015）
著(编)者：赵弘　2015年5月出版 / 估价：79.00元

住房绿皮书
中国住房发展报告（2014~2015）
著(编)者：倪鹏飞　2014年12月出版 / 估价：79.00元

资本市场蓝皮书
中国场外交易市场发展报告（2015）
著(编)者：高峦　2015年8月出版 / 估价：79.00元

资产管理蓝皮书
中国资产管理行业发展报告（2015）
著(编)者：智信资产管理研究院　2015年7月出版 / 估价：79.00元

文化传媒类

传媒竞争力蓝皮书
中国传媒国际竞争力研究报告（2015）
著(编)者：李本乾　2015年9月出版 / 估价：88.00元

传媒蓝皮书
中国传媒产业发展报告（2015）
著(编)者：崔保国　2015年4月出版 / 估价：98.00元

传媒投资蓝皮书
中国传媒投资发展报告（2015）
著(编)者：张向东　2015年7月出版 / 估价：89.00元

动漫蓝皮书
中国动漫产业发展报告（2015）
著(编)者：卢斌　郑玉明　牛兴侦　2015年7月出版 / 估价：79.00元

非物质文化遗产蓝皮书
中国非物质文化遗产发展报告（2015）
著(编)者：陈平　2015年3月出版 / 估价：79.00元

非物质文化遗产蓝皮书
中国少数民族非物质文化遗产发展报告（2015）
著(编)者：肖远平　柴立　2015年4月出版 / 估价：79.00元

广电蓝皮书
中国广播电影电视发展报告（2015）
著(编)者：杨明品　2015年7月出版 / 估价：98.00元

广告主蓝皮书
中国广告主营销传播趋势报告（2015）
著(编)者：黄升民　2015年5月出版 / 估价：148.00元

国际传播蓝皮书
中国国际传播发展报告（2015）
著(编)者：胡正荣　李继东　姬德强
2015年7月出版 / 估价：89.00元

国家形象蓝皮书
2015年国家形象研究报告
著(编)者：张昆　2015年3月出版 / 估价：79.00元

纪录片蓝皮书
中国纪录片发展报告（2015）
著(编)者：何苏六　2015年9月出版 / 估价：79.00元

科学传播蓝皮书
中国科学传播报告（2015）
著(编)者：詹正茂　2015年4月出版 / 估价：69.00元

两岸文化蓝皮书
两岸文化产业合作发展报告（2015）
著(编)者：胡惠林　李保宗　2015年7月出版 / 估价：79.00元

媒介与女性蓝皮书
中国媒介与女性发展报告（2015）
著(编)者：刘利群　2015年8月出版 / 估价：69.00元

全球传媒蓝皮书
全球传媒发展报告（2015）
著(编)者：胡正荣　2015年12月出版 / 估价：79.00元

世界文化发展蓝皮书
世界文化发展报告（2015）
著(编)者：张庆宗　高乐田　郭熙煌
2015年5月出版 / 估价：89.00元

视听新媒体蓝皮书
中国视听新媒体发展报告（2015）
著(编)者：庞井君　2015年6月出版 / 估价：148.00元

文化创新蓝皮书
中国文化创新报告（2015）
著(编)者：于平　傅才武　2015年4月出版 / 估价：79.00元

文化建设蓝皮书
中国文化发展报告（2015）
著(编)者：江畅　孙伟平　戴茂堂
2015年4月出版 / 估价：138.00元

文化科技蓝皮书
文化科技创新发展报告（2015）
著(编)者：于平　李凤亮　2015年1月出版 / 估价：89.00元

文化蓝皮书
中国文化产业供需协调增长测评报告（2015）
著(编)者：王亚南　郝朴宁　张晓明　祁述裕
2015年2月出版 / 估价：79.00元

文化蓝皮书
中国文化消费需求景气评价报告（2015）
著(编)者：王亚南　张晓明　祁述裕　郝朴宁
2015年2月出版 / 估价：79.00元

文化蓝皮书
中国文化产业发展报告（2015）
著(编)者：张晓明　王家新　章建刚
2015年4月出版 / 估价：79.00元

文化蓝皮书
中国公共文化投入增长测评报告(2015)
著(编)者：王亚南　2015年5月出版 / 估价：79.00元

文化蓝皮书
中国文化政策发展报告（2015）
著(编)者：傅才武　宋文玉　燕东升　2015年9月出版 / 估价：98.0

文化品牌蓝皮书
中国文化品牌发展报告（2015）
著(编)者：欧阳友权　2015年4月出版 / 估价：79.00元

文化遗产蓝皮书
中国文化遗产事业发展报告（2015）
著(编)者：苏杨　刘世锦　2015年12月出版 / 估价：89.00元

文学蓝皮书
中国文情报告（2015）
著(编)者：白烨　2015年5月出版 / 估价：49.00元

新媒体蓝皮书
中国新媒体发展报告（2015）
著(编)者：唐绪军　2015年6月出版 / 估价：79.00元

文化传媒类·地方发展类 — 皮书系列 2014全品种

新媒体社会责任蓝皮书
中国新媒体社会责任研究报告（2015）
著（编）者：钟瑛　2015年10月出版／估价：79.00元

移动互联网蓝皮书
中国移动互联网发展报告（2015）
著（编）者：官建文　2015年6月出版／估价：79.00元

舆情蓝皮书
中国社会舆情与危机管理报告（2015）
著（编）者：谢耘耕　2015年8月出版／估价：98.00元

地方发展类

安徽经济蓝皮书
芜湖创新型城市发展报告（2015）
著（编）者：杨少华　王开玉　2015年4月出版／估价：69.00元

安徽蓝皮书
安徽社会发展报告（2015）
著（编）者：程桦　2015年4月出版／估价：79.00元

安徽社会建设蓝皮书
安徽社会建设分析报告（2015）
著（编）者：黄家海　王开玉　蔡宪　2015年4月出版／估价：69.00元

澳门蓝皮书
澳门经济社会发展报告（2015）
著（编）者：吴志良　郝雨凡　2015年4月出版／估价：79.00元

北京蓝皮书
北京公共服务发展报告（2014~2015）
著（编）者：施昌奎　2015年2月出版／估价：69.00元

北京蓝皮书
北京经济发展报告（2015）
著（编）者：杨松　2015年4月出版／估价：79.00元

北京蓝皮书
北京社会治理发展报告（2015）
著（编）者：殷星辰　2015年4月出版／估价：79.00元

北京蓝皮书
北京文化发展报告（2015）
著（编）者：李建盛　2015年4月出版／估价：79.00元

北京蓝皮书
北京社会发展报告（2015）
著（编）者：缪青　2015年5月出版／估价：79.00元

北京旅游绿皮书
北京旅游发展报告（2015）
著（编）者：北京旅游学会　2015年7月出版／估价：88.00元

北京律师蓝皮书
北京律师发展报告（2015）
著（编）者：王隽　2015年12月出版／估价：75.00元

北京人才蓝皮书
北京人才发展报告（2015）
著（编）者：于淼　2015年1月出版／估价：89.00元

北京社会心态蓝皮书
北京社会心态分析报告（2015）
著（编）者：北京社会心理研究所　2015年1月出版／估价：69.00元

北京社会组织蓝皮书
北京社会组织发展研究报告(2015)
著（编）者：李东松　唐军　2015年2月出版／估价：79.00元

北京社会组织蓝皮书
北京社会组织发展报告（2015）
著（编）者：温庆云　2015年9月出版／估价：69.00元

滨海金融蓝皮书
滨海新区金融发展报告（2015）
著（编）者：王爱俭　张锐钢　2015年9月出版／估价：79.00元

城乡一体化蓝皮书
中国城乡一体化发展报告（北京卷）（2015）
著（编）者：张宝秀　黄序　2015年4月出版／估价：69.00元

创意城市蓝皮书
北京文化创意产业发展报告（2015）
著（编）者：张京成　2015年11月出版／估价：65.00元

创意城市蓝皮书
无锡文化创意产业发展报告（2015）
著（编）者：谭军　张鸣年　2015年10月出版／估价：75.00元

创意城市蓝皮书
武汉市文化创意产业发展报告（2015）
著（编）者：袁堃　黄永林　2015年11月出版／估价：85.00元

创意城市蓝皮书
重庆创意产业发展报告（2015）
著（编）者：程宇宁　2015年4月出版／估价：89.00元

创意城市蓝皮书
青岛文化创意产业发展报告（2015）
著（编）者：马达　张丹妮　2015年6月出版／估价：79.00元

福建妇女发展蓝皮书
福建省妇女发展报告（2015）
著（编）者：刘群英　2015年10月出版／估价：58.00元

甘肃蓝皮书
甘肃舆情分析与预测（2015）
著（编）者：郝树声　陈双梅　2015年1月出版／估价：69.00元

21

地方发展类

甘肃蓝皮书
甘肃文化发展分析与预测（2015）
著(编)者：周小华 王福生　2015年1月出版 / 估价:69.00元

甘肃蓝皮书
甘肃社会发展分析与预测（2015）
著(编)者：安文华　2015年1月出版 / 估价:69.00元

甘肃蓝皮书
甘肃经济发展分析与预测（2015）
著(编)者：朱智文 罗哲　2015年1月出版 / 估价:69.00元

甘肃蓝皮书
甘肃县域经济综合竞争力评价（2015）
著(编)者：刘进军　2015年1月出版 / 估价:69.00元

广东蓝皮书
广东省电子商务发展报告（2015）
著(编)者：程晓　2015年12月出版 / 估价:69.00元

广东蓝皮书
广东社会工作发展报告（2015）
著(编)者：罗观翠　2015年6月出版 / 估价:89.00元

广东社会建设蓝皮书
广东省社会建设发展报告（2015）
著(编)者：广东省社会工作委员会　2015年10月出版 / 估价:89.00元

广东外经贸蓝皮书
广东对外经济贸易发展研究报告（2015）
著(编)者：陈万灵　2015年5月出版 / 估价:79.00元

广西北部湾经济区蓝皮书
广西北部湾经济区开放开发报告（2015）
著(编)者：广西北部湾经济区规划建设管理委员会办公室
　　　　　广西社会科学院 广西北部湾发展研究院
2015年8月出版 / 估价:79.00元

广州蓝皮书
广州社会保障发展报告（2015）
著(编)者：蔡国萱　2015年1月出版 / 估价:65.00元

广州蓝皮书
2015年中国广州社会形势分析与预测
著(编)者：张强 陈怡霓 杨秦　2015年5月出版 / 估价:69.00元

广州蓝皮书
广州经济发展报告（2015）
著(编)者：李江涛 朱名宏　2015年5月出版 / 估价:69.00元

广州蓝皮书
广州商贸业发展报告（2015）
著(编)者：李江涛 王旭东 荀振英　2015年6月出版 / 估价:69.00元

广州蓝皮书
2015年中国广州经济形势分析与预测
著(编)者：庾建设 沈奎 郭志勇　2015年6月出版 / 估价:79.00元

广州蓝皮书
中国广州文化发展报告（2015）
著(编)者：徐俊忠 陆志强 顾涧清　2015年6月出版 / 估价:69.00元

广州蓝皮书
广州农村发展报告（2015）
著(编)者：李江涛 汤锦华　2015年8月出版 / 估价:69.00元

广州蓝皮书
中国广州城市建设与管理发展报告（2015）
著(编)者：董皞 冼伟雄　2015年7月出版 / 估价:69.00元

广州蓝皮书
中国广州科技和信息化发展报告（2015）
著(编)者：邹采荣 马正勇 冯元　2015年7月出版 / 估价:79.00元

广州蓝皮书
广州创新型城市发展报告（2015）
著(编)者：李江涛　2015年7月出版 / 估价:69.00元

广州蓝皮书
广州文化创意产业发展报告（2015）
著(编)者：甘新　2015年8月出版 / 估价:79.00元

广州蓝皮书
广州志愿服务发展报告（2015）
著(编)者：魏国华 张强　2015年9月出版 / 估价:69.00元

广州蓝皮书
广州城市国际化发展报告（2015）
著(编)者：朱名宏　2015年9月出版 / 估价:59.00元

广州蓝皮书
广州汽车产业发展报告（2015）
著(编)者：李江涛 杨再高　2015年9月出版 / 估价:69.00元

贵州房地产蓝皮书
贵州房地产发展报告（2015）
著(编)者：武廷方　2015年1月出版 / 估价:89.00元

贵州蓝皮书
贵州人才发展报告（2015）
著(编)者：于杰 吴大华　2015年3月出版 / 估价:69.00元

贵州蓝皮书
贵州社会发展报告（2015）
著(编)者：王兴骥　2015年3月出版 / 估价:69.00元

贵州蓝皮书
贵州法治发展报告（2015）
著(编)者：吴大华　2015年3月出版 / 估价:69.00元

贵州蓝皮书
贵州国有企业社会责任发展报告（2015）
著(编)者：郭丽　2015年10月出版 / 估价:79.00元

海淀蓝皮书
海淀区文化和科技融合发展报告（2015）
著(编)者：孟景伟 陈名杰　2015年5月出版 / 估价:75.00元

海峡西岸蓝皮书
海峡西岸经济区发展报告（2015）
著(编)者：黄端　2015年9月出版 / 估价:65.00元

杭州都市圈蓝皮书
杭州都市圈发展报告（2015）
著(编)者：董祖德 沈翔　2015年5月出版 / 估价:89.00元

皮书系列 2014全品种

地方发展类

杭州蓝皮书
杭州妇女发展报告（2015）
著(编)者：魏颖　2015年6月出版／估价:75.00元

河北经济蓝皮书
河北省经济发展报告（2015）
著(编)者：马树强　金浩　张贵　2015年4月出版／估价:79.00元

河北蓝皮书
河北经济社会发展报告（2015）
著(编)者：周文夫　2015年1月出版／估价:69.00元

河南经济蓝皮书
2015年河南经济形势分析与预测
著(编)者：胡五岳　2015年3月出版／估价:69.00元

河南蓝皮书
河南城市发展报告（2015）
著(编)者：王建国　谷建全　2015年1月出版／估价:59.00元

河南蓝皮书
2015年河南社会形势分析与预测
著(编)者：刘道兴　牛苏林　2015年1月出版／估价:69.00元

河南蓝皮书
河南工业发展报告（2015）
著(编)者：龚绍东　2015年1月出版／估价:69.00元

河南蓝皮书
河南文化发展报告（2015）
著(编)者：卫绍生　2015年1月出版／估价:69.00元

河南蓝皮书
河南经济发展报告（2015）
著(编)者：完世伟　喻新安　2015年12月出版／估价:69.00元

河南蓝皮书
河南法治发展报告（2015）
著(编)者：丁同民　闫德民　2015年3月出版／估价:69.00元

河南蓝皮书
河南金融发展报告（2015）
著(编)者：喻新安　谷建全　2015年4月出版／估价:69.00元

河南商务蓝皮书
河南商务发展报告（2015）
著(编)者：焦锦淼　穆荣国　2015年5月出版／估价:88.00元

黑龙江产业蓝皮书
黑龙江产业发展报告（2015）
著(编)者：于渤　2015年9月出版／估价:79.00元

黑龙江蓝皮书
黑龙江经济发展报告（2015）
著(编)者：张新颖　2015年1月出版／估价:69.00元

黑龙江蓝皮书
黑龙江社会发展报告（2015）
著(编)者：王爱丽　艾书琴　2015年1月出版／估价:69.00元

湖北文化蓝皮书
湖北文化发展报告（2015）
著(编)者：江畅　吴成国　2015年5月出版／估价:89.00元

湖南城市蓝皮书
区域城市群整合
著(编)者：罗海藩　2014年12月出版／估价:59.00元

湖南蓝皮书
2015年湖南电子政务发展报告
著(编)者：梁志峰　2015年4月出版／估价:128.00元

湖南蓝皮书
2015年湖南社会发展报告
著(编)者：梁志峰　2015年4月出版／估价:128.00元

湖南蓝皮书
2015年湖南产业发展报告
著(编)者：梁志峰　2015年4月出版／估价:128.00元

湖南蓝皮书
2015年湖南经济展望
著(编)者：梁志峰　2015年4月出版／估价:128.00元

湖南蓝皮书
2015年湖南县域经济社会发展报告
著(编)者：梁志峰　2015年4月出版／估价:128.00元

湖南蓝皮书
2015年湖南两型社会发展报告
著(编)者：梁志峰　2015年4月出版／估价:128.00元

湖南县域绿皮书
湖南县域发展报告No.2
著(编)者：朱有志　2015年4月出版／估价:69.00元

沪港蓝皮书
沪港发展报告（2015）
著(编)者：尤安山　2015年9月出版／估价:89.00元

吉林蓝皮书
2015年吉林经济社会形势分析与预测
著(编)者：马克　2015年1月出版／估价:79.00元

济源蓝皮书
济源经济社会发展报告（2015）
著(编)者：喻新安　2015年4月出版／估价:69.00元

健康城市蓝皮书
北京健康城市建设研究报告（2015）
著(编)者：王鸿春　2015年3月出版／估价:79.00元

江苏法治蓝皮书
江苏法治发展报告（2015）
著(编)者：李力　龚廷泰　2015年9月出版／估价:98.00元

京津冀蓝皮书
京津冀发展报告（2015）
著(编)者：文魁　祝尔娟　2015年3月出版／估价:79.00元

经济特区蓝皮书
中国经济特区发展报告（2015）
著(编)者：陶一桃　2015年4月出版／估价:89.00元

辽宁蓝皮书
2015年辽宁经济社会形势分析与预测
著(编)者：曹晓峰　2015年1月出版／估价:79.00元

皮书系列 2014全品种 — 地方发展类

南京蓝皮书
南京文化发展报告（2015）
著(编)者：南京文化产业研究中心
2015年10月出版 / 估价：79.00元

内蒙古蓝皮书
内蒙古反腐倡廉建设报告（2015）
著(编)者：张志华 无极　2015年12月出版 / 估价：69.00元

浦东新区蓝皮书
上海浦东经济发展报告（2015）
著(编)者：沈开艳 陆沪根　2015年1月出版 / 估价：59.00元

青海蓝皮书
2015年青海经济社会形势分析与预测
著(编)者：赵宗福　2015年1月出版 / 估价：69.00元

人口与健康蓝皮书
深圳人口与健康发展报告（2015）
著(编)者：曾序春　2015年12月出版 / 估价：89.00元

山东蓝皮书
山东社会形势分析与预测（2015）
著(编)者：张华 唐洲雁　2015年6月出版 / 估价：89.00元

山东蓝皮书
山东经济形势分析与预测（2015）
著(编)者：张华 唐洲雁　2015年6月出版 / 估价：89.00元

山东蓝皮书
山东文化发展报告（2015）
著(编)者：张华 唐洲雁　2015年6月出版 / 估价：98.00元

山西蓝皮书
山西资源型经济转型发展报告（2015）
著(编)者：李志强　2015年5月出版 / 估价：98.00元

陕西蓝皮书
陕西经济发展报告（2015）
著(编)者：任宗哲 石英 裴成荣　2015年2月出版 / 估价：69.00元

陕西蓝皮书
陕西社会发展报告（2015）
著(编)者：任宗哲 石英 牛昉　2015年2月出版 / 估价：65.00元

陕西蓝皮书
陕西文化发展报告（2015）
著(编)者：任宗哲 石英 王长寿　2015年3月出版 / 估价：59.00元

陕西蓝皮书
丝绸之路经济带发展报告（2015）
著(编)者：任宗哲 石英 白宽犁
2015年8月出版 / 估价：79.00元

上海蓝皮书
上海文学发展报告（2015）
著(编)者：陈圣来　2015年1月出版 / 估价：69.00元

上海蓝皮书
上海文化发展报告（2015）
著(编)者：蒯大申 郑崇选　2015年1月出版 / 估价：69.00元

上海蓝皮书
上海资源环境发展报告（2015）
著(编)者：周冯琦 汤庆合 任文伟
2015年1月出版 / 估价：69.00元

上海蓝皮书
上海社会发展报告（2015）
著(编)者：周海旺 卢汉龙　2015年1月出版 / 估价：69.00元

上海蓝皮书
上海经济发展报告（2015）
著(编)者：沈开艳　2015年1月出版 / 估价：69.00元

上海蓝皮书
上海传媒发展报告（2015）
著(编)者：强荧 焦雨虹　2015年1月出版 / 估价：79.00元

上海蓝皮书
上海法治发展报告（2015）
著(编)者：叶青　2015年4月出版 / 估价：69.00元

上饶蓝皮书
上饶发展报告（2015）
著(编)者：朱寅健　2015年3月出版 / 估价：128.00元

社会建设蓝皮书
2015年北京社会建设分析报告
著(编)者：宋贵伦 冯虹　2015年7月出版 / 估价：79.00元

深圳蓝皮书
深圳劳动关系发展报告（2015）
著(编)者：汤庭芬　2015年6月出版 / 估价：75.00元

深圳蓝皮书
深圳经济发展报告（2015）
著(编)者：张骁儒　2015年7月出版 / 估价：79.00元

深圳蓝皮书
深圳社会发展报告（2015）
著(编)者：叶民辉 张骁儒　2015年7月出版 / 估价：89.00元

深圳蓝皮书
深圳法治发展报告（2015）
著(编)者：张骁儒　2015年4月出版 / 估价：79.00元

四川蓝皮书
四川文化产业发展报告（2015）
著(编)者：侯水平　2015年2月出版 / 估价：69.00元

四川蓝皮书
四川企业社会责任研究报告（2015）
著(编)者：侯水平 盛毅　2015年4月出版 / 估价：79.00元

四川蓝皮书
四川法治发展报告（2015）
著(编)者：郑泰安　2015年2月出版 / 估价：69.00元

四川蓝皮书
2015年四川生态建设报告
著(编)者：四川省社会科学院
2015年2月出版 / 估价：69.00元

地方发展类·国别与地区类

四川蓝皮书
四川省城镇化发展报告（2015）
著(编)者：四川省城镇发展研究中心
2015年2月出版 / 估价:69.00元

四川蓝皮书
2015年四川社会发展形势分析与预测
著(编)者：郭晓鸣 李羚 2015年2月出版 / 估价:69.00元

四川蓝皮书
2015年四川经济发展报告
著(编)者：杨钢 2015年2月出版 / 估价:69.00元

天津金融蓝皮书
天津金融发展报告（2015）
著(编)者：王爱俭 杜强 2015年9月出版 / 估价:89.00元

图们江区域合作蓝皮书
中国图们江区域合作开发发展报告（2015）
著(编)者：李铁 朱显平 吴成章 2015年4月出版 / 估价:79.00元

温州蓝皮书
2015年温州经济社会形势分析与预测
著(编)者：潘忠强 王春光 金浩 2015年4月出版 / 估价:69.00元

扬州蓝皮书
扬州经济社会发展报告（2015）
著(编)者：丁纯 2015年12月出版 / 估价:89.00元

云南蓝皮书
中国面向西南开放重要桥头堡建设发展报告（2015）
著(编)者：刘绍怀 2015年12月出版 / 估价:69.00元

长株潭城市群蓝皮书
长株潭城市群发展报告（2015）
著(编)者：张萍 2015年1月出版 / 估价:69.00元

郑州蓝皮书
2015年郑州文化发展报告
著(编)者：王哲 2015年9月出版 / 估价:65.00元

中医文化蓝皮书
北京中医文化发展报告（2015）
著(编)者：毛嘉陵 2015年4月出版 / 估价:69.00元

珠三角流通蓝皮书
珠三角商圈发展研究报告（2015）
著(编)者：林至颖 王先庆 2015年7月出版 / 估价:98.00元

国别与地区类

阿拉伯黄皮书
阿拉伯发展报告（2015）
著(编)者：马晓霖 2015年4月出版 / 估价:79.00元

北部湾蓝皮书
泛北部湾合作发展报告（2015）
著(编)者：吕余生 2015年8月出版 / 估价:69.00元

大湄公河次区域蓝皮书
大湄公河次区域合作发展报告（2015）
著(编)者：刘稚 2015年9月出版 / 估价:79.00元

大洋洲蓝皮书
大洋洲发展报告（2015）
著(编)者：喻常森 2015年8月出版 / 估价:89.00元

德国蓝皮书
德国发展报告（2015）
著(编)者：郑春荣 伍慧萍 2015年6月出版 / 估价:69.00元

东北亚黄皮书
东北亚地区政治与安全（2015）
著(编)者：黄凤志 刘清才 张慧智
2015年3月出版 / 估价:69.00元

东盟黄皮书
东盟发展报告（2015）
著(编)者：崔晓麟 2015年5月出版 / 估价:75.00元

东南亚蓝皮书
东南亚地区发展报告（2015）
著(编)者：王勤 2015年4月出版 / 估价:79.00元

俄罗斯黄皮书
俄罗斯发展报告（2015）
著(编)者：李永全 2015年7月出版 / 估价:79.00元

非洲黄皮书
非洲发展报告（2015）
著(编)者：张宏明 2015年7月出版 / 估价:79.00元

国际形势黄皮书
全球政治与安全报告（2015）
著(编)者：李慎明 张宇燕 2014年12月出版 / 估价:69.00元

韩国蓝皮书
韩国发展报告（2015）
著(编)者：刘宝全 牛林杰 2015年8月出版 / 估价:79.00元

加拿大蓝皮书
加拿大发展报告（2015）
著(编)者：仲伟合 2015年4月出版 / 估价:89.00元

拉美黄皮书
拉丁美洲和加勒比发展报告（2014~2015）
著(编)者：吴白乙 2015年4月出版 / 估价:89.00元

美国蓝皮书
美国研究报告（2015）
著(编)者：黄平 郑秉文 2015年7月出版 / 估价:89.00元

缅甸蓝皮书
缅甸国情报告（2015）
著(编)者：李晨阳 2015年8月出版 / 估价:79.00元

皮书系列 2014全品种 — 国别与地区类

欧洲蓝皮书
欧洲发展报告（2015）
著(编)者:周弘　2015年6月出版 / 估价:89.00元

葡语国家蓝皮书
葡语国家发展报告（2015）
著(编)者:对外经济贸易大学区域国别研究所　葡语国家研究中心
2015年3月出版 / 估价:89.00元

葡语国家蓝皮书
中国与葡语国家关系发展报告·巴西（2014）
著(编)者:澳门科技大学　2015年1月出版 / 估价:89.00元

日本经济蓝皮书
日本经济与中日经贸关系研究报告（2015）
著(编)者:王洛林　张季风　2015年5月出版 / 估价:79.00元

日本蓝皮书
日本研究报告（2015）
著(编)者:李薇　2015年3月出版 / 估价:69.00元

上海合作组织黄皮书
上海合作组织发展报告（2015）
著(编)者:李进峰　吴宏伟　李伟
2015年9月出版 / 估价:89.00元

世界创新竞争力黄皮书
世界创新竞争力发展报告（2015）
著(编)者:李闽榕　李建平　赵新力
2015年1月出版 / 估价:148.00元

土耳其蓝皮书
土耳其发展报告（2015）
著(编)者:郭长刚　刘义　2015年7月出版 / 估价:89.00元

亚太蓝皮书
亚太地区发展报告（2015）
著(编)者:李向阳　2015年1月出版 / 估价:59.00元

印度蓝皮书
印度国情报告（2015）
著(编)者:吕昭义　2015年5月出版 / 估价:89.00元

印度洋地区蓝皮书
印度洋地区发展报告（2015）
著(编)者:汪戎　2015年3月出版 / 估价:79.00元

中东黄皮书
中东发展报告（2015）
著(编)者:杨光　2015年11月出版 / 估价:89.00元

中欧关系蓝皮书
中欧关系研究报告（2015）
著(编)者:周弘　2015年12月出版 / 估价:98.00元

中亚黄皮书
中亚国家发展报告（2015）
著(编)者:孙力　吴宏伟　2015年9月出版 / 估价:89.00元

中国皮书网

www.pishu.cn

发布皮书研创资讯，传播皮书精彩内容
引领皮书出版潮流，打造皮书服务平台

栏目设置：

- □ 资讯：皮书动态、皮书观点、皮书数据、皮书报道、皮书发布、电子期刊
- □ 标准：皮书评价、皮书研究、皮书规范
- □ 服务：最新皮书、皮书书目、重点推荐、在线购书
- □ 链接：皮书数据库、皮书博客、皮书微博、在线书城
- □ 搜索：资讯、图书、研究动态、皮书专家、研创团队

中国皮书网依托皮书系列"权威、前沿、原创"的优质内容资源，通过文字、图片、音频、视频等多种元素，在皮书研创者、使用者之间搭建了一个成果展示、资源共享的互动平台。

自 2005 年 12 月正式上线以来，中国皮书网的 IP 访问量、PV 浏览量与日俱增，受到海内外研究者、公务人员、商务人士以及专业读者的广泛关注。

2008 年、2011 年，中国皮书网均在全国新闻出版业网站荣誉评选中获得"最具商业价值网站"称号；2012 年，获得"出版业网站百强"称号。

2014 年，中国皮书网与皮书数据库实现资源共享，端口合一，将提供更丰富的内容，更全面的服务。

权威报告　热点资讯　海量资源

当代中国与世界发展的高端智库平台

皮书数据库 www.pishu.com.cn

皮书数据库是专业的人文社会科学综合学术资源总库,以大型连续性图书——皮书系列为基础,整合国内外相关资讯构建而成。包含七大子库,涵盖两百多个主题,囊括了近十几年间中国与世界经济社会发展报告,覆盖经济、社会、政治、文化、教育、国际问题等多个领域。

皮书数据库以篇章为基本单位,方便用户对皮书内容的阅读需求。用户可进行全文检索,也可对文献题目、内容提要、作者名称、作者单位、关键字等基本信息进行检索,还可对检索到的篇章再做二次筛选,进行在线阅读或下载阅读。智能多维导航,可使用户根据自己熟知的分类标准进行分类导航筛选,使查找和检索更高效、便捷。

权威的研究报告,独特的调研数据,前沿的热点资讯,皮书数据库已发展成为国内最具影响力的关于中国与世界现实问题研究的成果库和资讯库。

皮书俱乐部会员服务指南

1. 谁能成为皮书俱乐部成员?
   ● 皮书作者自动成为俱乐部会员
   ● 购买了皮书产品(纸质书/电子书)的个人用户

2. 会员可以享受的增值服务
   ● 免费获赠皮书数据库100元充值卡
   ● 加入皮书俱乐部,免费获赠该纸质图书的电子书
   ● 免费定期获赠皮书电子期刊
   ● 优先参与各类皮书学术活动
   ● 优先享受皮书产品的最新优惠

3. 如何享受增值服务?
   (1)免费获赠100元皮书数据库体验卡
   第1步 刮开皮书附赠充值的涂层(右下);
   第2步 登录皮书数据库网站
   (www.pishu.com.cn),注册账号;

第3步 登录并进入"会员中心"—"在线充值"—"充值卡充值",充值成功后即可使用。

(2)加入皮书俱乐部,凭数据库体验卡获赠该书的电子书
第1步 登录社会科学文献出版社官网
(www.ssap.com.cn),注册账号;
第2步 登录并进入"会员中心"—"皮书俱乐部",提交加入皮书俱乐部申请;
第3步 审核通过后,再次进入皮书俱乐部,填写页面所需图书、体验卡信息即可自动兑换相应电子书。

4. 声明
解释权归社会科学文献出版社所有

皮书俱乐部会员可享受社会科学文献出版社其他相关免费增值服务,有任何疑问,均可与我们联系。
图书销售热线:010-59367070/7028 图书服务QQ:800045692 图书服务邮箱:duzhe@ssap.cn
数据库服务热线:400-008-6395 数据库服务QQ:2475522410 数据库服务邮箱:database@ssap.cn
欢迎登录社会科学文献出版社官网(www.ssap.com.cn)和中国皮书网(www.pishu.cn)了解更多信息

皮书大事记

☆ 2014年8月,第十五次全国皮书年会(2014)在贵阳召开,第五届优秀皮书奖颁发,本届开始皮书及报告将同时评选。

☆ 2013年6月,依据《中国社会科学院皮书资助规定(试行)》公布2013年拟资助的40种皮书名单。

☆ 2012年12月,《中国社会科学院皮书资助规定(试行)》由中国社会科学院科研局正式颁布实施。

☆ 2011年,部分重点皮书纳入院创新工程。

☆ 2011年8月,2011年皮书年会在安徽合肥举行,这是皮书年会首次由中国社会科学院主办。

☆ 2011年2月,"2011年全国皮书研讨会"在北京京西宾馆举行。王伟光院长(时任常务副院长)出席并讲话。本次会议标志着皮书及皮书研创出版从一个具体出版单位的出版产品和出版活动上升为由中国社会科学院牵头的国家哲学社会科学智库产品和创新活动。

☆ 2010年9月,"2010年中国经济社会形势报告会暨第十一次全国皮书工作研讨会"在福建福州举行,高全立副院长参加会议并做学术报告。

☆ 2010年9月,皮书学术委员会成立,由我院李扬副院长领衔,并由在各个学科领域有一定的学术影响力、了解皮书编创出版并持续关注皮书品牌的专家学者组成。皮书学术委员会的成立为进一步提高皮书这一品牌的学术质量、为学术界构建一个更大的学术出版与学术推广平台提供了专家支持。

☆ 2009年8月,"2009年中国经济社会形势分析与预测暨第十次皮书工作研讨会"在辽宁丹东举行。李扬副院长参加本次会议,本次会议颁发了首届优秀皮书奖,我院多部皮书获奖。

皮书数据库

www.pishu.com.cn

皮书数据库三期

- 皮书数据库（SSDB）是社会科学文献出版社整合现有皮书资源开发的在线数字产品，全面收录"皮书系列"的内容资源，并以此为基础整合大量相关资讯构建而成。

- 皮书数据库现有中国经济发展数据库、中国社会发展数据库、世界经济与国际政治数据库等子库，覆盖经济、社会、文化等多个行业、领域，现有报告30000多篇，总字数超过5亿字，并以每年4000多篇的速度不断更新累积。

- 新版皮书数据库主要围绕存量+增量资源整合、资源编辑标引体系建设、产品架构设置优化、技术平台功能研发等方面开展工作，并将中国皮书网与皮书数据库合二为一联体建设，旨在以"皮书研创出版、信息发布与知识服务平台"为基本功能定位，打造一个全新的皮书品牌综合门户平台，为您提供更优质更到位的服务。

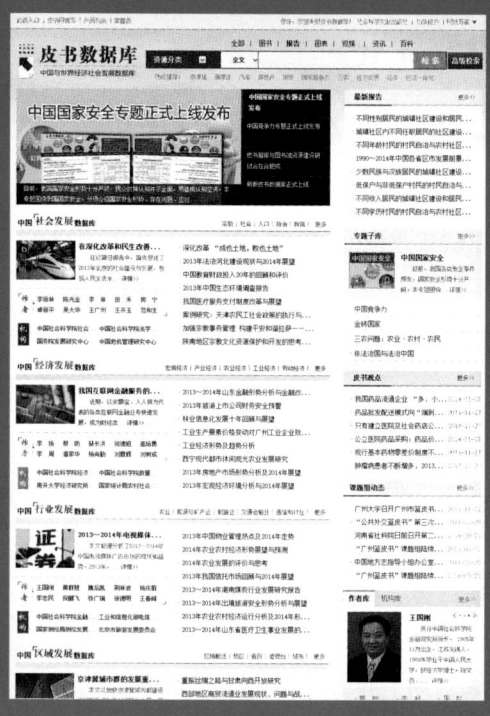

更多信息请登录

中国皮书网
http://www.pishu.cn

皮书微博
http://weibo.com/pishu

皮书博客
http://blog.sina.com.cn/pishu

皮书微信
皮书说

请到各地书店皮书专架/专柜购买，也可办理邮购

咨询/邮购电话：010-59367028　59367070　　　邮　　箱：duzhe@ssap.cn
邮购地址：北京市西城区北三环中路甲29号院3号楼华龙大厦13层读者服务中心
邮　编：100029
银行户名：社会科学文献出版社
开户银行：中国工商银行北京北太平庄支行
账　号：0200100019200365434
网上书店：010-59367070　　qq：1265056568
网　址：www.ssap.com.cn　　www.pishu.com.cn